任爱君

著

THE
HISTORY
OF
LIAO
DYNASTY

辽史

人民出版社

目　录　CONTENTS

概说　剧烈的民族碰撞与融合

第一节　基本脉络：分期与特征

一、千年契丹发展脉络

契丹历史久远而弥长。自 4 世纪末至 14 世纪末延续千年历程，在中华古族谱中堪称罕见，无论其起源还是发展，都与古代中原地区存在着密切联系。

契丹人起源，与古东胡族系相关。发生于 1 世纪前后的民族大迁徙，影响到古代中国历史发展，曹魏青龙年间（233—236 年），鲜卑部落联盟彻底瓦解，引发草原部族发展的大震荡。4 世纪初，中原陷入"五胡十六国"的混乱状态，西部鲜卑入主漠南，而居于今内蒙古高原以东和燕山以北地带的宇文鲜卑、段部鲜卑和慕容鲜卑之间展开兼并。在这场波诡云谲的纷争中，原本强大的宇文部，竟然令人瞠目的被慕容部灭亡，段部则走向幽州又进入山东、江南地区。慕容部遂割据以和龙（又名龙城，今辽宁朝阳）为中心的辽西地区。宇文部残余退居古松漠地域重新发展，后逐渐形成了库莫奚（后名奚）和契丹。

383 年，中国历史上著名的淝水之战，重塑了北方地区政治割据局面。拓跋鲜卑趁机在漠南恢复代政权，随即更名为魏，史称北魏。登国三年（388 年），北魏军自平城（今山西大同）、赤城（今河北赤城），抵达今多伦诺尔地区，突入古松漠，在饶乐水（今赤峰西拉沐沦河）以南击败库莫奚，俘虏其四部落及杂畜百余万头；追击其余部至饶乐水北，反遭伏击，惨败而归。本与库莫奚共同参战的契丹部族，趁机脱离库莫奚部落，独立发展[1]。4 世纪末，契丹与库莫奚都与割据今辽西地区的后燕、北燕政权发生密切的政治、

---

① 《魏书》卷 100《北狄传》，中华书局 1974 年版，第 2222—2223 页。

7 月鲜花盛开的金莲川草原

金莲川位于正蓝旗闪电河沿岸，在北京的中轴线正北 270 公里。辽代属桓州辖地，原称曷里浒东川，是辽代传统的纳钵之地。《辽史》中又称"陉头""凉陉"。天显四年（929 年）六月，辽太宗耶律德光在这里"夏纳钵"。景（宗）、圣（宗）时期，萧太后几乎年年都率皇族到这里避暑消夏。"金莲川"是辽、金、元三代帝王的避暑胜地。

经济联系。

　　5 世纪前期，契丹部落成为北魏政权的属部，"班飨诸国之末"[1]，地位较低。已形成悉万丹、阿大何、郁羽陵、具伏弗、日连、匹絜、黎、吐六于八部落和独特的尚黑习俗。5 世纪中期，因遭受柔然与高句丽政权侵逼，在北魏的保护下，南迁至今大凌河流域，与北魏交市于和龙。6 世纪前期，因北魏六镇变动和柔然汗国崛起，而为柔然汗国所役属。及突厥击溃柔然，至柔然末位可汗死亡[2]，柔然的盟友东魏（即北齐），以抵御突厥为目的，出兵北征，直击大凌河流域及间山附近的契丹部落，俘其十余万户；不久，突厥汗国又与高句丽瓜分契丹部落[3]。

①　《魏书》卷 100《北狄传》，中华书局 1974 年版，第 2223 页。
②　《资治通鉴》卷 165《梁纪二十一》，中华书局 1956 年版，第 5096 页。
③　《隋书》卷 84《北狄传》契丹，中华书局 1973 年版，第 1881 页。

契丹故地的冬季风光

　　隋朝开皇四年（584年），契丹部落脱离突厥汗国归附隋朝，仍有余部四千余家羁属于突厥。开皇十八年（598年），隋朝以"驱逼靺鞨，固禁契丹"，问罪高句丽，迫使其放还契丹别部；[①] 隋朝将这些契丹人口，仍安置于托纥臣水（今赤峰老哈河）。600年前后，突厥汗国爆发灾乱，原来羁属突厥的契丹余部，趁机归附隋朝。至隋末，契丹已有十部，结成了部落联盟，但也有部分契丹人羁属于营州，如内稽部便在其中，其首领曾随隋炀帝至扬州，至唐武德二年（619年），方返回营州部落。

　　7世纪，唐朝对契丹部落采取羁属统治方式，贞观二十二年（648年），组建松漠都督府，领有十州；但至7世纪末，即因契丹部落反叛致使羁縻制度瓦解。反叛原因在于唐朝羁縻体制的束缚。唐朝对契丹羁縻统治，有两种形式：一是以部落为主体构成的一府（松漠都督府）十州（九个部落羁縻州，加上内属的玄州），属于外蕃管理方式；二是以大批招降的契丹人编组的内属蕃州，归营州都督府管辖，至唐睿宗朝时期（710—712年），契丹内

---

① 《隋书》卷81《高句丽传》，中华书局1973年版，第1815页。

属蕃州有十个，甚至松漠都督府王族所属弹汗州，也收降为归顺州归化郡。696 年，契丹部落反叛，提出"还我庐陵王来"檄文，动摇武则天朝的统治。武则天在后突厥汗国政权支持下，平息了此次反叛，但原有的羁縻统治难以维系，连营州军政体系也全部丧失。

此后，契丹内属部落发展为较特殊的"幽州契丹"群体，成为幽云地区重要的人口组成①。8 世纪时期，契丹本部周旋于唐朝和后突厥汗国、回鹘汗国之间，受其影响发生明显变化，尤其松漠都督李过折被杀后，② 部落豪强创建遥辇氏汗国，世选制度成为体制建设的新内容。"安史之乱"及藩镇割据局面的形成，使幽云地区成为农耕与游牧文化碰撞、濡染的融会区，"幽州契丹"适时地发挥出相应作用，豪杰纷纷走上历史舞台。契丹本部也在回鹘汗

国的影响下，采取了军、政分离的统治方式。9 世纪中期，回鹘汗国灭亡后，契丹人与室韦—达怛、阴山沙陀族群，争锋于大漠草原。至契丹鲜质可汗时，"钞掠奚、室韦诸部，皆役服之。"③ 沙陀李国昌、李克用父子崛起于云中、晋阳一带，与割据宣武军（今河南开封）的朱温抗衡，兵燹之灾，使大批中原人口流入草原，进入契丹境内。

907 年正月，契丹汗国军事首领、迭剌部夷离堇耶律阿保机，以禅让方式，获得世选可汗特权，并成为契丹可汗。同年四月，朱温于宣武军称帝改元，建国号梁，史称后梁。李克用仍用唐朝天祐年号，史称晋王集团，与后梁政权争斗不休。

阿保机是辽朝的缔造者，将契丹政权体制建设引入专制政治的轨道，采取"因俗而治"的权宜策略，以"汉法"（中原政治体制）管理汉族及渤海

---

①　任爱君：《唐代契丹羁縻统治与幽州契丹的形成》，《中国边疆史地研究》2008 年第 1 期。
②　《新唐书》卷 219《北狄传》，中华书局 1975 年版，第 6171 页。
③　《辽史》卷 63《世表》，中华书局 1974 年版，第 956 页。

国等农耕人口，团集为州县，发展农业生产；以"国法"（游牧习惯法）管理契丹等游牧人口，延续部族社会管理方式。不仅解决了农耕与游牧族群在政治、经济、文化、军事和生存领域的纠葛，为多民族融合发展创造了条件，也达到稳定统治的目的。阿保机的"功臣"阶层，囊括诸族英才，为多民族统一政权的构建作出贡献。契丹吞服奚族、渤海国后，版图东至今日本海，西至今阿尔泰山，北尽有大漠草原，南抵燕云。[①] 阿保机的继承者耶律德光（即辽太宗，927—947 年在位），936 年灭后唐、立后晋，尽有幽云十六州，向南推进至今河北白沟、山西五台一线。938 年，改国号大辽，年号会同，改革官制，完善"汉官"（中原官制）体系，改革契丹官号，形成了太后与北面臣僚穿国服、皇帝与南面臣僚穿汉服的南、北体制"分治"状态。942 年，因后晋政权拒绝臣服，遂发动灭晋战争。947 年 2 月，辽太宗在汴京崇元殿举行大朝会，契丹官与后晋文、武班各为一列，朝列殿廷，改元大同，升镇州（今河北正定）为中京。辽太宗此番作为，虽然昙花一现，但其志趣可见。

　　辽世宗时期（947—951 年在位），进一步完善了南、北面官体制。至圣宗统和二十二年（1004 年），与北宋达成"澶渊之盟"结束战争状态，进入

和平"通好"阶段，这是古史发展的创举，更是多民族政治、经济、文化体制碰撞融合发展的新阶段。至兴宗时期（1031—1055 年在位），已形成完善的"五京"制度建设。

　　辽朝，自 907 年建立至 1125 年灭亡，存在 219 年。但契丹人并未消亡，他们或是参与金、元两朝政权建设，或融入其他民族共同生产生活，更有大批契丹人迁入漠北草原，如耶律雅里、耶律

耶律羽之墓出土的鎏金缠枝纹银盘，绘有精美的缠枝花卉和鸾鸟

---

① 《辽史》卷 2《太祖下》赞曰，中华书局 1974 年版，第 24 页。

布拉纳遗址

布拉纳遗址又称巴拉沙衮城，位于吉尔吉斯斯坦托克马克附近，建于 10 世纪，是中世纪时期楚河流域最大的城市之一，古丝绸之路上重要的商贸中心。遗址周边现存一座半截砖塔，塔原高 45 米，因经多次地震主体结构受到破坏，15 世纪的一次大地震摧毁了该塔的上半部，使其高度减低到现在的 25 米。1970 年吉尔吉斯斯坦对该塔进行了修复，重新修建了塔的地基和西部。2014 年 6 月，遗址被列入世界文化遗产名录。

1132 年，耶律大石称帝后，率军同东喀喇汗国发生战斗。1134 年，东喀喇汗国阿斯兰汗去世，继任的易卜拉欣不能控制汗国内的局势，邀请耶律大石入都城巴拉沙衮。耶律大石入城后将此地定为西辽新都，改名为虎思斡鲁朵。1137 年，西辽在扩张中遇到西喀喇汗国的抵抗，西喀喇汗国被击溃后向宗主国塞尔柱帝国求援。1141 年，塞尔柱苏丹领兵十万在撒马尔罕西北的卡特万战役和西辽军发生决战，耶律大石以少胜多，获得大胜并占领了西喀喇汗国都城撒马尔罕。不久西辽大将额布思又征服了花剌子模。

大石即其代表。特别是耶律大石自漠北西迁，在今中亚托克马克地区重建辽朝，史称西辽，沿用"因俗而治"策略，存在至 1219 年。西辽灭亡后，其遗族又在西亚建立了起儿漫王朝，后被蒙古旭烈兀汗国灭亡。而存在中原与北方地区的契丹遗族（遗民），至 14 世纪末消逝于历史的记载中。

契丹人在中国乃至东北亚、中亚、西亚地区，甚至欧陆世界都留下了深远影响，譬如输送于丝路古道的北大黄被西亚阿拔斯王朝称为"契丹芦荟"，中国火药传入阿拉伯世界被誉为"契丹雪、契丹花"，古代东欧及俄罗斯许多地区都存在着以"契丹"命名的现象，还有流传君士坦丁堡和罗马城的"契丹算法"。这些，都成为后世欧陆世界长期不断地探寻"通往契丹之路"的源动力。

二、辽朝所处的时间与空间格局

"千年契丹"的历史开端，是定位在"世界性的民族大迁徙"这个特殊的历史时段，这一时段有着深深烙印于多民族身心的大融合特质。

辽朝的历史开端，定位在中国历史传承中的大分裂与大融合的发展时段，是国史的自然延续，是植根于大碰撞大融合基础上的新的剧烈碰撞与融合。是民族历史发展的必然，也为新的大发展大统一格局的到来提前举行了奠基礼。

契丹人存在的历史时间，自4世纪末至14世纪末。辽朝存在的时间，仅是契丹历史整体中的片段或其中一部分。自907年阿保机夺取汗位，至1125年被金朝灭亡，其间，被辽朝先后灭亡的割据政权有：靺鞨人建立的渤海国（天显元年，926年）、沙陀人建立的后唐政权（天显十一年，936年攻灭）和后晋政权（会同九年，946年攻灭）；被辽朝征服或扶立的割据政权有：奚王部落（天赞二年，923年建府；统和十四年，996年取消王府自治）、甘州回鹘（天赞三年，924年，太祖西征；太平十年，1030年前后被西夏灭亡）、后晋政权（始自天显十一年，936年；至会同九年，946年灭亡）、西夏政权（始自统和四年，986年，1227年被蒙古灭亡）。臣服辽朝的部落或政权有：高丽、西州回鹘、归义军、喀喇汗王朝及黑水女真（生女真）、合苏馆女真（熟女真）、敌烈乌古、漠北阻卜、漠南杂蕃诸部等。

在辽朝存在的时间内，演绎着中国历史发展的基本特征：

第一，中华民族大家庭的南、北方民族间政治、经济、军事、文化的碰撞与融合，在9世纪中期以不断"南下"的方式呈现。源于不同类型的经济生产方式间的排斥、濡染与契合，势必引起精神层面的共鸣。这些不同类型的经济生产方式，本质上源于文化观念差异，根本上还是物质决定意识，并以物化的方式体现在精神层面的磨合与认同。自辽朝至元朝，囊括五代十国、两宋、金朝、西夏、大理、吐蕃、高昌等在内，形成多民族大统一国家的"化成"期。这一时期形成了别具一格的时代特质。

第二，当代考古发现证明：辽朝兴修了千余座城镇堡寨，使北方草原与中原"城国"状态实现对接，这是两种经济生产类型互补与融通的结果，更是两种制度文化的契合与认同。辽朝开发了祖国北疆，很大程度上拓展了国人国族的边疆视域。城镇的兴建还带来交通的串联，更频繁的交流使彼此形成不可分离的联系。

第三，辽朝以"因俗而治"见长，这既是对峙中的"让步"，也是在汹涌的融合潮流面前的认同。认同是相互间意念达成的一致归属，源自历史的存在感。这种认同感，可以在当时使用北朝、南朝、西朝的称谓中，获得补证。

第四，自辽朝至元朝，漫漫长途有五百余年，除以汉字为通用文字外，契丹人创造的契丹大、小字，在北方地区流行至金朝晚期；金朝创制的女真文字，元朝创制的八思巴文字等，虽都是拼音文字，却吸收了象形会意等造字特点，又都毫无例外地呈现出方块字的造型特征。这是趋同的表现，是观念认同的基础，是"中国"观念认同日益深入人心的鲜明体现，它开创了中国古史发展的新局面。

辽朝最盛期的版图，北踰西伯利亚，西邻高昌回鹘（西州回鹘，今新疆西部）与中亚诸国，南接"五代十国"，以白沟、五台为界，西南接西夏、吐蕃，东临高丽、与日本隔海相望。地逾万里，幅员辽阔。其地理分布的空间状态及其对外交往联系，已覆盖亚洲大部。

辽朝与这些"远亲近邻"存在怎样的联系？下面作简要的介绍。

三、辽朝周边地区的政局更迭

（一）南邻五代十国与北宋

1. 五代十国

五代十国是中国历史上的大分裂大动荡时期，藩镇势力割据征伐，陷入分裂动荡。"五代"（907—960年），即指黄河中下游地区相互嬗替的五个政权。907年，宣武军节度使朱温废除唐朝，建立后梁政权，沙陀集团李克用与之生死相搏。923年，李克用之子李存勖灭后梁，建立后唐政权。936年，后唐河东节度使石敬瑭，以称臣称子、割让"幽云十六州"及每年献纳银绢30万匹（两）为条件，与辽朝联合，攻灭后唐，建立后晋政权。942年，

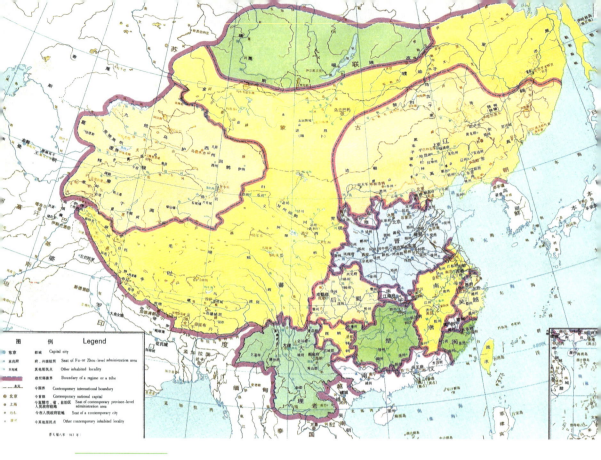

五代十国时期全图①

后晋对辽称孙不称臣，不愿为辽附庸，引发辽、晋战争，946 年后晋灭亡。次年，后晋河东节度使刘知远建立后汉政权，951 年后汉被后周政权取代，960 年北宋取代后周政权。五代之嬗替如此。

五代政权，除后梁外，皆与沙陀政治势力相关，又有北方契丹势力的介入。五代乱局导致人口大迁徙，客观上也是造成中原"文明远被"和诸族融合的因素之一。

"十国"（902—979 年），即由唐末藩镇发展而成的诸割据政权。南吴（902—937 年），唐淮南节度使杨行密，902 年受封吴王，占据今江苏、江西及安徽南部，后被徐知诰篡夺。南唐（937—975 年），徐知诰代吴称齐，

① 引自谭其骧主编：《中国历史地图集》（第六册）宋·辽·金时期，中国地图出版社 1982 年版，3—4 页。

939年更名李昪，改国号唐，史称南唐，占据今江苏、江西、福建、安徽等地，后被北宋灭亡。前蜀（907—925年），唐西川节度使王建，907年自立称蜀，据今四川、重庆和陕西南部，被后唐灭亡。后蜀（934—965年），后唐西川节度使孟知祥，934年自立称蜀，据今四川、重庆及陕西南部，被北宋灭亡。南平（924—963年），后梁荆南节度使高季兴，924年后唐封为南平王，据今湖北西部和重庆东部，后降北宋。吴越（907—978年），唐镇东、镇海节度使钱镠，907年后梁册封吴越王，据今浙江、福建地区，后投降北宋。闽（909—945年），唐威武军节度使王审知，909年被后梁封为闽王，据今福建，后被南唐灭亡。南汉（917—971年），唐清海军节度使刘岩，917年自立称汉，据今海南、两广地区，后被北宋灭亡。楚（907—963年），唐武安军节度使马殷，907年后梁册封为楚王，据今湖南，后被南唐灭亡；旋复国，被北宋灭亡。北汉（951—979年），后汉河东节度使刘崇，951年据太原自立称汉，据今山西中北部，后被北宋灭亡。

"十国"政权，多集中于江南、巴蜀地区，仅有北汉倚仗辽朝援助，裂地自雄，割据于北方地区。十国政权深处乱局，大多都密切关注着中原政治状况及诸方势力消涨，曾先后与辽朝建立联系，甚至参与"五代"后期与契丹的政治纠葛。

五代十国时期，北方人口大量涌入江南，推动江南经济生产迅速发展，利用河、湖资源，整修辖区的堤堰闸渠，引水种田，发展生产。如吴越在钱塘江入海处筑捍海石塘；吴越与南唐广建圩田，围筑堤坝，内以围田，外以隔水，将低洼水涝土地改变为肥沃农田。江南种茶养蚕发达，制茶、纺织、烧瓷、造纸、煮盐、矿冶，都成为重要的手工业生产门类。茶叶成为重要流通商品，贸易量极大。杭州、成都等均为繁华都市。钱塘江沟通海路贸易，与日本、高丽、东南亚和波斯等都有频繁的贸易往来，南方地区成为当时新的经济发展中心。

五代十国是个动荡混乱的时期，也是多民族幅辏、聚结与沟通的时代，宗教信仰多种多样，生产方式农牧杂糅，呈现如"契丹样""蕃家样"等不同往昔的时髦产品，民族歌舞艺术涌流而入，讲唱艺术持续发展，配合音乐歌唱的长短句发展迅速。西蜀形成以绮丽香软而闻名的花间词派，南唐凝聚出清新俊逸而落入哀婉的词风，洛阳市井流行鄙陋粗俗的曲子词，出现了花蕊夫人、李煜、冯延巳、和凝等代表人物。还有荆浩、关仝、董源、巨然、

王处直墓彩绘浮雕散乐图

王处直字允明，官拜义武军（治所定州）节度使，节制易、定、祁三州，为河北地区的重要藩镇将领。其弟王处存，父王宗，祖籍唐并州晋阳人，住京兆长安城万年县胜业坊，家境殷实豪富，其父曾遥领兴元军节度使。

王处直墓位于河北省曲阳县西燕川村，因多次被盗，故遗存物较少，且多已残损。墓内所出的壁画同石刻彩绘浮雕最具特色，尤其是石刻彩绘浮雕数量之多，题材之佳，工艺之精，前所罕见。1994年，王处直墓遭盗掘，被盗文物流失海外。2000年，我国学者在美国发现即将拍卖的王处直墓甬道处浮雕。2001年5月，经国家文物局追索，美法院做出返还文物的最终裁决，被盗石刻回归中国。

李唐、马远、徐熙、黄筌、夏珪、周文矩、顾闳中等一批著名画家，特别是两位契丹画家胡瓌与李赞华。李赞华本辽太祖长子东丹王耶律倍，因兄弟不睦而投降后唐，善于绘画草原名物，与胡瓌并列，名动中原。

2. 北宋（960—1127年）

北宋是中国专制主义中央集权空前加强的历史时期，中央设立政事堂（或称中书门下）为宰相与参知政事（副相）官署，枢密使分割宰相军权、三司使（计相）分割宰相财权，政事堂与枢密院并称"二府"。削减州府、军监权力，长官以文官充任。禁军分三司，又称三衙，互不统属。军队实行更戍法，轮换调防，兵不知将，将不知兵。军队的一半在京师，一半驻地方，实行"守内虚外"的军事体制。科举制度，实行严格考试程序，扩大取士额度，提高士人待遇，增加殿试环节。而北宋与辽朝的关系，可概括为：战和交替，始战后和，较量从未终止。

北宋时期，生产发达，经济繁荣。乡村人口分为主、客户。主户又分五等，称五等版籍，是占有土地缴纳两税的人户；客户即佃客，没有土地。城镇居民称坊郭户，依财产多寡划分为十等，以等次定差科。其中，上五等户称坊郭上户，是官僚地主大族；下五等户称坊郭下户，多为平民、贫弱之家。北宋租佃制，有合种和承佃两种形式。合种是用自己工具耕种地主土地，收获对分或只得三四成，故名为分田客；承佃即打短工，计日取酬，佃客拥有绝对的人身自由。经济作物有茶树、棉花、桑蚕、甘蔗和线麻等，受政府重视而得到良好利用和养殖，茶叶已成为生活必需品，出现诸多园户和名品。宋代矿冶业发达，采煤已掌握将煤层凿成若干小区，逐步开采的方法，用煤冶铁日益广泛，出现冶铁冷锻技术。冶铜掌握胆水浸铜法。造船业可建造万石船，可载钱20万贯，亦可载米1万2千石。宋徽宗时，还制造两艘载重2万石以上的大海船。陶瓷、纺织、造纸和雕版印刷等手工业都有长足发展。代表手工业发展的标志，是匠人身份的变化。作坊规模大，分工细，匠人多，规模和质量均超过唐朝。私营作坊雇佣工匠，领取钱米为佣值，佣值高低因不同时期或部门而异。官营作坊的工匠，或隶军籍或招募雇匠，还有列入匠籍的"当行""鳞差"，是收取雇值的工匠。宋代城市大多不立坊市，商铺随处开设，来自各地物产及契丹、党项、高丽、日本、大食货物，应有尽有，出现夜市和晓市。娱乐场所"瓦子"（又称瓦舍、瓦肆）中有勾栏（歌舞戏剧场所）、酒肆和茶楼。除金属铸币流通外，还出现了简洁轻便的纸币交子，最初由成都十六家商户经营，天圣元年（1023年），改私营为官办，设立交子务，实行专管。各地有场、务等收税机构，商税分为行商过税和关税，值百抽二；坐贾住税，值百抽三，还有杂税。雍熙四年（987年），遣使携带诏书金帛往南海诸国，博买香料、药材、犀角、象牙、珍珠、龙脑。明州、广州、泉州、扬州为国际贸易港口，海路贸易日益隆盛。

布衣毕昇发明活字印刷术，雕版印刷进入黄金时代。沈括记录了指南针磁针所指方向为正南稍偏东现象，是关于地磁偏角的最早记录，还掌握了利用天然磁体的人工磁化技术。改进了火药配方和生产程序，火药火器开始使用。李诫《营造法式》是建筑艺术的集大成，"法式"即样板，许多木作技术被记录摹写下来。医药、数学、天文历法都有较大发展。北宋文学主要成果为宋词。词是诗歌的一种，句子长短不一，配乐歌唱，又名长短句；源于民间，始于唐朝，盛于两宋。随着城市繁荣，适应市民娱乐需求的"说话"成为主要文学表演形式。"话"即故事，说话底本叫"话本"，"话本"流传

辽代纯金芦雁纹金币

辽代自太祖太宗时代，便有赏赐臣下珍稀钱币的传统，《辽史圣宗本纪》有承天太后称制的统和二十年（983—1012 年）十二月"奚王府五帐六节度献七金山土河川地，赐金币"等赐金币的记载。辽代金银钱币无论品种、类别、数量均堪称中国古代之最。其金银钱制作工艺精湛、文化内涵深厚，作为流通货币与铜钱并用。

积聚成为话本小说。以此为生者，称"说话人"。还流行傀儡戏、影戏和杂剧，往往与"说话"有密切联系。还有一种以词连缀而成的歌舞讲唱方式，用一个牌调填写数首词，铺叙一个故事，是金元杂剧的鼻祖。南方流行各种地方戏，总称"南戏"，由村坊小曲发展而来，没有严密的宫调，却是后来诸宫调形成的基础。北宋绘画艺术高超，宋徽宗就是位书画家，其花鸟画为上乘，瘦金体是法帖。宫廷有翰林图画院，凝结出"丈山尺树，寸马豆人，远水无波，远人无目"的绘画原理。哲学、史学及农林园艺等都有重大发展。

（二）西邻甘州回鹘、沙州归义军、于阗、吐蕃、高昌回鹘和西夏

1. 甘州回鹘（852—1028 年）

甘州回鹘又称河西回鹘，是回鹘人于 9 世纪中期大量迁入河西地区，庞特勤（唐朝册封怀建可汗）设牙帐于删丹（今甘肃山丹），形成以甘州为中心的割据政权，相继受到吐蕃与归义军政权控制。

甘州回鹘维持着与"五代十国"及辽、宋政权的关系，与五代和北宋以甥舅相称，贡使频繁，输出马匹、医药、香料、宝玉、佛经等，引入中原或

契丹的丝绸、服饰、金银器皿等各种物产。宋咸平四年（辽统和十九年，1001年），遣使入宋，确立宗藩关系，采取与吐蕃六谷部联盟的方式。甘州回鹘与党项部落及辽朝争夺今武威、张掖地区，夺取河西重镇凉州（又名西凉府）。辽统和二十八年（宋大中祥符三年，1010年），辽朝西北路招讨使萧图玉率军攻破肃州城，甘州回鹘日渐衰颓，甘州周围又有不相统属的贺兰山回鹘、秦州回鹘、凉州回鹘、合罗川回鹘、肃州回鹘和瓜州、沙州回鹘等，各自为政。随着西夏势力不断壮大，甘州回鹘名存实亡。

辽太平八年（宋天圣六年，1028年），辽朝军队围攻甘州城达四个月，未克而还师。西夏李元昊趁机袭击甘州，猝不及防，大部分回鹘人逃往葱岭以西，其余或归附宋朝或被西夏俘虏，另有部分与沙州、瓜州回鹘汇合，甘州回鹘灭亡。

临摹敦煌壁画回鹘女供养人像

2. 沙州归义军（850　1036年）

唐贞元三年（787年），瓜、沙、甘、肃诸州均被吐蕃贵族政权攻占。唐大中四年（850年），吐蕃内乱，张议潮率沙州民众起义，驱杀吐蕃镇将，接管州务，略定瓜、伊、西、甘、肃、兰、鄯、河、岷、廓等十州。次年（851年），遣使携瓜、沙、伊、西、甘、肃、兰、鄯、河、岷、廓等十一州地图、户籍献于朝廷，唐朝遂置归义军，以张议潮为归义军节度使，后又收复凉州，辖境愈广。但至僖宗朝（873—888年在位）以后，受回鹘南下影响，归义军仅存瓜、沙二州而已。唐亡，节度使张承奉自称"西汉金山国白衣天子"。

敦煌榆林窟第16窟甬道北壁曹议金夫人供养像回鹘公主

后梁乾化四年（914年），张承奉去世，

大族曹议金（名仁贵）自立，复称归义军，改善与周边少数民族关系，与甘州回鹘恢复藩属关系，娶甘州回鹘可汗女儿为妻；与塔里木盆地西南沿的于阗国联姻，嫁女给于阗国王李圣天，还通使伊州、西州回鹘，遣使后梁，于莫高窟建大窟一所（第98窟），作为朝廷授节降恩的纪念。同光二年（924年），后唐册封曹议金为归义军节度使、沙州刺史、检校司空。曹议金利用甘州回鹘内乱，直逼甘州城下，迫降回鹘后，又嫁女给甘州回鹘可汗，确认双方领属关系。长兴二年（931年），自称"令公"或"拓西大王"。935年，曹元德继任节度使，与甘州回鹘矛盾激化，发生战争。937年，曹元德遣使辽朝，确立贡使关系。939年，曹元深继任，遣使后晋，与甘州修好。944年，曹元忠继任，仍保持与后晋、后汉、后周和北宋政权的臣属关系，与于阗国以甥舅相称。976年，曹延禄继任，与甘州回鹘发生战争。1002年，瓜沙军民围攻节度使府邸，族子宗寿执掌归义军政权，一面保持与宋朝的朝贡关系，请求北宋派铸匠及善藏珠者至瓜沙教授技术；一面又遣使辽朝，接受辽朝赐予。1014年，曹贤顺继任，多次遣使并亲自入觐辽朝。1036年，被西夏政权灭亡。

3. 于阗（前232—1006年）

于阗又作于寘，匈奴语谓之于遁，印度语称屈丹、瞿萨旦那，意为地

于阗王李圣天像

乳，吐蕃语称为离余国。是塔里木盆地南缘一个古老的塞人城邦。于阗东通且末、鄯善，西通莎车、疏勒，辖今和田、皮山、墨玉、洛浦、策勒、于田、民丰等地，都西城（今和田约特干遗址）。国姓尉迟，自公元前232年立国，延祚上千年。两汉时期，发展成为西域佛教王国。8世纪末，沦为吐蕃属国。9世纪中叶，国族与沙州归义军联合，摆脱吐蕃控制。10世纪初，国王尉迟僧乌波仰慕唐朝，改名为李圣天（912—966年在位）。938年（辽会同元年），被后晋册封为"大宝于阗国王"，遂以大宝于阗为国号。疆域东北至今若羌，与仲云部落相接；南抵昆仑山，与吐蕃接壤；西北近喀什。960年（辽应历十年、宋建隆元年），信奉

伊斯兰教的喀喇汗王朝，将信奉佛教的于阗作为"圣战"对象，战争持续近四十年。970年（辽保宁二年、宋开宝三年），于阗王尉迟输罗（汉名李从德）夺取喀什噶尔数座城池。此后，于阗军两次围攻喀什噶尔，虽然均以失败告终，但击杀了喀喇汗王朝阿里·阿尔斯兰汗。999年（辽统和十七年、宋咸平二年），喀喇汗王朝率军反攻，攻克于阗城。于阗王率残部退入昆仑山区，至1006年（辽统和二十四年、宋景德三年）被灭亡。

4.吐蕃诸部

9世纪中叶，吐蕃王朝陷入贵族纷争，卫藏诸部影响逐渐降低，出现一些僧俗首领割据的军政势力，尤以甘青地区的六谷部与唃厮啰最为强大。

六谷部，生活在今甘肃武威等地，9世纪后期形成强大的联合体。10世纪后期，党项李继迁崛起，六谷部首领潘罗支与宋朝修好，献战马5000匹，受封为朔方军节度使，宋朝使臣遭遇党项伏击，颁赐圣旨被李继迁夺获。1003年（辽统和二十一年、宋咸平六年）秋，李继迁进攻六谷部，潘罗支溃败，诈降，李继迁遭到伏击，受箭伤病殁，其后，其子德明举兵复仇，击杀潘罗支，六谷部溃散瓦解。

唃厮啰（1014—1134年），本名欺南陵温，吐蕃赞普后裔。河州吐蕃称佛为唃，称子为厮啰，欺南陵温自称唃厮啰，故其政权亦称此名。

唃厮啰幼年时，由商人带至河州（今甘肃临夏），又至移公城。因唃厮啰在吐蕃人中影响巨大，故当地贵族谋欲联络诸部会盟，建立政权；占据宗哥城（今青海平安）的李立遵和占据邈川城（今青海乐都）的温逋奇，得知消息，便将唃厮啰劫持到廓州（今青海化隆），尊奉为赞普，将王城设于较发达的宗哥城，李立遵为论逋（宰相），掌控政权。宋大中祥符八年（辽开泰四年，1015年），遣使朝宋，并上书秦州守将曹玮求赞普称号，却只授唃厮啰保顺军节度使；李立遵率兵攻击秦（今甘肃天水）、渭（今甘肃平凉）州城寨，惨败于三都谷（今甘肃甘谷境），唃厮啰趁机率亲信部族至邈川，温逋奇即以唃厮啰为主，自称国相，与宋朝修好。宋明道元年（辽景福二年，1032年），册授唃厮啰宁远大将军、爱州团练使，温逋奇归化将军；温逋奇遂欲挟持唃厮啰威令诸部，但唃厮啰却被守卒放走，以赞普威望号令诸部，捕杀温逋奇，迁徙至青唐（今青海西宁），经营河湟地区。党项李元昊也将矛头指向河湟，宋景祐二年（辽重熙四年，1035年），李元昊进攻唃厮啰，惨败而归。于是，凉州（今甘肃武威）六谷部吐蕃和甘州（今甘肃张掖）

回鹘纷纷归附唃厮啰。当时，宋辽角逐西北战略要地，宋宝元元年（辽重熙七年，1038年），李元昊称帝，宋朝封唃厮啰为保顺军节度使，次年，宋使携诏书与二万匹丝绸至唃厮啰，令其侧击西夏。两年后，宋使复至青唐，谋议伐夏，唃厮啰献誓书及西州地图，受封保顺、河西等军节度使。随之，辽夏关系恶化，辽朝结好甘州回鹘与唃厮啰，于清宁四年（宋嘉祐三年，1058年），将宗室之女册封为公主下嫁唃厮啰之子董毡。宋治平二年（辽咸雍元年，1065年），董毡继位，其二兄磨毡角居宗哥、瞎毡居龛谷（今甘肃榆中），仍结好辽、宋，抗御西夏。熙宁三年（辽咸雍六年，1070年），西夏攻宋，董毡率军入夏境抄掠。及宋朝以王韶主持秦州边事，发动河湟之役，遂进攻董毡辖下熙河地区，攻占熙（今甘肃临洮）、河（今甘肃东乡西南）、洮（今甘肃临潭）、岷（今甘肃岷县）、叠（今甘肃迭部）、宕（今甘肃宕昌）诸州，招抚蕃族三十余万帐。西夏遂以公主嫁董毡之子，而河州大酋木征降宋。

此后，宋朝调整战略，与董毡恢复关系。宋熙宁十年（辽大康三年，1077年），授董毡为西平军节度使、武威郡王，宋神宗还称赞董毡"上书情辞忠智"。宋元丰六年（辽大康九年，1083年），董毡养子阿里骨继嗣，遭到族人反对，遂欲联合西夏进攻熙河。宋元祐二年（辽大安三年，1087年），阿里骨发兵攻洮州，西夏围攻河州，阿里骨失利，遂遣使入宋谢罪，宋允诺重续旧好。宋绍圣三年（辽寿隆二年，1096年），阿里骨之子瞎征继位，宋封授河西军节度使，唃厮啰家族溪巴温及各部首领遂纷纷据地自立。元符二年（辽寿隆五年，1099年），宋军自河州渡黄河，连克宗哥、邈川诸城，瞎征降宋；大首领心牟钦毡等立木征之子陇拶为主，陇拶不能控制局面，遂与契丹、西夏、回鹘三公主及大小首领降宋。次年，吐蕃首领立溪巴温之子溪赊罗撒为主。宋建中靖国元年（辽乾统元年，1101年），宋封授溪赊罗撒西平军节度使。蔡京执政，于宋崇宁二年（辽乾统三年，1103年）出击河湟，至青唐，龟兹公主等出降，溪赊罗撒走西夏。宋宣和七年（辽保大五年，1125年），宋朝以唃厮啰后裔（赐名赵怀恩）为措置湟鄯事。1131年，金军夺取河湟。

吐蕃人传统生产门类是牧业，有牦牛、马、驼、羊，但湟水、洮河、黄河两岸及邈川，川皆沃壤，中有流水，依水筑屋而居，发展农业生产；宗哥川适宜农耕，种植有青稞、小麦、荞麦等，还有烧炭、冶铁、制胶、毛织等产业。由于西夏的崛起，致使当时的丝路贸易严重受阻，凡往来商贩，

"夏国将吏率十中取一，择其上品，商人苦之"。导致来往商队和贡使团，大多都绕道青唐，进入中原贸易。史称：厮啰居鄯州，有临谷城通青海，高昌诸国商人皆趋鄯州贸卖，以故吐蕃逐渐富强。[①] 唃厮啰使用藏文，时人称为蕃字蕃书。记年用十二生肖历法，信仰佛教与古老的苯教，在青唐等地广建寺院，宫殿旁都供奉着高达数十尺的佛像。

5. 高昌回鹘（848—1219 年）

高昌回鹘又称西州回鹘、北庭回鹘、和州回鹘、阿斯兰回鹘或龟兹回鹘。848 年，庞特勤在安西都护府称可汗，居焉耆城。866 年，击败吐蕃，夺取西州（治高昌）、轮台（今新疆乌鲁木齐附近），迁都别失八里（今新疆吉木萨尔北），后又迁哈喇和卓（今新疆吐鲁番东南）。辽朝称之为和州回鹘、西州回鹘，或阿萨兰回鹘。北宋称为高昌回鹘、龟兹回鹘，或师（狮）子王。西及龟兹（今新疆库车），与喀喇汗王朝接壤，西北抵天山，北包准噶尔盆地，南以塔里木盆地与于阗为邻，东至敦煌与西夏分界，东南抵青海北部与黄头回纥接壤。居民除回鹘人外，还有汉人、突厥、葛逻禄等诸族人口。崇奉佛教、摩尼教，与中原交通，输送马、独峰驼、大尾白羊、宝刀、镔铁剑、弓箭、盔甲、玻璃器、瑜石、硇砂、玉石、玉佛、玉鞍勒、玉碗、玉带、玉钺斧、琥珀、象牙、翡翠、真珠、胡黄连、香药、乳香、花蕊布、宿绫、褐、杂物及梵夹、菩提印叶、念珠、舍利、佛骨等，与婆罗门（今印度）、波斯（今伊朗）人一起至中原或辽朝贸易。

高昌回鹘深受盛唐影响，行用唐朝开元历，佛寺五十余区皆唐朝赐额。已出土的摩尼教徒编制粟特文日历残片中，存有天干五行、粟特七曜日和十二支兽名称的记录（十二支兽名历法始于突厥人），说明高昌文化已融合了多种文化因素。高昌壁画，多摹写佛教或摩尼教造型，内有汉族、回鹘、印度与欧罗巴人像，其风格是以中国式、犍陀罗式相结合。高昌使用粟特字

---

① 《宋史》卷 492《外国传八·唃厮啰》，中华书局 1977 年版，第 14161—14162 页。

西夏黑水城遗址

黑水城是西夏在西部地区重要的农牧业基地和边防要塞，西夏十二监军司之一黑山威福司治所。黑水城遗址为长方形，面积超过十八万平方米。城分为东西两部分，西城为军政官署和寺庙等宗教活动场所；东城则为吏民和军队居住区及仓库等。城东西各有一座城门，门宽 4.5 米。建有瓮城，瓮城门南向。城墙高 11 米，墙四角加厚，成圆锥形，顶部外侧建有女墙一道。城中有一条大道贯穿东西。城东南有一座方形堡子，堡东有一座高土台，台东又建有两排房屋，外有围墙。城外是居民的宅院。黑水城在元朝为亦集乃路，蒙古语称哈拉浩特（黑城）。明以后城渐废，遗址曾出土大量西夏文献资料。

母制作的回鹘字，甚至辽朝也学习其方式制成契丹小字。辽朝从高昌输入玉、珠、乳香、斜合里皮、褐里丝等，还于高昌置回图务和高昌国大王府。耶律大石西迁，高昌臣服，后降蒙古。

6. 西夏（1038—1227 年）

西夏是党项族建立的割据政权。西夏由部族演变为专制王国，自称"西朝"，与辽、宋分庭抗礼，又与金朝、南宋鼎足而立，直到 1227 年被成吉思汗灭亡。史称："回鹘土产，珠玉为最。帛有兜罗锦、毛毼、狨锦、注丝、熟绫、斜褐。药有腽肭脐、硇砂。香有乳香、安息、笃耨。其人善造宾铁刀、乌金银器。或为商贩，市于中国、契丹诸处。往来必由夏界，夏国将吏率十中取一，择其上品，贾人苦之。后以物美恶，杂贮毛连中。"①"有甚粗者，若间以杂色毛者，则又甚轻细，然所征亦不赏。自元昊取河西地，回鹘种落窜居山谷间，悉为役属。曹琮在秦川欲诱之共图元昊，得西川旧贾，使喻意。"②丝路交流，因西夏阻挠，北宋与阿拉伯商旅开通海路，辽朝则重塑丝路北端支线，丝路南线贸易则失去向远延伸的能力。

（三）与西南大理政权

大理（937—1253 年），937 年，后晋通海节度使段思平占据羊苴咩城（今云南省大理市），国号大理，占据今云南、川贵西南部及缅甸、老挝和越南北部。

宋开宝元年（辽应历十八年，968 年），大理通贡北宋，国主段素英笃信佛教，以和尚读儒书者为释儒，开科取士，官吏多由释儒选拔。宋咸平五年（辽统和二十年，1022 年），国主段素隆，禅位为僧，开古代皇帝禅位为僧的先河。宋元丰三年（辽大康六年，1080 年），贵族高氏操控权力。宋绍圣元年（辽大安十年，1094 年），高升泰废除段氏自立，国号大中，两年后，又还政于段氏，高氏仍操控政权，世称高国主。1253 年，大理政权向忽必烈投降，遂以段氏为世袭总管。

大理军政制度富有当地民族色彩，又借鉴了中原制度。在其统治的 300 余年间，与中原政治经济文化联系密切，向宋朝贡献大理马、麝香、牛黄、细毡等特产，派幻戏乐人到宋朝表演，国主段誉受宋册封为金紫光禄大夫、云南节度使、大理国王；段智廉向宋朝求得大藏经 1465 部，放置于都城五华楼；与周边缅甸、越南、马来西亚、印度、波斯等地有贸易往来。佛教传入云南，至大理时盛行，儒学与佛教融通为一，儒生奉佛法，师僧诵儒书，"释儒"或"儒释"可以通过科举取得入仕资格，甚至参政理政。大理国描工张胜温创作美术画卷，描绘大理国王率文武群臣虔诚礼佛景象以及佛教诸佛、菩萨、十六国王众礼佛胜况，传为瑰宝。大理国同时也是佛教三大体系皆存的主要流传地。

忽必烈征服大理政权后，留从行军兵戍守云南地区，其中，包含有较多

---

① 洪皓《松漠纪闻》云："毛连，以羊毛纬之，单其中所以为袋，以毛绳或线封之。"
② （清）吴广成撰，龚世俊等校证：《西夏书事校证》卷 15，夏天授礼法延祚四年四月"沙州回鹘来侵，却之"条下注，甘肃文化出版社 1995 年版，第 175 页。

《大理国梵像卷》(局部),张胜温绘,现藏台北故宫博物院

是大理国(937—1254年)传世的唯一画卷,全卷设色贴金,绘制精湛,共分四段:第一段画大理国王利贞皇帝礼佛图,第二段绘佛、菩萨、佛母、天王和护法等数百位佛教人物,第三段为多心和护国宝幢,第四段是十六国王图。全卷内容丰富,素有"南天瑰宝"之誉。成画于盛德五年(1180年),画卷为纸本,全长1635.5厘米,宽30.4厘米,共绘有单体及组合像134幅,有人物774人,人物形象栩栩如生。画卷题材以反映佛教故事为主,兼以反映大理国外事活动。时限从利贞王后礼佛图开始,至西土十六国王告终。

的契丹人。这是契丹人在元朝时期戍守祖国西南边陲的开端。元世祖至元十九年(1282年),攻伐罗氏鬼国(今贵州西南及云南东北一带),耶律忙古带率六千契丹军从征,升授云南都元帅,率军万余人开通金齿(今云南西部怒江流域)道,连通缅甸境内。至元二十八年(1291年),元朝合大理、金齿两安抚司为大理金齿等处宣慰司都元帅府,以耶律忙古带为宣慰使、都元帅,时驻守云南西部的契丹军兵逾两万人,同时驻守云贵诸地的军队中也包含有大量契丹军士。大德十一年(1307年),忙古带病殁,其子火你赤袭封万户,之后火你赤之子阿律牙兄弟及其后裔,始终驻守并落籍云南省西部,直至明清两朝迄今,在与当地诸族居民杂处融合过程中,以名为姓,在契丹族群后裔中出现阿、莽、蒋以及杨、李、赵、王、茶、段、何等新的姓氏。这是云贵地区契丹后裔的主要来源。

(四)与东亚临国

1. 日本

日本与辽朝同时期,恰值平安时代(794—1192年)。10至11世纪,藤原氏垄断政权，武士集团逐渐强大，采取以"院政"（代理天皇执政）对抗藤原家族的方式，武士进入中央政权内。12世纪末，终被幕府政治取代。

平安时代的庄园经济趋向封闭的政治环境，加之自然地理条件限制，使日本对外交往处于停滞，虽与辽朝、北宋及高丽存在断续的官方来往，但民间贸易受技术条件限制，海路艰难不畅。日本对外贸易主要向宋朝和辽朝输出木材、黄金、硫磺、水银、砂金及精工制作的宝刀和倭扇（折纸扇）。10世纪以后，日本贵族文化逐渐形成，出现了第一部敕撰《古今和歌集》（10世纪初）、长篇小说《源氏物语》（11世纪初）、随笔《枕草子》（10世纪末至11世纪初）等文学作品。这一时期日本文化深受宋辽文化影响，以贵族文化为基础，摄取辽宋佛教禅宗特点。法然、亲鸾、日莲等名僧创建的镰仓佛教，即是如此。在此文化背景下，日本培育形成的生动、朴实的武家文化，出现了《平家物语》（13世纪初）等军记物语（小说）的文学体裁。

2. 高丽（918—1392年）

高丽又称王氏高丽。9世纪末，新罗政权爆发民众起义，贵族弓裔建立后高句丽、甄萱建立后百济，与控制金城（今韩国庆州）的新罗鼎足而立，史称"后三国"。918年，军将王建称王，国号高丽，定都开京（今朝鲜开城），统一朝鲜半岛，北倚鸭绿江，与契丹、女真为界；东北抵甲州（今朝鲜甲山）、吉州（今朝鲜吉州）。1392年，被朝鲜李氏王朝取代。

高丽功臣豪族强盛，至光宗（949—975年），颁布奴婢按检法、行科举制、定百官公服，加强集权政治。辽统和十年（992年），下诏征讨高丽，高丽成宗遂奉表归附；统和二十八年（1010年），高丽权臣弑主，辽朝讨伐诛逆，深入高丽境内。高丽显宗遣使求援于宋朝，辽朝提出高丽王入朝或归还江东六州的条件，并造浮桥于鸭绿江、修建保州城（今朝鲜义州），高丽仍依违拖延，不置可否。辽开泰七年（1018年），兴兵讨伐，失利而还；辽太平二年（1022年），双方恢复关系，高丽仍要求毁撤浮桥及保州城，辽朝不许，高丽遂关闭榷场，并修筑从鸭绿江口到东朝鲜湾的防御城堑，以备契丹、女真。

辽重熙十五年（1046年），高丽文宗即位，与辽、宋通贡，致力发展生产，与辽、宋经贸活动频繁，仅高丽朝贡就进纸、墨、米、铜、人参、粗布、席、药等若干，辽朝回赐鞍马、弓箭、皮毛、丝帛等若干；商业交流日渐扩大，开京礼成江口碧澜渡，是繁华的贸易港口，向宋朝输出人参、墨、纸、文席、苎布、折扇、瓷器等，输入书籍、药材、香料、染料、丝绸、茶叶、玉器等，输入礼服、书籍、乐器、金银器、漆器、川锦、浙绢、茶酒、玳瑁、沉香、钱币等。大食（阿拉伯）商人前来贸易，"商舶络绎，珍宝日至"，交流沟通扩大至中、西亚地区与欧洲。辽寿隆元年（1095年），高丽肃宗即位后，女真部族逐渐兴起，遂置"别武班"，以修武备。及金朝建立，与高丽约为兄弟。辽天庆六年（1116年），高丽夺取辽朝保州，更名为义州。

金天会四年（1126年），高丽成为金朝藩属。金末，耶律留哥东辽政权与蒲鲜万奴东夏政权相互攻伐，波及高丽。金贞祐五年（1216年），契丹军数万人，转进高丽境内，首领号称金山、银山王子，四处攻击，以掳掠为生。高丽无力遏制，兴定三年（1219年），蒙古军率东真、高丽军平定契丹。高丽遂为蒙古属国，至1392年灭亡。

（五）与中亚、西亚诸国

11世纪突厥人南下，引起亚欧大陆震荡，拜占庭帝国在与突厥人抗争失利后，招引来对地中海东部与西亚地区冲击剧烈的十字军，导致希腊人、欧洲基督教和穆斯林文明以及突厥人，陷入兵燹之灾。当时，基督教文明已在西欧长足发展，教会摆脱世俗政治束缚，封建骑士制度形成；而突厥人在覆灭阿拉伯帝国后融入穆斯林，虽使东罗马帝国信奉的东正教失去亚洲据点，却因基辅罗斯获得新的发展空间。

此时，辽朝已经成为东亚与北亚地区霸主，商队遍布四方。辽朝也因此与更广阔范围内的族群发生经济文化的交流。

1. 喀喇汗王朝（880—1212年）

喀喇汗王朝又称可汗王朝、伊利克汗朝、大石（大食）、黑汗王朝或葱岭西回鹘，穆斯林称其为哈卡尼耶，阿拉伯及欧洲史料将其归属突厥系统。其可汗自称"桃花石汗"或"东方与秦之主"。

回鹘西迁，征服葛逻禄后，于880年建立喀喇汗王朝。915年，回鹘萨图克汗创立教法统治、官僚队伍与管理机构，施行军功授官，击败萨曼王朝，夺取怛罗斯（今哈萨克斯坦塔拉兹）。随后政权逐渐伊斯兰化。辽统和十七年（999年），又吞并萨曼王朝，夺取阿姆河以北地区。统和二十四年（1006年），吞服于阗，又进攻高昌回鹘，高昌获得辽朝支持，以游牧部落3万帐突进至阿力麻里（今新疆霍城西北克干平原古城遗址）与叶密立（今新疆额敏东南额敏河南岸古城遗址）之间的草原上。辽重熙十年（1041年），

锡提亚古城遗址

锡提亚古城始建于 11 世纪末，有研究认为该城曾是喀喇汗朝之可汗范围，12 世纪为西辽占据，1218 年在成吉思汗西征时被毁。古城方圆五公里左右，犹可见街市遗迹，西北有一高地，四周散布有陶片及人骨，并发现北宋铜钱和铸有阿拉伯文的喀喇汗朝时期钱币。

喀喇汗王朝分裂为东、西两部分。大安五年（1089 年），西喀喇汗朝成为塞尔柱王朝附庸；1130 年，东喀喇汗朝臣服塞尔柱王朝。1134 年，耶律大石于叶密立，发兵夺取巴拉沙衮（今吉尔吉斯斯坦托克马克），东、西喀喇汗朝成为西辽附庸，至 1212 年相继灭亡。

喀喇汗王朝由多民族部落联合而成，体制上是其习惯的"双王制"，由大可汗、副可汗各领汗国一部分，下设四个小可汗即阿尔斯兰伊利克、博格拉伊利克、阿尔斯兰特勤、博格拉特勤，再设埃米尔、玉伽、俟斤、伯克、伊难珠、匐等，形成封建等级，分治各地。皈依伊斯兰教后，借鉴萨曼王朝集权制度，奉行军功爵制，中央设立迪万（即国务会议）和宗教事务所，处理政治、司法与宗教事务。在农耕区置省、县，游牧民以部族为主，实行领主制，缴纳赋税等。

喀喇汗朝是信奉伊斯兰教的突厥语民族政权，大汗驻巴拉沙衮，后驻喀什噶尔（又称斡耳朵坎特，今新疆喀什）；副汗称博格拉喀喇汗，驻怛罗斯。

后来撒马尔罕和布哈拉成为政治、经济中心。汗朝原由诸叶护、酋长统领私人军队，至萨图克汗时，仿效萨曼王朝创建古拉姆近卫军（Ghulam），兵源主要来自突厥系诸部族，后又转向钦察系部落招募。古拉姆重骑兵，马匹配甲，使用锤、刀、剑等武器，戍守王宫及各要塞；大城市驻有常备军，是领取薪水的职业军人。此外，还有整编的萨曼王朝军队，伊克塔私人骑兵和数量庞大、成分复杂的志愿军。军队单位是图曼，即万户，下分千户、百户等，指挥官多是诸省份或城市行政长官。

喀喇汗王朝冶炼技术发达，武器铠甲远销西夏、吐蕃、蒙古高原、巴格达、契丹、中原等地。西夏学习其炼铁技术，锻造出名满东亚的西夏剑。喀喇汗军队装备有明显的波斯—伊斯兰风格。尤其重骑兵使用的重型片甲，流行于中西亚伊斯兰世界，做工精良，穿戴者活动自如，战斗力很强。

2. 拜占庭帝国（395—1453 年）

拜占庭帝国即东罗马帝国，是欧洲传统的君主制国家，源于古罗马。辽朝正值其第八至十一王朝期[①]，尤其马其顿王朝在小亚细亚抵制穆斯林，加强对巴尔干和意大利南部的控制，颁布了巴西尔法典，是东西方军政力量交锋的前沿和核心力量。

辽开泰七年（1018 年），基辅罗斯接受东正教信仰，成为东罗马东正教发展的核心区域。辽重熙二十三年（1054 年），拜占庭帝国与罗马教廷决裂。辽清宁二年（1056 年），马其顿王朝被科穆宁王朝取代，旋即又被杜卡斯王朝取代。咸雍七年（1071 年），曼齐克特之战，杜卡斯王朝惨败于塞尔柱，亚美尼亚、安纳托利亚及小亚细亚半岛相继丢失。其后，科穆宁王朝复辟，引入西欧封建制度，向罗马教廷求救，成为十字军首次东征的借口。辽寿隆三年（1097 年），十字军进入小亚细亚，但拜占庭帝国对十字军意图持疑，十字军则对帝国省份进行掠夺。1099 年，十字军攻占耶路撒冷，在占领区建立起一批封建国家，还将希腊南部养蚕技师、工匠迁徙到西西里，削弱拜占庭对丝绸经营的垄断地位。

拜占庭皇帝居所称为圣宫，紫色是皇帝专用色，寝宫用紫色装饰，子女称紫衣贵族。贵族分亲王及公、侯、伯、子、男各级，元老荣誉头衔不得世

---

① 东罗马的第八至十一王朝顺序为：马其顿王朝、科穆宁王朝、杜卡斯王朝和复辟的科穆宁王朝。

油画《十字军占领君士坦丁堡》，欧仁·德拉克罗瓦绘，现藏巴黎卢浮宫

袭。早期元老院、执政官和各大区长官，均已变为荣誉头衔，辅弼机构是御前会议，由执事长官、大区总督、军队司令、司法大臣和君士坦丁堡市长构成。地方分为若干大区，大区分为若干行省，重要省份设立总督。军队包括边防军、野战军和皇宫哥特卫队。边防军采用军区制，有东方、色雷斯、伊利里亚、亚美尼亚和海上等军区，士兵领取农田自耕或租佃，军粮自给。11世纪后，盛行雇佣兵制与军事行政州。

帝国金银矿、铸币、国库，归大司库官主管，大区总督掌握地方金库。经济以农业为主，同时拥有发达的商业和手工业，货币索利都斯是流通货币。君士坦丁堡是世界性都市和经济中心，转口贸易发达，进口物资有丝绸、毛皮、粮食、贵重木材、香薰料、药材、染料、象牙、宝石、珍禽异兽、陶瓷、奇货和其他奢侈品以及奴隶等，出口物资有玻璃、马赛克镶嵌画、高级丝织品和锦缎、武器、葡萄酒、贵金属、珠宝首饰、工艺品、香药、奇石、珠宝等，又开辟出由红海进入古印度洋的海路以及由黑海、里海、咸海通往东方的陆路。

拜占庭文学源自古希腊文学，寓严肃主题于诙谐幽默的叙述中。杂记精品是哥利马斯的《基督教国家风土记》。诗歌以礼拜仪式的宗教唱诵为主，讲求韵律，并发展出两重唱的音乐形式，保留下来的东正教音乐，如希腊阿索斯山（圣山半岛）宗教音乐，以复调音乐为主，反复出现相同乐调、变调与和声，分为高音部与低音部，注重韵律，轻忽节奏。美术特点是装饰性、抽象性和宗教寓意结合。马赛克镶嵌画，善用光耀颜色，主色为金、蓝色，间以白、紫、蓝、黄、粉红、绿、红、黑等色；圣像多木制，以小块马赛克为主或拼出图案，加以珠宝装饰。绘画手卷反映来自生活的多方面内容。最精致工艺品是威尼斯圣马可教堂帕拉多霍祭坛组雕，由黄金、珐琅、珍珠、宝石等制成。976 年，又委托拜占庭工匠制作祭坛中心嵌板，1105 年又订购更多珐琅嵌板，直到第四次十字军东征，将圣索菲亚大教堂等修道院圣像劫掠至威尼斯。

教育以算术、几何、音乐、天文为主，而哲学、修辞及古希腊语是必修科目，受教范围含贩夫走卒。土木工程、冶金地理等技术都有发展。与辽朝同时代的建筑艺术，因为外族入侵，规模大不如前，呈现出若干小穹窿代替中央大穹窿的建筑方式，注重内部装饰，如威尼斯圣马可教堂。10—11 世纪，蚕丝业在希腊南部得到发展，纺织受朝廷控制，除皇族专用紫色丝绸，其他则用刺绣织出复杂图案，再做成礼服、帷幔、壁（地）毯等。医学继承古希腊成果，认为疾病源于干、湿、冷、热四气失调，西美昂编纂的《食物》《保健手册》是其结晶。放血、推拿、按摩、烧灼疗法用于临床，甚至对平民开放，注重培养公共卫生习惯等。

拜占庭融合罗马、希腊文化和中近东文化，创造了独特风格的拜占庭文化，在中古世界经济文化交流中起到连接东西方的作用。

3.阿拔斯王朝（750—1258 年）

阿拔斯王朝又称黑衣大食，为阿拉伯帝国世袭王朝，首都巴格达。750年，大杰河（底格里斯河支流）战役，哈希姆家族灭亡倭马亚王朝，建立阿拔斯王朝。751 年，怛罗斯战役，击败唐王朝。至穆塔西姆在位（833—842年），用突厥族奴隶为卫队，迁都至底格里斯河上游的萨马拉。不久，来自里海南岸的白益王朝，于 945 年攻占美索不达米亚和巴格达，阿拔斯王朝成为白益王朝傀儡。辽清宁元年（1055 年），塞尔柱人占领巴格达，又成为塞尔柱帝国傀儡。及十字军第八次东征（1096—1291 年）时，王朝已化分为几十个独立政权。1258 年，被旭烈兀汗国灭亡。

阿拔斯王朝政教合一，哈里发称为安拉的代理人。采用波斯行政体制，吸收非阿拉伯穆斯林贵族、学者参政。"维齐尔"（即首相）主管行政和宗教，法官由精通教义教法的教徒担任；以警察署长兼任哈里发警卫长。五大行省，置总督管理。以呼罗珊人构成十万近卫军，有骑、步、弓弩、海军兵种，统帅称大埃米尔，后又组建突厥近卫军及穆特瓦尔（志愿者）。推行土地分封制，拥有大量伊克塔（贵族）土地。农业、手工业、商业、运输业都很发达。纺织、采矿、玻璃制造、珠宝诸行业技术发达。8 世纪中叶，造纸术传入阿拉伯，大马士革生产的纸张远销欧洲。撒马尔罕、大不里士、内沙布尔、哈马丹商业兴隆，巴格达是商贸中心，商旅云集，垄断海上交通贸易，沟通亚、非、欧各地。辽朝处在阿巴斯王朝中期，东西文明的智慧和创造沿丝绸之路传入和传出，阿拉伯硝酸钾的最佳配比效果即此时调制出来。比鲁尼、阿布·纳斯尔·曼苏尔是当时知名数学家，伊本·海森姆《光学书》、伊本·西纳《药物真作》与《健康书》是著名科技成果。天文学与早期化学得到发展，智慧宫集翻译、学院、研究所、天文台和图书馆于一体，直属皇家且推动学术发展。阿拉伯文学《一千零一夜》，是阿拉伯人和波斯人智慧的结晶。伊斯兰经学体系已构建完成，逊尼派和什叶派由早期政治派别发展为宗教派别。哈里发采取多种措施传播和强化伊斯兰教，使伊斯兰教渗透到政治、经济和文化等各个领域，变成穆斯林生活方式。10 世纪时，阿拉伯伊斯兰教、数学、天文历法与航海、地理知识传入中国，商人苏莱曼与航海家伊本·瓦哈比自巴士拉与希腊启航，经海上丝绸之路驶进中国广州港，其沿途见闻与描述，使阿拉伯世界加深对中国的认识。

4.萨曼王朝（874—999 年）

萨曼王朝是波斯人建立的伊斯兰封建专制政权，占据今乌兹别克斯坦、哈萨克斯坦南部、土库曼斯坦、塔吉克斯坦、阿富汗及伊朗大部分，与西部的布韦希王朝对立，因其曾祖萨曼·胡达而得名。

9 世纪中叶，阿拉伯人在河中地区的统治，逐渐被本地波斯人萨曼家族取代。萨曼家族系萨珊王朝后裔，属帕提亚七大氏族之一，原来信奉拜火教，后改信伊斯兰教逊尼派，因为艾哈迈德兄弟协助阿巴斯王朝平叛有

萨曼王朝创建者伊斯玛仪·本·艾哈迈德
与其父亲的陵寝

功，820 年分别授予撒马尔罕、费尔干纳、塔什干和赫拉特城军事长官，后受塔希尔王朝节制。874 年，艾哈迈德之子纳斯尔·伊本·艾哈迈德为河中总督，纳斯尔之弟伊斯玛仪·本·艾哈迈德（892—907 年在位）以布哈拉为首都，称埃米尔，效法波斯与哈里发宫廷建立统一的军政制度。893 年，伊斯玛仪进攻喀拉汗王朝，夺取苏坎特、怛罗斯、费尔干纳，迫使西喀喇汗王朝迁都喀什噶尔。903 年击败萨法尔王朝，夺取波斯东南部，征服阿富汗山地，直指花剌子模、塔巴里斯坦与戈尔甘。

伊斯玛仪兴修水利，调整赋税，鼓励发展农业和工商业，奖掖伊斯兰学术，被誉为"信仰虔诚、宽仁贤明的君主"。纳斯尔二世在位（913—943 年），加强集权和军队建设，镇压王室和什叶派、哈瓦利吉派叛乱，统治中心由中亚转向波斯东部。此时，波斯西部信奉什叶派的布韦希王朝崛起，而河中地区波斯人则是狂热的逊尼派教徒，纳斯尔二世晚年转奉什叶派，引发大规模骚乱导致其退位。

古拉姆将军（突厥奴隶近卫军高级军官）掌管宫廷实权，突厥军官成为各地割据势力首脑。当时突厥人皈依伊斯兰教，一位名叫阿尔普特勒的突厥奴隶逃难至阿富汗加兹尼城，在那里建立了新王朝即伽色尼王朝。阿姆河以南被伽色尼王朝控制。999 年（辽统和十七年），喀拉汗与伽色尼王朝联合灭亡萨曼王朝。

萨曼王朝集合波斯萨珊、中亚粟特和阿拉伯伊斯兰王朝统治经验，埃米尔为最高统治者，迪万（最高国务会议）由 10 个部门构成，瓦兹尔（宰相）统领财政、外交、法律、教育、户口等。达尔嘎赫（宫廷系统）由瓦克尔（即宫廷总管）总理具体事务，哈吉布（宫廷大臣）负责宫廷警卫，宫廷外围则驻扎突厥古拉姆近卫军。军队由西帕希—萨拉尔（总指挥官）执掌，由埃米尔直接任命。地方分为若干行省，由各级总督管理，行省官员为哈克姆（hakim），以霍拉桑哈克姆最尊贵；设邮政官，兼充中央耳目。边疆区是一些自治或半自治的小王国或部族。

军队，由骑兵、步兵、工兵及后勤诸兵种构成，骑兵有铠甲防护及精良武器，战马披铠甲。步兵攻城略地，工兵围攻城池、修筑器械工事兼顾武器铠甲维修，后勤负责给养。各地由常备军驻守，由国家统一装备，领取薪水；突厥古拉姆近卫军驻防首都与各大城市，由草原突厥语民族奴隶构成，具有严密依附关系。此外，还有伊克塔军事地主、城镇乡村构成的非常备军私人武装力量。

萨曼王朝降低赋税，与民生息，兴修水利，疏通道路，奖励工商业。土地占有者是王室成员、封建贵族、宗教上层、古拉姆将军与大商人等，伊斯兰社会伊克塔土地制度基本定型，常备军不授予"伊克塔"土地而是按官阶高低领取薪酬。在伊克塔体系之中，占有土地的地主贵族称为迪杭（迪赫坎），以收取分成地租为主，少量土地分属村社农民，按规定缴纳土地税。清真寺、宗教学校拥有王室赐封或穆斯林施舍地产（即瓦克夫），免征赋税。王朝扶农（牧）重商，倡兴贸易，物产丰富，商贾云集。费尔干纳开采金、银、锡、铜、铁等矿产，运往河中加工，河中、呼罗珊已形成发达的专业化生产能力；布哈拉、撒马尔罕、赫拉特、巴尔赫等地，建立国有作坊。王朝税收，有货币税与实物税，来源为土地租税、人头税、商队关税、奴隶贸易等。早期货币是胡达铸造的迪尔汗，后又铸造新式迪尔汗银币，各大城市都建有铸币厂。向外输出细布、花纹布、丝锦及藏红花、羊毛、地毯、甲胄、铁器等，对内输入羔羊皮、山羊皮、骏马、骆驼、山羊、绵羊与各类矿产。很早就与东欧保加尔、可萨汗国、基辅罗斯有经贸联系，里海、伏尔加河与花剌子模成为繁荣的商路，往来络绎，东欧水貂皮、鼬皮、海狸皮、鱼胶、鱼牙、白杨树皮等土特产以及斯拉夫奴隶不断向中亚输送，甚至远及北欧。与埃及、拜占庭、叙利亚、印度、中国都有密切往来。

萨曼王朝遵奉伊斯兰逊尼派教义，埃米尔和伊斯兰长老享有宗教特权和较高政治地位。境内大批突厥语民族皈依伊斯兰教，促使中亚伊斯兰化基本完成。其建有规模宏大的皇家图书馆，堪称学术宝藏。撒马尔罕大清真寺、伊斯兰经学院和天文台，成为其文化发展的象征。布哈拉及宫廷，学者云集，求学、研究、著述蔚然成风，医学家兼哲学家拉齐、伊本·西拿（阿维森纳）、博学家比鲁尼、诗人菲尔多西和鲁达基、历史学家巴勒阿米、艾布·苏莱曼等，均在此时作出重大历史贡献。

5. 塞尔柱帝国（1037—1194年）

塞尔柱帝国是突厥人建立的伊斯兰封建帝国，辖今伊朗、伊拉克、高加索、小亚细亚大部及叙利亚（含巴勒斯坦）等地。塞尔柱人为突厥乌古斯部落联盟（乌古斯叶护国）中的一支，初居中亚北部草原，以酋长塞尔柱克名字命名。伽色尼王朝取代萨曼王朝后，任命塞尔柱克为世袭贝伊，领有大块牧场使用权，为王朝守卫北方边疆。1030年（辽太平十年），塞尔柱克之孙图格鲁克贝伊在花剌子模反抗伽色尼王朝，夺取呼罗珊的木鹿和内沙布尔。1037年（辽重熙六年），图格鲁克击溃乌古斯叶护沙赫，统帅全部乌古斯部落。1040年（辽重熙九年），丹丹坎战役大败伽色尼王朝，征服波斯全境，定都内沙布尔，自称呼罗珊伯克。1043年（辽重熙十二年），进据赖伊（今德黑兰）、哈马丹。1051年（辽重熙二十年），图格鲁克迁都伊斯法罕，又应阿拔斯王朝哈里发卡伊姆（1031—1075年在位）之召，至巴格达，解除波斯人建立的什叶派王朝——布韦希王朝对哈里发的控制，哈里发视其为救星和保护人，赐予"苏丹"称号，封为"东方与西方之王"，成为哈里发的摄政王。1071年（辽咸雍七年），图格鲁克之侄和继承者阿尔普—阿尔斯兰（1063—1072在位），在曼齐克特击败拜占庭，俘虏拜占庭皇帝罗曼努斯四世，占领小亚细亚大部，将大批塞尔柱乌古斯游牧人口安置于此，建立罗姆苏丹国，使突厥、波斯文化与伊斯兰教在小亚细亚传播。

马利克沙在位时（1072—1092年），塞尔柱帝国达到极盛。1091年（辽大安七年），迁都巴格达，东与中国新疆接壤，西至叙利亚及小亚细亚，南达阿拉伯海，北至基辅罗斯。1092年，发生王位纷争，帝国分裂为以巴格达、大马士革、科尼亚、摩苏尔、迪亚巴克尔等城市为中心的许多小塞尔柱苏丹王朝。吐火罗斯坦与巴尔赫城的乌古斯人起义反抗。1097年（辽寿隆三年），尼西亚被十字军攻陷，并入侵叙利亚和巴勒斯坦。马利克沙第三子桑贾尔（约1096—1157年在位）受封于呼罗珊，至1104年（辽乾统四年）成为塞尔柱帝国仅存的继承人和其他小王朝的宗主，相继击败喀喇汗王朝和已退居印度边境的伽色尼王朝，但在1141年的卡特万战役中被耶律大石击败，失去对西喀喇汗王朝的控制。1157年，阿拔斯王朝摆脱塞尔柱人控制。1194年，被花剌子模灭亡。

塞尔柱帝国沿袭阿拔斯、波斯萨曼、突厥伽色尼王朝制度，苏丹下设首相（即维齐尔），处理政治、军事、财政和宗教事务。帝国各省由阿塔贝格（或称阿塔伯克）管理，意为"太傅"，因王子即位前，需到各省担任总督锻炼，行省长官就起到教导王子的作用。阿塔贝格多由塞尔柱贵族担任，集一方军政大权于一身。经济上，实行采邑制，即伊克塔土地制度，只有使用权，不得世袭，但军事长官可以世袭苏丹赐予的土地。农民以实物缴纳田赋，国库耗巨资开凿运河，修筑大道，开办邮驿，保护商道畅通。信奉逊尼派，在巴格达和内沙布尔等创办以尼扎姆·穆勒克命名的宗教大学，重金聘请著名学者任教，传播逊尼派艾什尔里学派教义和沙斐仪学派的教法学说，培养宗教学者和政府官吏。鼓励学术，学者安萨里和数学家、诗人奥马尔·海亚姆等，在朝廷资助下完成其学术研究或著述。还招聘学者从事天文实测，修改波斯历法，编成《哲拉勒历》，精确性超过《格列高里历》。

6. 伽色尼王朝（962—1186 年）

伽色尼王朝又称哥疾宁王朝，或伽兹尼王朝。是突厥人建立的第一个伊斯兰政权，最先使用"苏丹"为君主称号。首都加兹尼，辖今阿富汗、巴基斯坦、土库曼斯坦、印度北部及乌兹别克斯坦部分地区、伊朗大部分地区。

创立者阿勒普特勒，是萨曼王朝宫廷近卫军首领，961 年（辽应历十一年）升任呼罗珊总督，次年被免职驱逐至伽色尼，遂自立为埃米尔。伽色尼王朝，大力发展农业与工商业，相继征服北印度、阿富汗、花剌子模和波斯大部分地区。999 年（辽统和十七年），联合喀喇汗夹击萨曼王朝，攻陷梅尔夫及布哈拉，以乌浒河(阿姆河)为界，与喀喇汗王朝瓜分萨曼王朝领土。1006 年（辽统和二十四年），喀喇汗王朝越过阿姆河进入巴尔赫平原，伽色尼王朝用披甲战象，击败喀喇汗王朝，并征服花剌子模。又从布韦希王朝夺取赖伊（今德黑兰）和伊斯法罕。辖地东起北印度，西至波斯西北，北达乌浒河与咸海，南迄锡吉斯坦，巴格达哈里发赐予"国家的右臂"与苏丹称号。时乌古斯叶护，任命土库曼酋长塞尔柱克世袭贝伊，赐予一块丰美的牧场，成为守卫北疆的雇佣军。

马苏德苏丹在位（1030—1040 年）时，王室内讧，塞尔柱贝伊图格鲁克竖起反抗苏丹的旗帜，1040 年（辽重熙九年）丹丹坎战役（今中亚马雷附近）中，攻入西亚，建立塞尔柱王朝。此后，北印度出现若干小王朝。辽清宁四年（1058 年），伽色尼王朝与塞尔柱之间形成结盟，攻击印度土邦。辽天庆七年（1117 年），巴赫拉姆沙阿王子借助塞尔柱王朝援助，成为新任苏丹，随后，又摆脱塞尔柱王朝控制，反被塞尔柱人击败。而刚兴起的廓尔王朝，趁机将伽色尼王朝排挤到旁遮普。1149年，伽色尼城被古尔王朝占领并焚毁，伽色尼遂迁都拉合尔（今属巴基斯坦）。1186年，被古尔王朝灭亡。

伽色尼王朝仿效萨曼王朝，建立中央集权体制，边疆区由藩属国或游牧部落代理统治。但封疆大吏手握军政大权，对集权构成威胁。马哈茂德苏丹在位时，采用波斯行政制度，集政治、军事、司法和宗教大权于一身，军队由苏丹统率。设大臣会议，各部大臣分管政务，各省总督由突厥军事将领担任。崇奉伊斯兰教逊尼派教义，凡征服之地即派出毛拉和教法官宣传教义，以《古兰经》和圣训立法。在旁遮普等地推行伊斯兰化和阿拉伯化政策，打击其他宗教势力。在白沙瓦、拉合尔兴建清真寺、宗教学校，使伊斯兰文化在北印度传播。王朝倡导发展伊斯兰学术文化，延揽诗人、学者聚集宫廷，在历史、天文、建筑、数学、文学和诗歌领域成绩斐然。著名诗人费尔多西、博学家比鲁尼、诗人和宗教哲学家温苏里等皆在此时取得重大学术成就。伽色尼建筑华丽，学术昌明，建有清真寺、宗教大学、科学院、图书馆、天文台、宫殿、澡堂和花园，是中亚伊斯兰文化中心。伽色尼王朝注意厘定税收，开垦荒田，兴修水利，奖励工商。

军队由突厥人、印度人、戴拉曼人、阿拉伯人、库尔德人和呼罗珊波斯人组成。花剌子模的阿尔通塔什雇佣库贾特突厥人和恰格拉特突厥人守卫边界，库贾特雇佣军成为阿尔通塔什之子哈伦摆脱伽色尼王朝的军事力量。突厥人掌握着军队指挥权，宫廷卫队指挥官也是突厥人。士兵来源的民族多样化是其基本特征，战俘、收养、购买奴隶，也是重要兵源。如远征印度运回的俘虏数目过多，无处安置，只能为他们另造住所。奴隶兵，即古拉姆（意为"经过训练的奴隶"），分为宫廷古拉姆（苏丹卫兵）和一般古拉姆。宫廷古拉姆参加各种典礼仪式，身着精美锦缎长袍，佩挂珠宝装饰的武器。志愿兵多数都是抢劫财物的冒险者，聚集在苏丹麾下，靠战利品维持生活。士兵收养是指古拉姆指挥官死亡后，被解散的古拉姆，苏丹成为他们最后的领养人。古拉姆具有很强依附性，与领主共存亡。雇佣军，如库尔德人等常在伊斯兰王朝充当雇佣军，阿拉伯人也被伽色尼王朝招募为雇佣军。军队兵种有骑兵、步兵、象兵、工兵和勤务兵。骑兵主力是重装甲骑兵，辅之以轻骑弓箭手。重装甲骑兵由中央古拉姆及伊克塔军事贵族提供，轻装骑射手从游牧部落招募。步兵有用于远距离作战的弓和近距离作战的狼牙棒、短剑和标枪，穿锁子甲上衣，手持皮革或金属盾牌，战场上形成一条坚固防线。苏丹拥有一支常驻步兵，当远距离出征时，骑上快捷的骆驼，抵达目标即下来作战。象兵是特殊兵种，从印度学来，伽色尼王朝曾以象兵对付河中统治者，极大地震骇了对手的神经。

伽色尼王朝突厥统治者，受到阿拉伯和波斯、伊斯兰文明影响，完成从游牧到定居的生活转变，模仿萨曼王朝形成具有伊斯兰文化特色的政教合一体制。

7. 萨法尔王朝（867—1002 年）

萨法尔王朝是波斯东部伊斯兰封建政权，创建者叶尔孤白·伊本·莱伊斯·萨法尔（867—879 年在位），出身铜匠（即萨法尔），为波斯锡斯坦人。867 年占据锡斯坦，自立为埃米尔，以疾陵城（今伊朗东部与阿富汗交界的萨比里湖附近）为都，迫使阿拔斯王朝哈里发承认其所占之地，任命其为该地长官。随后，吞并塔希尔王朝，占领呼罗珊，迁都内沙布尔（今伊朗东北部）。875 年，击败塔巴里斯坦（今伊朗里海南岸的古利斯坦省、吉兰省和马赞德兰省）的齐亚尔王朝。其弟阿慕尔（879—900 在位）向哈里发效忠，封为该地总督。900 年，被萨曼王朝击败，押送至巴格达，被哈里发处死。阿慕尔死后，其子塔希尔即位，911 年被萨曼王朝灭亡。但萨法尔王朝后裔并未屈服，不断进行复国活动，穆罕默德、艾哈迈德、哈拉夫三位埃米尔，虽然辟居锡斯坦一隅，仍持续至 1002 年（辽统和二十年），为伽色尼王朝灭亡。

萨法尔王朝是军事封建国家，有庞大的军队，宫廷和各地官员由王室成员充任，行政制度效法塔希尔王朝，遵奉伊斯兰教逊尼派教义，对中亚和波斯穆斯林的麦加朝觐，都派兵保护，并向麦加圣寺施舍重金。王朝以波斯文为通用文字。

8. 齐亚尔王朝（928—1043 年）

齐亚尔王朝是波斯北部伊斯兰政权，辖今伊朗西部和北部地区。创建者马尔达维季，928 年（辽天显三年），趁萨曼王朝军队骚乱之际，夺取塔巴里斯坦，建立起以其父亲名字命名的新王朝，并扩张至哈马丹、伊斯法罕、设拉子，从阿拔斯王朝夺取阿瓦士。935 年，马尔达维季被杀，其弟武什米尔继位，建都雷伊。白益王朝夺取伊斯法罕，萨曼王朝也进攻齐亚尔，武什米尔击败萨曼王朝，夺取戈尔甘。次年，承认萨曼王朝为宗主国，集中力量对抗白益王朝，夺回伊斯法罕。但萨曼王朝呼罗珊总督突袭戈尔甘，又败武什米尔于雷伊，武什米尔逃奔塔巴里斯坦，属下萨里总督与呼罗珊总督联合进攻塔巴里斯坦，伊斯法罕失陷。不久，武什米尔收复雷伊。943年（辽会同六年），雷伊被白益王朝攻陷，武什米尔返回塔巴里斯坦，又被叛军击败，遂投萨曼王朝。叛军与白益王朝联合，呼罗珊总督攻击白益王朝，夺取雷伊，武什米尔收复戈尔甘，至947年（辽天禄元年）击败白益王朝，至955年（辽天禄二年至应历五年），最终与白益王朝约和。958年（辽应历八年），武什米尔夺回雷伊，复与萨曼王朝结盟，不久狩猎时被野猪攻击身亡，长子比苏通继位，萨曼王朝支持其兄弟卡武斯；比苏通臣服白益王朝，萨曼军队撤归。977年（辽保宁九年），比苏通病殁，卡武斯继位，白益王朝干预，卡武斯流亡呼罗珊。998年（辽统和十六年），卡武斯返回塔巴里斯坦，与伽色尼王朝结盟。1012年（辽开泰元年），军队哗变，废除卡武斯，拥立其子曼努齐尔继位，与伽色尼王朝联姻。1031年（辽景福元年），权臣执政，因停止贡纳，招致伽色尼军队攻击，遂继续纳贡。1041—1042年（辽重熙十至十一年），沦为塞尔柱藩属。1090年，被尼扎里·伊斯玛仪王朝灭亡。

卡武斯统治时期，科学家比鲁尼将自己撰写的编年记事作品献给卡武斯。而齐亚尔王朝的建筑作品，首推贡巴德·卡武斯高塔（即其陵寝），又名伽布斯之穹，上面有注明日期的铭文，陵墓用烧砖建造，外形是个巨大的圆柱体建筑，顶上覆盖圆锥形屋顶，圆柱体由10个平面构成，直径17米，墙厚3米。从基座到尖端高度49米，相传卡武斯的遗体被封在一个玻璃棺中，棺材由铁链悬挂在塔内的内部圆顶中。

9.布韦希王朝（945—1055年）

布韦希王朝又名布耶王朝、白益王朝，是波斯封建王朝。布韦希是里海西南岸山地之人，有三子阿里、哈桑和艾哈迈德。934年（辽天显九年），阿里占据法尔斯，以设拉子为都城，又攻占伊斯法罕、胡齐斯坦和克尔曼。945年（辽会同八年），艾哈迈德进入巴格达，阿拉伯哈里发成为布韦希家族傀儡，王朝权力掌握在长兄阿里手里。949年（辽天禄三年），阿里遗命以哈桑之子阿杜德·道莱继位。

阿杜德·道莱（949—983年在位）采用诸王之王称号，在设拉子附近的库尔河修筑著名的埃米尔拦河坝，在巴格达和设拉子设立图书馆、学校和医院，奖励诗人和学者，使设拉子成为文化中心；宗教政策方面，利用逊尼派哈里发名义统治国土，又举行纪念什叶派殉道者仪式，并为纳杰夫第 4 代哈里发阿里的坟墓修建陵庙，表示忠于德莱木人固有信仰。阿杜德·道莱死后，布韦希王朝急剧衰落。突厥族和德莱木军人的矛盾，家族的内讧，使国土陷于分裂。1055 年（辽清宁元年）塞尔柱人进入巴格达，布韦希王朝灭亡。

10. 尼扎里·伊斯玛仪王朝（1090—1256 年）

尼扎里·伊斯玛仪王朝即波斯木剌夷国，活跃于今阿富汗至叙利亚山区，是伊斯兰右翼激进分子组成的刺客集团，史称伊斯玛仪王朝（或伊玛目王朝）。创建者伊斯玛仪为伊斯兰什叶派第五代伊玛目（教主）长子，因失去继承权而自立教派，占据里海附近一座山城阿拉姆特要塞，培养信徒，采用古波斯遗传的暗杀技术，凡悖神者一概刺杀，行动极其精确，声名远播四方。势力遍及波斯，很快拥有里海南岸 300 余座城寨。伊斯玛仪王朝 1090 年（辽大安六年）一举倾覆齐亚尔王朝。十字军连番发起"东征"行动，伊斯玛仪信徒也因连续刺杀十字军系统重要人物，而声名鹊起，称为刺客派，其领袖人物自称"山中老人"，枢要机构设在山峰顶上，号称"鹫巢"。各国统治者都对"山中老人"备感畏惧，对其要求不敢拂逆，反而加速了伊斯兰社会的分裂。13 世纪中期，伊斯玛仪王朝屡屡劫持蒙古商旅。1256 年，旭烈兀汗率军直逼木剌夷国，在蒙古军火炮下，木剌夷国土崩瓦解，"山中老人"也被擒杀。

11. 基辅罗斯公国（882—1240 年）

882 年，维京人奥列格征服基辅及附近地区，建立以东斯拉夫人为主体的君主制国家，首都基辅，疆域即第聂伯河至伊尔门湖之间，属于东斯拉夫文化发源地。罗斯是维京人后裔，基辅罗斯为近代俄罗斯史学界命名。东斯拉夫人流动性较强，生活在西起德涅斯特河、东到第聂伯河以及黑海北岸广袤平原。862 年，罗斯人留里克受斯拉夫人邀请帮助平定内乱，率亲兵队在诺夫哥罗德登上王公宝座，建立第一个罗斯王国，即留里克王朝。施行巡行索贡制，每年初冬时节，率领亲兵向居民索贡。879 年，奥列格继任，率领亲兵队沿着瓦希商路（从瓦里亚格人到希腊人之路）南征，占领斯摩棱斯克和波洛茨克等地。882 年，占领基辅城，开启基辅罗斯公国阶段。911 年，版图东至伏尔加河，北起拉多加湖，南临草原。

969 年（辽应历十九年），攻占可萨汗国首都萨克尔，挥兵伏尔加河，占领保加利亚首都普列斯拉大。980 年（辽乾亨二年），与拜占庭联姻，不

诺夫哥罗德千年俄罗斯纪念碑的留里克像

久，宣布东正教为国教。1054 年（辽重熙二十三年），雅罗斯拉夫的 3 个儿子共同执政，各地大贵族势力不断增强，罗斯政权瓦解分裂为若干个独立的小公国。13 世纪初，罗斯联军被钦察汗国击败，沦为附庸，罗斯人的政治中心转移至东北的莫斯科。1240 年，在拔都西征中被灭亡。

东斯拉夫人经营农业，随着封建关系的发展，新兴封建田庄盛行。10 世纪中叶，瓦良格人出身的王公和亲兵队，也经营土地，建立田庄。在雅罗斯拉夫统治时期（1015—1054 年），大土地所有制迅速发展，阶级矛盾日趋激烈。农民杀死王公贵族和管家，焚烧田庄。雅罗斯拉夫遂颁行《古罗斯法典》（又称《雅罗斯拉夫法典》）。基辅罗斯多次逼迫拜占庭帝国签订商业条约，保障罗斯人在拜占庭的商业特权。首都基辅不仅是政治、经济中心，还建有拜占庭式索菲亚大教堂和彼舍拉修道院。冶炼加工、武器制造及制革制陶等远销各地。第聂伯河和伏尔加河是重要的贸易商路，沟通与拜占庭及东方阿拉伯各地。

12. 十字军东征（1096—1291 年）

十字军东征是中世纪欧洲封建主以收复阿拉伯、突厥穆斯林入侵领土的名义，对地中海东岸及西亚国家连续发动的九次大规模入侵，持续近 200 年。十字军东征对东地中海和中近东的政治格局产生了极大影响。

中世纪基督教世界的中心在欧洲，但许多重要圣地如巴勒斯坦却处于伊斯兰教文明的控制。塞尔柱突厥兴起，使欧洲基督徒前往圣地旅行的危险骤增，也对拜占庭帝国形成威胁。1095 年（辽寿隆元年），罗马教皇乌尔班二世号召欧洲骑士收复圣地，促成第一次十字军东征（1095—1099 年），参加者 10 万人，兵分 4 路，会师君士坦丁堡；1097 年渡海进入小亚细亚，占领尼西亚（罗姆苏丹国首都），1098 年攻占安条克，1099 年攻占耶路撒冷，在地中海东部建立若干封建国家，耶路撒冷、安条克等地从此陷入穆斯林、基督教国家、拜占庭势力之间的混战。1144 年，塞尔柱王朝占领埃德萨，攻

油画《教皇乌尔班二世宣扬第一次十字军东征》，弗朗切斯科·保罗·海耶兹绘

灭十字军建立的埃德萨伯国，进而引发第二次东征（1147—1149年）。第二次东征由法国国王路易七世和"神圣罗马帝国"皇帝康拉德三世率领，德意志十字军在小亚细亚荒野被塞尔柱帝国击败；1148年，法国十字军包围大马士革的企图落空。次年，塞尔柱王朝反攻阿帕米亚，击杀安条克国王雷蒙。1154年夺回大马士革，直到1291年十字军叙利亚王国灭亡，这场旷日持久的战争才宣告落幕。

十字军东征，反复若干次，对希腊人、穆斯林和西方基督教世界造成深远的社会、政治和经济影响。西欧教廷和封建主扩张势力的企图失败，但十字军出色的骑步兵战术，使突厥人学会了步骑混合。东征的许多战士没有返回欧洲，在地中海沿岸建立若干要塞，并移植了欧洲封建制度。他们面对征服地区人数庞大的异教徒，采取坚壁城堡与宽容统治方式，也使法兰克文化和宗教得到传播，推动着欧洲走向开放的现代世界。

三、辽朝史的分期与特征

辽朝的历史分期与基本特征，大致可划分为三个阶段。

辽上京南塔

　　第一阶段是辽朝综合实力上升期（907—982 年，或称为初期），包括太祖、太宗、世宗、穆宗及景宗五朝，不断发展但有起伏。辽太祖在位期间（907—926 年），属于契丹（辽朝）政权草创期，于 907 年以禅让形式，从契丹遥辇氏家族夺取可汗位，又以所属皇族承续于遥辇氏九可汗宫帐之后，列为第十帐，蕴蓄慰藉旧族、巩固统治意图明显。阿保机采纳汉族臣僚意见，实行封建专制统治，遭遇到来自习惯势力的强烈抵制，甚至引起家族内部的权力争夺，故有的"世选制度"承受着火与血的洗礼，但旧的习俗观念和制度并未根除。阿保机在与旧势力拼争的惨胜中，隐约透露着交手双方的妥协意味。所谓辽太祖有帝王之度者三，如"并奚王之众，拟于国族"即其气度之一；而有英雄之智者三："任国舅以耦皇族，崇乙室以抗奚王，列二院以制遥辇"，[①] 其实就是借力安邦，权宜之计而已。这表明局势复杂，旧势力顽固，所以太祖朝的体制可视为遥辇氏汗国体制的变通，虽然也称帝改元，但集权政治建设并不明显。太宗朝前期，受太后称制影响，草原本位色彩明显，只能凭借宗教"神话"崇奉，援晋灭唐，又以白衣观音尊为家神、建祠堂于木叶山，回敬了本位政策的坚守者，以夺回朝政。

<hr>

① 《辽史》卷 45《百官志一》北面诸帐官，中华书局 1974 年版，第 711 页。

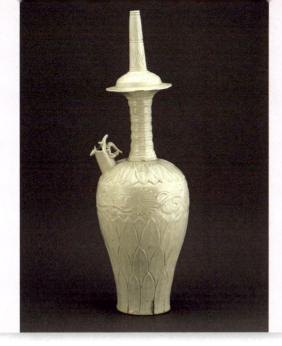

龙首净瓶

定窑白釉刻花龙首净瓶，1969 年出土于定州净众院塔基地宫，高 60.9 厘米，腹径 19.1 厘米，底径 10.1 厘米，造型俊秀，装饰华丽，是目前存世的北宋定窑瓷器中最大、最为精美的国宝级文物，号称"定瓷之王"。

　　伴随着幽云十六州地区的纳入，938 年 11 月，皇太后御开皇殿、皇帝御宣政殿接受晋朝册上尊号后，行太后再生仪与皇帝柴册仪，遂大赦天下，改国号大辽，建元会同元年，诏令更名皇都为上京临潢府、升幽州为南京幽都府、改原南京为东京辽阳府，推行契丹官制改革①，使辽朝官制出现契丹官（游牧民族官制）和汉官（中原封建官制）两大系统，分称北面官（蕃官）、南面官（汉官）制度，创造出"皇帝与南班汉官用汉服，太后与北班契丹臣僚用国服"的朝会景象②。947 年，"太宗入汴，因晋置枢密院，掌汉人兵马之政，初兼尚书省"，此即南面枢密院设置之由。③ 辽世宗即位，于天禄元年（947 年）八月，始置北院枢密使④，此即辽朝的北枢密院，又名契丹北枢密院。天禄四年（950 年）二月，置政事省。⑤ 至此，辽朝南、北面官制度基本完善。辽穆宗朝（951—969 年），体制上没有大的兴废，辽朝发展进入回落期。景宗在位（969—982 年），大力推行敦睦政策，化解内部矛盾，整饬边疆防务，实力有所回升，并与宋朝共同营造出短暂的"开宝议和"局面，

---

① 《辽史》卷 4《太宗下》会同元年十一月条，中华书局 1974 年版，第 45 页。

② 《辽史》卷 55《仪卫志一》舆服条，中华书局 1974 年版，第 900 页。

③ 《辽史》卷 47《百官志三》南面朝官，汉人枢密院条，中华书局 1974 年版，第 773 页。

④ 《辽史》卷 5《世宗》大同元年条，中华书局 1974 年版，第 64 页。

⑤ 《辽史》卷 5《世宗》天禄四年条，中华书局 1974 年版，第 65 页。

为息战安民作出尝试。

这一时期，辽朝版图稳定、人口安置得当、藩封势力削弱（如东丹国）、人才采择、吏治变革等一些重要举措实行和重要历史事件的处置，为构成发展的主要内容。

第二阶段是辽朝繁盛期（982—1055 年，或称为中期），包括圣宗、兴宗两朝七十余年的历史。这期间，契丹政治体制发展的特点是：第一，官分南北，因俗而治，确实适应上升期与繁荣期的基本需求，既是国制也是祖制。第二，五京制度与四时捺钵相结合，是蕃汉体制杂糅的结果，例如祖制的核心斡鲁朵制度，仍在不断的延续与发展。第三，刑罚由轻重不均、因族而异，而渐趋于"一等科之"，法制建设效果明显。第四，军事制度蕃汉杂糅，既有帝后宫分军，也有宫廷侍禁和常备军，属国也有军队，但早期常见的大首领部族军已经消失。第五，科举与学校并兴，颇受唐、宋制度影响。此期，辽朝国家体制建设接近完善，蕃汉贵族的政治融合基本完成，科举取士制度成为重要的选官入仕途径，统治阶层致力推进契丹社会封建化进程。

辽圣宗在位期间（982—1031 年），经过与北宋王朝的激烈碰撞，终于1004 年一致约和，为双方创造长达百年的安定局面。兴宗朝（1031—1055年）延续了圣宗朝的盛大与繁华，但统治阶层所持"守成而已"，缺乏作为，也为辽朝衰亡埋下了伏笔。元朝史臣评论兴宗朝状况，"于时左右大臣，曾不闻一贤之进，一事之谏，欲庶几古帝王之风，其可得乎？"[1]伴随着契丹封建化程度的加深，原有的体制已成为发展的阻碍，需要扬弃或者调整，墨守成规势必造成诸多羁绊。譬如契丹士子欲入科举而不能，只能延续"世选制"的祖荫衣钵；农耕经济比重不断提升，但汉人地位不得根本改变，始终固守"凡军国

辽铜鎏金虎纹盖盒

---

① 《辽史》卷 20《兴宗三》赞曰，中华书局 1974 年版，第 248 页。

大计，汉人不与"的"旧制"；① 新的发展趋势需要做出新取舍和体制改革的时刻，统治阶层几乎都选择了噤声，即使有人提出这样那样的建议也都不了了之予以搁置。② 对此，统治者没有调整或补救措施，反而"大修条制"强化法治管控。后人评论兴宗曰："虽然，圣宗而下可谓贤君矣。"③ 兴宗朝之遗漏，需补救者太多。

第三阶段是辽朝衰落期（1055—1125 年，或称为后期），包括道宗、天祚两朝。辽道宗朝（1055—1100 年）与兴宗朝存在许多相似处，都是"大修条制"应对时艰，实际效果却所获无几。然而，道宗朝却屡屡发生内部斗争。一是清宁九年（1063 年），皇太叔耶律重元发动"太子山之变"，试图夺取政权，重新更张；道宗皇帝身受箭伤，依赖宗天皇太后警觉，督率卫士保全行宫安稳。此次叛乱声势浩大，超迈从前，导致重新撕裂皇族伤痕。二是太康元年（1075 年），发生皇后被诬案，致使国舅部萧孝惠家族受到重创。而这种重创，既非来自贵族内耗，也非皇族与后族之争，颇令人不解。三是太康三年（1077 年），又发生皇太子被诬案，《辽史》论曰："道宗知太子之贤，而不能辨乙辛之诈，竟绝父子之亲，为万世惜。"四是太康八年（1082 年），再次发生皇后萧坦思废黜案，而且至大安二年（1086 年）又对萧坦思家族施以严厉的打击，国舅少父房之族，又迭遭重创。五是太康九年（1083），耶律乙辛党羽处置案，其牵涉蕃汉官员之众，前所未有。辽道宗朝不足三十年内，却连续发生五起重大事件，其原因值得思考。辽朝灭亡自道宗朝开始，其后天祚朝政治与道宗朝施政难脱干系。

四、契丹人在中亚西亚地区建立的政权

1. 西辽（1124—1218 年）

西辽是契丹族在今新疆西部和中亚地区建立的封建政权，突厥语和西方史籍称为哈剌契丹（Qara-Khitay），即黑契丹。创建者耶律大石，辽朝宗室，官至翰林院编修。契丹语称翰林为林牙，故称大石林牙。

保大二年（1122 年），天祚帝败退阴山，南京（今北京）官员李处温、

---

① 《辽史》卷 102《张琳传》，中华书局 1974 年版，第 1441 页。

② 《辽史》卷 81《萧孝忠传》："孝忠奏曰'一国二枢密，风俗所以不同。若并为一，天下幸甚'。事未及行而薨。但薨后，也未见其行。"中华书局 1974 年版。

③ 《辽史》卷 20《兴宗三》赞曰，中华书局 1974 年版，第 248 页。

辽铜鎏金契丹人骑骆驼像

萧干与大石等拥立耶律淳为帝，史称北辽。数月，淳病死。次年，金军克居庸关，北辽瓦解，大石投奔天祚，出任都统；与金军战败被俘，途中逃脱，还归天祚。天祚欲收复燕云，大石劝谏不听，遂率部奔漠北，在镇州城（今蒙古国中央省扎马尔苏木图拉河北岸的和日木登吉古城）得到契丹军民支持，联络白鞑靼、西夏及南宋为辽复仇。1130 年，金军追击至漠北兀纳水，大石遂祭告天地祖宗，率部西迁。1132 年，行至叶密立（今新疆额敏县），致信高昌回鹘可汗，言明借道前往大食（即喀喇汗王朝）。

西辽建立后，高昌回鹘可汗献马六百匹、骆驼一百头、羊三千只。大石军击溃东喀喇汗王朝军队，称帝于叶密立，号称菊儿汗（古儿汗，突厥语汗中之汗），尊号天佑皇帝，国号大辽，建元延庆，史称西辽。高昌回鹘成为属国，出兵进攻中亚七河地区。1134 年，东喀喇汗王朝及康里部臣服西辽，遂迁都巴拉沙衮，更名虎思斡耳朵（今吉尔吉斯斯坦托克马克）。以六院司大王萧斡里剌为兵马都元帅，率七万骑兵东征。次年，金军进入漠北，遭到西辽及漠北诸部族伏击，军内契丹人归降于西辽。1137 年，西辽军队进入费尔干纳，抵达忽毡（今锡尔河南岸苦盏），击溃西喀喇汗王朝。1141 年，西喀喇汗向宗主国塞尔柱苏丹求援。于是，呼罗珊（又名霍拉桑，今伊朗）、西吉斯坦、伽兹纳（今里海西南）、马赞兰德（今里海南岸）和古尔（今阿富汗中南部）组成联军，向葛逻禄人进攻；大石致信塞尔柱苏丹和解被拒，双方遂在卡特万草原会战，俘虏塞尔柱苏丹妻子及两翼指挥官，西喀喇汗王朝臣服，西辽以沙黑纳（督税官）督其国政。进军花剌子模，使其纳年贡三万金第纳尔及其他贡品。

1143 年，皇后萧塔不烟摄政，称感天皇后。1146 年，金使粘割韩奴经由高昌到达西辽，因傲慢无礼被感天皇后怒杀。1163 年，公主普速完称制，号承天太后，诏令布哈拉和撒马尔罕两地葛逻禄人，不准携带武器迁往东部喀什噶尔。1165年，呼罗珊的巴尔赫臣服西辽，愿缴纳土地税。1170年，西辽进攻花剌子模，会战阿姆河畔，花剌子模溃败。不久，花剌子模王子塔乞失投奔西辽。1172年，西辽军护送塔乞失回国，苏丹沙赫与其母逃走，塔乞失继位。不久，塔乞失借口契丹贵人对其无礼而将他处死，西辽派遣使臣问状，遂与塔乞失发生谩骂。苏丹沙赫趁机投奔西辽，西辽护送其回国。塔乞失闻讯，开决阿姆河堤坝，遏阻西辽军队。苏丹沙赫至呼罗珊，攻克梅尔夫、萨拉赫斯和图斯，后被塔乞失吞灭。1175年，漠北粘拔恩等部背叛西辽，投降金朝，谦河（今叶尼塞河上游）防控能力减弱。1197年，古尔王朝夺取巴里黑（今阿富汗马扎里沙里夫之西北），花剌子模向西辽求援，派将军塔阳古援助。次年春，西辽军进入呼罗珊地区，向巴里黑城发出通牒：弃城或缴贡赋。巴里黑城联合呼罗珊等城堡抵抗，塔阳古溃败，西辽闻讯，遣使花剌子模索要赔偿，遭拒，遂讨伐花剌子模，反被攻取布哈拉城。1203年，古尔王朝进攻花剌子模，摩诃末向西辽求救，仍派塔阳古救援，古尔军被围安都淮沙漠，五万人战死，苏丹被围困在一座小城堡，向西辽交出赎金后放还。但摩诃末不甘心向西辽纳年贡，西辽宰相前来督责，摩诃末母亲缴纳所欠年贡，并派贵族朝见菊儿汗表达歉意。但摩诃末仍停止缴纳贡赋。1206年，布哈拉爆发桑贾尔起义，摩诃末镇压起义，攻占布哈拉，并与西喀喇汗结盟，被西辽击败。西喀喇汗国向西辽求婚，遭拒，遂臣服花剌子模。1210年，摩诃末与西喀喇汗国确立宗属关系，对西辽发动"圣战"，于怛罗斯附近击败西辽军，引起西辽属国异动。先是高昌回鹘杀死监督官，投靠蒙古；接着葛逻禄首领阿儿斯兰汗投降蒙古，东喀喇汗王朝也起兵造反，菊儿汗出兵镇压，把东喀喇汗王朝苏丹穆罕默德囚禁于虎思斡耳朵。1208年，乃蛮部太阳汗之子屈出律投奔西辽，又向西辽建议纠集乃蛮旧部，皇帝直鲁古赐封其为可汗，前往召集乃蛮部，屈出律率领召集的军队返回，遂与花剌子模夹攻西辽，进攻巴拉沙衮。1210年，怛罗斯战役，西辽回师途中，又遭到巴拉沙衮居民抵抗；宰相建议直鲁古收取士兵劫财入库，引起士兵反感。屈出律闻讯，1211年袭击直鲁古，篡夺政权。1213年，娶直鲁古之女忽浑公主为妻，改信佛教，并令穆斯林改奉佛教、穿戴契丹服饰。1218年，成吉思汗遣军征讨西辽，屈出律逃亡，被当地猎户捉送蒙古军处死。西辽灭亡。

西辽康国通宝钱

西辽继承喀喇汗王朝基础，沿用辽朝官制。农耕区置州县，以南面朝官总理军政事务；游牧区以部族为单位，北面朝官总领具体事务。诸多属国，以羁縻方式享有一定自治权，同时不在属国驻军，只是根据重要性和忠诚度采取不同管理方式，如完全自治的布尔罕王朝、派沙黑纳（即少监）常驻监管的两喀喇汗和高昌回鹘、派官员按时收取年贡的花剌子模等。因俗而治，直辖和羁縻兼而有之。军事体制，继承了喀喇汗王朝的军队，还有葛逻禄、康里等部族伊克塔封建骑兵。军队由皇帝直接控制，战时调派士兵归将军指挥，限制定居游牧民携带武器。附庸国军队，也受西辽调遣执行任务。哈剌契丹从游牧转变为定居，直辖区实行中央集权，禁止土地分封，但属国保留封建伊克塔制。轻徭薄赋，不收取土地税，只向每户收取 1 个第纳尔的户赋；随着经济发展，城镇数量和规模得到提升，仅伊犁河流域的城镇数达 56 个，怛罗斯、乌兹根、讹答剌（今哈萨克斯坦奇姆肯特阿雷思河和锡尔河交汇处）规模成倍扩大。七河流域灌溉设施发达，使用铁铧木犁耕作，谷物种植、园艺、棉花及养蚕业，粮食加工和葡萄酿酒都有发展。畜牧狩猎业仍占有重要地位。手工业以制陶、玻璃制造、矿冶、制铁、铜器制造和玉石料加工为主。贸易有来自金朝、宋朝的女奴、古玩、丝绸和白毡，中亚、西亚的珠宝、玉器和香料等。西辽存在奴隶贸易，来源于北方游牧部落（特别是钦察人），多销往河中和西亚。西辽铸圆形方孔钱币，如感天元宝和康国通宝，喀喇汗国货币仍继续铸造使用。属国经济水平高于直辖区，河中、喀什噶尔、和田和高昌都有发达农业。手工业有河中、喀什噶尔、和田玻璃制造，喀喇汗国制陶、金属、织造和造纸，高昌织造、五金、矿冶、制药和香料制作。西辽位于中西交通要道，与东方宋朝、金朝，西方印度、阿富汗及西亚、北非和东南欧都有贸易联系。属国城市，以撒马尔干和布哈拉为最，还有察赤、忽毡、喀什噶尔、斡端、别失八里、哈密力（今新疆哈密市）、唆里密（今新疆焉耆县）、仰吉巴里（今新疆玛纳斯县）等。

西辽是多民族国家，主要有使用波斯语的塔吉克人、回鹘语的回鹘人以及西亚侨居来的阿拉伯人、波斯人、叙利亚人、犹太人等。契丹、汉人与当地占多数的回鹘人、突厥人长期相处，相互融通，对经济文化发展起到积极作用。西辽是中亚地区非伊斯兰教政权，宗教信仰多种多样，改变了喀喇汗国以伊斯兰教为国教的局面，佛教、伊斯兰教、景教、萨满教、摩尼教和犹太教都得到发展。契丹民族仍信仰萨满教，佛教在上层流行。藩属国高昌盛行佛教，巴拉沙衮流传景教（喀什噶尔设有教区），撒马尔罕和花剌子模流行犹太教，当地居民信奉伊斯兰教，均得到尊重。西辽官方使用契丹语、汉语和波斯语，民间多使用回鹘语。各民族在相互交流中，学习不同语言，回鹘语部族诞生出多位有影响力的诗人，如阿赫马德·亚塞维、阿赫马德·本·马赫穆德·玉克乃克、阿马克·布哈拉伊、苏扎尼·撒马尔罕迪等，原来使用的回鹘文字母渐被阿拉伯字母代替。汉人与契丹人在传播文化方面作用很大，伊犁河谷"土人惟以瓶取水，戴而归。及见中原汲器，喜曰：'桃花石诸事皆巧。'桃花石谓汉人也。"此为中原"汲器"（辘轳）传入西域事例。撒马尔罕汉人工匠杂处城中，农村也有汉人。西辽君主使用汉语年号和庙号，在行政、军事、赋税、生产技术、建筑艺术、宗教信仰和生活习俗方面影响着中亚地区，体现出中国文化与中亚文化融合的特点，如瓦、泥塑和暖炕等，亚历山大古城发现远东风格的建筑材料，如绘有中央坐佛、四周是菩萨图案的瓦当及中原绘画风格装饰。托克马克附近的布兰塔和乌兹根遗存的伊斯兰陵墓，是保存完好的西辽时期伊斯兰建筑。西辽灭亡后，喀喇契丹后裔以"局儿罕"为姓，汉化称局氏，以部落组织加入当地诸族，迄今哈萨克、柯尔克孜（吉尔吉斯）都留有独立的乞塔（契丹）部落，是柯尔克孜人口最多的大部落。

2. 布尔罕王朝（12 世纪中期—1206 年）

布尔罕王朝即布哈拉城邦，是西喀喇汗国附庸，具有"贵族城邦"性质。

创立者为大萨德尔阿布杜·阿慈斯·本。奥玛尔·马札，是阿拉伯哈里发后裔。12 世纪中期，西喀喇汗王朝统治衰弱，宗教和地方势力发展，布哈拉城遂被拥有"萨德尔·贾罕"（意为"世界之柱"）称号的世袭宗教家族控制，名义上附属西喀喇汗国。大萨德尔胡萨姆·丁·奥玛尔在与西辽作战中阵亡，布哈拉城被征服。西辽委任阿尔普特勒为行政长官，仍为西喀喇汗王朝附庸，其统治者贪婪暴虐，居民称之为"萨德尔·贾罕纳姆"（意为"地狱支柱")。1206 年，布哈拉城爆发桑贾尔起义，统治者被驱逐，封建贵族财产被没收。西辽无力救援，花剌子模遂趁机镇压起义，夺取布哈拉城，布尔罕政权灭亡。

3. 起儿漫王朝（1224—1306 年）

起儿漫王朝又称后西辽或西契丹，喀喇契丹后裔在波斯东南部起儿漫地区建立的伊斯兰封建政权。

创立者八剌黑，原为西辽将领，1210 年被花剌子模俘虏，受到重用，配属王子加秃丁。蒙古西征，八剌黑投奔扎兰丁。1224 年，八剌黑控制起儿漫，建立新王朝，主动臣服蒙古帝国，杀死前来投奔的加秃丁。窝阔台汗要求八剌黑觐见，他以年老力衰为辞，派遣儿子鲁克那丁前往和林朝觐；途中，八剌黑亡故，苏丹位被其侄忽都不丁篡取；鲁克那丁完成使命，在和林得到窝阔台汗同意后，返国，夺回政权。忽都不丁则前往和林朝觐。后来，忽都不丁得到蒙哥汗宠信，受封为起儿漫苏丹，遂与蒙古八思哈（监督官）一同返国。鲁克那丁面临蒙古军之威，逃往巴格达，但哈里发害怕蒙古，拒绝收留，鲁克那丁遂被蒙古军俘杀。7 年后，忽都不丁辞世，儿子哈加吉年幼，由其妻摄政。哈加吉成年后，企图夺权，被流放印度。王位由其弟札兰丁继承。此后，内部陷入一连串阴谋与动乱中。这种混乱，是受到伊尔汗国干预的结果。1306 年，伊尔汗国灭亡起儿漫王朝。

起儿漫王朝是伊尔汗国的藩属。王位不是世系继承，而是由伊尔汗任命。伊尔汗国委派蒙古人监督管理，马可波罗说："自从划归鞑靼人的版图以来，就由鞑靼人委派的监督官进行管理"。起儿漫王朝以与汗国联姻的方式，维持生存，每年向汗国缴纳规定数目的巴里失和骆驼。

起儿漫的原住民信奉伊斯兰教，哈剌契丹来到起儿漫后，逐渐接受当地居民风俗习惯、法规，也把自己的经济、文化带到起儿漫，彼此融合。据《马可波罗行记》记载，"此国出产名曰突厥玉之宝石甚多，产于山中，采自某种岩石之内。亦有不少钢及翁尼塔克之矿脉。居民善制骑士军装，如马圈、马鞍、靴刺、剑、弓等物，手艺甚巧，皆适于用。妇女善于女红，善为各色刺绣，绣成鸟、兽、树、花及其他装饰。并为贵人绣帐幕，其妙不可思议。亦绣椅垫、枕、被及其他诸物。"哈剌契丹逐渐融入当地穆斯林居民。起儿漫王朝发行货币，以当地篾力和算端名字铸币，成色不一。忽鲁模思（霍尔木兹）城港口，是通往各地经营香料、药材、宝石、珍珠、金线织物、象牙和其他商品的汇合地；商人将商品转卖，再远销世界各地，忽鲁模思城因此享有商业之城的盛名。

迄今为止，西辽历史研究虽有进展，但整体水平不高。起儿漫王朝史研究，更是鲜有论及。这既限于资料匮乏的结果，也是国际性学术交流与沟通不充分，造成研究力度不大、学术成果匮乏。

第二节　辽朝史研究中存在的问题

一、辽朝史料的整理

辽朝史料，包括辽朝自有史料、北宋涉辽史事记录、辽朝以后历代关于辽史的追录以及当代考古发现的新资料等。

1.辽人史料

辽朝已具备自主修史能力。会同四年（941年）敕令编写《始祖奇首可汗事迹》，是将传说资料付诸文字修饰（溢美）的具体过程，应属契丹早期部落社会的基本史实，现已佚。统和九年（991年），名臣室昉等修定《统和实录》20卷，记录自太祖至景宗共五朝的历史实录，元朝以后散佚。兴宗朝耶律古欲等编写《遥辇至重熙以来事迹》20卷，编成后，书名迟迟未定，故又称《辽国上世事迹及诸帝实录》或《先朝事迹》，元朝后散佚。萧韩家奴撰《礼书》3卷，元朝后散佚。道宗朝（1055—1100年），耶律孟简撰《三人行事》，述先朝耶律曷鲁、耶律屋质、耶律休哥三人功绩，成书后，进献给道宗皇帝，元朝以后散佚。耶律俨编纂《礼志》，元朝以后散佚。还有佚名《辽朝杂礼》，散佚于明清时期。天祚帝乾统三年（1103年），耶律俨等纂编《皇朝实录》70卷，收录自太祖以下八朝帝王、诸臣业绩，是金、元两朝编修《辽史》的"蓝本"或依据，散佚于元明之际。王鼎编著《焚椒录》，是诸多辽朝著述中罕见的存留，记录了道宗朝发生的宫帏事变，成为研究契丹辽朝历史和文学的重要资料。还有已发现数百篇辽代碑刻、题记等，也是辽朝历史资料的珍贵遗存。

2.正史资料

辽朝相关的正史有：薛居正等撰《旧五代史》，内有契丹专传，并在纪、传中有大量的涉辽记载；欧阳修《新五代史》辟有契丹、辽朝附录2卷，同样在纪、传中有大量相关记载；脱脱等撰《宋史》《金史》，虽无契丹辽朝专传，但纪、志、表、传中夹杂有大量与辽朝或契丹人历史活动相关的记载；宋濂等撰《元史》，纪、志、表、传等篇目，也有较多相关记载。这些正史记载价值较高，可补《辽史》不足。

3.宋人史料

（宋）王溥《五代会要》30卷，成书于宋乾德元年（963年），收录五代典章较为齐全，设有《契丹传》，其中记事具有极高的史料价值。

（宋）司马光《资治通鉴》294卷，成书于宋元丰七年（1084年），上起东周威烈王二十三年（前403年）下至后周显德六年（959年），自107卷晋孝武帝太元十三年（388年）至卷终，夹叙契丹事迹不缀，是重要参考书目。

（宋）曾巩《隆平集》20卷，始于宋元丰四年（1081年）奉诏撰写"五朝国史"，未成而罢任，此即其编修底本。记太祖至英宗朝，凡五朝计百余年史事。其中《契丹传》记录辽朝自太祖至兴宗共7位皇帝史实，但记载过于简略。

（宋）曾公亮《武经总要》40卷，成书于宋仁宗朝（1023—1063年），记录战法、战具和边防策略。其中《北蕃地理》，涉辽较多，因采择传闻，记繁而事略，涉及地理、城镇、州军制度等往往失实，使用时需要考校查实。

（宋）乐史《太平寰宇记》200卷，成书于宋太宗朝（976—997年），记载当时诸道州县状况，其中幽州道、河东道收录的"化外州"，多与辽朝州县相关。而其"四夷目"又设"契丹传"，事具而简。

（宋）余靖《契丹官仪》1卷，成书于宋神宗朝（1068—1085年）。余靖两次奉使契丹，依据观察，撰成此书。记录辽朝职官、礼仪、兵马及朝廷事务等，是研究辽朝史事不可多得的重要参考资料，也是弥补辽朝史料的重要来源。

（宋）武珪《燕北杂录》（辑本）5卷，成书年月不详。记载辽朝风俗、制度、语言等，全书已佚。今仅据元末陶宗仪《说郛》等辑抄，似已不完整。

（宋）苏颂《华戎鲁卫信录》229卷（一说240卷），成书于元丰六年（1083年）。分类汇编辽、宋往来信使、国书、礼仪、文牒、地理、边防诸事，又有"蕃夷杂录"和"经制方略"诸篇，涉及辽朝历史、制度、战争、风土等，已佚。

此外，王易《燕北录》（辑本），赵志忠《虏廷杂记》（已佚），宋绶《上契丹事》等奉使辽朝见闻7种，（后唐）赵德钧《奏契丹阿保机薨逝状》（或称《陈德威出使契丹见闻记》），（后晋）胡峤《陷虏记》，（南唐）公乘镕《使契丹进元宗蜡丸书》等。还有很多宋人文集、笔记、杂谈等，也都著录些相关资料，不可忽略。

4. 后世史料

辽朝灭亡后，契丹人活动见于正史者，除《金史》《元史》外，尚有南宋、金、元时期各类典籍等。

（南宋）徐梦梓《三朝北盟会编》250卷，上起北宋政和七年（1117年）下至南宋绍兴三十二年（1162年）。其中，上、中两帙皆收录有比较丰富的契丹辽朝史料，是研究契丹辽朝史料的重要参考书目。

（南宋）李焘《续资治通鉴长编》520卷，成书于淳熙十年（1183年）。原书980卷，已佚，今本从《永乐大典》辑出，缺损已半，比较系统地记录了北宋时期的史料，保存有大量的原始资料，是弥补和研究辽朝史料的重要参考书目。

（南宋）王偁《东都事略》130卷，成书于宋孝宗朝，上起唐光启年间（885—888年）至辽国灭亡，分纪、传、世家、附录四部分。"附录一"为"辽国"，收录有"青牛白马传说"，并谓辽太祖"称年曰神册、龙德、天赞云"，记载多与《长编》同，也是不可多得的重要参考书目。

（南宋）李攸《宋朝事实》20卷，成书于高宗朝。原书60卷，今本乃从《永乐大典》辑出。其《经略幽燕》篇，始于唐贞观年间止于北宋至道元年（995年），资料采择不尽相同于他书，保留一些珍贵资料。

（南宋）彭叔融《太平治迹统类》30卷，记载北宋典制，仿纪事本末体，取材《续资治通鉴长编》等，唯于每朝帝王事目，皆置《经略幽燕》一篇，记载宋辽和战关系，史料采择颇类《宋朝事实》。

（南宋）马端临《文献通考》348卷，成书于大德十一年（1307年），是《通典》的续作，分为二十四门，对契丹辽朝典章制度多有涉及，"四裔门"辟有"契丹"传，是弥补和研究契丹辽朝史料的重要参考书目。

（南宋）洪皓《松漠纪闻》2卷，洪皓奉使金国，羁留10余年，目睹北方社会风土民情、官府制度等。南归后，撰成此书，收录有与契丹人相关资料。

（南宋）陆游《南唐书》18 卷，参据旧史，编撰而成，仅"纪""传"两部分。其中，《浮屠契丹高丽列传》的契丹部分，虽然较为简略，但内容多不见于其他书目，是研究契丹辽朝不可多得的重要参考资料。

（南宋）龙衮《江南野史》10 卷，又名《江南野录》，原书 20 卷，纪传体。其中记录契丹与南唐交往史事，是弥补和研究契丹辽朝不可多得的参考资料。

（南宋）叶隆礼《契丹国志》27 卷，记载辽朝君臣事迹、国书及文牒往来和馈赠礼物、地理民风等，唯卷首《契丹初兴本末》收录有不见他书的珍贵史料。

（元）陶宗仪《说郛》120 卷，成书于元末明初，乃抄辑历代经、史、小说、杂记等而成，是一部大型综合丛书，其中摘录许多契丹辽史资料，保留部分稀见书目记录，使后人得窥这些稀见书目原貌之一斑。

（清）徐松《宋会要辑稿》366 卷，编年体，刊于嘉庆年间（1796—1820 年）。自《永乐大典》辑出，其中一些材料不见于其他史书。其"蕃夷门"设"辽国"两卷，记事上起唐末下至绍兴三十一年（1161 年），搜罗宏富，弥足珍贵。

（清）厉鹗《辽史拾遗》24 卷，成书于乾隆八年（1743 年）。以《辽史》为本，博采群书，重新注补，涉及书目 300 余种。此书誉为近世研究契丹辽史的开山之作，也是弥补和研究辽史材料的重要参考书目。

（清）杨复吉《辽史拾遗补》5 卷，成书于乾隆五十九年（1794 年）。因《拾遗》尚有遗漏，乃据资料 400 余条，汇为 5 卷，是为《补》。不仅是对辽史资料整理的补充，也是辽史研究的重要参考资料。

（清）李有棠《辽史纪事本末》40 卷，成书于光绪年间（1875—1908 年）。依据辽史，参详诸史，旁及其余，分项缕述辽朝历史，考异较多，唯采纳乾隆改定《国语解》之人、地、水、物译名，给后人阅读造成极大不便。

此外，尚可借鉴的还有：（南宋）李心传《建炎以来系年要录》，（南宋）吕祖谦《宋文鉴》，（南宋）郑樵《通志》，宇文懋昭《大金国志》，（元）元好问《遗山集》《中州集》，苏天爵《元文类》，（清）《钦定三朝国语解》及时人文集等。

光绪刊本《辽史纪事本末》书影

5. 现代史料

20 世纪初，学界在史料校勘方面做出突出贡献，如冯家升《辽史证误三种》，罗继祖《辽史校勘记》，陈汉章《辽史索引》（缀学堂从稿初集，1936 年），李慎儒《辽史地理志考》，丁谦《辽史各外国地理考证》，谭其骧《辽史地理志补正》《辽史订补三种》，金毓黻《辽海丛书》与李文田《长白丛书》，陈述《全辽文》，向南《辽代石刻文编》《补编》，蒋祖怡《全辽诗话》等。还有大批文物考古资料相继整理面世，如陈明达《应县木塔》，内蒙古昭乌达盟文物工作站《辽代壁画选》，内蒙古博物馆等《契丹女尸》《内蒙古辽代壁画》，北京图书馆金石组《房山石经题记汇编》，山西省古建筑保护研究所《佛宫寺释迦塔和崇福寺辽金壁画》，内蒙古巴林左旗政协《大辽韩知古家族》，河北省文物考古研究所《宣化辽墓壁画》，内蒙古文化厅等《契丹王朝》，内蒙古哲里木盟博物馆、库伦旗文物工作站《库伦辽代壁画墓》，孙建华等《陈国公主墓》，盖志庸《内蒙古辽代石刻文研究》以及数量众多的考古发掘报告、出土实物、墓志碑刻、历史遗存等，都是弥补和研究契丹辽朝史料的重要参考和依据。

6. 域外史料

（高丽）郑麟趾《高丽史》137 卷，成书于明朝景泰二年（1451 年），仿中国修史体例编撰，有"纪""志""表""传"诸目。由于契丹与高丽近邻关系，使高丽于 11 世纪初成为辽朝属国，故"纪""志""传"目中，均记载有与契丹相关的史实资料，实为弥补契丹辽朝研究不可忽略的重要参考书目。

（高丽）金富轼《三国史记》50 卷，成书于高丽仁宗二十三年（1145 年），记录新罗、高句丽、百济三国历史，故名。其中，自高句丽小兽林王开始，陆续记录有契丹部落活动的历史资料，内容虽然有限，但作为域外资料，亦弥足珍贵。

（高丽）卢思慎《东文选》130 卷，成书明朝成化年间（1465—1487 年）。收录朝鲜半岛自三国时代迄于高丽王朝，即 7 世纪初至 16 世纪初千年积累的诗文、词赋、书疏、诏命、制诰等，其中也有少量涉及契丹辽朝的历史资料。

（波斯）拉施德丁（Rashid al-Din Fadl Allah,1247—1318 年）《史集》（余大钧译，商务印书馆 1983 年版）四编，成书于 1310—1311 年（伊斯兰教历710 年）。作者为蒙古伊利汗国合赞汗和完者都汗两朝宰相，编写过程中采择已有的波斯、阿拉伯文著作，如 11 世纪可失哈儿（今喀什噶尔）人马赫穆德（马合木）著作、13 世纪波斯史家志费尼撰写的《世界征服者史》和阿拉伯史学家伊本·阿西尔撰写的《全史》等资料，还有秘藏伊利汗宫廷金匮的《阿勒坛—帖卜迭儿（金册）》等档案资料，还直接请教中国、印度、畏兀儿、钦察等各族学者和熟悉历史的人物。其中，第一编《蒙古史》，成书于 1307 年，其诸多篇章都可见到有关"乞台（即契丹）"的相关记载。

（伊朗）志费尼（1226—1283 年）《世界征服者史》（何高济译，内蒙古人民出版社 1981 年版），成书于 13 世纪中晚期，记事始于成吉思汗西征而止于旭烈兀汗平定亦思马因人诸堡垒（1256 年 11 月）。全书分为三部分，其中，第一部分有相对零散的契丹史料，第二部分有较为详细的"哈剌契丹"的历史记录。

（阿拉伯）伊本·阿西尔（Izz al-din Abu-l-Hasau Ali ibn Muhammebibn al-Arhiri,1161—1234 年）《全史》（Chro-nicon quod- perfectissimun insoribitur），其中部分篇章记录了与"哈剌契丹"即西辽历史相关的资料，是值得借鉴参考的书目。

（日本）国立国会图书馆编《国史大系》，东京：经济杂志社 1897—1901 年。

（日本江户）林罗山等撰《本朝通鉴》，东京：国书刊行会本。

（日本平安）藤原明衡撰，柿村重松注《本朝文粹》，京都内外出版大正十一年（1922年）。

此外，诸如东欧诸国编年史，也多少涉及与"契丹"相关诸问题。至20世纪，域外关于契丹辽朝各种资料的整理，有（英国）裕尔《契丹及其通往那里的路——中世纪中国见闻汇编》（今译《东域纪程录丛》，云南人民出版社2002年版），（日本）若诚久治郎《辽史索引》、田村实造等《庆陵》与《庆陵壁画》、岛田正郎《祖洲城》、村田治郎《大同大华严寺》、小山富士夫《世界陶瓷全集》第10卷（宋辽篇），等等。还有当代考古呈现的日益丰富的辽代图像资料，尤为难能可贵。

总体而言，契丹辽朝历史资料凌乱芜杂，目前为止还缺乏有效的研究清理，这是限制契丹辽史研究深入发展的重要问题。

北京天宁寺塔，是现存唯一的辽代南京城内地面建筑，建成于辽天庆十年（1120 年）

第一章　契丹崛起及其建国

第一节 契丹人的来历

契丹之名出现得很早。据耶律羽之墓志铭，自称渊源，"宗分佶首，派出石槐"，即始祖奇首（佶首）可汗，上溯源流可以追踪至鲜卑部落联盟首领檀石槐。[1] 唐朝于契丹部落置羁縻州，设松漠都督府，将八部划分为九个羁縻州，其中，以大贺氏王族所在的纥便部置弹汗州。此弹汗之名来源，即应东汉檀石槐的汗庭所在，名为弹汗山；[2] 显示着契丹人与东汉末年鲜卑部落联盟首领檀石槐之间的密切联系。但是，契丹正式出现于古史的记载，则是在正史《魏书》中。据《魏书》记载，4 世纪末期，契丹以部落形式登上北方草原的政治舞台。

北齐时期墓葬中的鲜卑人壁画

388 年（北魏登国三年），北魏军队向松漠地区（今赤峰西拉木伦流域）发动攻击，讨伐库莫奚部落。库莫奚，后更名为奚，即辽代奚族。库莫奚部落受到攻击后，内部发生分化，其中的一部分与库莫奚"分背"，即脱离原来的部落，独立自主发展，这部分人即契丹部落。这说明，契丹与库莫奚本为同一个部落（或联盟），遭到北魏攻击后分化为两个部落个体。

契丹与库莫奚为何会存在如此微妙的关系？这个问题，魏收所著《魏书》已经给出

---

① 向南、张国庆、李宇峰：《辽代石刻文续编》，耶律羽之墓志铭，辽宁人民出版社 2010 年版，第 3 页。
② 《新唐书》卷 219《北狄传·契丹》，中华书局 1975 年版，第 6168 页。

北京延庆古崖居

古崖居遗址开凿于唐代至辽金时期。有研究认为，其是唐朝至五代时期奚族聚居的崖居山寨。源自南北朝时期的库莫奚，在唐末为避战乱，在首领去诸率领下西徙妫州（延庆区），称为西奚，后渐渐与契丹人相融合。

答案。契丹与库莫奚都是宇文鲜卑"遗落者"（即残余），"俱窜匿于松漠之间"。①"窜"就是不顾形象地逃亡，"匿"就是隐藏或躲避起来。总之，是在宇文鲜卑覆亡之际，狼狈不堪地逃亡至松漠地区。他们躲避的应是覆亡了宇文鲜卑的慕容鲜卑势力。这些"遗落者"进入松漠应是4世纪40年代。此前，松漠周围及其以南地区，存在着三支势力相当的鲜卑部落集团，即占据徒河（今赤峰市老哈河）流域的宇文鲜卑，占据辽河上游大凌河流域的慕容鲜卑，还有占据燕北山地东部的段部鲜卑。4世纪初期，中国历史进入"五胡十六国"的纷争动荡时代，松漠周边也同样如此。宇文鲜卑来自古阴山（今呼和浩特北部大青山）以南，后东迁至老哈河流域，并在那里形成自己的"国城"，即统治中心；慕容鲜卑自大兴安岭附近南迁，至大凌河流域；段部

---

① 《魏书》卷100《北狄传·契丹》，中华书局1975年版，第2223页。

鲜卑应与宇文鲜卑相同，都是原来部落联盟的中部成员。最初，在鲜卑三部的纷争中，势力最为强盛的是宇文鲜卑，主要对手为慕容鲜卑，段部鲜卑趁机向幽州渗透并南下至今山东境内。大约342—345年间，宇文鲜卑与慕容鲜卑爆发决战，慕容鲜卑突袭了宇文鲜卑的"国城"，宇文鲜卑部落土崩瓦解，部众大都成为慕容鲜卑的俘虏或附属，少量宇文鲜卑部众四散逃亡，其中一小部分"窜匿于松漠之间"。不久，慕容鲜卑发生分裂，吐谷浑部落脱离慕容鲜卑，自辽西地区北上，经达里诺尔，至阴山，又西迁青海湖附近。这可能是慕容鲜卑没有乘胜向松漠区域深入的原因之一。

由宇文鲜卑的经历，确实可以感受到契丹人与檀石槐鲜卑的渊源。《辽史》将契丹人和檀石槐、柯比能联系起来。[1] 当代考古学资料也已揭示，早期契丹文化与东部鲜卑文化存在密切的渊源关系，甚至辽朝时期陶器流行的滚轮压印篦点纹装饰技术，都与东部鲜卑文化有着清晰的同源关系。[2] 至于《辽史》关于契丹起源的"青牛白马传说"，已是辽朝统治者文饰的"神话"，不足作为探索的历史依据。

由阴山附近东迁的宇文鲜卑，在4世纪40年代被慕容鲜卑部落覆灭，其中部分残余逃亡至松漠并生存下来，经过近五十年的发展，至388年时，就已经发展成像库莫奚和契丹这样结合在一起的强大部落实体。虽然，这个实体最终分化为奚与契丹两个部落，恰是这两个部落成为后世"号为难治"的"东北二蕃"。

第二节　击杀柔然末位可汗的后果

4世纪末，契丹与库莫奚在松漠地区蚕食弱小氏族，甚至相互间也不断爆发部落兼并战争。契丹与库莫奚的居地相邻，库莫奚位于契丹部落西部。5世纪初期，契丹与库莫奚都已发展成为东北地区势力较强的部落实体，当时以和龙（今辽宁朝阳）为中心，先后存在着后燕（384—407年）、北燕

---

[1]　《辽史》卷63《世表》，中华书局1974年版，第950页。
[2]　参见张柏忠：《科左后旗胡斯淖契丹墓》，《文物》1983年第9期；哲里木盟博物馆：《内蒙古哲里木盟发现的几座契丹墓》，《考古》1984年第2期。

（407—436 年）等割据政权，契丹与库莫奚部落成为这些割据政权的重大威胁，甚至数次爆发规模较大的军事冲突。当北燕取代后燕政权后，北燕统治者采取怀柔政策，先后将契丹、库莫奚部落的首领册封为归善王，暂时维持了其北部边疆的局势。

439 年（北魏太延五年），北魏政权统一中国北方地区，契丹与库莫奚部落成为北魏政权的属部。契丹也逐渐形成悉万丹、阿大何、伏弗郁、羽陵、日连、匹絜、黎、吐六于等八个部落，学界称之为"古八部"。当时，这些部落都分别与北魏政权确立起通贡联系，且"契丹"已成为北魏政权众多的属部之一，并被确定为"班飨于诸国之末"的最低等次。[1]479 年，松漠诸部遭到柔然汗国和高句丽政权夹击，契丹、库莫奚、地豆于诸部都纷纷向南迁徙，契丹得到北魏允许后迁入今大凌河流域，库莫奚则未经同意闯入北魏安州（今河北隆化）境内，遭到北魏军队驱逐；后北魏政权允许库莫奚部落迁入安州界内安置。[2]北魏政权遂调动力量，遏制柔然及高句丽政权在东北地区的扩张。契丹人与北魏政权联系逐渐加强，北魏灵太后摄政时期（515—520 年），契丹部落入贡洛阳，灵太后闻知契丹部崇尚黑色，遂于常例回赐之外，又赐契丹部落黑毡若干，以示恩宠。[3]此时，契丹部落已经扩展至徒河附近。

525 年，北魏宣武灵太后重新执掌朝政，朝廷内外矛盾同时激化。北边六镇大起义，彻底击破北魏政权在北部边疆的防御体系，营州失去控制、幽州陷入割据，柔然汗国重新崛起。528 年，灵太后废立幼主，军阀尔朱荣攻入洛阳，弑杀灵太后及其党羽，控制朝政。北魏统治秩序一派混乱，漠北诸部及松漠地区成为柔然汗国属部。534 年，军阀高欢建立政权于邺城（今河北临漳西南邺城镇以东），史称东魏。次年，军阀宇文泰建立政权于长安，史称西魏。东魏与柔然汗国结盟，共同对付西魏。550 年，高欢之子高洋取代东魏，建立北齐政权。当时已有大批库莫奚部落深入云州、代北地区，成为北齐政权的西北"边患"。[4]柔然可汗阿那瓌被属部突厥击溃，阿那瓌本人不知所踪，大批柔然人向西迁徙至中亚草原，柔然残部则于漠南拥立新可

---

① 《魏书》卷 100《北狄·契丹》，中华书局 1975 年版，第 2223 页。
② 《魏书》卷 100《北狄·库莫奚、地豆于》，中华书局 1975 年版，第 2222—2223 页。
③ 《魏书》卷 100《北狄·契丹》，中华书局 1975 年版，第 2224 页。
④ 《北齐书》卷 2《神武下》，中华书局 1972 年版，第 22 页。

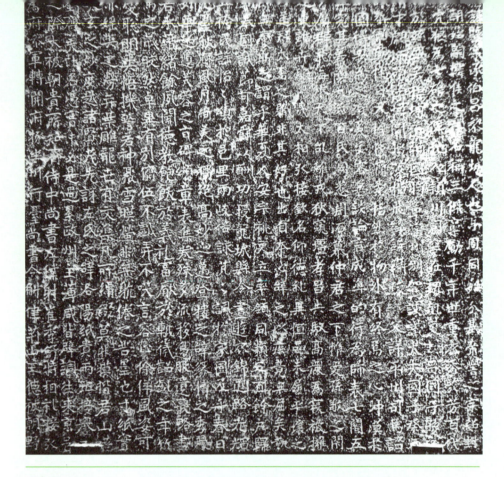

韩暨墓志

1977 年 11 月，出土于辽宁朝阳北郊狼山南坡。全文 50 行，1187 字。此志除追述韩氏家族渊源外，主要记叙了韩暨祖孙三代的宦绩。其家族为龙城世家，所记内容涉及北魏、北齐和隋朝的历史以及当时东北各族之间的相互关系，具有重要的史料价值。

汗，而阿那瓌部分亲族投奔北齐政权。北齐得知新可汗即位的消息后，即护送阿那瓌亲属等北还。553 年，北返的柔然人行至中途，收到新可汗已经被契丹杀死的消息。于是，北齐皇帝高洋率军北伐，行至幽州后，分兵三路，突击契丹部落（今大凌河流域）及其青山（今辽宁义县）别部，俘虏契丹部众 10 余万人，徙置山东。[①]555 年，突厥土门可汗席卷大漠南北，契丹部成

---

① 《资治通鉴》卷 165《梁纪二十一》元帝承圣二年（553 年）十月丁酉条，中华书局 2011 年版，第 5105—5106 页；又见《北齐书》卷 4《文宣》，武定四年十月，中华书局 1972 年版，第 57 页。

为突厥汗国属部,其别部则成为高句丽属部。[1]

契丹人击杀柔然汗国末位可汗,虽然原因不明,但说明其已拥有与柔然汗国残余势力抗衡的能力,也因此遭到北齐政权的"惩罚",导致其受到突厥汗国与高句丽政权攻击而被瓜分。

第三节 唐朝松漠都督府的存废

6世纪中期,突厥汗国成为大漠草原的霸主,并以强势迫使割据中原地区的北齐、北周政权臣服。营州地区则遭到高句丽政权的侵逼,这在已出土的韩暨墓志铭记述的事迹中,可以得到证明。[2] 契丹部落始终陷于分裂的状态。北齐政权灭亡后,其族属高宝宁又在突厥汗国扶持下割据营州(今辽宁朝阳)。

581年,权臣杨坚取代北周政权,定国号隋,改年开皇,是为隋朝。隋朝以"离强合弱"策略,瓦解突厥汗国实力;遣使携带金币礼物,四处招抚、收买、贿赂突厥小可汗和上层贵族以及契丹、库莫奚、靺鞨等部落首领。又发兵肃清营州高宝宁集团,迫使突厥汗国主动归附。开皇四年(584年),契丹首领率部落归附隋朝,隋朝将归附的契丹部落安置在托纥臣水(又名土斛真水,今赤峰老哈河流域),但仍有契丹部落四千余家羁属于突厥汗国。[3] 此时,契丹部落又陷入一分为三的局面,即分别归附隋朝、突厥和高句丽。随着突厥汗国宗主地位的确立,隋朝解除了来自北方草原的军事威胁,目标转为清除高句丽政权对辽东、辽西的影响。开皇十八年(598年),隋文帝以高句丽王"禁锢契丹"和不来朝觐为由,调集军队于幽州,将讨伐高句丽政权。高句丽王遂遣使请降,并放还羁属达40余年的契丹别部数十万口。隋文帝诏令将高句丽返还的契丹部落,仍安置于托纥臣水流域。开皇二十年(600年)前后,突厥汗国爆发内乱,又遭严重天灾,原属突厥汗国的四千余家契丹人,遂脱离突厥汗国,归附隋朝,奔至托纥臣水流域。时突厥启民

---

① 《隋书》卷84《北狄传·契丹》,中华书局1972年版,第1881页。
② 朱子方、孙国平:《隋〈韩暨墓志〉跋》,《北方文物》1986年第1期。
③ 《隋书》卷84《北狄传·契丹》,中华书局1972年版,第1881页。

可汗已为隋朝臣属，愿"千万世长与大隋典羊马"，[1]隋文帝担心收纳这四千余家契丹人，会引起突厥汗国怨怼，遂诏令发放资粮遣还，并命启民可汗抚慰契丹人；但这些契丹人却"固辞不去"，仍留居于托纥臣水流域。仁寿四年（604年），隋炀帝即位，诏令将军韦云起率领幽州与突厥军，突击此四千余家，以妇孺老弱交付突厥汗国。[2]

隋末，契丹部落已经结成稳定的部落联盟，首领由大贺氏家族世代担任，史称大贺氏联盟阶段。[3]史料记载，隋朝对于归附的契丹等部落，给予了妥善安置与管理，如韦艺担任营州总管时，"每夷狄参谒，必整仪卫，盛服以见之，独坐满一榻。番人畏惧，莫敢仰视。而大治产业，与北夷贸易，家资钜万，颇为清论所讥"。[4]这里所述的"夷狄""番人""北夷"，自然包括契丹与奚族在内。"番人"首领"参谒"营州都督，必然是有朝廷制度约束，韦艺还能与北夷贸易致富。这显示出隋朝确立的制度化内容，是针对契丹等部落的基本约束。又据记载，契丹内稽部落首领孙敖曹，曾伴隋炀帝至江都。孙敖曹只是契丹诸部落之一的部落首领，而非部落联盟首领，却与隋朝保持密切联系，亲密程度已超越其联盟组织。说明隋朝对于契丹部落的管理，存在着羁縻统治的不同管理形式，已经出现被招抚内属（即类似唐朝"内属蕃州"）的部落，其居地在营州却不隶属契丹联盟。及天下大乱，突厥崛起，契丹部落又臣属于突厥汗国。

唐朝收复契丹部落，就是从收复居住营州境内的孙敖曹部落开始。武德二年（619年），诏令以孙敖曹部为辽州，授孙敖曹辽州总管。贞观二年（628年），大贺氏联盟首领摩会率契丹诸部归附。次年，摩会入朝觐见，唐太宗赐予鼓纛，令其管理契丹部落，与唐朝确立通贡关系。不久，契丹部落首领曲据率部落归附唐朝，唐太宗即以其部为玄州，曲据为刺史，营州境内安置，隶属营州都督府。贞观二十二年（648年），大贺氏联盟首领窟哥率部落内附，唐太宗诏令置松漠都督府，授窟哥使持节十州诸军事、松漠都督、无极县男，赐姓李氏；又以大贺氏所在纥便部为弹汗州、达稽部为峭落州、独活部为无逢州、芬问部为羽陵州、突便部为日连州、芮奚部为徒河

① 《隋书》卷84《北狄·突厥》，中华书局1972年版，第1873页。
② 《新唐书》卷103《韦云起传》，中华书局1975年版，第3994页。
③ 《新唐书》卷219《北狄·契丹》，中华书局1975年版，第6167页。
④ 《隋书》卷47《韦世康传·附弟艺》，中华书局1972年版，第1269页。

州、坠斤部为万丹州、伏部为匹黎、赤山二州，又以玄州拨属松漠都督府，是为十州。即以诸部首领为诸州刺史，其都督府仍置营州。

松漠都督府的设立，标志着契丹大贺氏联盟与唐朝宗属关系的确立，是唐朝羁縻统治在契丹部落的实践。契丹部落不仅向唐朝纳贡，还向唐朝定期输送子弟"入侍"，即"纳子入质"的形式。契丹、奚族等部落多次奉诏配合唐军征讨高句丽。但不久，契丹与唐朝关系便出现了裂痕。究其原因，一是松漠都督府建立后，唐朝仍以招抚手段组建隶属营州的契丹"内属蕃州"部落，如武德二年（619 年）以内稽部落置辽州，贞观元年（627 年）更名威州，治营

唐懿德太子墓壁画《阙楼仪杖图》（局部）

州城内；二年（628 年）以松漠部落置昌州，治营州静蕃戍；三年（629 年）置师州，治营州阳师镇；十年（636 年）以契丹乙失革部落置带州，治营州境内；二十年（646 年）以曲据部落置玄州，名义拨属松漠都督府，实际仍为营州辖治的"内属蕃州"；至睿宗朝（710—712 年），契丹内属蕃州已达十个。[1] 二是松漠都督府与营州矛盾无以开解。史称："窟哥死，与奚连叛，行军总管阿史德枢宾等执松漠都督阿卜固献东都。"[2] 这里的"献"即献俘，夸耀军功之意；"东都"即唐代洛阳城，武则天执政（684—705 年），常于东

---

① 《新唐书》卷 43 下《地理七下·羁縻州》，河北道契丹州，中华书局 1975 年版，第 1126—1127 页。

② 《新唐书》卷 219《北狄·契丹》，中华书局 1975 年版，第 6168 页。

都处理政务。松漠都督阿卜固遭到严厉处罚，说明双方关系已降至极低。

垂拱元年（685 年），原内稽部首领孙敖曹之孙（名万荣，曾为质子留居长安十余年），蒙恩放还，诏令析分威州置归诚州，以万荣为刺史。万荣妹婿即松漠都督、无极县男李尽忠。万岁通天元年（696 年），营州都督欺侮契丹，尽忠遂与万荣共谋，击破营州，连续攻克幽州、冀州数座县城，传檄各地，以"还我庐陵王来"相号召。① 武则天在后突厥汗国协助下，最终平息了契丹的反叛，诏令改年号万岁通天为神功。神功元年（697 年），契丹降将李楷固、骆务整等已经成为"蕃将"中的一员，率领唐军清剿契丹残余势力，至久视元年（700 年），契丹纥便部弹汗州刺史率部归附，首领枯莫离被封授为郡王，弹汗州更名归顺州。载初元年（690 年），武则天已析昌州置沃州，契丹反叛，内迁蓟县；万岁通天元年，又析带州置信州，契丹反叛，即内迁于幽州。

李尽忠、孙万荣之乱，结束了唐朝在契丹地区实行的羁縻制度，此后松漠都督府虽名义上保留，但已失去太宗朝时期的紧密联系。相对应的是，契丹部落沦为后突厥汗国的羁属，唐朝也失去对营州地区的有效控制。

第四节　契丹遥辇氏汗国

契丹之乱平息后，武则天仍遣军讨击残余。在唐朝军队的追缴下，大贺氏纥便部弹汗州降唐，迁至幽州境内。开元二年（714 年），后突厥内乱，契丹首领失活率契丹部落与突厥颉利发一同归附。开元四年（716 年），复置松漠都督府，以失活为都督，授左金吾卫大将军、松漠郡王，又于松漠都督府置静析军，以失活为静析军经略大使，其余诸部首领悉授刺史、县令，以将军薛泰为押蕃落使，督军镇抚契丹及奚族部落。唐玄宗册封皇室外甥女杨氏为永乐公主，下嫁失活。翌年，失活病殁，唐朝遣使吊祠，诏许失活弟、中郎将娑固袭其封爵，并领左金吾卫大将军衔，仍为静析军经略大使、松漠都督府都督，依俗续娶永乐公主为妻。但松漠都督府的实权，已经操纵

---

① 《新唐书》卷 219《北狄·契丹》，中华书局 1975 年版，第 6168—6170 页；又见（唐）张鹭：《朝野金载》，四库全书本。

于静析军经略副大使、都督府衙官可突于手中，娑固欲除掉可突于，反遭可突于袭击，娑固遂逃奔营州；营州都督遂调集奚族兵马，攻击可突于，反遭失败，营州都督府退入榆关（今山海关）。可突于转而拥立娑固从弟郁于为君长，并遣使者入朝谢罪。诏令拜郁于为松漠郡王，并赦免可突于擅立之罪。郁于入朝谢恩，授率更令，册封宗室外甥女慕容氏为燕郡公主，下嫁郁于为妻。不久，可突于亲自入朝，擢为左羽林卫将军。郁于病殁，弟吐于继嗣，仍续娶燕郡公主为妻。吐于与可突于不谐，遂携公主奔唐朝，封辽阳郡王，留京师宿卫。可突于又拥立李尽忠之弟邵固，诏许邵固袭封郡王、松漠都督。开元十三年（725 年），唐玄宗如泰山行封禅大典，邵固入觐，遂与诸属部（国）首领扈从至行在，观礼。次年，授邵固左羽林卫大将军衔，徙封广化郡王，册封宗室外甥女陈氏为东华公主，下嫁邵固，仍诏令加封契丹酋长百余人官爵，仍令邵固"以子入侍"。于是，可突于复来朝觐，却受到执政大臣的冷遇，愤恨而归。开元十六年（728 年），可突于杀死邵固，大贺氏绝嗣，遂拥立屈烈为王，胁迫奚族共同叛唐，转而投降后突厥汗国；东华公主率扈从，走投平卢军（又名平卢镇，今辽宁朝阳）。唐朝调集八总管军出塞捕虏，合击契丹，可突于败走，奚族归降。次年，可突于与唐军会战都山下，俘杀唐兵万余人。唐玄宗擢张守珪为幽州长史，经略契丹。守珪遣门客王悔离间契丹衙官李过折，袭杀可突于、屈烈等，献可突于首级于东都，诏令即拜过折为北平郡王、松漠都督。未及一年，可突于余党雅里击杀过折，拥立迪辇俎里为契丹可汗，唐朝安葬李过折于长安东郊。[1]

迪辇，即遥辇氏。开元二十五年（737年），张守珪调集军队击败契丹。天宝四载（745年），契丹可汗降唐，赐名李怀秀，仍拜松漠都督，封崇顺王，册封宗室外甥女独孤氏为静乐公主，下嫁李怀秀；不久，李怀秀即杀公主，挟奚族反叛，范阳节度使安禄山追破之。于是，诏封契丹李楷落为恭仁王，代为松漠都督；安禄山调发幽州、云中、平卢及河东军兵十余万，以奚族为向导，与契丹会战于潢水南，大败而归。从此，范阳节度军马与契丹部落相攻击不止，安禄山拣选契丹、奚族之骁壮者，使充军戍守云南。安史之乱后，幽州藩镇不生事于边，契丹鲜有入寇，惟每年遣选贵族数十人入朝长安，赐予有秩（秩即等级、次序），而其下从行数百人则驻馆于幽州，朝廷亦恶其依附回鹘，而不复赐予酋长官爵。会昌二年（842年），回鹘汗国破灭，契丹可汗屈戍率部落归附，拜授云麾将军、守右武卫将军，换易回鹘旧印，赐予唐制新印，曰"奉国契丹之印"。其后，契丹部落逐渐强盛，奚族、室韦等周边部族相继为其役属。

第五节　耶律阿保机专制政权的建立

9世纪末期，契丹逐渐强盛。两个重大事件促进了契丹专制政权的建立。一是奚族贵族时瑟夺取了奚族王位（即奚可汗）。史载：辽代初期有"奚王府六部五帐分"：

> 其先曰时瑟，事东遥里十帐部主哲里。后逐哲里，自立为奚王。辛，弟吐勒斯立。遥辇鲜质可汗讨之，俘其拒敌者七百户，摭其降者。以时瑟邻睦之故，止俘部曲之半，余悉留焉。奚势由是衰矣。[2]

时瑟，是唐朝末年的奚族王位篡夺者，终结了东遥里氏家族的世袭统治

---

①　参见葛承雍：《对西安市东郊唐墓出土契丹王墓志的解读》，《考古》2003年第9期。
②　《辽史》卷33《营卫志下》部族下，奚王府六部五张分条，中华书局1974年版，第387页。

地位。所谓"事东遥里十帐部主","事"即服事、从属之义;"十帐部"即原有的十个帐族;"逐"即驱逐、夺取之义。时瑟夺取了原属东遥里氏家族的奚族可汗职位,自立为奚族可汗,实现了其家族的统治。但至其弟吐勒斯继为奚族可汗位时,遭到了遥辇氏鲜质可汗的征伐,俘虏七百户,又掳走其部曲之一半。奚族也因此衰弱,沦为契丹属部。

契丹鲜质可汗,是遥辇氏九位可汗中的一位,活跃于唐朝咸通年间(860—873 年),其存在下限可能至中和年间(881—885 年)。又据《辽史》记载,此时配合鲜质可汗进攻奚族吐勒斯可汗的军事统帅,正是辽太祖的父亲撒剌的(谥为德祖)。这说明奚族已经在 9 世纪后期,完成了"世选"统治家族特权地位的转换,即由时瑟家族享有"世选"奚族可汗的特权。这种转换适应了社会发展需求。但是,奚族统治秩序的转换,却遭到了遥辇氏汗国的讨伐,鲜质可汗与撒剌的率军攻克奚王府,尽收其部曲之半,将奚族变成契丹的从属部落。

二是在鲜质可汗及遥辇氏汗国的强势发展。光启时,方天下盗兴,北疆多故,乃钞奚、室韦,小小部种皆役属之,因入寇幽、蓟。[1] 光启,是唐僖宗年号,即 885—888 年。此时契丹部族完成对周边部族的征伐,开始针对幽、蓟地区侵扰,这是部落强盛的证明。契丹部落发展,是内外因共同作用的结果。遥辇氏汗国时期,耶律阿保机家族享有世代选任契丹大夷离堇的权利。9 世纪后期,部落社会进入转型发展阶段,贵族阶层的权力争斗围绕着大夷离堇的争夺展开。872 年,族人狼德勾结外族势力,击杀大夷离堇匀德实(阿保机祖父);匀德实之妻萧氏,率子女家人避难于耶律台押家;[2] 又恐贼人戕害,将刚出生的阿保机"匿于别幕,涂其面,不令他人见"。[3] 其后,族人蒲古之平息叛乱,大夷离堇职务仍掌握在家族手中,辅佐昭古、耶澜、巴剌三位可汗,不断向外扩张。901 年,痕德堇可汗即位,族人罨古只当选为迭剌部新任夷离堇,拟行典礼之际,其弟辖底着夷离堇服装,骑白马而出,抢行礼仪,成为新任迭剌部夷离堇;这是兄弟间的权力争夺。而汗国的实际掌权者释鲁(时为大于越),本与罨古只、辖底为同一家族成员,却默

---

① 《新唐书》卷 219《北狄·契丹》,中华书局 1975 年版,第 6172 页。
② 《辽史》卷 73《耶律欲稳传》,中华书局 1974 年版,第 1226 页。
③ 《辽史》卷 1《太祖上》,中华书局 1974 年版,第 1 页。

认辖底的夺权。不久，又发生了大夷离堇、大于越释鲁被刺杀事件，部落骚动，迭刺部夷离堇辖底，逃亡至渤海国避难；痕德堇可汗任命阿保机为迭刺部夷离堇，审理释鲁遇刺事件，平息乱党势力，阿保机遂成为遥辇氏汗国新任的执政人物。

阿保机任迭刺部夷离堇，击败室韦、于厥部族及奚帅辖刺哥，擢升为大夷离堇。又进攻河东代北之地，俘虏九万五千人，筑龙化州城于潢河之南。903年，又将鲜质可汗及德祖（阿保机之父）所俘奚族七百户及其部曲等，徙置于饶乐之清河，编为奚迭刺部，分为十三石烈。阿保机晋升大于越、总知军国事。次年，增广龙化州东城，击破幽州刘仁恭与黑车子室韦联军于桃山，黑车子室韦臣服。905年，与李克用会盟于云州，相约夹击刘仁恭，俘徙幽州之民而还。

907年正月，阿保机受痕德堇可汗禅让，于龙化州即可汗位，尊母萧氏为皇太后，妻萧氏为皇后，南、北宰相率群臣上尊号曰天皇帝，后曰地皇后。诏令皇族宫帐承续遥辇氏九可汗宫帐之序，曰第十帐。以族叔辖底之子迭栗底为迭刺部夷离堇。征讨黑车子室韦，降服其八部。次年，以三弟撒刺为惕隐，管理皇族事务。909年，置羊城于炭山之北，以通诸部贸易。911年，征伐西部奚，回师攻东部奚，"尽有奚霫之地。东际海，南暨白檀，西踰松漠，北抵潢水，凡五部，咸入版籍"。① 但此时，契丹内部又爆发大规模权力之争。次弟刺葛谋反，授为迭刺部夷离堇，三弟迭刺又谋为奚王，诸部贵族皆与谋叛，战乱持续年余。914年正月，

> 有司所鞫逆党三百余人，狱既具，上以人命至重，死不复生，赐宴一日，随其平生之好，使为之。酒酣，或歌或舞，或戏射角觝，各极其意。明日，乃以轻重论刑。②

这就是后世所称的"盐池宴"。秋七月，"有司上诸帐族与谋逆者三百余人罪状，皆弃市"③是"诸弟之乱"从犯的惩治，但主犯如太祖"诸弟"皆免

---

① 《辽史》卷1《太祖上》，中华书局1974年版，第4—5页。
② 《辽史》卷1《太祖上》，中华书局1974年版，第9页。
③ 《辽史》卷1《太祖上》，中华书局1974年版，第9页。

予处分。①

916 年 2 月，筑坛龙化州城东，称皇帝，建元神册，尊号大圣大明天皇帝，后曰应天大明地皇后，长子倍为皇太子。契丹开始走向专制集权的发展轨道。值得注意的是，阿保机所取代的契丹遥辇氏汗国的统治形式，其实是军、政权力分离的"双王制"，遥辇氏可汗是最高行政长官，阿保机家族享受"世选"的契丹大夷离堇是最高军事长官，其他公共职务分别由其他家族世代选举。但是，阿保机以"禅让"方式夺取汗位后，原本由其担任的契丹大夷离堇、大于越职务，都没有再轻易转授他人，只是将迭剌部夷离堇职务在其亲族手中转授。"诸弟之乱"爆发后，将实力强大的迭剌部一分为二。这已说明，阿保机夺取可汗职务后，已经将最高行政权和最高军事领导权合而为一，统由其一人掌握。

---

① 参见任爱君：《契丹"盐池宴"、"诸弟之乱"与夷离堇任期问题》，《史学集刊》2007 年第 4 期。

而现存比较零散的辽朝初期史料显示：阿保机夺取汗位后，不仅将原本分离的军、政权力凝聚为一，还将具有最高话事权的宗教"神权"也掌握在手中，形成军权、政权与神权的三位一体。依据《辽史·国语解》"龙锡金佩"条[①]记载，阿保机夺取汗位之前，已经由其族兄和大巫神速姑制造出"夺权"的宗教依据，故耶律曷鲁劝说阿保机接受禅让，是"符瑞"已现，符合天意人心。[②]宗教神权的作用，已为阿保机熟知。因此，天赞三年（924年）六月乙酉，辽太祖召见皇后、皇太子、大元帅以及二宰相、诸部头诏谕。"闻诏者皆惊惧，莫识其意"；[③]至天显元年（927年）秋七月辛巳日，"是夕，上崩，年五十五。天赞三年上所谓'丙戌秋初，必有归处'，至是乃验"。[④]故后来太祖陵设有"明殿"，汉人韩匡嗣曾任人祖明殿相，目的是向太宗、皇太后及时传达太祖皇帝的意志。这是辽朝初期契丹政权由汗国体制向封建专制过渡的特有现象。

辽太祖将遥辇氏汗国传统的军事民主制度剥离，以部落社会权力独裁的形式，确立起专制主义的封建政体。又辅助以"因俗而治"的权宜策略，成功地实现了契丹政权的顺利过渡。《辽史》有云：

> 辽太祖有帝王之度者三：代遥辇氏，尊（遥辇氏）九帐于御营（太祖横帐）之上，一也；灭渤海国，存其族帐，亚于遥辇，二也；并奚王之众，抚其帐部，拟于国族，三也。有英雄之智者三：任国舅以耦皇族，崇乙室以抗奚王，列二院以制遥辇是已。[⑤]

这些措施大都是耶律阿保机借以安抚部落旧势力的权宜之计。

---

① 《辽史》卷116《国语解》列传条，中华书局1974年版，第1548页。
② 《辽史》卷73《耶律曷鲁传》，中华书局1974年版，第1220—1221页。
③ 《辽史》卷2《太祖下》天赞三年六月乙酉条，中华书局1974年版，第19页。
④ 《辽史》卷2《太祖下》天显元年秋七月辛巳条，中华书局1974年版，第23页。
⑤ 《辽史》卷45《百官志一》北面诸帐官，中华书局1974年版，第711页。

第二章　契丹政权的扩张与辽朝的建立

第一节　阿保机东征西讨与统治制度的确立

神册元年（916年），阿保机将进攻方向转到幽云地区，诸割据政权后梁、吴越、太原晋王等，积极与契丹政权交往与联系。当年，阿保机征伐漠南突厥、吐浑、党项、小蕃、沙陀诸部，俘获达15600户；克朔州（今山西朔州），俘获节度使李嗣本等，乘胜而东，连攻克蔚（今河北蔚县）、新（今河北涿鹿）、武（今山西神池西北）、妫（今河北怀来）、儒（今北京延庆）诸州。"自代北至河曲踰阴山，尽有其地"，征服漠南地区。于是，"改武州为归化州，妫州为可汗州，置西南面招讨司，选有功者领之"。[①] 次年三月，与幽州节度使周德威会战于新州城东，大破之，挥师出居庸关，掳掠燕赵，围攻幽州，晋王李存勖遣兵救援。神册三年（918年），进攻云州（今山西大同东），经略西南诸部；次年冬，征讨大兴安岭北侧乌古部，俘获14200余口，牛马车乘庐帐器物等20余万，乌古降附。次年，亲征漠南党项诸部，略地至云内（今呼和浩特托克托）、天德（今呼和浩特东陶卜齐），天德节度使献城降，更名为应天军，徙其民于阴山以南安置。神册六年（921年），进攻幽州，率军突入居庸关，分兵攻克古北口，略地至檀州（今北京密云）、顺州（今北京顺义）及安远、三河、良乡、望都、潞、满城、遂城等，俘掠民户徙至契丹境内。新州防御使王郁率山北兵马民户归附，阿保机徙其众于潢水之南安置。又趁定州（今河北定州）军乱，率军赴定州，与晋王会战于望都，遂徙檀、顺州民至东平郡（今辽宁辽阳）、沈州（今辽宁沈阳）。

922年，改元天赞，争夺镇州城（今河北正定），进攻矛头指向燕南。天赞三年（924年），徙蓟州（今天津蓟县）民户以实辽州（今辽宁新民公主屯东南）旷地。亲征漠北吐浑、党项、阻卜诸部，"凿金河水，取乌山石，

---

① 《辽史》卷1《太祖上》，中华书局1974年版，第11页。

辇至潢河木叶山，以示山川朝海宗岳之意"；[①]踰流沙（今新疆境内），拔浮图城，取西鄙诸部。四年（925年），亲征渤海国，围扶余城（今吉林农安）；天显元年（926年）正月，拔扶余城，进围其国都忽汗城（上京龙泉府，今黑龙江宁安），渤海国王出降，改为东丹国，以皇太子耶律倍为人皇王，主其国政。

辽代契丹文铜镜

太祖攻略的同时，注意人口安置与管理，任用汉臣韩延徽、韩知古等，采用"因俗而治"策略，管理汉族与渤海人施行"汉法"（即中原典章制度），管理游牧部族施用"蕃法"（即契丹习惯法）。神册三年（918年），礼部尚书康默记充版筑使，督建皇都于苇甸（今巴林左旗林东镇南），城内建孔庙、佛寺、道观。晋王、吴越、渤海、高丽、回鹘、阻卜、党项及幽、镇、定、魏、潞等州遣使来贡。[②] 四年（919年），诏令制作契丹大字，皇弟迭剌又制成小字，与汉字并为通用文字；修辽阳故城，以汉、渤海户实之，名为东平郡，置防御使。六年（921年），制定法律与班爵制度，令各级长吏务于四孟月（一年四季中每季的第一个月）询问民间利病，存恤百姓。天赞元年（922年），分迭剌部为南、北二院，以次子尧骨（即德光）为天下兵马大元帅；次年，以平州（今河北卢龙）为卢龙军，置节度使。

辽太祖在开疆拓土的同时，辽政权也确立起统治框架。

1.征服与变更部落组织

辽初不断地东征西讨，使部落人口急剧增加，原有八部组织已不能适应发展需要，新编部落不断出现。《辽史·营卫志》记载"阻午可汗二十部""辽

---

① 《辽史》卷2《太祖下》，中华书局1974年版，第20页。
② 《辽史》卷1《太祖上》，中华书局1974年版，第12页。

太祖二十部"，是在阿保机"化家为国"过程中形成的部落形态，是对外征伐的结果。天赞元年（922年），又对部落组织重新调整，将强大难治的迭剌部分为五院、六院二部，将玄祖匀德实三个儿子的后裔，分为孟、仲、季三父房，将与皇族通婚的二审密即拔里、乙室已二族升为国舅帐；其余诸部重新整顿为十部，分别隶属南、北二宰相府，分设夷离堇、令稳或节度使；又以内附各族编为八部，如奚王府六部五帐分为其一，还有突吕不室韦、涅剌拏古、乙室奥隈、褚特奥隈、品达鲁虢、乌古涅剌、图鲁七部，而遥辇九帐族、横帐三父房族、国舅帐拔里乙室已族、国舅别部作为内四部族，则自部落组织内别出。

2. 创置州县，安置汉族人口

遥辇氏汗国后期，契丹已经不断深入掳掠燕云及渤海、女真诸部。阿保机时期，更加重视辽东的经营，筑长城于辽东半岛，防御渤海、高丽、女真侵扰。整修辽阳故城，建为东平郡，实以汉、渤海民户，加强辽东地区的控制与开发。唐朝末年，藩镇割据，大量汉族人口流入契丹。阿保机称帝前，已经"率汉人耕种，为治城郭邑屋廛市如幽州制度，汉人安之，不复思归"。这是阿保机"化家为国"的基础。称帝后，频频南下攻掠，俘获其民徙入内地，多依中原故有组织方式，侨置州县，安置于契丹腹地，或以原籍州县名之，如以檀州俘户置檀州于东平府（今辽宁康平），以三河县俘户置三河县于沈州（今辽宁沈阳）；或重新命名新置州县，如武安州、龙化州、惠州、

辽代《东丹王出行图》，李赞华（耶律倍）绘，现藏美国波士顿美术馆

霸州及临潢县、龙化县、霸城县等，均为安置汉族俘户而设置。

3.建立东丹国，保留渤海故有统治方式

天赞四年（925 年），亲征渤海国，皇后、皇太子、大元帅和南北二宰相、二院夷离堇及汉臣等从行。降服渤海国后，利用渤海国上层，袭用渤海制度，治理渤海国故地，令以渤海国建东丹国，以皇太子耶律倍为人皇王，主持东丹国事务，设中台省为东丹国最高辅弼决策机构，以皇弟迭剌为东丹国左大相、以渤海老相为东丹国右大相、以渤海司徒大素贤为东丹国左次相、以六院部贵族耶律羽之为东丹国右次相，辅佐东丹王；其余府州县，遵行渤海国旧法。将渤海国王及其族属、豪门大姓迁徙至皇都安置，又以渤海俘户创建长泰、定霸、保和、扶余、显理、富义、长宁、义丰诸县。同时制定东丹国岁贡制度：布十五万端、马千匹。

东丹国作为契丹政权的重要组成，保留有相当充分的政治灵活性与独立性，拥有独立的国号年号，能够直接对外遣使与邻国交往，宰相以下百官可以自行除授。

4.挞马、瓦里和籍没之法

遥辇氏汗国行政权与军权分离，可汗为最高行政长官，是部落社会主宰的象征；大夷离堇为最高军事首领，兼掌司法刑狱，是可汗的辅弼。但随着私有观念增长及个体家庭出现，部落民主制必将受到冲击。901 年，辖底以欺诈方式，自立为夷离堇后，释鲁出任从未有过的"总知军国事"的大于越

职务，是将已分离的行政权与军权予以凝聚，以打破部落传统秩序的方式，攫取更多权限。因此，释鲁首先创立一支绝对忠诚自己的侍卫军——挞马。挞马是首领的亲军，更是部落社会的常备军，是汗国形态向专制集权过渡的信号。阿保机是这支常备军的首领，为"挞马狨沙里"（沙里即契丹语郎君，狨乃为野兽惊走之状，形容勇士），而"国人号阿主沙里"（契丹语阿主，为父祖之称），是对他的尊称。故释鲁被害，辖底逃亡，痕德堇可汗即授命阿保机审理释鲁遇害事件。阿保机夺取汗位后，"始置腹心部，选诸部豪健两千余充之，以曷鲁及萧敌鲁总焉"。① 挞马组织实现变异与扩容，成为辽朝帝后亲卫组织。阿保机称帝后，创置斡鲁朵法，曷鲁及萧敌鲁等人脱离腹心部成为朝廷的官员。

瓦里是管理罪犯的机构，出现于遥辇氏汗国时期。籍没之法，是在权力斗争中对失势贵族进行处理的习惯法。按照部落社会旧例，权力斗争失势的贵族首要分子处死，家属籍没为奴婢，由瓦里进行管理。例如，谋杀释鲁者，是蒲古只族人和释鲁之子滑哥，审理案件时，将蒲古只三族家属籍没为奴，编入瓦里。但从阿保机时代开始，瓦里已成为统治的工具。史称，"其后治诸弟逆党，权宜立法"，这是在习惯法无法适应统治需要时，临时创立成文法的尝试。

神册六年（921 年），克定诸夷，上谓侍臣曰："凡国家庶务，钜细各殊，若宪度不明，则何以为治，群下亦何由知禁。"乃诏大臣定治契丹及诸夷之法，汉人则断以律令，仍置钟院以达民冤②。

在辽太祖耶律阿保机统治时期，契丹政权作为国家机器的军队、律令、法庭、监狱等都已齐备，专制集权政治已然形成。

第二节　耶律德光即位前后的契丹政局

天显元年（926 年）七月，阿保机薨逝于扶余城，次日，"皇后称制，权决军国事"，遣使令人皇王（耶律倍）及大元帅（耶律德光）赴行在；八月，

---

① 《辽史》卷 73《耶律曷鲁传》，中华书局 1974 年版，第 1221 页。
② 《辽史》卷 61《刑法志上》，中华书局 1974 年版，第 936—937 页。

护送梓宫西还皇都；九月，上谥曰升天皇帝，庙号太祖。太祖皇后述律平成为皇太后，尊号"应天皇太后"，谥号"淳钦皇后"，开启了述律太后称制的序幕。

应天太后称制后即大肆诛杀异己。

> 阿保机卒于扶余城，述律后召诸将及酋长难制者之妻，谓曰："我今寡居，汝不可不效我。"又集其夫泣问曰："汝思先帝乎？"对曰："受先帝恩，岂得不思！"曰："果思之，宜往见之。"遂杀之。①

据《辽史》记载，护送灵柩班师途中，东丹国左大相迭剌病殁，诏令皇弟寅底石往代；太后称制，遣人追杀寅底石于途中，另遣幼弟安端赴任；又杀南院夷离堇耶律迭里、郎君耶律匹鲁等，

> 淳钦皇后称制，欲以大元帅嗣位。迭里建言，帝位宜先嫡长，今东丹王赴朝，当立。由是忤旨。以党附东丹王，诏下狱，讯鞫，加以炮烙。不伏，杀之，籍其家。②

应天皇太后擅改帝位继承人选，过程似乎较为艰难。耶律德光生于东楼地，属龙化州境内，穆宗于此置降圣州，是有特殊的宗教神话寓意其中。史称：

> 应天皇后梦神人金冠素服，执兵仗，貌甚丰美，异兽十二随之。中有黑兔跃入后怀，因而有娠，遂生太宗。③

此神话的制作者，唯有应天皇太后本人，目的是为德光顺利继嗣，附会神意，制造舆论。故中原史料记载，应天皇后主持推选次子德光为帝位继承人的仪式。

---

① 《资治通鉴》卷275《后唐纪四》明宗天成元年（926年）七月辛巳条，中华书局1956年版，第8991页。
② 《辽史》卷77《耶律安搏传》，中华书局1974年版，第1260页。
③ 《辽史》卷37《地理志一》降圣州条，中华书局1974年版，第447页。

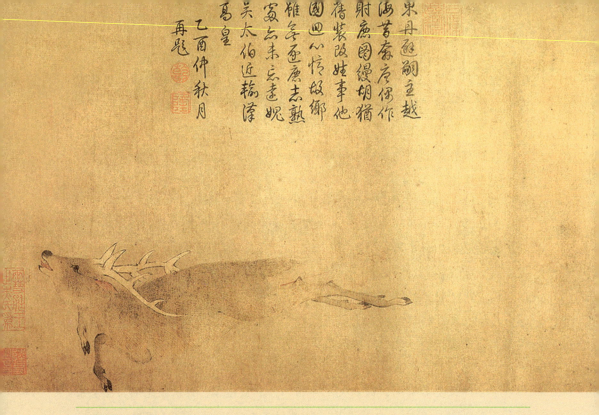

《获鹿图》，李赞华（耶律倍）绘，现藏美国大都会博物馆

画卷中乾隆皇帝题跋，即是评价东丹王"让国"之事：无心逐鹿人，却作射鹿景。逸麋饮箭羽，奔驹迅鞭影。眼前驰逐忙，事后浑幻境。说偈伊有馀，司囿吾当省。

耶律倍成为让国皇帝有深层次原因。契丹立国不久，新制所立未固，旧制又未改除，特别是辽中央政权没有建立稳定的储君制度，其与弟耶律德光相比，没有足以抗衡的军事实力，也没有得到述律后和外戚势力的支持。

至西楼。命与突欲俱乘马立帐前，谓诸酋长曰："二子吾皆爱之，莫知所立，汝曹择可立者执其辔。"酋长知其意，争执德光辔欢跃曰："愿事元帅太子。"后曰："众之所欲，吾安敢违。"遂立之为天皇王。[1]

突欲，即人皇王耶律倍之契丹名。此事，《辽史》记载天显二年(927年)：

治祖陵毕。冬十一月壬辰，人皇王倍率群臣请于后曰："皇子大元

---

[1] 《资治通鉴》卷275《后唐纪四》明宗天成元年(926年) 九月癸酉条，中华书局1956年版，第8993页。

帅勋望，中外攸属，宜承大统。"后从之。是日即皇帝位。[①]

受群臣上尊号嗣圣皇帝，尊皇太后为太皇太后，皇后为应天皇太后，妃萧氏皇后。但政权内部矛盾并未消除，局势也并未稳定。于是，上演了应天皇太后以自断手腕巩固统治的惊人之举。《资治通鉴》记载：

述律太后左右有桀黠者，后辄谓曰："为我达语于先帝！"至墓所辄杀之，前后所杀以百数。最后，平州人赵思温当往，思温不行，后

---

① 《辽史》卷3《太宗上》，中华书局1974年版，第28页。

曰："汝事先帝尝亲近，何为不行？"对曰："亲近莫如后，后行，臣则继之。"后曰："吾非不欲从先帝于地下也，顾嗣子幼弱，国家无主，不得往耳。"乃断一腕，令置墓中。思温亦得免。①

应天皇太后断腕一事，绝非荒诞。《辽史》存有可为印证的蛛丝马迹：

> 应天皇后于义节寺断腕，置太祖陵。即寺建断腕楼，树碑焉。②

应天皇太后强行更换帝位继承人，过程缓慢且艰难，自天显元年（926年）七月至二年十一月，历时近一年半，且在契丹政权内部掀起了血雨腥风的斗争。耶律倍被逼让出继承人资格，愠怒不已，"帅数百骑欲奔唐，为逻者所遏。述律后不罪，遣归东丹"。但据《辽史》记载，耶律倍亲自赴丧回皇都，至天显五年（930年）四月，都陪伴在应天皇太后与辽太宗的左右；其中，天显三年（928年），太宗诏令右次相耶律羽之迁东丹国民至东平郡，且升东平郡为南京，都是在耶律倍远离东丹国的情况下进行。天显五年九月，诏置人皇王仪卫；十一月，人皇王即泛海降后唐，再未回到故土。

辽太宗即位后，因应天皇太后摄政，军国大事取决于皇太后裁断。天显六年（931年）三月，召集大臣会议军国要事，令人皇王妃萧氏率东丹僚属觐见，置中台省于南京，处理东丹国政务。天显十年（935年），诏令以应天皇太后父族及母前夫之族二帐并为国舅，以萧缅思为尚父领之。《资治通鉴》记载：

> 天皇王尊述律后为太后，国事皆决焉。太后复纳其姪为天皇王后。天皇王性孝谨，母病不食亦不食，侍于母前，应对或不称旨，母扬眉视之，辄惧而趋避，非复召不敢见也。③

---

① 《资治通鉴》卷275《后唐纪四》明宗天成二年（927年）正月己卯条，中华书局1956年版，第9001页。
② 《辽史》卷37《地理志一》上京条，中华书局1974年版，第440页。
③ 《资治通鉴》卷275《后唐纪四》明宗天成元年（926年）九月条，中华书局1956年版，第8993页。

但自天显十一年（936 年）以后，辽太宗则已拥有真正君王的威势。

第三节　幽云十六州的归属和辽朝建立

天显九年（934 年）四月，后唐发生宫廷事变，浮海投唐的人皇王耶律倍认为是攻打后唐的好时机，遣人秘密上书，建议趁机讨伐后唐政权。八月，辽太宗自将南伐，自云州南下，略地河阴、灵丘，掳掠至武州（山西神池）。次年，仍遣将捉生后唐边郡。十一年（936 年）四月，"燕民之复业者陈汴州事宜"，使辽政权获悉后唐的状况；七月，河东节度使石敬瑭遭到后唐政权讨伐，遣使向契丹西南面招讨司求援，辽太宗欲出兵援助，遭到太后否绝。后唐卢龙军节度使赵德钧向契丹通报消息，边关奏报也纷至沓来。史载：德光遂告太后，适有一梦：神人金冠，车帐甚盛，十二异兽从行，中有黑兔跃入怀中，云是石郎遣人求救，要我须去救援。反复二次，应天皇太后即唤契丹巫者验梦，神巫奏言：是太祖皇帝自西楼遣人来告，须去援助石郎。[1]

> （石敬瑭）令桑维翰草表称臣于契丹主，且请以父礼事之。约事捷之日，割卢龙一道及雁门关以北诸州与之。……表至契丹，契丹主大喜，白其母曰："儿比梦石郎遣使来，今果然，此天意也。"乃为复书，许俟仲秋倾国赴援。[2]

《辽史》亦记载，是年八月，遣使萧辖里与河东使臣赴太原通报契丹援军抵达日期，辽太宗亲率大军援救石敬瑭。九月，契丹军突入雁门关，驻军忻州城（今山西忻县）下，祭祀天地；至太原，遣使谕石敬瑭："朕兴师远来，当即与卿破贼。"遂与后唐军拒阵于太原城外，唐军主将张敬达退守晋安寨，契丹"分遣精兵守其要害，以绝援兵之路"。此时，后唐援兵有三路，皆按兵观望，如赵延寿以兵二万屯团柏谷，范延广以兵二万屯辽州（今山西左

---

① 参见任爱君：《神速姑暨原始宗教对契丹建国的影响》，《北方文物》2002 年第 3 期。

② 《资治通鉴》卷 280《后晋纪一》高祖天福元年（936 年）七月丁未条，中华书局 1956 年版，第 9146—9147 页。

权），幽州赵德钧以所部兵万余由上党趋延寿军合势，皆逗留不进。① 据《资治通鉴》记载：

> 敬瑭引兵会契丹围晋安寨，置营于晋安之南，长百余里，厚五十里，多设铃索吠犬，人跬步不能过。敬达等士卒犹五万人，马万匹，四顾无所之。甲辰，敬达遣使告败于唐，自是声问不复通。②

耶律德光会见石敬瑭于太原城外，设坛备礼册命敬瑭为大晋皇帝。闰九月，晋安寨唐军投降。契丹军追击赵德钧父子，驻军潞州城（今山西长治）下，尽降其众。耶律德光命南宰相解领等率军还本土，设宴与敬瑭辞别，执手约为父子，赠白貂裘一、厩马二十、战马千二百匹为敬瑭饯行，仍命迪离毕率骑军五千护送入洛阳。据《辽史》记载：

石敬瑭像

> 木叶山兴王寺，有白衣观音像。太宗援石晋主中国，自潞州回，入幽州，幸大悲阁，指此像曰："我梦神人令送石郎为中国帝，即此也。"因移木叶山，建庙，春秋告赛，尊为家神。兴军必告之，乃合符传箭于各部。③

十一月，辽太宗册封石敬瑭为"大晋皇帝"。次月石敬瑭攻破洛阳，后唐末帝李从珂自焚而死。李从珂死前命人杀害了耶律倍，辽太宗追谥耶律倍为"文武元皇帝"。辽太宗援助石晋军事行动收功之后，凭借"神权加身"这件利器，收回皇权。

---

① 《辽史》卷3《太宗上》，中华书局1974年版，第38页。
② 《资治通鉴》卷280《后晋纪一》高祖天福元年(936年) 九月壬寅条，中华书局1956年版，第9149页。
③ 《辽史》卷37《地理志一》永州条，中华书局1974年版，第446页。

次年六月，晋使聂延祚将岁贡银帛三十万匹（两）护送至皇都。会同元年（938年）十一月，后晋遣守司空冯道、左仆射刘煦等来上皇太后尊号、皇帝尊号，复遣赵莹奉表来贺，并以幽、蓟、瀛、莫、涿、檀、顺、妫、儒、新、武、云、应、朔、寰、蔚十六州图籍来献。幽云十六州地区的割属，使得契丹政权与中原割据政权间的分界，向南推进至西起雁门关、东至今河北省白沟河一线。后晋政权臣服、幽云十六州割属与岁贡三十万匹（两），成为契丹军政实力发展的一件大事。因此，辽太宗下诏改元会同，国号大辽，以皇都为上京、府曰临潢，幽州为南京、府曰幽都，原南京为东京、府曰辽阳。改新州为奉圣州、武州为归化州，其寓意与"会同"相符合，表明辽太宗已有一幅宏伟的政治蓝图。

建号改元后，太宗耶律德光又对契丹官制进行改革，并完善汉官制度。史称：

> 升北南二院及乙室夷离堇为王，以主薄为令，令为刺史，刺史为节度使，二部梯里己为司徒，达剌干为副使，麻都不为县令，县达剌干为马步。置宣徽、阁门使、控鹤、客省、御史大夫、中丞、侍御、判官、文班牙署。诸宫院世烛，马群、遥辇世烛，南北府、国舅帐郎君官为敞史，诸部宰相、节度使帐为司空，二室韦闳林为仆射，鹰坊、监冶等局官长为详稳。

契丹官制改革，涉及府州县官吏称号和部族官职称号的变更，汉官制度主要是完善已移植的中原封建政治管理体系，标志着大辽王朝统治制度的确立。

第四节　辽太宗构建"大同"梦想的破灭

辽太宗灭唐扶晋，又以赵德钧父子的降书[①]，施压于后晋，指定桑维翰

---

① 石敬瑭称帝初，卢龙节度使北平王赵德钧厚赂契丹，请求扶助其称帝统治中原，令石敬瑭留任河东。石敬瑭惊惧，命桑维翰面见太宗，乞求放弃赵德钧之请。

为宰相、石重贵为继嗣，语于敬瑭曰："世世子孙勿相忘"。① 后晋即遵行照办。

> 每契丹使至，帝于别殿拜受诏敕。岁输金帛三十万之外，吉凶庆吊，岁时赠遗，玩好珍异，相继于道。乃至应天皇太后、元帅太子、伟王、南北二王、韩延徽、韩延寿等大臣皆有赂；小不如意，辄来责让，帝常卑辞谢之。晋使者至契丹，契丹骄倨，多不逊语。使者还，以闻，朝野咸以为耻，而帝事之曾无倦意，以是终帝之世与契丹无隙。②

后晋天福五年（940年）二月庚戌，石敬瑭与北都留守、同平章事安彦威强调重信义、轻财帛是维持契丹盟约的政策，并称誉安彦威的做法符合朝廷旨意③。但后晋朝中不愿"媚事"契丹者，仍大有人在。天福七年（942年），石敬瑭病逝，石重贵遣使告哀于辽，国书"称孙而不称臣"。史称辽太宗大怒，立即遣使责问：为何不先承禀，遂即帝位之故。④ 而后晋君臣则持强硬抗衡态度，加之幽州赵延寿又有所伸张。《资治通鉴》记载说，时人卢龙节度使赵延寿"欲代晋帝中国"，遂劝说辽太宗击晋，辽太宗采纳了赵延寿讨伐后晋的建议。⑤ 会同五年（942年）秋七月庚寅，

> 晋遣金吾卫大将军梁言、判四方馆事朱崇节来谢，书称"孙"不称"臣"，遣客省使乔荣让之。景延广答曰："先帝则圣朝所立，今主则我国自册。为邻为孙则可，奉表称臣则不可。"荣还，具奏之，上始有南

---

① 《资治通鉴》卷 280，《后晋纪一》高祖天福元年（936年）闰十一月壬申条，中华书局1956年版，第9162页。

② 《资治通鉴》卷281《后晋纪二》高祖天福三年（938年）七月戊寅条，中华书局1956年版，第9188—9189页。

③ 《资治通鉴》卷282《后晋纪三》高祖天福五年（940年）二月庚戌条，中华书局1956年版，第9210页。

④ 《资治通鉴》卷283《后晋纪四》高祖天福七年（942年）十二月条，中华书局1956年版，第9242页。

⑤ 《资治通鉴》卷283《后晋纪四》高祖天福七年（942年）十二月条，中华书局1956年版，第9242页。

伐之意。①

乔荣为何许人? 史载,

> 初, 河阳牙将乔荣从赵延寿入契丹, 契丹以为回图使, 往来贩易于
> 晋, 置邸大梁。及契丹与晋有隙, 景延广说帝囚荣于狱, 悉取邸中之
> 货。凡契丹之人贩易在晋境者, 皆杀之, 夺其货。大臣皆言契丹有大
> 功, 不可负。②

何谓回图使,《资治通鉴》注曰:"凡外国与中国贸易者, 置回图务, 犹
今之回易场也。"回图务长官为回图使。乔荣奉命质问, 见证了辽、晋关系
破裂全过程。时后晋平卢节度使杨光远亦暗中约辽, 谋欲代晋自立,③ 而辽
朝也欲以此为饵挠晋。辽晋战争, 自会同六年 (943 年) 至九年 (946 年)。
开战之初, 藩帅杨光远被后晋剿灭。辽朝以魏博等州节度使、魏王赵延寿,
经略贝 (今河北南宫)、冀 (今河北冀县)、深 (今河北深县) 三州, 其接到
后晋天雄军节度使杜重威送来的劝降信, 遂诈降, 骗取杜重威来接应④。结
果晋军被辽军围困于滹沱河中渡桥。会同十年 (947 年) 正月初一, 辽太宗
以中原仪仗进入东京汴梁。

> 契丹主绐之曰:"赵延寿威望素浅, 恐不能帝中国。汝果降者, 当
> 以汝为之。"威喜, 遂定降计。……契丹主遣赵延寿衣赭袍, 至晋营慰
> 抚士卒, 曰:"彼皆汝物也。"杜威以下, 皆迎谒于马前; 亦以赭袍衣威
> 以示晋军, 其实皆戏之耳。⑤

---

① 《辽史》卷 4《太宗下》会同五年七月, 中华书局 1974 年版, 第 52 页。
② 《资治通鉴》卷 283《后晋纪四》齐王天福八年 (943 年) 九月条, 中华书局 1956 年版,
第 9253 页。
③ 《资治通鉴》卷 283《后晋纪四》齐王天福八年 (943 年) 十二月条, 中华书局 1956 年
版, 第 9256 页。
④ 《资治通鉴》卷 285《后晋纪六》齐王开运三年 (946 年) 七月条, 中华书局 1956 年版,
第 9306 页。
⑤ 《资治通鉴》卷 285《后晋纪六》齐王开运三年 (946 年) 十二月甲子条, 中华书局
1956 年版, 第 9318—9319 页。

此事在《辽史》的记载中，也能够得到相关的印证。① 辽太宗曾说："吾遣奇兵直取大梁，非受降也"。② 此役，辽太宗希望灭晋后，定鼎华夏。

> 契丹主谓群臣曰："自今不修甲兵，不市战马，轻赋省役，天下太平矣"。废东京，降开封府为汴州、尹为防御使。乙未，契丹主改服中国衣冠，百官起居皆如旧制。③

此处之"群臣"，包含后晋之百官；废除汴梁城京都资格，长官为防御使，仍令晋臣"领职如故"，是将后晋与辽朝合二为一的做法。因此，次年二月诏令：

> 建国号大辽，大赦，改元大同。升镇州为中京，以赵延寿为大丞相兼政事令、枢密使、中京留守。④

这是企图将后晋并入辽朝的措施。据《资治通鉴》记载：

> 二月丁巳朔，契丹主服通天冠，绛纱袍，登正殿，设乐悬仪卫于庭。百官朝贺，华人皆法服，胡人仍胡服，立于文武班中间。下制称大辽会同十年，大赦，仍云："自今节度使刺史，毋得置牙兵，市战马"。⑤

耶律德光在正殿朝会中，以蕃汉官僚排列出三班齐聚的景观，随即分遣

---

① 《辽史》卷76《赵延寿传》："太宗克汴，延寿因李崧求为皇太子，上曰：'吾与魏王虽割肌肉亦不惜，但皇太子须天子之子得为，魏王岂得为也？' 盖上尝许灭晋后，以中原帝延寿，以故摧坚破敌，延寿常以身先。至是，以崧达意，上命迁延寿秩。翰林学士承旨张砺进拟中京留守、大丞相、录尚书事、都督中外诸军事；上涂 '录尚书事、都督中外诸军事'。世宗即位，以翊戴功，授枢密使"。中华书局1974年版，第1248页。

② 《资治通鉴》卷285《后晋纪六》齐王开运三年（946年）十二月己卯条，中华书局1956年版，第9325页。

③ 《资治通鉴》卷286《后汉纪一》高祖天福十二年（947年）正月癸巳条，中华书局1956年版，第9330页。

④ 《辽史》卷4《太宗下》，中华书局1974年版，第59页。

⑤ 《资治通鉴》卷286《后汉纪一》高祖天福十二年（947年）二月丁巳朔条，中华书局1956年版，第9338—9339页。

契丹诸将取代诸州镇长官，吏部尚书张砺建议，不可用契丹将领治理中原事务，未被采纳①。但在回复皇弟李胡信函中，辽太宗将入汴的内心考量全盘托出：

> 所在盗贼屯结，土工不息，馈饷非时，民不堪命。河东尚未归命，西路酋帅亦相党附，夙夜以思，制之之术，惟推心庶僚、和协军情、抚绥百姓三者而已。②

这就是辽太宗谋划已久的"中原布局"，不再立傀儡政权，而是入主中原直接管理。但契丹未能施行有效治理，反而因采取契丹旧俗而引起人民反抗，难以在中原立足。大同元年（947年）三月，因天气炎热，耶律德光以归省太后为由，升汴州为宣武军，以萧翰为节度使。随即率军北返，中原诸州镇遂驱逐契丹长吏，纷纷反叛；刘知远于太原镇分兵南下。危急之间，耶律德光又患苦热之疾，不久崩逝于栾城杀胡林（今河北栾城北乏马铺）；随军贵族拥立永康王兀欲即位于镇州（今河北定县），是为辽世宗。辽世宗率军北返，遭到应天皇太后及皇太弟李胡的抗拒，最终达成"横渡之约"，皇太后承认了辽世宗即位的合法性。而后晋州郡全部归附刘知远建立的后汉政权。

刘知远像

第五节　辽朝政治体系的确立与发展社会生产

辽朝统治区受环境条件制约，形成特定生产生活习俗。

---

① 《辽史》卷76《张砺传》，中华书局1974年版，第1252页。
② 《辽史》卷4《太宗下》，中华书局1974年版，第60页。

并、营以北，劲风多寒，随阳转徙，岁无宁居，旷土万里，寇贼奸宄乘隙而作。营卫之设，以为常然。其势然也。①

　　大漠之间，多寒多风，畜牧畋渔以食，皮毛以衣，转徙随时，车马为家。②

　　契丹早期，雅里"始立制度，置官属，刻木为契，穴地为牢"，已出现法律、官属和征兵、储蓄、关押罪犯等，"令不严而人化"的粗放管理办法。及经历"教民稼穑，善畜牧，国以殷富"，"仁民爱物，始置铁冶，教民鼓铸"的发展过程。释鲁时，"始兴版筑，置城邑，教民种桑麻，习织组，已有广土众民之志"。③阿保机建立专制政权，已有大量农耕等各族人口，急需处理诸族事务的官吏。

　　时诸部新附，文法未备，默记推析律意，论决轻重，不差毫厘。罹禁网者，人人自以为不冤。顷之，拜左尚书。④

　　韩知古本应天皇后媵臣户，以家奴身份服役于阿保机，阿保机称帝遂参与谋议，久之，信任益笃，遂命其总知汉儿司事，兼主持诸国会见礼仪。"时仪法疏阔，知古援据故典，参酌国俗，与汉仪杂就之，使国人易知而行。顷之，拜左仆射，与康默记将汉军征渤海有功，迁中书令。"⑤韩知古是契丹礼仪制定者，但执掌礼仪事务者则是耶律敌刺。⑥"参酌国俗"的效果，是在契丹传统仪法、惯例的基础上，稍用汉法弥缝而已。故差别不大，重在"适用"而已。

　　契丹故俗，便于鞍马，随水草迁徙则有毡车，任载有大车，妇人乘马亦有小车，贵富者加之华饰。禁制疏阔，贵适用而已。帝后加隆，势

---

① 《辽史》卷31《营卫志上》序，中华书局1974年版，第361页。
② 《辽史》卷32《营卫志中》行营序，中华书局1974年版，第373页。
③ 以上参见《辽史》卷2《太祖下》赞曰，中华书局1974年版，第24页。
④ 《辽史》卷74《康默记传》，中华书局1974年版，第1230页。
⑤ 《辽史》卷74《韩知古传》，中华书局1974年版，第1233页。
⑥ 《辽史》卷74《耶律敌刺传》，中华书局1974年版，第1229页。

固然也。①

　　太祖初年，庶事草创，犯罪者量轻重决之。其后治诸弟逆党，权宜立法。亲王从逆，不磬诸甸人，或投高崖杀之。②

　　（神册六年）乃诏大臣定治契丹及诸夷之法，汉人则断以律令。③

　　太祖初元，庶事草创，凡营都邑，建宫殿，正君臣，定名分，法度井井。④

　　如韩延徽：攻党项、室韦，服诸部落，延徽之筹居多。乃请树城郭，分市里，以居汉人之降者。又为定配偶，教垦艺，以生养之。以故逃亡者少。⑤

康默记、韩延徽、韩知古等人，在安辑民众、制定仪法中有较大贡献。

辽初"因俗而治"的措施，"俗"是指习惯或容易接受的生产、生活管理方式。无论是汉人农耕区，还是契丹等游牧民族的管理都以此为原则，故又称为"蕃汉分治"。官制设置方面，也体现出比较强烈的"因俗而治"特色，诚如《辽史》所言：

　　契丹旧俗，事简职专，官制朴实，不以名乱之，其兴也勃焉。……官分南北，以国制治契丹，以汉制待汉人。国制简朴，汉制则沿名之风固存也。辽国官制，分北南院，北面治宫帐、部族、属国之政，南面治汉人州县、租赋、军马之事。因俗而治，得其宜矣。⑥

南北面官制度，直至太宗末年至世宗朝时期方才完备。故元人论曰：

　　大同元年，世宗始置北院枢密使。九月，世宗以高勋为南院枢密。则枢密之设，盖自太宗入汴始矣。天禄四年，建政事省。于是南面官僚

---

① 《辽史》卷55《仪卫志一》国舆，中华书局1974年版，第900页。
② 《辽史》卷61《刑法志上》，中华书局1974年版，第936—937页。
③ 《辽史》卷61《刑法志上》，中华书局1974年版，第937页。
④ 《辽史》卷74《韩延徽传》，中华书局1974年版，第1232页。
⑤ 《辽史》卷74《韩延徽传》，中华书局1974年版，第1231页。
⑥ 《辽史》卷45《百官志一》序，中华书局1974年版，第685页。

可得而书。其始，汉人枢密院兼尚书省，吏、兵、刑有承旨，户、工有主事，中书省兼礼部，别有户部使司。以营州之地加幽、冀之半，用是适足矣。①

契丹社会生产的发展，首推畜牧业。契丹善畜牧，畜牧经济在生产活动中仍占较大比重。据《辽史》记载：

> 契丹旧俗，其富以马，其强以兵。纵马于野，弛兵于民。有事而战，骦骑介夫，卯命辰集。马逐水草，人仰湩酪，挽强射生，以给日用，糗粮刍茭，道在是矣。②

契丹部族军政合一的特点，加之统治者重视，部落生产明显提高。《辽史》记载：

> 始太祖为迭烈府夷离堇也，惩遥辇氏单弱，于是抚诸部，明赏罚，不妄征讨，因民之利而利之，群牧蕃息，上下给足。及即位，伐河东，下代北郡县，获牛、羊、驼、马十余万。③

契丹内部农业生产，自皇祖匀德实（872年被杀）教民稼穑，相地利以耕，至于越释鲁饬部落种植桑麻，学习纺织，已经初具规模。

> 太祖平诸弟之乱，弭兵轻赋，专意于农。尝以户口滋繁，糺辖疏远，分北大浓兀为二部，程以树艺，诸部效之。
> （太宗）诏有司劝农桑，教纺绩。以乌古之地水草丰美，命瓯昆石烈居之，益以海勒水之善地为农田。三年，诏以谐里河、胪驹河近地，赐南院欧堇突吕、乙斯勃，北院温纳河剌三石烈人，以事耕种。④

---

① 《辽史》卷47《百官志三》南面序，中华书局1974年版，第771页。
② 《辽史》卷59《食货志上》，中华书局1974年版，第923页。
③ 《辽史》卷60《食货志下》，中华书局1974年版，第931页。
④ 《辽史》卷59《食货志上》，中华书局1974年版，第924页。

辽代彩绘银障泥

　　幽云十六州纳入，带来先进生产技术，甚至西域特产的西瓜也植入上京城附近。

　　辽地半沙碛，三时多寒，春秋耕获及其时，黍稷高下因其地，盖不得与中土同矣。然而辽自初年，农谷充羡，振饥恤难，用不少靳，旁及邻国，沛然有余，果何道而致其利欤？此无他，劝课得人，规措有法故也。[1]

　　契丹转居荐草之间，去邃古之风犹未远也。太祖仲父述澜，以遥辇氏于越之官，占居潢河沃壤，始置城邑，为树艺桑麻组织之教，有辽王业之隆，其亦肇迹于此乎！太祖帝北方，太宗制中国，紫银之鼠，罗绮之篚，麇载而至。织丽奂毳，被土绸木。[2]

---

① 《辽史》卷60《食货志下》，中华书局1974年版，第932页。
② 《辽史》卷56《仪卫志二》国服序，中华书局1974年版，第905页。

契丹手工业和贸易交流也十分发达，辽太祖任契丹可汗第三年（909年）五月，"置羊城于炭山北，起榷务以通诸道市易"。[①] 辽太宗扶晋灭唐，尽得幽云十六州之地后，升幽州为南京，"城北有市，百物山侔，命有司治其征"；又"东平郡城中置看楼，分南、北市，禺中交易市北，午漏下交易市南。"[②] 辽太宗本人还与后晋汴梁城、高昌回鹘以及鸭绿江附近设置回图务，分别管理各地商贸事务。

农业生产人口的逐渐稳定，推动了经济的迅速发展。而辽太祖时期确立的部族编组制度，同样推动了辽朝牧业经济生产的发展。并且在"因俗而治"的施政前提下，契丹统治者也积极地汲取前朝统治经验，对于周边新征服的广阔区域，在草原地域，基本实行属国属部制度，即类似于羁縻统治的管理方式；在农业区则推行府、州、县制度。这些都推动了辽初社会生产的发展。

---

① 《辽史》卷 60《食货志下》，中华书局 1974 年版，第 929 页。
② 《辽史》卷 60《食货志下》，中华书局 1974 年版，第 929 页。

第三章　澶渊之盟与辽朝盛世

第一节　景宗朝敦睦皇族与稳固统治的措施

大同元年（947年）四月，辽太宗耶律德光病殁于北返途中，东丹王长子耶律阮在众将拥立下，于镇州即位于太宗灵柩前，是为辽世宗。应天皇太后述律平闻讯大怒，与幼子耶律李胡整顿兵马，驻军潢河横渡，欲与世宗决战。辽朝内部形势异常危急，统治集团上层大规模内战似乎不可避免。关键时刻在大臣耶律屋质斡旋下，世宗与应天皇太后达成"横渡之约"，世宗继位合法性得以确认。

辽世宗在位期间，巩固确立了辽朝的专制皇权。世宗即位不久，果断处置了再欲发动政变谋夺帝位的述律太后及耶律洪古一党，将应天皇太后及李胡拘禁于祖州，以皇太后宫分户分赐功臣。世宗鉴于内部矛盾激化，政局极不稳定，遂增置契丹南枢密院，以加强集权统治；又置政事省，掌管州县之事。此后，朝廷分设北、南两个枢密院，南枢密院分管汉族地区民政，北枢密院则分管军政及契丹等游牧各部族，皇帝通过北、南二枢密院，对全境实行集权统治。辽朝正式形成了区别于部落联盟体制的专制主义中央集权的政治体制。

新的政治体制确立之后，辽世宗并未将精力放在处理内部矛盾，稳固统治基础，而是急于整兵南下，重返中原。天禄三年（949年），世宗率军进入河北。天禄五年（951年）正月，后周取代后汉政权，河东节度使刘崇据太原自立，向辽朝称臣称侄、愿为藩属，史称北汉。辽朝以北汉为附庸，准备大举进攻中原。九月，世宗率军南下，征伐后周，至归化州（今河北宣化），耶律察割和耶律盆都趁世宗酒醉作乱，冲入内帐，世宗遇弒。耶律屋质乱中逃出，带救兵与耶律述律（即耶律璟，为太宗耶律德光之子）消灭叛军，镇压叛乱。述律夺取帝位，改名为耶律璟，改元应历，是为辽穆宗。帝位再次回归辽太宗一脉。太宗、世宗、穆宗之际，辽朝帝位在耶律倍和耶律

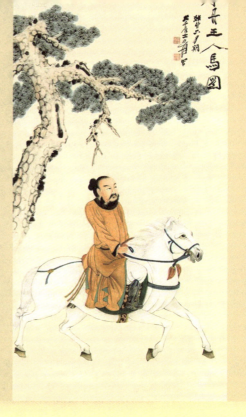

《东丹王人马图》，张大千绘

"横渡之约"是辽世宗即位过程中发生的重要事件。辽大同元年（947年）四月，辽太宗耶律德光自汴梁北归，病逝于栾城杀胡林。部将耶律洼、耶律吼、耶律安搏等拥立东丹王耶律倍长子永康王耶律阮即皇帝位，史称辽世宗。但控制辽初政局的重要人物应天皇太后述律平，希望立幼子太宗之弟耶律李胡（又名耶律洪古）为帝。述律太后曾废东丹王立太宗耶律德光，并大杀功臣为辽太祖殉葬，砍下自己的右手，放置太祖墓内，代为陪葬。此时，世宗即位，与述律太后发生冲突，双方形成对峙局面。关键时刻大臣耶律屋质发挥了决定性作用，其利用契丹习惯的"讲事"习俗，迫使述律太后承认世宗即位合法性，实现和解，史称"横渡之约"。不久，世宗将李胡与太后迁居祖州予以拘押。

德光两系间反复摇摆，统治集团上层几近分裂。

辽穆宗朝延续了世宗朝党同伐异的做法，打击东丹王耶律倍系统及世宗旧部。穆宗为人暴虐，常滥刑滥杀；又酗酒荒政，国人目之为"睡王"。此时，中原后周代后汉而立，实力逐渐增强。后周世宗柴荣"以十年开拓天下，十年养百姓，十年致太平"的壮志，励精图治，欲灭南唐、北汉，收复燕云。应历九年（后周显德六年，959年），后周北伐，连克三关及瀛（今河北河间）、莫（今河北任丘）二州。辽穆宗欲放弃幽州，退还松漠。但后周世宗北伐途中暴病，周军撤退。次年，后周被北宋取代。

辽穆宗朝后期，统治集团内部屡发变乱。应历九年（959年），耶律李胡子耶律喜隐谋反，供辞牵涉到李胡，李胡被捕，死于狱中。应历十四年（964年），辽穆宗昼寝夜饮，不理朝政，且愈发暴虐，无故虐杀近侍臣属。应历十九年（969年），辽穆宗在怀州行猎，酒后因不满而生怒，近侍恐惧被杀，趁穆宗酒醉将其杀害。萧思温、女里等迎立辽世宗次子耶律贤即位。

应历十九年（969年）二月，穆宗遇弑，耶律贤率部驰赴行宫，即位于枢前，改元保宁，尊号天赞皇帝，是为辽景宗。首先，慰抚皇室及贵族集团，和睦宗室，待以家人之礼，并封授人皇王、辽太宗及李胡的子孙们以王爵。保宁四年（972年），太宗之子、太平王罨撒葛薨逝，追封为皇太叔，仍令齐王妃萧氏管领所部兵马。其次，加大与周边政权，尤其与北宋政权的抗衡力度，发动战争，转移内部矛盾。保宁五年（973年），越王必摄率军讨伐党项诸部，克捷献俘；八年（976年），冀王敌烈与耶律沙等，率军应援太原北汉政权，屡战克捷，连败宋军；九年，又以李胡之子宋王喜隐，为西南面招讨使，时有吐浑属部四百余户叛入太原，喜隐亲至河东言明曲直，全部索还。敦睦皇族与对外战争，起到消除内部矛盾和平衡贵族利益的积极作用，不仅扩大统治基础，也调动起与强宋对抗的积极力量。

> 保宁而来，人人望治。以景宗之资，任人不疑，信赏必罚，若可与有为也。①

保宁四年（972年），诏令内外官员体察国情上封事，以备阅览；八年，又派遣五位按察使，分道廉问诸地鳏寡孤独及贫乏失职状况，以赈济贫困人口②，促进生产发展。

景宗即位，选萧思温之女萧绰为皇后。景宗自幼体弱多病，政事多交由皇后处理，皇后颇具施政能力，协助处理颇为称意，故保宁八年（976年），诏谕史馆学士：书皇后言亦称"朕"暨"予"，著为定式。③授予皇后等同于皇帝的待遇。朝廷用人方面，倚重耶律屋质、萧思温、耶律贤适与韩匡嗣等颇有众望的新旧大臣。保宁元年（969年），加封北院大王耶律屋质为于越。次年，以耶律贤适为北院枢密使，转为西北路招讨使，擢升枢密使，封西平郡王。保宁三年（971年），以南京统军使、魏国公韩匡美为邺王，以飞龙使女里为契丹行宫都部署。保宁八年（976年），以西南面招讨使耶律斜轸为北院大王。乾亨元年（979年），以燕王韩匡嗣为都统率军伐宋，拜耶律休哥为于越。三年，以韩德让为南院枢密使。

稳定政局的同时，鉴于边部不稳状况，保宁三年（971年），以右夷离毕奚底率军出征胪朐河流域（今克鲁伦河），击败敌烈诸部。五年，遣惕隐

---

① 《辽史》卷9《景宗下》赞曰，中华书局1974年版，第105页。
② 《辽史》卷8《景宗上》，中华书局1974年版，第95页。
③ 《辽史》卷8《景宗上》，中华书局1974年版，第95页。

休哥征讨漠南党项诸部，以俘获来上；越王必摄遣使献党项俘获。七年，耶律速撒等献党项俘获，诏令以其俘获分赐于群臣。八年，党项降酋可丑、买友来觐见，赐诏抚谕，令遣还所部，纳入宗藩。乾亨元年（979 年），又有党项别部化哥等降附；二年（980 年），西南面招讨副使耶律王六、太尉化哥遣人两次献党项俘。这些居住漠南的党项等"杂蕃"诸部，常受中原诸割据政权招诱，摇摆不定，辽朝为此连年征战，维护了边部稳定。保宁五年（973 年），东北女真侵边，杀

宋太祖赵匡胤像

死辽朝都监，驱掠边民牛马畜产；八年，女真又侵掠贵德州东境，东京统军使察邻、详稳涧奏报：女真袭击归州五寨，剽掠而去。周边环境不宁，朝廷颇费周章。

保宁六年（宋开宝七年，974 年），宋朝遣使请和，诏命涿州刺史耶律昌术与宋朝议和，双方相互遣使聘问致贺，辽朝诫谕北汉以休战致和之意。议和发生于宋太祖开宝年间（968—976 年），史称"开宝议和"。双方除互相祝贺正旦外，保宁八年（975 年）七月，宋使来贺天清节（景宗皇帝生日）；同年十一月，宋太祖薨，太宗即位，辽朝遣使入宋吊慰，又遣使贺太宗即位。乾亨元年（宋太平四年，979 年），宋太宗兴兵讨伐北汉，辽朝遣使问兴师之故，宋朝答以"河东逆命，所当问罪。若北朝不援，和约如旧，不然则战"。[1] 双方关系骤然紧张。

此前，辽朝以约和故，诫北汉毋生事。及是，令南府宰相耶律沙、冀王敌烈等率军援救北汉，南大王斜轸率所部继进；令北院大王奚底、乙室王撒合等以兵戍燕。北汉告急，又令千牛卫大将军韩侼、大同军节度使耶律善补

---

① 《辽史》卷 9《景宗下》，中华书局 1974 年版，第 101 页。

以本路兵赴援。宋军阻击耶律沙等于白马岭，冀王敌烈阵亡，辽军溃败；乾亨元年（979年）六月，北汉降宋。宋太宗遂乘胜挥师北上，攻辽南京。辽军阻击宋军于沙河，宋军突破，进围南京城，知留守事韩德让督率军民防御。辽朝调动兵马备御，七月，会战高梁河（今北京西直门附近），宋军溃败，退至雄州（今河北雄县）。辽景宗赐诏褒奖有功人员。随即，大举南伐。自此，双方兵连祸结持续二十余年。

第二节 太后摄政与社会稳定发展

乾亨四年（982年）九月，辽景宗去世，梁王隆绪嗣位，年仅十二岁，尊号天辅皇帝，是为辽圣宗；母后萧氏奉遗诏摄政，尊号承天皇太后，改国号为大契丹。

承天皇太后萧氏摄政，采取措施稳定辽国内政，辽朝渐渐呈现出治世景象。萧太后首先安顿内部，维护政局稳定。诏令以皇后奉遗诏摄政宣谕诸道，以南院大王耶律勃古哲总领山西诸州事，北院大王、于越耶律休哥为南面行军都统，奚王和朔奴为南面行军副都统；以国舅、同政事门下平章事萧道宁率国舅部驻守南京，谨守边备。时任南京留守、荆王道隐奏报，宋人遣使请和，诏令以来使无国书，却之不受。[1] 统和元年（983年）正月，召见景宗之弟质睦（即只没），序家人礼，复其宁王爵，又颁恩于先朝宰相室昉、宣徽使普领。南京留守荆王道隐还京赴丧，染疾，太后亲至其府邸视疾，不久，道隐薨。遂以于越休哥为南京留守，仍赐南面行营总管印绶；以惕隐化哥为北院大王，解领为南府宰相，枢密副使耶律末只兼侍中、东京留守，吴王稍上京留守、行临潢尹事。八月，以政事令孙桢无子，诏国舅小翁帐郎君桃隈为之后。承天皇太后依托旧臣，恩威并施，迅速稳定政局。她还致力改革弊政，采取一系列积极措施。

（一）清理滞狱、改革刑法、安定社会

统和元年（983年）四月，枢密院奏请：令北府司徒颇德译南京所进律文，从之。这些"律文"属于"汉法"范畴，将之译为契丹文字，是上京施

---

[1] 《辽史》卷10《圣宗一》乾亨四年十二月条，中华书局1974年版，第108页。

用成文法的记载。二年四月，皇太后亲自决断滞狱；六月，又决狱至月终。此后，每年亲决滞狱，依据条文，清理怨屈。六年（988年），奚王筹宁杀无罪人李浩被鞫，廷议以其贵人，请出钱赡浩家贷罪，从之。这是依据"八议之法"来处理部落内部纠纷的事例。九年，遣翰林承旨邢抱朴、三司使李嗣、给事中刘京、政事舍人张幹、南京副留守吴浩，分赴各地，决断诸道滞狱；复遣库部员外郎马守琪、仓部员外郎祁正、虞部员外郎崔祐、蓟北县令崔简等，分决诸道滞狱。十二年（994年），诏令若契丹人犯十恶大罪者，不遵旧俗，统依汉律处罚。十四年（996年），诏参知政事邢抱朴决断南京滞狱。十五年（997年），以上京狱讼繁冗，诘其主者，法律更革，势在必行。

> 当时更定法令凡十数事，多合人心，其用刑又能详慎。先是，契丹及汉人相殴致死，其法轻重不均，至是一等科之。[1]

至此，辽初施行"蕃汉分治"措施，在刑罚律令方面已经呈现蕃汉趋同发展趋势。

（二）整顿吏治，选用人才

1.定纪纲

统和元年（983年），因于越休哥在南院过用吏人，诫谕南大王勃古哲毋相循袭。谕三京左右相、左右平章事、副留守判官、诸道节度判官、诸军事判官、录事参军等，当执公方，毋得阿顺。诸县令佐如遇州官及朝使非理征求，毋或畏徇。恒加采听，以为殿最。民间有父母在，别籍异居者，听邻里觉察，坐之。有孝于父母，三世同居者，旌其门闾。[2] 二年，划离部奏今后详稳止从本部选授为宜，诏曰"诸部官惟在得人，岂得定以所部为限。"[3]压制了要求世袭部族权力的贵族势力。同时，调整各级管理机构，置诸部监，勒察所部各守营伍，毋相错杂；大理寺始置少卿及正；改诸部令稳为节度使；又置先离阅览官六员，分领于骨里、女真、迪烈于诸部人之隶宫

---

① 《辽史》卷61《刑法志上》，中华书局1974年版，第939页。
② 《辽史》卷10《圣宗一》统和元年十一月条，中华书局1974年版，第112页。
③ 《辽史》卷10《圣宗一》统和二年三月条，中华书局1974年版，第113页。

籍者。

2. 调建置

鉴于农耕人口增加，统和八年（990年），筑城于杏埚，实以宋俘。诏东京路诸宫分提辖司，分置定霸、保和、宣化三县，白川州置洪理，仪坤州置广义，辽西州置长庆，乾州置安德各一县；省遂、妫、松、饶、宁、海、瑞、玉、铁里、奉德十州及玉田、辽丰、松山、弘远、怀清、云龙、平泽、平山等八县，其民分隶他郡。整顿军队，加强边防，改南京熊军为神军；建威寇、振化、来远三城，以屯戍卒；东边诸圯各置都监；诏修可敦城，次年以可敦城为镇州，军曰建安。

3. 整吏治

统和十六年（998年）诏令："罢民输官俸，给自内帑。"[1] 改革官员俸禄制，这是政治体制建设的进步，减免百姓负担。辽朝出现一批善于处理地方事务的官吏，如涅刺部节度使撒葛里、严州刺史李寿英、武定军节度使韩德冲、长宁军节度使萧解里、启圣军节度使刘继琛、广德军节度使韩德凝等，皆有惠政，受到褒奖。

4. 选材能

自南京重开贡举后，取士名额逐渐提升，科举人才崭露头角。诏令诸道举才行、察贪酷、抚高年、禁奢僭，有殁于王事者官其子孙；又令诸郡邑贡明经、茂材异等，择才能授其官。统和七年（989年），宋朝进士十七人挈家来归，命有司考其中第者，补国学官，余授县主薄、尉。诏令诸部所俘宋人，有官吏儒生抱器能者，诸道军有勇健者，具以名闻。诸州县长吏有才能无过者，减一资考任之。契丹统治者重视汉人官员任用，能够做到摒弃民族偏见，唯才是用，使蕃汉臣僚同心辅政，各尽其职。这种用人与选官制度，极大地巩固与扩大了统治的基础。

（三）减免赋税，发展生产

1. 赈灾荒

统和元年（983年），以东京、平州旱蝗，下诏赈济；南京秋霖害稼，暂时停止通商关征，沟通与山西地区粮食贸易。枢密奏契丹诸役户多困乏，请以富户代之，圣宗遂查阅诸部籍册，发现涅刺、乌隈二部户少而役重，诏

---

[1] 《辽史》卷14《圣宗五》统和十六年四月条，中华书局1974年版，第153页。

银鎏金独角兽纹腰带具，出土于凌源小喇嘛沟辽墓

令酌情减免。统和四年（986年），辽宋鏖战，令节度使韩毗哥、翰林学士邢抱朴等充云州宣谕招抚使，安辑流民，恢复生产，凡所掠州郡，其逃民禾稼，募人收获，以其半给收者；又采纳室昉、韩德让建议，黜免山西当年租赋；山西四州自经兵后，人民转徙，盗贼充斥，令有司禁止，由新州节度使选人分道巡检，恢复生产；免除南院部民当年租赋。诏令军中无故不得驰马，不许纵诸军残破南朝境内桑果；禁止刍牧伤禾稼。这些措施同样施用属国属部，如乌隈于厥部以岁贡貂鼠、青鼠皮非土产，皆于他处贸易以献，乞改贡，诏令自今起止贡牛马。遇有灾祸等，采取保护百姓利益和发展生产的措施，如云州奏当岁霜旱乏食，请求增价折粟，以利贫民，诏从之。七年（989年）二月，云州奏请：自今租赋止输于本道，许之；诏许燕乐、密云二县荒地，由民自主耕种，免除赋役十年。针对部落贫乏现象，又内出诸牧群畜产，以赐边部贫民。八年（990年），以吐谷浑部民饥荒，予以赈济。九年（991年），诏免三京诸道租赋。十年（992年），朔州流民给复三年。十二年（994年），免除行在五十里内本年租税，南京被水户租赋。免诸部岁输羊及关征；赐南京统军司贫户耕牛。

　　2. 劝农桑

　　诏令诸道劝农。令诸道民户应历以来胁从为部曲者，释放为民，仍籍所在州县。诏令各州县设置义仓，以备饥荒。统和十四年（996年），蠲三京及诸州税赋；令诸军官毋非时畋猎妨农。又以南京道新定税法太重，诏令减之。十五年二月，劝品部富民出钱以赡贫民，部内旷地许民耕种；募民耕滦州荒地，免租赋十年。通括宫分人户，免除南京逋税及义仓粟，发义仓粟赈济南京诸县饥民。

（四）抗衡北宋，约束西夏

宋、辽之间，自979年宋太宗北伐，开启了25年之久的宋辽战争。其间，双方互有攻守，处于激烈的军事对峙状态。统和元年（983年），南京奏宋朝边州七十余村来附，又招徕自契丹流亡入宋境者千余户归还，诏令悉加妥善安置。四年（986年）三月，南京奏宋将曹彬等由雄州道、田重进飞狐道、潘美杨继业由雁门道来侵，诏令征诸部兵，交付休哥军中，阻击宋军。遣东京留守耶律抹只率大军继进，趣召备用东征兵马应援；又令严守平州海岸以备御宋军；命北院枢密使耶律斜轸为山西兵马都统、北院宣徽使蒲领为南征都统，以副于越休哥备御宋兵。四月，帝及太后驻军南京北郊，遣偏师以助休哥，并赐旗鼓、杓窊印抚谕将校。五月，与宋将曹彬、米信会战岐沟关，宋军大败。十月，诏于越休哥以南征宣谕拒马河以南六州。皇太后亲阅辎重兵甲，以休哥为先锋都统，命北大王蒲奴宁居奉圣州总领山西五州公事，驸马都尉萧继远等固守封疆，毋漏间谍。辽军至唐兴县，夺取宋军据守的滹沱河桥；褚特部节度使卢补古等与宋兵战于泰州（即保州，今保定市），不利，遂以御盏郎君化哥权褚特部节度使；休哥击败宋军于望都，辽圣宗率军与宋将刘廷让等交战于莫州，擒获宋将贺令图、杨重进等。统和六年（988年），以宋降军分置七指挥，号为归圣军；辽圣宗与韩德让邀击宋军于长城口，以俘获分隶燕军，进克满城、祁州、新乐。统和七年（989年）正月，宋鸡壁砦守将郭荣率众来降，诏令其军暂屯南京，令鸡壁砦民二百户徙居檀、顺、蓟三州，迁易州军民于燕京。五月，休哥招降宋卒七百余人，遣使来献，诏隶东京。统和八年（990年），城杏埚，以宋俘实之。九年（991年），选宋降卒五百置为宣力军。十二年（994年）八月，宋人遣使求和，诏不许；九月，宋复遣使求和，仍不许。十五年（997年），诏徙宋梁门、遂城、泰州（更名保州）、北平民于契丹内地。

辽与西夏、宋形成三角关系，辽对西夏政权基本达成纳藩的战略目标。银（今陕西榆林）、夏（今陕西靖边）诸州党项部落，原本依附北宋。统和四年（986年），李继迁叛宋降辽，以为定难军节度使、银夏绥宥等州观察处置等使、特进、检校太师、都督夏州诸军事，西番酋帅瓦泥乞移为保大军节度使、鄜坊等州观察处置等使。年底，李继迁引五百骑款塞求婚，愿永作

京剧《托兆碰碑》剧照

杨业，北宋将领。原为后汉将领，赐名刘继业。北汉灭亡，刘继业归宋，复名为杨业。雍熙北伐，为西路潘美副将率军出雁门，屡败辽军。后因东路军失利，西路军被迫后撤，辽军趁势反击，杨业因失去主力策应，陷入辽军包围，重伤被擒，绝食而亡。其事迹后世演为"杨家将"故事。

藩辅，诏以王子帐节度使耶律襄之女封为义成公主备嫁，赐马三千匹。统和七年（989年），义成公主下嫁李继迁。次年，李继迁克宋麟（今陕西神木北）、鄜（今陕西富县）等州，册封李继迁为夏国王。九年，夏国王李继迁遣使来上宋所授敕命，宋定难军节度使李继捧亦来附，授为推忠效顺启圣定难功臣、开府仪同三司、检校太师兼侍中、西平王。年底，李继迁潜附于宋，遣招讨使韩德威率军持诏谕之。十年（992年）二月，韩德威奏李继迁称故不出，辽军至灵州俘掠而还。李继迁遂以韩德威俘掠来奏，赐诏安慰而已。十五年（997年），封夏国王李继迁为西平王。

（五）稳定边部，调整统治策略

辽初，对于周边部族采取征服手段，强征贡赋，故诸部族叛服不常。乾亨四年（982年），遣耶律速撒讨伐阻卜诸部，次年，速撒献讨阻卜俘获，下诏褒美。速撒奏敌烈部及诸叛蕃来降，悉令复其故地，诚心归附。统和二年（984 年），阻卜诸部复叛，速撒率军讨伐，杀其酋长挞剌干。三年，速撒奏漠北术不姑诸部至近淀，夷离堇易鲁姑等欲趁此袭击俘掠，圣宗曰"诸部于国无恶，何故俘掠，徒生事耳。"不允其奏。六年（988 年），西北路又以讨伐折立、助里二部，献俘获；漠北化哥及术不姑、春古里部来修贡礼；乌隈于厥部以所定贡礼，非本土所产，乞求改贡，诏令止以牛马为贡。十二年（994 年），皇太妃领西北路乌古等部兵及永兴宫分军抚定西边，遂奏筑可敦城，赐名镇州，以督率西北诸部族。

西南面招讨司负责漠南"杂蕃"诸部，包括党项、吐浑、吐蕃、突厥等。统和元年（983 年），党项十五部侵边，招讨司以兵击破之。西南路招讨请益兵讨伐西突厥，诏令北大王耶律蒲奴宁以敌毕、迭烈二部兵赴之，西南路招讨使遣使招谕党项诸部，来者甚众。六月，党项酋长执其夷离堇子隈引等请求内附，诏令抚纳，观察其情伪，谨守边备，赏赐西南面有功将士。六年，西南面招讨使韩德威讨伐河湟诸蕃，即吐蕃诸部。至统和十五年（997 年），河西党项内附，诏禁止鬻马于宋。

（六）制服女真诸部

东路女真诸部，分为生、熟两女真群体，其中，生女真诸部分布黑龙江流域，熟女真诸部分布长白山及辽东半岛地区。与辽朝联系较密切的是熟女真诸部，后因避讳，称为女直。熟女真分为顺国女真（臣服辽朝者）和曷苏馆女真（常与辽朝、高丽纷争）等。统和二年（984 年），东京留守兼侍中耶律末只奏，女真术不直、赛里等八族请求内附，诏令安置。八年，女真宰相阿海来贡，封顺化王，此即顺国女真诸部。三年，命枢密使耶律斜轸为都统，驸马都尉萧恳德为监军，以兵讨女真，都统萧闼览、菩萨奴以行军所经地里、物产来上。四年正月，枢密使耶律斜轸、林牙勤德等献女真俘获十余万口、马二十余万及诸物众多。六年八月，濒海女真遣使来朝并修土贡；"朝"即朝献，"修土贡"即制定每年缴纳赋税数目。这些为曷苏馆女真。其后，又有北女真四部请内附。十三年（995 年）七月，兀惹乌昭度、渤海燕颇等侵铁骊，遣奚王和朔奴等讨之，兀惹归款，诏谕以诚心归服，迁其民置宾州。十五年，兀惹乌昭度以地远，乞岁时免进鹰、马、貂皮，诏以生辰、正旦贡如旧，其余皆免。于是，遂罢东边戍卒。

（七）与高丽关系

统和元年（983 年），辽始谋征高丽，命林牙肯德等将兵东讨。三年，

诏诸道缮甲兵，以备东征高丽，造船桥于土河，遣使阅东征道路，辽泽沮
洳，罢征高丽。十年，以东京留守萧恒德等伐高丽；次年，高丽遣使奉表请
罪，诏取女真鸭绿江东数百里地赐之，高丽又遣使请求放还所俘民户，诏令
由官府出资赎还。十三年（995年），册封其王治为高丽国王，高丽遣童子
十人来学契丹语。十四年，高丽乞婚，许以东京留守、驸马萧恒德女册封为
公主嫁之。高丽遣使献本国地图，表示臣服。

在稳定内外环境的过程中，辽朝注重与周边区域的贸易交通，不仅促进
经济发展，也推动了科技文化交流。统和四年（986年）六月，听闻派遣宣
谕回鹘、覈列哥国使臣度里、亚里等人，为术不姑部落截留，遂诏令西北路
管押详稳耶律速撒赐术不姑部货币，谕以朝廷来远之意，要求释放使臣，度
里、亚里等人由是乃得前行。又以古北、松亭、榆关征税不法，致阻商旅，
遣使鞫之，惩治贪赃枉法官吏。诏令以宋鸡壁砦降民成延朗等八户隶属飞狐
关，诏开奇峰路以通易州市易。奇峰路今飞狐道。铁骊遣使来贡鹰、马，可
汗州刺史贾俊进新制历法。

第三节　澶渊定盟与南北"和好"

统和十六年（998年）十二月，南京留守、宋国王休哥薨，封皇弟、恒
王隆庆为梁国王、南京留守。次年，北院枢密使、魏王耶律斜轸薨，以韩德
让兼知北院枢密使事。统和十七年（999年）秋，诏谕诸道南伐，擒获宋将
康昭裔、宋顺等人，皆授官以资用。二十年（1002年），以邢抱朴为南院枢
密使。二十一年，耶律奴瓜、萧挞凛获宋将王继忠于望都，委官安置于上
京。次年闰九月，辽军大举南伐，兵峰直抵黄河北岸。南院大王善补奏宋朝
赠王继忠以弓矢，密请求和，诏令继忠与宋使会，许其请和。辽军进抵澶渊
（今河南濮阳）城下，攻破宋通利军（今河南浚县东北）。宋真宗被迫亲征，
双方隔黄河对峙于澶州，形成僵持之势。同时，宋朝遣崇仪副使曹利用至军
营请和，皇太后遣飞龙使韩杞持国书报聘，向宋朝索还关南失地。使臣往
返，达成和约。史称"澶渊之盟"。盟约具体内容如下：

　　　辽宋互为兄弟之国，辽圣宗年幼称宋真宗为兄，宋真宗称承天皇太

澶州古战场遗址

澶渊之盟是历史上少有的两个实力相当的政治势力实现百年和平的案例，为破解所谓"修昔底德陷阱"提供了成功的历史借鉴，因此受到西方学界的关注。

澶渊之盟前辽宋两国经过长达 25 年的战争，双方都充分展现了自身实力。澶州之战，辽宋双方又经过激烈对抗，一方面辽军深入宋境，威胁宋都东京；另一方面宋军阵前射杀辽军主帅萧挞凛，取得战场主动。在双方最高统治者都有实现和平的强烈愿望下，辽宋双方最终达成和议。澶渊之盟是长期性的和平条约，其所以能够维系百年和平，是双方经过长期大规模军事冲突，已形成战略均势，且都清楚认识对方维护自身权益的能力与决心。澶渊之盟并非所谓城下之盟或权宜之计，它符合辽宋双方的根本利益，因此才能实现长久和平。此后，辽宋两朝从皇帝称号、外交文书、典礼细节，都细心安排、务求平等（不同于南宋与金的屈辱性和议），避免使用刺激性名词和语言，给予对方充分尊重，实现了"国家承平百年，其间通好，居六十年，前世所未有"的全新格局。

后曰婶，双方辈分，以此论叙。

双方相约以白沟河（今河北省拒马河）为界，各自立堠置铺看管，若有盗贼逃犯越界，彼此不得收留藏匿。

双方沿边城池，一切照旧，相互不得再创筑城隍。

宋朝每年予契丹助军费银 10 万两、绢 20 万匹，搬送至雄州界交割。

双方凡正旦、吉凶庆吊、生辰节日等均须遣使聘问，遇有特殊情况发生则遣泛使（又名横使）通报。

两朝各于边境开设榷场，互市贸易。

澶渊之盟是在双方都无力再战情况下签订的弭战致和协议，使双边关系由激烈对峙的战争状态转变为交往共存的和平阶段。契丹政权十分重视与宋朝确立的和好关系。统和二十三年（宋景德二年，1005 年）五月，宋使孙仅等人至契丹祝贺承天皇太后生辰，进入契丹境内，沿途受到欢迎，其状无前例。

所过州县，刺史迎谒，命幕职、县令、父老送于马前，捧卮献酒。民庶以斗焚香迎引，家置盂勺浆水于门。令接伴使察从人中途所须，即供应之。所至民无得鬻衷物受钱，违者全家处斩。行从刍秣之事，皆命人掌之。①

此后，宋朝接待辽使也极尽热情迎接之意，排办周详。例如景德二年四月，

诏河北、河东沿边州军，凡契丹遣人至者，优加犒设，茶绢之外，仍给袍带。时诸郡将吏至北界，馆待甚厚，故加礼以答之。②

双方所遣使团，除大使、副使外，随行人员分上、中、下三等，称"三节"，共百余人，规模庞大，礼物丰厚，车马绵延数里。如辽朝致送宋帝生日、正旦礼物：

刻丝花罗御样透背御衣七袭或五袭，七件紫青貂鼠翻披或银鼠鹅项鸭头纳子，涂金银装箱。金龙水晶带，银匣副之。锦缘帛皱皮靴，金玦束帛白熟皮靴鞋，细锦透背清平内制御样、合线缕机绫共三百匹，涂金银龙凤鞍勒、红罗枈金线绣方鞯二具，白楮皮黑银鞍勒、毡鞯二具，绿褐楮皮鞍勒、海豹皮鞯二具，白楮皮裹筋鞭二条，红罗金银线绣云龙红锦器仗一副，黄桦皮缠楮弓一，红锦袋皂鵰羚羯角骲头箭十，青黄雕翎箭十八，清法麴麯酒二十壶，蜜晒山果十梾楎椀，蜜渍山果十梾楎匣，烈山梨柿梨四梾楎罐，榛栗松子郁李黑郁李麵枣楞梨棠梨二十箱，麵秔麢梨炒十椀，芜荑白盐十椀，青盐十箱，牛羊野猪鱼鹿腊二十二箱，御马六匹，散马二百匹。其正旦，御衣三袭，鞍勒马二匹，散马一百匹。其母又致御衣缀珠貂裘、细锦刻丝透背、合线御绫罗绮纱縠御样、果实杂炒、腊肉凡百品，水晶鞍勒、新罗酒、青白盐。国主或致戎器宾铁

---

① （清）徐松辑录，郭声波点校：《宋会要辑稿·蕃夷道释》蕃夷一，四川大学出版社2010年版，第46页。

② （清）徐松辑录，郭声波点校：《宋会要辑稿·蕃夷道释》蕃夷一，四川大学出版社2010年版，第47页。

京剧《四郎探母》剧照

清代京剧艺术发展成熟过程中，《四郎探母》成为最早的经典剧目。京剧中宋军杨家将着汉人装束（明代服饰），辽军则着满族装束，可见清人对辽宋的认识和定位已是大一统观念下的域内分立政权。

澶渊之盟结束了持续二十余年的辽宋战争。辽宋战争对两国的政治、经济、社会、文化和民众心理产生了深远影响。以至成为后世民间文学的重要素材，如杨家将、呼家将，以及金庸小说《天龙八部》均取材于宋辽战争。其中杨家将中"四郎探母"故事极具典型性。故事讲述辽景宗设"双龙会"，邀宋太宗议和。杨家将护驾遇伏兵败。四郎杨延辉被擒，与铁镜公主成婚。十五年后，承天皇太后伐宋摆天门阵，宋军以六郎杨延昭为帅，其母佘太君押粮御敌；四郎思母心切，公主为其盗令出关，杨家母子终得相聚。四郎返辽，萧后欲斩四郎，公主求免。故事反映了辽宋战争导致人口离散和经济破坏，也表现了两国人民渴望和平的愿望。

刀、鸷禽曰海东青之类。[1]

凡使臣入境，即有朝廷派出接伴使臣陪同入京，沿途逐站赏赐茶酒果子，并有内侍宣劳慰问。入觐及告辞，皆有赏赐。宋使入辽境亦如此。宋使携带着

[1] （清）徐松辑录，郭声波点校：《宋会要辑稿·蕃夷道释》蕃夷一，四川大学出版社 2010 年版，第 49 页。

与上述价值等同的礼品清单，由浩大使团送往。[1] 此后，120 余年内，双方虽然也有龃龉或摩擦，但遣使通聘从未间断，并始终保持着良好的通聘往来关系。

辽宋和好不仅对两国意义重大，对周边地区和民族也产生重大影响。统和二十三年（1005 年）五月，高丽以与宋和，遣使至辽朝祝贺。阻卜酋长铁剌里遣使贺与宋和，达旦国九部来聘。二十四年，沙州敦煌王曹寿进大食国马及美玉，以对衣、银器等物赐之。二十五年（1007 年），建中京于奚王府牙帐地。次年，甘州回鹘王耶剌里归附。辽朝置榷场于振武军，改易州飞狐招安使为安抚使，改南京宫城宣教门为元和门，外三门为南端门，左掖门为万春门，右掖门为千秋门。高丽进龙须草席，并祝贺中京筑成。二十七年（1009 年），驻跸中京，营建宫室，以霸州转隶兴圣宫，后升为兴中府。

第四节　辽宋"和好"与争执

一、关南十县之争与庆历新政失败

北宋中期养兵养官，冗员问题日益严重，且中级以上官员待遇优厚，财力用度不足；军队数量更为冗多，"自来天下财货所入，十中八九赡军，军可谓多矣"；[2] 形成"冗官""冗兵"问题，加之统治阶级生活挥霍，征敛无度，造成"冗费"。"三冗"问题严重，大臣王禹偁上疏求"改辙更张，因时立法"。[3] 宋仁宗天圣三年（辽圣宗太平五年，1025 年），大理寺丞范仲淹上书议改革，后又有《上相府书》明确提出改革的主张，但均未被采纳。

宋仁宗景祐五年（1038 年），李元昊称帝，北宋关闭榷场，停止与西夏互市。西夏举兵犯边。北宋与西夏政权发生一系列战事，康定元年（辽兴宗

---

① 参见（宋）叶隆礼撰，贾敬颜、林荣贵点校：《契丹国志》卷 21《南北朝馈献礼物》契丹贺宋朝礼物附正旦，上海古籍出版社 1985 年版，第 201 页。

② （宋）李焘：《续资治通鉴长编》卷 124，宝元二年九月条，中华书局 1992 年版，第 2928 页。

③ （宋）李焘：《续资治通鉴长编》卷 47，咸平三年十二月条，中华书局 1992 年版，第 1037 页。

重熙九年，1040 年）三川口（今陕西安塞县东）之战；庆历元年（辽重熙十年，1041 年）好水川（今宁夏隆德北）之战；二年定川（今宁夏固原西北）之战。对西夏战争致使北宋军马物力损失惨重，遂采用知延州（今陕西延安东北）范仲淹提出的清野固守策，增调禁军 20 万、厢军 10 万、乡兵 10 万于边境修筑城寨戍守，又遣使抚慰边境诸族，依托蕃兵防御西夏。宋朝面对辽朝压力，又受西夏牵制，朝廷开始思考解决"三冗"问题。

正当宋、夏缠斗难解难分之际，辽朝趁机也向宋朝发难。宋仁宗庆历元年（1041 年）十月，河北转运司奏辽涿州人梁济世来降，具言契丹将有割地之请；十二月，代州奏报契丹越界侵耕并移文请求重定边界。河北转运司遂奏请调集民夫，修整河北二十一城，以为防御。庆历二年（1042 年）三月，契丹遣泛使萧英、刘六符持国书来议关南十县事，指责宋朝伐夏、增置河北塘堤诸事，要求以后晋原割关南十县返还北朝。[1]

这次辽朝索要关南十县，正是刘六符的谋划，其为北府宰相刘慎行之行。他向辽兴宗建议，趁"宋人西征有年，师老兵疲"，收取关南十县，压制宋朝，可加深与西夏关系。又聚兵马于南京，声言南伐，以此为索要十县之地的谈判资本。北宋一面调兵遣将，买马修路，治河屯粮，作出防御准备；一面派出朝臣作为谈判使者，往还于辽、宋京城之间。宋朝派出的谈判使臣是知制诰富弼。庆历二年（1042 年）四月，前往辽朝商议，了解辽朝意图之后，宋朝作出绝不割地姿态，只许和亲或增加岁币为议和条件。同年六月，富弼再次奉使契丹，以朝廷不许割地、只可增加岁币相议，并进言于辽兴宗曰：

> 北朝与中国通好，则人主专其利而臣下无所获，若用兵则利归臣下而人主任其祸。

辽兴宗鉴于北宋态度坚决，又边防严备，于是与宋朝重新确定盟约，使宋朝在致送辽朝岁币银绢 30 万匹（两）基础上，每年再增加绢十万匹、银十万两。宋朝最终将每年输送于辽朝岁币增加至 50 万匹（两），还将名目定为

---

[1]（清）徐松辑录，郭声波点校：《宋会要辑稿·蕃夷道释》蕃夷二，四川大学出版社 2010 年版，第 70—71 页。

辽史

"纳""贡"。于是，辽使耶律仁先、刘六符持誓书来见，史称：

> 定"进贡"名，宋难之。六符曰："本朝兵强将勇，海内共知，人人愿从事于宋。若恣其俘获以饱所欲，与'进贡'字孰多？况大兵驻燕，万一南进，何以御之！顾小节，忘大患，悔将何及！"宋乃从之，岁币称"贡"。①

辽朝借边事逼迫宋廷，给北宋君臣带来巨大冲击。宋仁宗诏令参知政事范仲淹提出改革方案。在维新派大臣支持下，庆历三年（1043 年）九月，范仲淹提出十条建议：一是明黜陟，改变官吏定期磨勘法，依据政绩或晋级或停职、延期；二是抑侥幸，改变恩荫之滥，减少官员数量；三是精贡举，选拔真才实学之士；四是择官长，巡视地方，根据政绩选择监司和州县长官；五是均公田，改变职田不均现象；六是厚农桑，兴修水利，发展生产；七是修武备，提升军队战斗力；八是减徭役，蓄力于民；九是覃恩信，兑现朝廷给百姓的恩泽；十是重命令，恩威并赏，取信于民。中心是整顿吏治，裁减冗官，选贤与能。宋仁宗览奏后，颁布诏令，推行改革方案，史称"庆历新政"。由于改革内容触犯了官僚权贵利益，遭到反对。"新政"推行不足一年，范仲淹等人被排挤出朝廷，改革法令相继作废。

不久，宋与西夏都难以维持长期战争，双方和议。宋仁宗欲擢迁富弼为枢密副使，而富弼坚辞不受，直言危机只是暂时化解，更应思考永除后患的办法。② 于是，宋夏双方重订和约：李元昊取消帝号，受宋册封夏国王；宋每年予夏银 7.2 万两、绢 15.3 万匹、茶 3 万斤，重开榷场，恢复双方民间贩易往来。

二、王安石变法与河东地界之争

"庆历新政"虽然流产，但其影响经久不息，变法成为北宋士大夫议政的主要话题。王安石为庆历二年进士及第，擢任鄞县（今浙江宁波）知县，任内兴修水利，推动生产发展，抑制高利贷盘剥，在青黄不接之

---

① 《辽史》卷 86《刘六符传》，中华书局 1974 年版，第 1313 页。
② 《宋史》卷 313《富弼传》，中华书局 1977 年版，第 10252 页。

王安石像

际，开仓借粮赈贷百姓，令其收获后交还，使官仓存粮"新陈相易"，受民爱戴。嘉祐三年（1058年），转任三司度支判官，次年上万言书，认为法度须合当世之变，变法唯在养才，选官须从"乡党"；用度不足之症，乃理财未得其法，"因天下之力以生天下之财，取天下之财以供天下之费"。王安石上书引起强烈的社会反响，其也成为变法派主要代表人物。

宋熙宁元年（辽道宗咸雍四年，1068年），宋神宗召王安石入京，主持变法。次年，升任参知政事，设"制置三司条例司"为变法机构。三年（1070年），擢任中书门下平章事（即宰相），起用章惇、章衡、曾布、蔡确、吕惠卿等为变法骨干。内容分为三类：一是推行富国之策，实行财经政策改革。如限制商贾囤积、减少开支的均输法；抑制兼并与高利贷的青苗法；促进生产的农田水利法；官府出钱募人应役的募役法；平抑物价、打击市场垄断的市易法；抑制豪强隐瞒田亩的方田均税法等。二是实施强兵之策，推行军政改革。针对原有的更成法，将禁军分为若干辖区，设固定将官进行训练；以"将"为军队编制单位，一将辖三千士兵，将官、副将均由有作战经验和指挥才能者充任。又将农户予以编制，以十家为保，五保为大保，十大保为都保；家有两丁以上者，须出一丁为保丁，选任保长、大保长和都保正，是为保甲法。并实行保马法等配合军事改革。三是培养和选拔人才。京师及州县建立学校，颁用王安石编撰《三经新义》为教材；京师太学行"三舍法"，初学者为外舍生，不限名额，经过考试升为内舍生，名额200人；内舍生经考试为上舍生，名额100人；上舍生学行优秀者，可直接授官，或参加省试、殿试；科举考试废除明经诸科，应举士人考试经义策论，经义以《三经新义》为标准。

王安石变法收到一些实效。例如，青苗法官府在正月、五月两次贷钱谷，按户等高低确定借贷数目，期限半年，出息二分，远远低于高利贷，起到保护农民和促进生产的作用。农田水利法，规定兴修水利工程，工料由居民按户等高下分担份额，单靠民力不能兴修者，其不足部分可向官府借贷，取息一分；一州一县不能胜任者，可联合若干州县共同实施。各地兴修水利工程一万余处，灌溉民田 36 万余顷和官田 2000 顷；在部分沿河地区用水淤田，改造盐碱和沙碛荒地，造淤田 10 万余顷。

募役法，将原来按户等轮充差役，改由官府出资，募人应役；应役费用，按主户等第分担，原有差役人户交纳"免役钱"，原来享有免役者（即官户、寺观户、坊郭户、女户、单丁户及未成年户等）按户等交纳"助役钱"（数目较免役钱减半），使农民免除苛差杂役。

均输法，采用"徙贵就贱，用近易远"的发运方式，平抑物价，起到保护农产品价格稳定的作用。

市易法，在杭州、成都、广州、扬州等大城市中迅速实行，打击市场垄断，调节物价，促进商品经济发展。因此，财政收入比较丰硕，熙宁（1068—1077 年）、元丰（1078—1085 年）年间，

中外府库，无不充衍，小邑所积钱米，亦不减二十万。①

军事上，采纳王韶直取河湟、断夏人后背的策略，经营熙（今甘肃东乡西南）、河（今甘肃临洮）、洮（今甘肃临潭）地区，招抚收降吐蕃杂羌诸部落，增强了在黄河上游的军政实力，对西夏政权形成牵制，打破辽朝利用西夏压制北宋的图谋，并主动向西夏政权发起数次大规模攻击。

辽咸雍八年（熙宁五年，1072 年），辽使至宋质问伐夏原由，提议和解，遭到拒绝。为了分散宋朝经略河西的力量，并试探虚实，辽朝遂以边民侵耕属地为借口，向北宋挑起河东地界纷争。辽咸雍十年（熙宁七年，1074 年），辽遣横使萧禧来议地界，指责宋朝违约拓展边城，要求拆除应、朔、蔚诸州沿边堡铺驿站，遣官共同检照、勘验地界。并声言"违约"问题不解决，即不离开汴京。宋神宗诏令刘忱知忻州，与萧士元、吕大忠赴河东，会同辽朝官员议画地界；命韩缜回谢辽朝，携带两朝勘验地界文本，觐见辽帝面陈本末。韩缜入辽，未受辽帝接见；刘忱等人与辽朝官员交涉，也不顺利。辽大康元年（熙宁八年，1075 年），辽朝再派萧禧至汴京，以刘忱办事拖延为由，要求撤换。北宋令韩缜与萧禧商议，令知制诰沈括查阅档案并出使辽国，往复数次，达成协议：蔚、应、朔三州古长城以北割让辽朝，面积七百余里，

---

① 《宋史》卷 328《安焘传》，中华书局 1977 年版，第 10568 页。

承认辽朝在应州、武州地界已侵占边地。熙宁九年（1076年），重新开壕立堠置铺。这一事件史称"河东地界之争"。

辽朝交涉的目的是寻衅滋事，查探虚实。萧禧入宋，朝廷集议，司马光、文彦博攻讦变法，将内政外交纠缠在一起，变法派面对辽朝挑衅也无良策。划界割地事实，加之大官僚、大贵族、大地主阶层的反对和攻击，神宗改革意志的动摇，加之新法自身弊端、内部纷争等原因，熙宁九年（辽大康二年，1076年）王安石辞去相位，改革重点仅注重扩大税源和加强军事措施，其他方面的改革力度大为弱化。元丰八年（辽大安元年，1085年），宋哲宗即位，祖母高太后垂帘听政，任用司马光为相，新法基本被废除，变法派或被贬官或遭流放，史称"元祐更化"。元祐八年（辽大安九年，1093年），哲宗亲政，启用章惇、曾布为相，恢复新法，史称"哲宗绍述"。此后，北宋党争不断，派系倾轧日益激烈。

三、河湟之役与海上之盟

北宋与辽、夏并立，西夏采取结好辽朝、对抗北宋策略，故宋朝认为制服西夏即可削弱辽朝。宋神宗任用王韶发动熙河之役，西夏遂与吐蕃首领董毡和亲。元丰四年（辽大康七年，1081年），西夏政权内讧，幼主秉常被囚禁，宋朝遂联合董毡，自熙河、鄜延路、环庆路、泾原路、河东路分兵致讨，直捣兴州（今宁夏银川）；董毡集结六部兵马进攻兰州（今甘肃兰州）。而宋军诸路粮草不继，溃散而归。宋神宗又遣徐禧巡边，于银、夏、宥（今内蒙古鄂托克前旗）三州交界处，筑永乐城（今陕西米脂），号银川砦。西夏遣精锐"铁鹞子"来攻，宋朝援军受阻，永乐城陷落，徐禧阵亡。但宋军仍夺据横山（今陕西北部）之地，西夏提出归还兰州及米脂五砦，宋朝要求释放所有被俘军士；西夏释放永乐城部分俘人，宋朝交还米脂、葭芦（今陕西佳县）、浮图（今陕西绥德）、安疆（今甘肃庆阳）四砦。绍圣四年（辽寿隆三年，1097年），知渭州章楶在好水河北岸筑平夏城（今甘肃固原石门城）和灵平砦，沿边诸路筑城砦五十余座，攻克洪州（今陕西定边）、盐州（今陕西定边），收复葭芦诸砦。元符元年（辽寿隆四年，1098年），西夏进攻平夏城，章楶遣骑驰击，俘其将嵬名阿埋、妹勒都逋，创建西安州（今宁夏海原西）和天都砦（今宁夏海原南），沟通泾原、熙河两路，秦州（今甘肃天水）成为后方，改青唐为鄯州（今青海西宁），邈川为湟州（今青海民和

《瑞鹤图》，宋徽宗赵佶绘，现藏辽宁省博物馆

宋徽宗的艺术造诣极高，但治国颇为昏聩，其统治直接导致了北宋的灭亡。宋徽宗采取联金抗辽战略，订立海上之盟，是影响两宋政治格局的重大历史事件。北宋与金联合灭辽的过程，充分暴露了北宋的军事实力，且在战略执行过程中，北宋君臣又蔑视金人，屡有失信行为，引发金朝的敌意。联金抗辽是北宋重大的战略失误。一是收复幽云地区是北宋朝野长期的政治共识，徽宗秉承"绍述先志"的执政理念，加之对西夏用兵的成功，强化了其抗辽的意愿。二是宋徽宗身边的朝臣、边将、辽地降人等不同利益集团间相互影响，出于各自利益诉求对皇帝的决策产生影响。最终采纳了王黼和童贯等人联金伐辽的主张，最终导致北宋灭亡的恶果。

下川口）、宗哥城为龙支城（今青海乐都碾伯镇）、廓州为宁塞城（今青海化隆），统属熙河兰会路管辖。元符二年（辽寿隆五年，1099年），辽朝为之斡旋，[1] 西夏遣使宋朝谢罪，求和解，北宋从之。

宋徽宗建中靖国元年（辽乾统元年，1101年），北宋封授吐蕃首领小陇拶为西平军节度使，掌管邈川，又以其兄大陇拶知湟州，故意激化其内部矛盾。崇宁元年（辽乾统二年，1102年），河州知府兼洮西安抚使王厚，发起河湟战役，攻占宗哥城，小陇拶败逃西夏，遂改鄯州为西宁州（今青海西宁），宋军至青海湖，扫荡吐蕃诸族，招降其首领二千七百余人，收其户口七十余万。由西侧进逼西夏，辽朝仍以凌厉姿态援夏，[2] 迫宋致和。[3] 北宋佯为和解，仍与西夏缠斗不休。大观二年（辽乾统八年，1108年），童贯伐溪哥臧征部，收复积石军（今青海贵德西）、洮州（今甘肃临潭）；政和四年（辽

① 《辽史》卷91《萧术哲传》附佉药师奴，中华书局1974年版，第1364页。

② 《辽史》卷86《牛温舒传》，中华书局1974年版，第1325页。

③ 《辽史》卷100《萧得里底传》，中华书局1974年版，第1428页。

天庆四年，1114年），又总领永兴、鄜延、环庆、秦凤、泾原、熙河六路军事，夺取横山；次年，西夏遣使请和，诏不许。[①] 政和六年（辽天庆五年，1115年），宋师攻夺仁多泉城。史称：

> 自绍圣、崇宁，节次进筑，夏南境地仅存五六千里，居民皆散处沙漠、山谷间，泾原又筑席苇平为靖夏城，形势更蹙，乾顺大举兵攻之。[②]

宋改古骨龙为震武军（今青海门源大通河畔克图口）。西夏遂遣使入贡。

> 时中国以熙河进筑功成，进执政等官，使副廷见并加诘责，怏怏而回。[③]

宋军又克藏底河城（今陕西志丹北），更名威德军，进筑德通、石门两堡及靖夏、伏羌、制戎城。夺取西夏割牛城，赐名统安城（今青海互助）。宣和元年（辽天庆九年，1119年），西夏以辽朝国书致鄜延路主帅，纳款谢罪，诏许求和，册封小陇拶之弟为陇右郡王，赐名赵怀恩，措置湟鄯诸州事。西夏进誓表，宋朝以誓诏授其使者，辞不受，强与之，持还，弃至于道。[④]

　　宋朝因辽朝难以应对女真进攻，欲联金取燕。燕京降人马植、高药师遂奏报辽金对抗之虚实，建议联合女真，夹攻辽朝。政和七年（辽天庆七年，1117年），命高药师为向导，与登州军士往女真探访。重和元年（辽天庆八年，1118年），再遣武义大夫马政、平海军校呼延庆自登州渡海，至女真转达"欲与通好，共行伐辽"意向，金朝遂派使携国书入宋，曰："所请之地，今当与宋夹攻，得者有之"。次年，遣朝议大夫、直秘阁赵有开携诏书礼物

① （清）吴广成撰，龚世俊等校正：《西夏书事校证》卷32，甘肃文化出版社1995年版，第373—374页。
② （清）吴广成撰，龚世俊等校正：《西夏书事校证》卷33，甘肃文化出版社1995年版，第376页。
③ （清）吴广成撰，龚世俊等校正：《西夏书事校证》卷33，甘肃文化出版社1995年版，第377页。
④ （清）吴广成撰，龚世俊等校正：《西夏书事校证》卷33，甘肃文化出版社1995年版，第380页。

出使金朝，途中病死；朝廷又收得谍报，辽朝割让辽东，与女真议和。遂令平海军校呼延庆送金使返回，及呼延庆回告契丹求好不成，徽宗遂命童贯整备兵马，准备夹攻事宜。宣和二年（辽天庆十年，1120年），遣赵良嗣使金，往返数次，终于达成盟约：金攻辽中京，宋攻辽燕京，将输辽岁币50万两（匹）给予金朝。史称"海上之盟"。

宣和四年（辽保大二年，1122年），童贯为河北河东宣抚使率军北上。时燕京已属北辽，童贯遣使劝降，北辽责其背盟，兴不义之师，诛杀其使节。金遣高庆裔来议夹攻，童贯命种师道率东路军攻白沟，辛兴宗率西路军攻范村（今河北涿州南），结果种师道败退，辛兴宗溃败，辽军追击至雄州。七月，北辽天锡皇帝病死，萧德妃主持国政，遂以刘延庆代师道，辽涿州守将郭药师率常胜军八千人及涿、易二州降宋，诏改燕京为燕山府。刘延庆屯兵卢沟南，郭药师建议夜袭燕京，以延庆之子光世为接应，自率军六千攻入燕京；辽军回援，光世接应不至，药师与数百骑逃回。延庆遂焚营，弃辎重，退保雄州。童贯遂请金军代攻燕京，许以"代税钱"。年末，金军克燕京，次年四月，敲诈宋朝二十万两犒军费，掠燕京富民、金帛、人口而去，将一座空城及蓟、景、檀、顺、涿、易六州二十四县交还宋朝。宋须与金岁币50万及燕京代税钱百万贯。

海上之盟，确实部分地圆了宋人收复幽云的百年一梦，其关系辽朝灭亡作用不大，但与北宋灭亡则作用匪浅。这是北宋与辽朝形成"共存共亡"政治格局的必然结果。①

第五节　辽与西夏关系的发展

银夏诸州党项部落原本依附于宋。统和四年（宋雍熙三年，986年），首领李继迁叛宋降辽，授定难军节度使、银夏绥宥等州观察处置等使、特进检校太师、都督夏州诸军事，兼夏州管内蕃落使；②又款塞求婚，愿永作藩

---

① 任爱君：《论辽宋共存共亡的政治格局及其文化意义》，载苏赫主编：《中国北方古代文化国际学术研讨会论文集》，中国文史出版社1995年版，第162—180页。

② 蕃落使职务，见《辽史》卷46《百官志二》北面边防官，中华书局1974年版，第752页。

辅，诏以王子帐节度使耶律襄之女封义成公主，许嫁继迁为妻，赐马三千匹。八年（990年），封继迁为夏国王。九年，继迁潜附宋朝，诏令西南面招讨使韩德威率军持诏抚谕之。十年二月，韩德威率军至银州，李继迁称故不出，纵军士俘掠以还。西夏游移于辽、宋两大强权之间，倚靠辽朝制约北宋，依附宋朝换取丰厚的经济利益。统和二十年（宋咸平五年，1002年），继迁攻克北宋灵州城（今宁夏灵武），改称西平府，并迁都于此。灵州是北宋控制西北地区的枢纽，也是购买西北边马的必经之路。灵州失陷，对于北宋政府的边地戍防影响很大。

澶渊之盟后，契丹统治者享受宋朝岁币带来的利益，致力维持已形成的和平局面。时继迁之子德明嗣位，辽朝册封为西平王，采取保境自守策略，修好与宋朝关系。统和二十四年（宋景德三年，1006年），宋册封德明为定难军节度使、西平王，年赐金、帛、缗钱各4万，茶2万斤，释放宋朝被俘官兵，边境纠纷依宋朝法律处理。于是，德明致力保境安民，发展社会生产，于边界私立榷场或遣人至沿边地界贩卖禁物等，境内经济状况得到明显改变。开泰二年（宋大中祥符六年，1013年），原居阴山西部党项诸部，逃至黄河北岸模掫山，其中曷党、乌迷二部占据已叛逃部落原居地后，向西迁徙，辽朝招讨司遣人制止，答以逐水草而已。时有许多部落投附西夏，西夏不敢收纳；招讨司恐为后患，奏陈裁决；诏令招讨司遣使询问其西迁之意，若返归则加抚谕。又诏德明：

> "今党项叛，我欲西伐，尔当东击，毋失犄角之势。"仍命诸军各市肥马。[1]

李德明接诏，置之不理。开泰七年（宋天禧二年，1018年），吐蕃王并里尊奏报朝贡途程迂回悬远，请求借道西夏，诏从之；李德明却不同意，致使吐蕃停止朝贡。九年（1020年），西南面招讨司奏报，党项部宋犀族输贡不时，常有他意，宜遣使督责之。[2]于是，辽圣宗扬言狩猎，率大军抵凉州（今甘

---

[1] 《辽史》卷15《圣宗六》开泰二年七月乙未条，中华书局1974年版，第173页。
[2] 《辽史》卷16《圣宗七》开泰九年十月戊子条，中华书局1974年版，第188页。

肃武威）北境，李德明即率军防御，双方约和而罢。[1] 此后，辽朝镇压反叛的甘州回鹘汗国，德明出兵相助，辽军撤离后，西夏趁机灭亡回鹘汗国，夺取甘州，占据河西走廊。景福元年（1031 年），契丹兴平公主下嫁李元昊，封元昊夏国公、驸马都尉。

李元昊嗣位后，与兴平公主感情不谐。重熙二年（宋明道二年，1033 年），诏令禁止夏国使人沿路私购金铁。七年（1038 年），兴平公主暴崩，辽朝遣使持诏问状，并于沿边筑障塞防守。元昊称帝，宋、夏战争爆发，宋使至辽通报原由，元昊向辽朝进献宋俘及战利品。重熙十一年(宋庆历二年，1042 年)，宋、夏酣战之际，辽朝遣泛使至宋，重提关南十县旧事，且问伐夏之故，迫使宋朝重定新约：每年增绢十万匹、银十万两为回报，辽朝遂遣使谕令夏弭兵致和，[2] 导致辽夏同盟出现裂痕。辽朝于夏交界处筑威塞州(今内蒙古乌拉特前旗北五加河东岸)。时夹山附近岱尔族（又作呆儿族，即阻卜），不仅攻击威塞州，且依附西夏，山西族节度使屈烈率五部附夏，西南面招讨司发兵击反叛诸部，反叛部族却在李元昊支持下，击败辽军。辽朝遣使责问，元昊态度傲慢：

---

① 《宋史》卷 485《夏国上》，中华书局 1977 年版，第 13991—13992 页。
② 《辽史》卷 115《二国外记》西夏，中华书局 1974 年版，第 1526 页。

自称西朝，谓契丹为北边。又曰："请戢所管部落，所贵不失两朝欢好。"宗真既以强盛夸于中国，深耻之。[1]

重熙十三年（宋庆历四年，1044 年）五月，辽朝征兵会聚西南边，以讨元昊。[2]辽兴宗率军亲征，以皇太弟重元为马步军大元帅领骑兵七千出南路，北院枢密使韩国王萧惠领兵六万出北路，辽兴宗自率主力为中路。三路大军渡河，长驱四百里，进占得胜寺南壁；北路于贺兰山北击溃西夏左厢军，元昊谢罪请和，坚壁清野，避其锋芒。辽兴宗允许议和。而李元昊趁机反攻，辽军溃败，驸马都尉萧胡覩被俘。元昊仍请和，愿归还辽朝俘虏；又向宋朝献辽俘，遭到宋朝拒绝。辽朝只能讳败言胜，一面令幽州虚伪宣传捷音，一面又赠宋朝战利品，最终以"元昊伏罪"了事。

重熙十八年（宋皇祐元年，1049 年），辽朝扣留西夏贺正使节，遣使萧惟信以伐夏告宋。以韩国王萧惠为南道行军都统，赵王萧孝友、汉王贴不副之，西夏坚壁清野远遁，九月，萧惠南路军为夏击败。十月，北道行军都统耶律敌鲁古率阻卜诸族军，至贺兰山，俘获元昊妻及其官僚家属。次年正月，夏将浧普反攻辽金肃城（又名金肃州，今内蒙古鄂尔多斯准格尔旗西北），辽军击破之，浧普受创，其将猥货乙灵纪阵亡；三月，辽军击败夏军于三角川，又深入夏境，大俘掠而还，夏将浧普归降。于是，西夏遣使请求依旧称臣。重熙二十年（宋皇祐三年，1051 年），辽朝遣使西夏索还党项叛户，西夏国母上表请求：代替党项暂时进献马驼牛羊等物，乞还唐隆镇，并罢废沿边修筑城邑。是年，诏令以所俘元昊妻及夏人置于苏州。二十三年（宋皇祐六年，1054 年）五月，夏请求进献马驼，遂诏令自今逐岁贡献。双方复和。但辽朝并未对西夏彻底罢兵。

清宁四年（宋嘉祐三年，1058 年），宋秦凤路经略司奏：西夏与唃厮啰相攻。

会契丹遣使送女，妻其少子董毡，乃罢兵归。契丹既与唃厮罗通姻，数遣使由回鹘路至河湟间，与唃厮罗约举兵取河西，河西谓夏国

① （宋）田况：《儒林公议》卷下，影印文渊阁《四库全书》本。
② 《辽史》卷 19《兴宗二》重熙十三年五月戊辰条，中华书局 1974 年版，第 230 页。

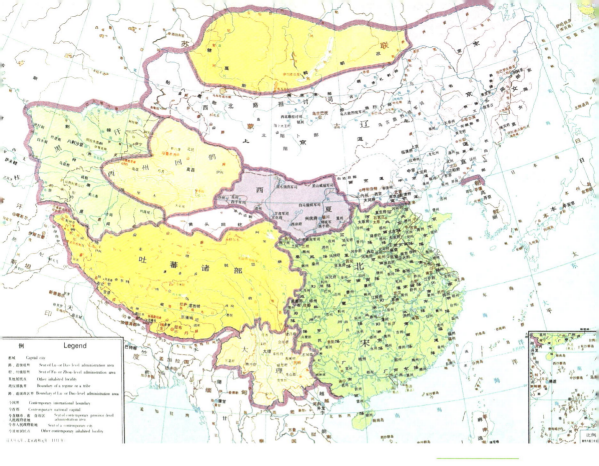

辽北宋时期全图①

也。欲徙董毡凉州，与之相近。唃厮罗辞以道远兵难合。乃止。②

　　此时，西夏与北宋的实力对比发生扭转，西夏军事优势逐渐削弱，北宋转取攻势，西夏孤立难撑，对辽朝依赖加重，与辽朝保持密切的藩属关系，直到辽朝灭亡。

---

①　引自谭其骧主编：《中国历史地图集》（第五册）隋·唐·五代十国时期，中国地图出版社 1982 年版，82—83 页。

②　（宋）李焘：《续资治通鉴长编》卷 188，嘉祐三年九月乙亥条，中华书局 1992 年版，第 4527 页。

北京萧太后河，因辽承天太后主持开挖而得名，始建统和六年，是北京最早的人工运河

第四章 辽朝的政治制度及其特点

第一节　四时捺钵与斡鲁朵

辽朝是游牧的契丹人建立的封建专制政权，具有比较浓厚的行国政治特征。辽朝虽有五京制度，建有五座都城，但其政治中心并非完全存在于京城，契丹帝后等最高统治阶层并不常居京师，而是遵循游牧民族随寒暑、逐水草的生活特性，巡行于四时捺钵之间，政治重心也随着帝后的行踪随时转移。

"四时捺钵"，是个复合词组。"四时"是指一年中的四季；"捺钵"是契丹语，又译写为"纳钵""剌钵""纳拔""纳宝"等，译成汉语意为"住坐处"或"行在"。由于契丹人的活动区域以低山丘陵环境为主，决定了契丹人形成有别于其他游牧区域的生产生活方式，即畜牧兼渔猎的生活特征，形成以杂畜牧养为主的生产经营方式。辽朝统治者没有抛弃故有习俗传统，而是采取"因俗而治"将生活习惯升华为政治制度。"四时捺钵"即是其中之一，表现出有别于中国古代传统政治的新制度或新特点。

辽朝的"四时捺钵"并非严格的按照每年季节变换不断移动，而是受到军政形势变化影响。契丹帝后也有很多时间是居住在京城内，辽后期冬春两季的捺钵表现的更为突出。辽朝初期，冬春两季的捺钵活动，常在统治核心区的潢水、土河流域转移，夏秋两季则在北部永安山、拽剌山（今赤峰境内的大兴安岭西段）一带活动。景宗及圣宗朝前期，由于辽宋之间战事频繁，出于防务需要，捺钵地点相应南移，冬春两季捺钵常在南京（今北京）及鸳鸯泊（今河北张北的昂古里诺尔），夏秋两季则在炭山（今河北沽源大马群山）附近。澶渊之盟订立后，随着双方持续达百余年的友好往来，辽代捺钵地点也相对固定。春捺钵于长春州（今吉林前郭尔罗斯的他虎城遗址）附近的鸭子河与混同江流域，夏捺钵在永安山、拽剌山附近，秋捺钵在永州境内的伏虎林，冬捺钵则选择在土河下游的广平淀。天祚帝后期，女真势力崛起，捺钵地点向西转移至鸳鸯泊、西京和阴山附近。

契丹帝后的每一次捺钵活动，都是由庞大的行宫组织构成，包括四帐皇族及与皇帝关系密切的斡鲁朵、朝廷北面官系统及南面官系统的宣徽院所属百司职事机构，枢密院和中书省宰相各1人，枢密都、副承旨2人，令史10人，中书令1人，御史台和大理寺各1人从行；其他汉官则继续留守中京及诸府州县，负责处理州县具体事务。这些留守官员，有权任命县令、军州录事以下文官，而县令以上文官只能以堂帖权差，待奏报行在所取旨后，才能以敕的形式正式任命，武官必须奏报准旨后才能任命。

春捺钵主要活动是钩鱼捕鹅。每年正月上旬左右，起离冬捺钵地，前往春捺钵所后，趁河湖尚未完全解冻，天鹅鸿雁未至之时，以人工凿开冰面，在冰洞内钩鱼。三月上旬左右，冰雪融化，鹅雁北归之际，放鹰鹘捕猎鹅雁。钩得第一尾鱼，或捕得第一只鹅，称为头鱼或头鹅，要举行隆重的宴会，互相庆贺。头鱼并非普通鱼类，据后晋使辽的大臣冯道等人记载：须是那种体型较大的牛鱼（应为成年大马哈鱼）。春捺钵时，千里之内的属国属部首领要来觐见皇帝，完成缴纳贡礼的义务。

至四月中旬，皇帝及行宫组织，遂起离春捺钵地，进山避暑赏花，是为夏捺钵。皇帝与南北臣僚会议国事，其他人员则修理工具器械，或捕捉幼鹰饲养驯化。

至七月中旬，起离夏捺钵地，进入秋季山峦，射杀虎豹及舔碱鹿（又名哨鹿），寓有习射练兵目的。十月上旬，起离秋捺钵地，选择向阳避风之所，作为冬捺钵住帐处，又名"坐冬"或"就暖"。皇帝在冬捺钵所与南北臣僚会议军国大事，还会举行接见宋朝使臣等礼仪活动，闲暇时则有各类围猎、校射讲武活动。

四时捺钵是契丹人传统经济生产生活方式的体现，既是政治活动，也是经济生产活动，是契丹政权的基本政治特征。故北宋人张舜民曾说：北人（指辽朝）打围①，一岁各有处所，如南人（指宋朝）趁时耕种也。辽朝的四时捺钵的时间安排，并不是非常严密，而是遵循气候环境变化规律具体行事，尤其帝后集团不会犯寒冒暑般地去"违和"迁徙，往往会压缩捺钵的时长，而前往五京居住。捺钵是契丹政权游牧传统保留的形式。

---

① 打围，即指捺钵。

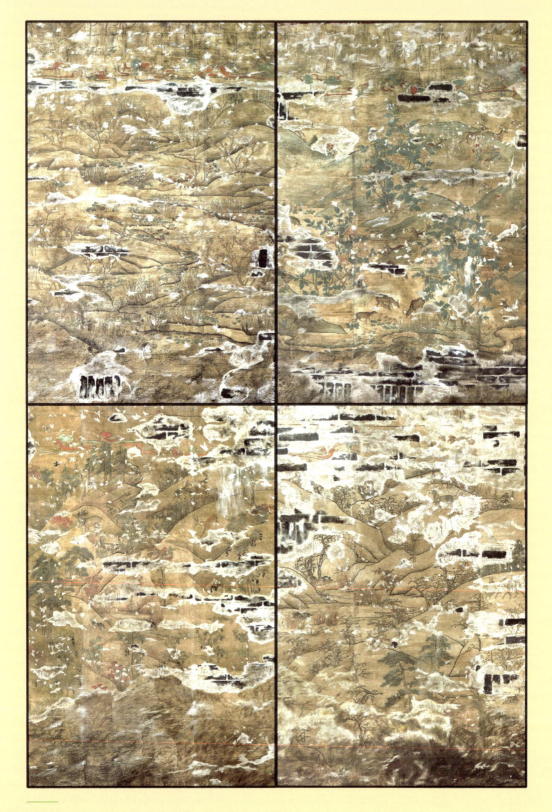

四季图

斡鲁朵，源于突厥语，最初寓有如《蒙古秘史》中源于兼并活动的"私份子"内容，但自突厥汗国、回鹘汗国时期，这种"私份子"已发展成为只适用于最高统治者可汗的私领，其中又具备了各种各样的新内容，故汉译为"宫"或"行宫"。这些"宫"或"行宫"，原则上都是游牧民族可汗的私属。《辽史》又称遥辇九可汗或诸先帝斡鲁朵，为"宫分"或"宫帐"，其实意义都一样。

辽朝的斡鲁朵，由皇帝巡行时居住的牙帐、诸执事衙署及负责拱卫安全的禁军、承应日常役使的宫分人、行宫组织拥有的畜产，还包括并不随同行宫移动的隶宫州县和大批宫分户。斡鲁朵的主人是皇帝，也有皇后、皇太后或功臣。辽朝的斡鲁朵，拥有独立的机构、职司、军队和大批从事经济生产、宫廷服务的宫分人户等，隶宫州县则归提辖司管理。皇帝在位时，斡鲁朵的职能是："入则居守，出则扈从"，"遇有战事，丁壮从戎，老弱居守"。[①] 皇帝死后，则由其子孙继承，独立于部落组织之外，承担着守护陵墓、依礼祭祀与辅弼国家的责任。辽朝初期，阿保机诏令将迭剌部析分为五院部和六院部，又将皇族成员从中析出，划分为孟父、仲父、季父三个房（帐），号称为"第十帐"，是以家族为其斡鲁朵。但随着反叛（诸弟之乱等）不断发生，太祖开始组建起一支隶属其本人的私属集团"腹心部"，是其个人的斡鲁朵与皇族区分开来的标志。以后，又制定了"斡鲁朵法"，遂更名"腹心部"为"算斡鲁朵"，这是辽朝的第一个斡鲁朵，虽非阿保机首创，与遥辇氏九位可汗宫分（又名遥辇九帐）等同，但阿保机赋予了斡鲁朵制度的基本内容，即"分州县，析部族，设官府，籍户口，备兵马"，并以法制的形式确定下来。[②] 辽朝9位皇帝、2位皇太后（应天皇太后述律平、承天皇太后萧绰）、1位皇太弟（耶律隆庆）及大丞相耶律德昌的文忠王府，共有13个斡鲁朵，号称为"十二宫一府"，各自都拥有契丹语与汉语名称。

斡鲁朵内部，由著帐户、宫分户和州县户构成。著帐户为罪犯家属及其后裔，承担随侍杂役、祗从护卫之事；宫分户由自愿附隶宫籍及潜藩私属、媵臣户、州县或部族抽调人户及战俘组成，包含有契丹、汉、渤海等诸部

---

① 《辽史》卷31《营卫志上》宫卫，中华书局1974年版，第362页。
② 《辽史》卷31《营卫志上》宫卫，中华书局1974年版，第362页。

族人口；斡鲁朵州县，由提辖司管理，不参与捺钵活动，但向所属斡鲁朵承担徭役和兵马。这些人口主要从事农、牧、工、商等生产活动。斡鲁朵管理机构为"行宫都部署司"，长官称行宫都部署或宫使，掌管户口、钱帛、司法、刑狱及统领宫分军事宜。又有契丹诸行宫都部署、汉人诸行宫都部署，总理所有斡鲁朵事务。契丹帝后斡鲁朵，在捺钵行营中，以现任皇帝斡鲁朵组成小禁围即内卫，其他诸斡鲁朵则与侍卫军组成大禁围即外卫。诸斡鲁朵军队总称宫卫骑军。辽朝的斡鲁朵颇类其头下。

辽代穹顶卷草花卉壁画，出土于帐房山辽墓

第二节　南、北面官制度

　　辽朝版图幅员广阔，民族成分比较复杂，经济生产生活方式已完全囊括游牧与农耕两种经济生产形态，不仅游牧民族与农耕民族之间在经济文化方面存在巨大差异，而且同为游牧生产方式的诸边疆部族也与契丹、奚族的社会发展水平不能适应。因此，辽朝统治者在开疆拓土的同时，以"因俗而治"策略稳定内部统治秩序，但是随着专制主义中央集权体制的确立，尤其君主集权需求的加强，经过太祖、太宗和世宗三朝的不断摸索、学习、汲取与实践，基本形成一套有别于前代任何时期的独具特色的政治统治制度，至景、圣二朝时期，已经日益完备。

　　辽朝实施的"因俗而治"策略，直接催化了政治统治机构的变革，即官分南、北措施的实施与加强。辽朝中央政权拥有两套平行的统治机构，即北面官和南面官，史称南、北面官制度。在这套制度体系之内，北面官负责治理部族、宫帐与属国属部的军政事务，最初其长官必须由契丹人担任，办事机构在捺钵行营中位于帝后御帐的北侧；南面官负责治理农耕人口组成的州县及其租赋、军马等事务，管理汉族、渤海等族人口，长官由汉人、契丹和渤海贵族担任，其办事机构位于行营内帝后御帐的南侧。北面官的最高权力机构是北枢密院，又名契丹枢密院，长官为北院枢密使或知北院枢密使及枢密副使、枢密直学士、枢密都承旨等；南面官的最高权力机构是政事省，后改为南枢密院，又称汉人枢密院，长官为南院枢密使或同知南院枢密使事及枢密副使、枢密直学士、枢密都承旨等。南枢密院又下设吏、户、兵、刑、厅五房，分部治事，兼有尚书省的职能。

北面官系统中，南、北二宰相府负责契丹等游牧民族军政和经济生产事务，长官分称为南府宰相、北府宰相；这是传承于遥辇氏汗国的旧制，全体部族由二宰相府分管。910年，辽太祖任命萧敌鲁为北府宰相，后族从此世预北府宰相之选；至辽朝中期，北宰相府已统领五院、六院等二十八部。921年，辽太祖任命皇弟苏为南府宰相，宗室皇族遂世预南府宰相之选；南宰相府统领乙室、褚特等十六部。但随着辽朝封建化程度的加深，世选制度执行愈加松散，以别部人或汉人、渤海人出任两府宰相职务者，也愈显寻常。此外，北宣徽院掌管御前祗应事宜，凡朝会、行幸、接见使臣等；北宣徽院执掌殿廷礼仪，长官为北院宣徽使或同知北院宣徽使事。夷离毕院掌管刑狱，长官为夷离毕，同样起源于遥辇氏汗国的旧制，兼掌刑狱与各种祭祀仪式等。北面官中位居百官之上的大于越，无具体执掌，是大功德者享有的尊号，类似中原体制的"三公"，尊崇无比。

在南面官系统中，中书省是南面朝官系统中的重要机构，来源于辽太祖时期的汉儿司，初期为治理汉人事务的专门机构，南面官系统成型后，尚书省职能归于南枢密院，汉儿司改名为政事省。辽兴宗重熙十三年（1044年），更名政事省为中书省，执掌六品以下汉官除授，兼掌礼部事宜，长官为中书令、中书侍郎、中书舍人等。而同中书门下平章事、参知政事，为南面官系统中的宰相，但"汉宰相必兼枢密使，乃得预闻机事"①，辽则是兼掌政务、军务。

辽朝中晚期，汉人担任北面官者也比较寻常。辽朝的最高决策机构，并不常在京城，契丹帝后每年的冬、夏捺钵也是召集北南臣僚会议的政治中心。管理皇帝行宫事务的契丹诸行宫都部署司，长官为契丹行宫都部署，执

---

① （宋）余靖：《武溪集》卷18《契丹官仪》，影印文渊阁《四库全书》本。

辽墓壁画仪卫图，出土于内蒙古赤峰巴林左旗哈拉海场辽墓

掌行在所之行军和斡鲁朵的军政事务。诸斡鲁朵各有都部署负责（称为宫使），掌管本斡鲁朵的军政、民政与司法和生产事务。管理皇族事务的机构是大惕隐司，长官为惕隐（相当于大宗正）。皇帝的禁卫、宿直由殿前都点检司负责，长官为殿前都点检，也称大内都点检。都点检一职，最早出现在辽穆宗朝（951—969 年），系自后周或北宋学来。管理行宫内部汉人、渤海人事务的机构，汉人诸行宫都部署司，隶属南面官系统。

地方管理机构建设，以五京为五大行政区，以上京临潢府所领为上京道，东京以幽州析津府领南京道，以奚王牙帐建大定府领中京道，以大同军为大同府领西京道，合称为五京道。又置兴中府于中京道，后来又增置黄龙府于东京道。地方权力机构设置，遵循“因俗而治”策略，即游牧民族仍以部落治理，农耕人口则以州县管理，且有许多新的变化。

辽朝的部落治理，最初沿袭了唐朝羁縻管理方式，部落相当于州，有刺史，又或以契丹语称部落首领为夷离堇，下设石烈（相当于汉语的县）若干、弥里（相当乡）若干，构成基层组织机构；太宗改革契丹官制，称大部落（族）长官为王，设王府治理；诸部落设节度使司，长官为节度使，弱小部族长官为详稳，圣宗朝改详稳为节度使。部落、石烈、弥里等组织结构，沿袭了遥辇氏的旧制，如耶律阿保机的籍贯，为“迭刺部霞濑益石烈耶律弥里人”[①]。辽朝时期，部落治理只是在官称与管理职能方面做出调整，组织结构没有太大变更。

州县管理，分为府、州、军城和县城、堡寨（砦）各级，诸京府设留守司，长官为诸京留守；府设有知府事，如兴中府、黄龙府等；州有节度、观

---

① 《辽史》卷 1《太祖上》，中华书局 1974 年版，第 1 页。

察、团练、防御和刺史之分，观察州以下或直属京府、府及节度州。州之下设县，县有令、丞、尉、主薄。基本上都是沿袭了唐朝治理定居人口的地方行政管理措施。

此外，辽朝由贵族建立的头下州，散布于诸道、府境内。头下，也称投下或头项，是辽朝诸王、公主、外戚、大臣以征伐所得俘虏或私属人口建立的私城，皆归个人所有，与帝后斡鲁朵一样，是分封制形态下大大小小的封建主领地。辽朝时期，诸王、公主、国舅、贵族都可以创立私城，不能州者谓之城，不能城者谓之军，不能军者谓之县或堡、砦，州县之名由朝廷赐予，后又削夺领主权力，头下主只能享用领地租税权，多数头下州都被收归国有。头下州人口，称头下户，源于战俘等各族人口，皇后、公主建立的头下州则大都是以陪嫁的媵臣户设置。辽太祖采用汉族谋士建议，将大批私属农耕人口，以"树城郭，分市里"的形式予以安置，又为"定配偶，教垦艺"以生养之，既是安抚俘虏和降人的方式，也是头下制昌盛的原因，更是其"化家为国"的真相。头下州官员，其节度使由朝廷任命，多由家奴充任，但须经过皇帝允准。

属国和属部，基本采用羁縻统治方式，大者拟王封，小者准部使，[①] 依据情况或以契丹人担任，或任命其诸部族酋长充任，弱小部族则由其首领管理。

第三节　五京制度与部族整编

辽太祖于苇甸之地建皇都，将统治中心由龙化州迁移至"西楼"之地。同时，针对征服管理渤海国与女真诸部的具体需求，将故辽东郡升为东平郡，设防御使驻守。辽太宗出于统治渤海、女真诸部，削弱东丹国之目的，升东平郡为南京，移东丹国至此。辽太守会同元年（938年），升皇都为上京临潢府，改南京为东京辽阳府，升幽州为南京幽都府。辽太守会同九年（947年），曾将后晋镇州城升为中京，旋即因失控而作废。圣宗统和二十五年（1007年），出于接待宋使、监督奚族和夸耀目的，兴建中京城（今赤峰

---

① 《辽史》卷46《百官志二》北面属国官，中华书局1974年版，第754页。

辽上京遗址

宁城大名镇），名为大定府，更幽都府为析津府；兴宗重熙十三年（1044年），升云州为西京大同府。于是辽朝五京俱备。

南京、中京、东京有宰相府，称三京宰相府，长官为三京左右相、三京左右平章事。上京、东京有内省司，上京、中京有国子监。[①] 五京机构设置，显示着相互间地位与作用的差异。

1. 上京临潢府

上京临潢府是辽太祖历代先祖世代生活之地，更是辽太祖的创业之地，"负山抱海，天险足以自固，地沃宜耕种，水草便畜牧"，又相继迁入大批的汉人和渤海人，农业、手工业、商业都有一定的发展，以后扩展至漠北及东北诸地。汇聚于此的诸族人口，尤其汉族农业人口开辟了各种经济作（植）物，如在上京周围已有大片农田、果园及种植西瓜的瓜田。使当时上京周围发展相当富庶。上京是辽朝政治统治的中心区，也是多民族人口错综复杂的聚居区和融合区，辖军、府、州、城二十五座、私人头下州十六座、各类边防城九座。临潢府始建于神册三年（918年），由于形制过于简陋，故"天

---

① 参见《辽史》卷48《百官志四》南面京官，中华书局1974年版，第802、807页。

显元年，平渤海归，乃展郛郭，建宫室，名以天赞。起三大殿：曰开皇、安德、五銮，中有历代帝王御容，每月朔望、节辰、忌日，在京文武百官並赴致祭。又于内城东南隅建天雄寺，奉安烈考宣简皇帝遗像。是岁，太祖崩，应天皇后于城内义节寺断腕，置太祖陵，即寺建断腕楼，树碑焉。"① 经过辽初营建临潢府至此已颇具规模：

> 城高二丈，不设敌楼，幅员二十七里。门，东曰迎春，曰雁儿；南曰顺阳，曰南福；西曰金凤，曰西雁儿。其北谓之皇城，高三丈，有楼橹。门，东曰安东，南曰大顺，西曰乾德，北曰拱辰。中有大内，内南门曰承天，有楼阁；东门曰东华，西曰西华。此通内出入之所。正南街东，留守司衙，次盐铁司，次南门，龙寺街。南曰临潢府，其侧临潢县。县西南崇孝寺，承天皇后建。寺西长泰县，又西天长观。西南国子监，监北孔子庙，庙东节义寺（或即义节寺之误—笔者）。又西北安国寺，太宗所建。寺东齐天皇后故宅，宅东有元妃宅，即法天皇后所建也。其南贝圣尼寺，绫锦院、内省司、麹院，赡国、省司二仓，皆在大内西南，八作寺与天雄寺对。南城谓之汉城，南当横街，各有楼对峙，下列井肆。东门之北潞县，又东南兴仁县。南门之东回鹘营，回鹘商贩留居上京，置营居之。西南同文驿，诸国信使居之。驿西南临潢驿，以待夏国使。驿西福先寺，寺西宣化县，西南定霸县，县西保和县。西门之北易俗县，县东迁辽县。②

2. 东京辽阳府

东京辽阳府自古以来为中原控制东北地区的军政重心，辽太祖时期已经充分认识到其地位的重要性，"神册四年，葺辽阳故城，以渤海、汉户建东平郡，为防御州"。辽太宗时期，"迁东丹国民居之"，升格为南京。天显十三年（会同元年，938 年），更名南京为东京，府曰辽阳，幅员三十里。辖军、府、州、城八十七座，用以控制女真、渤海，备御高丽。

---

① 《辽史》卷 37《地理志一》上京道，中华书局 1974 年版，第 438—441 页。
② 《辽史》卷 37《地理志一》上京道，中华书局 1974 年版，第 438—441 页。

辽中京遗址

3. 中京大定府

中京地区原奚族属地，太祖建国，奚族保留相对独立的自治，称奚王府六部五帐分。统和十四年(996年)，奚王和朔奴讨伐兀惹不利，削官，奚族六部重新整编，改隶北宰相府。统和二十年(1002年)，"奚王府五帐六节度献七金山土河川地，赐金币"。七金山土河川是曾经的奚王牙帐地，辽圣宗以奚王为职官，故其曾有之牙帐地归朝廷处置。① 统和二十五年（1007年），诏令于七金山土河之滨建城，实以汉户，号曰中京，府曰大定，幅员三十里。"皇城中有祖庙，景宗、承天皇后御容殿。城池湫湿，多凿井泄之，人以为便。大同驿以待宋使，朝天馆待新罗使，来宾馆待夏使。"辖府一：兴中府，州二十三座。辽朝于此多设财赋官，迁居燕云官僚贵族于此，目的在于兴建与辽朝国体相适宜的都会级城池，也是腹地农耕经济文化发展重心。考古勘探证明，中京城是媲美当时北宋汴京和东罗马君士坦丁堡的世界性大都会，建筑风格一改辽初城市建筑的两部式"分治"模式，呈现出平面"回"字型的城建结构，这种建筑模式在中国古代都城建筑中承前启后，是城市建筑大一统经验的总结与凝练，也是北方城建思想的具象呈现。

4. 南京析津府

辽南京本汉唐时期幽州，后晋石敬瑭割幽云十六州。太宗升为南京幽都府，俗称燕京，是辽朝经济发展水平较高地区，除设置财赋官外，也是军政实力配置较为齐全的京城之一。军事上备御北宋，也是沟通南、北方经济文化交流的通道。宋人记载辽朝南京：

---

① 《辽史》卷14《圣宗五》统和二十年十二月条，中华书局1974年版，第158页。

子城就罗郭西南为之，正南曰启夏门，内有元和殿；东门曰宣和，城中坊用皆有楼。有悯忠寺，本唐太宗为征辽阵亡将士所造；又有开泰寺，魏王耶律汉宁造，皆遣朝使游观。南门外有于越王廨，为宴集之所。门外永平馆，旧名碣石馆，请和后易之。①

5.西京大同府

大同地区在唐朝称云州，后晋割十六州予辽，云州即其一。重熙十三年（1044年），升云州为西京，府曰大同，改节度使为府尹，置西京留守司总之。西京道领军、州、城十八座（含威塞军即威塞州），主要用以备御西夏和大漠西、南诸游牧部族。西京大同府，曾为北魏平城都，故其建制爰有积累。

敌楼、棚橹具。广袤二十里。门，东曰迎春，南曰朝阳，西曰定西，北曰拱极。元魏宫垣占城之北面，双阙尚在。辽既建都，用为重地，非亲王不得主之。清宁八年，建华严寺，奉安诸帝石像铜像。又有天王寺、留守司衙，南曰西省。北门之东曰大同府，北门之西曰大同驿。②

6.五京体制

辽朝以五京之地，作为相对独立的行政区划，《辽史》称为"五京道"，但并未形成"道"级建制，只以五京名目下辖诸府、州、军、县、堡、砦（或里、社）等各级行政组织，而事实上分别隶属于朝廷南、北面官系统；加之契丹政权的行国特征，使得五京发挥统辖州县、治理农耕人口的作用。故元朝人评论辽朝五京制度时，曾说：

辽有五京，上京为皇都，凡朝官、京官皆有之；余四京随宜设官，为制不一。大抵西京多边防官，南京、中京多财赋官。③

① 《辽史》卷40《地理志四》南京道，叙引（宋）王曾：《上契丹事》，中华书局1974年版，第496页。
② 《辽史》卷41《地理志五》西京道，中华书局1974年版，第506页。
③ 《辽史》卷48《百官志四》南面京官，中华书局1974年版，第802页。

五京，散布于境内各地，位于不同方向，特点作用也各不相同，职司设置方面以彰显相互间差别，东、中、南三京置宰相府，上、东二京置内省司，上京设盐铁使司、东京设户部使司、中京设度支使司、南京设三司使司与转运使司、西京设计司；上京有城隍使司（即皇城使），东京有渤海承奉都知押班、辽阳大都督府、安抚使司、军巡院，中京有文思院、按问使司、巡逻使司、大内都部署司，南京有宣徽院、处置使司、侍卫亲军马步军都指挥使司、栗园司，西京有云州宣谕招抚使司。[①] 由此可见辽朝五京作用各有不同。

7. 部族

部族是辽朝政治统治的基石，是北面官系统治理的主要内容，机构设置与管辖职能等，在圣宗朝时期，经历了一次比较重大的整顿。辽朝初期，太祖在原有八部基础上，将部族调整编组为二十部，使社会情况发生巨大转变，政治、经济、文化水平得到迅速提升。至圣宗朝，诸部族社会面貌发生翻天覆地的变化，部族人口增加明显，封建生产关系有了明显增长。为适应发展需求，遂对部落组织重新调整，主要方法是改变氏族或部落地位，恢复自由民身份与部落平等条件。

一是以户口蕃息为依据，将辽初设置的一些游离于部落之外的人口，编组为部。如辽初为防御奚族，从契丹八部各抽调二十户组建二十详稳，侦候落马河（今赤峰红山区英金河）、速鲁河（今赤峰南部老哈河北侧支流）侧。此时，二十详稳户口蕃息十余倍，奚族已融入辽朝政权体系内。故圣宗将之整合为特里特勉部，设节度使，隶属南宰相府，北戍倒塌岭（今内蒙古四子王旗），以防御漠北阻卜诸部。

二是削弱贵族私属，加强集权政治。以横帐大族奴婢和析分出的宫分户，编组新部。辽太祖以俘获奚人为著帐子弟，编为撒里葛、窈爪、耨盌爪三营，隶属宫分；辽圣宗将此三营置为三部，脱离宫分，设节度使，隶属南宰相府。并为三部划分牧地。类此者还有讹仆括部。辽初，还从诸宫及横帐大族抽调奴隶编为稍瓦、曷术二石烈，捕捉鹰鹘和冶铁。此时，二石烈户口蕃息，亦各编组为部，设节度使，隶属东京都部署司。

三是以新归附诸部族民户编组为部。对于俘虏或归附室韦、女真、达鲁古、乌古、敌烈、唐古、回鹘、鼻骨德、剖阿里、盆奴里、奥里米、越里

---

① 《辽史》卷48《百官志四》南面京官，中华书局 1974 年版，第 801—810 页。

笃、越里吉、党项、突厥、吐浑、阻卜诸族人户，不再配隶诸宫、诸部或分赐群臣，而是集中编部，设节度使管理，不改变其原有的生产生活方式，不强行迁徙入内地，使诸部各得其所。分隶北、南二宰相府或沿边军事机构，戍守边境。

这些措施客观上达到解放奴隶，调整阶级关系的目的，提升了新编诸部社会地位，使行国政体下奴隶占有制受到削弱，生产关系和阶级关系进一步增强。圣宗朝不断诏令各地，采取措施不使新近俘掠人户沦为奴隶。统和七年（989年），令南征所俘有亲属分隶诸帐族者，给官钱赎出，团聚相从；十三年，又令诸道民户自应历（951—969年）以来胁从为部曲者，仍籍州县；二十九年，诏诸道水灾饥民质男女者，自来年正月起，日计佣值十文，价折佣尽，还其家。同时，禁止主人擅杀奴婢。在法律上为奴婢提供了基本生存权力的保障。

同时，圣宗朝也进一步地明确了属国属部制度。辽朝的属国最早是渤海的东丹国。辽朝灭亡渤海国后，将渤海国王及其王族迁居契丹皇都（上京）西，筑城居之；同时，朝廷设置渤海帐司，设渤海宰相、太保、挞马及近侍详稳司进行管理。东丹国，始建于天显元年（926年），灭渤海国后，改渤海国忽汗城（今黑龙江宁安西南）为天福城，易国名为东丹国，册立皇太子耶律倍为人皇王，主持国政，任命契丹、渤海大臣四员为辅弼，参理国政。天显三年底，太宗诏令东丹国右次相耶律羽之，迁东丹国于东平郡（今辽宁辽阳），名为充实郡户，实为削藩；六年，置中台省于南京（后改称东京），为东丹国行政机构，又置东京安抚使司，下设安抚使、渤海大都督府。景宗乾亨四年（982年），省置中台省，对官员进行精简。圣宗开泰八年（1019年），又增设东京渤海承奉官。其余则隶属东京道之下的府、州、县或诸宫提辖司管辖。高丽、西夏、甘州回鹘、高昌回鹘、沙州归义军、阿萨兰回鹘等均为属国。辽朝的属部均实行部族制，设置官职管理形式，一是夷离董或节度使由本部族人，如生女真诸部；二是节度使由契丹人担任，如回鹘部族节度使等。

圣宗朝的部落整顿，将辽初二十部规模翻番，新增三十余部。新增部落是在否定前朝措施或抑制贵族兼并观念方面的进步，是释放奴婢、增加编户齐民、调整阶级关系、适应生产力发展的重大举措。这些既是辽朝社会稳定、人口增长的结果，也是其加速封建化进程的具体表现。

第四节　兼收并蓄、南北融通的文化发展趋势

10世纪初期，随着专制主义政权建立，契丹原生态文化进入快速发展阶段，善于汲取其他民族文化成果的契丹辽朝文化更加充实丰盈。

阿保机建国之初，便对孔子立庙尊奉，将政权纳入"中国"体系。获得幽云十六州后，将行政管理职责托付于归附契丹的汉族官员，保留了幽云地区即有的社会组织与管理方式。将国号改为"大辽"、年号"会同"，更名皇都为上京临潢府、南京东平府为东京辽阳府，升幽州为南京幽都府；模仿中原封建体制，改革契丹官制，增置宣徽院、阁门司、御使台及控鹤、客省、中丞、侍御、判官、文官牙署等机构，形成一种独特的政治现象，即皇帝与南面官系统的官员穿汉族官服，行用中原封建礼仪制度；皇太后与北面官系统的官员穿契丹服装，行用游牧民族礼仪制度。这是"蕃汉分治"在政治层面消除了燕云大族及民众对契丹政权的恐惧心理，是实现蕃、汉贵族利益合流的基础，为契丹辽朝文化发展奠定了思想和社会基础。

科举是汉人和渤海人入仕的途径，也是辽朝文化发展的趋向之一。自会同年间（938—946年），就以汉族士子素习之业，在南京不定期开科取士，选拔人才。北宋名臣宋琪、辽朝名臣室昉，都是会同年间在南京考取功名。辽朝科举制度也是一种文化政策，是从局部向整体、从权宜向定制转变的发展过程。至保宁八年（976年），诏令南京恢复礼部贡院，成为主持科举的管理机构，使贡举制度日益完善，似已形成定期考试选拔制度。统和六年（988年），诏开贡举，沿袭唐朝制度每年一次，将考试、贡生选拔作为选官依据，予以推行。统和二十七年（1009年），是辽朝科举实行殿试的开端。至太平十年（1030年），"诏来岁行贡举法"，[①] 贡举制度趋于健全。自兴宗朝开始，受到宋朝科举制度影响，辽朝科举改为三年一次；考试科目，初以词赋为正科，法律为杂科；其后，借鉴宋朝分为两科，曰诗赋曰经义，道宗朝曾设贤良科；考试过程有乡试曰乡荐、府试曰府解、省试曰及第，省试由礼部贡院主持，成绩分甲、乙、丙三科取士，合格者以"喜帖"书姓名。辽朝不许契丹人参与科举，重熙年间，耶律蒲鲁参加科举并及第，被有司揭发，

---

① 《辽史》卷17《圣宗八》太平十年七月条，中华书局1974年版，第205页。

其父以"擅令子就科目"罪，处以鞭刑二百，命蒲鲁为牌印郎君。[1] 但至辽朝晚期，有契丹人进士耶律大石等人，似乎限制契丹、奚诸族参与科举的禁令已放开。辽初设国子监，后南京置太学，以后五京州县均设学校，诸族子弟皆可入学习读，甚至高丽派童子习学契丹语。

契丹辽朝文化发展是一个漫长的过程。在这个过程中，依据自身传统的继承及对域外优秀文化成果的吸收，发展创造出诸多新成果，其中既有吸收外来文化的成就，也有源自传统的新创造，譬如喀喇沁旗发现唐朝晚期的契丹卧鹿纹银盘、敖汉李家营子辽朝初期的金银器等，

辽代绿釉划花双孔鸡冠壶，现藏辽宁省博物馆

从器物造型及生产工艺可确定为流入契丹的中亚波斯金银器，是外部文化成果对契丹本土的渗入。但自辽朝中晚期以来，契丹贵族墓葬普遍发现大量的金银器，虽具有域外文化特点，而工艺制作上也存在着契丹制造的痕迹。如辽代黄、绿、白三颜色构成的三彩器，是从唐三彩工艺演化而来的辽三彩；还有契丹色彩浓厚的标志性器物鸡冠壶等；契丹陶器中常见的灰陶瓜棱壶，则是继承鲜卑文化渊源的新创造。

契丹习俗存在的一些传统内容，如辽朝盛行的"放偷日"习俗，就是在上元节（元宵节）前后三日，契丹人可以纵情偷窃，官府不能按律追究，如防范不及，则小至针头线脑、大如年轻女性，都可以被偷走。被盗者，既不能恼怒，也不得纠集亲属索要，只能等待偷盗者登门通报所盗物件；尔后，由被盗者置办酒席，邀请有威望者进行调解，商议赎还被盗物件；若不愿赎还，则被盗物品归偷盗者所有；若所盗女子不愿还家，即归盗窃者为妻。此习俗是部落时代"抢婚"习俗的延续。虽然，史料中未有契丹人婚姻形态

---

[1] 《辽史》卷89《耶律庶成传》附弟庶箴之子蒲鲁，中华书局1974年版，第1351页。

辽代《深山会棋图》，出土于辽宁法库叶茂台辽墓葬（7号墓）

的完整记录，但在隋朝室韦人资料中保存着"抢婚"或"偷盗婚"习俗，或可判定为"放偷日"习俗的滥觞。隋唐史料明确记载，室韦与契丹为同类，区别仅在于地域；在南者为契丹，在北者为室韦。[①] 故"放偷日"习俗，只是契丹人历史经历与记忆的映现。

综上所述，这些能够区分或难以区分来源的历史文化成果，反馈出一种信息，即契丹辽朝文化不是盲目汲取，也不是无传统的延续。现有遗存，已清楚地显示出契丹辽文化的发展，有取舍，也有扬弃。主要表现为以下几点。

第一，从简单的"拿来与抄袭"到"融会与再造"。近年相继发现的耶律羽之墓葬与宝山墓葬，都是辽朝初期皇室贵族墓葬，尤其墓葬壁画呈现唐朝绘画艺术风格，甚至制作过程都"照搬照抄"唐末五代建筑方式与绘画技法。但值得注意的是，契丹绘画技术也自有源流，宝山辽墓简单抄袭了中原文化的基本技法，但随着时间与历史的推演，至辽朝中晚期未见同样简单抄袭的制作方式，代之而来的是充满契丹生活情趣的"出行图""归来图""军行图""伎乐图"以及各种燕居生活、骑猎牧放场景、庖厨场面、山水林木、花鸟湖石、动物绘画等，甚至应县木塔佛藏中有《神农采药图》绢画，法库叶茂台辽墓出土两幅绢画，一为深山会棋图，一为竹雀双兔图。表明辽朝的绘画艺术已摆脱唐朝画风影响，形成以描述草原生活为主要题材的北方草原绘画技艺。

---

① 《隋书》卷84《北狄传》室韦，中华书局1973年版，第1882页。

建筑艺术方面，北宋李诚编撰的建筑技术经典著作《营造法式》，其中记载的许多工艺，如小木作制度中的"九脊小帐"，在 20 世纪后期的契丹考古中发现了一批保存完好的实物资料；石作制度中的"卷辇水窗"，也在金中都考古探查中发现具体实物。辽宋时期的丝织品应以中原地区最为先进，史书记载中的许多丝织品如"花罗透背""细锦透背合线绫"等，曾在 20 世纪后期的乌兰察布市豪欠营辽墓中揭露，为研究丝织品的纹样风格提供了重要参考。其发现者评论："罗纹丝织物生产达到了历史上最高水平的宋代，其最高水平的样品正是在辽，而女尸身上轻罗或腊光式绢，应是这种最高水平样品的实物之一。"① 说明出土的丝织品不是北宋"岁币"馈赠，而是契丹生产的"蕃罗"，属当时第一流的产品，借鉴了中原地区先进的丝织技术，体现了辽朝境内丝织业发展的实况。据记载北宋商人大量贩运辽朝生产的"蕃罗"至中原，出手即是"奇货"，价格不菲。直到豪欠营辽墓发掘之后，证实了这种辽代轻罗衫，质薄透明，在现在各种最轻薄的丝织品中，没有一种能与他作比较。② 所谓"轻罗"，也称"细罗"，即属于"花罗透背"或"细绢透背"工艺。这是当时辽朝手工业匠人，在学习中原丝织技术的基础上，生产出来的具有辽朝特色的新产品。

第二，契丹辽文化对域外文化成果的汲取，并非一律照搬照抄而是有改造地择取。譬如契丹拥有的两种文字系统——大字与小字，都完成于辽太祖时期。史称，辽太祖语于后唐使节曰：我会说汉语，但绝对不与部民用汉语，惧其效我而怯懦也。体察辽太祖心态，汉族先进的文化，值得学习，但开疆拓土之际，还是要保留部民勇猛的进取心。神册四年（919 年），诏令制作的契丹文字，以仿方块字型式、用汉字偏旁部首制作的拼音文字系统（汉字属表意文字）。这是借鉴中原文化改造适应本民族需求的成功例证。

第三，契丹辽文化具备鲜明的自身特点与基本特征。史载，五代后汉天福十二年（947 年），大臣许敬迁上表请求禁止境内流行"契丹样"服装。"契丹样"服装即契丹人传统服饰，是契丹本土生产的具有典型区域性特色与风格的服装与器具等。许敬迁请求禁断的理由是：

---

① 乌盟文物工作站内蒙古文物工作队：《契丹女尸》，载王丹华：《契丹女尸的丝织品》，内蒙古人民出版社 1985 年版，第 78 页。
② 乌盟文物工作站内蒙古文物工作队：《契丹女尸》，载王丹华：《契丹女尸的丝织品》，内蒙古人民出版社 1985 年版，第 73 页。

辽代玉把银刀

臣伏见天下鞍辔器械，并取契丹式样装饰，以为美好。安有中国之人，反效戎虏之俗。请下明诏毁弃，须依汉境旧样。[1]

朝廷对于许敬迁奏请的回复：

敕曰："近年中华兆人浮薄，不依汉礼，却慕胡风，果致狂戎来侵诸夏。应有契丹样鞍辔、器械、服装等，并令逐处禁断。"

但"契丹样"服装等始终影响着中原地区的日常生活，北宋将"契丹样"镔铁刀、鞍具誉为"天下第一"。高丽也将契丹生产的丝织品，誉为"丹丝"。"契丹样"已对东亚地区经济贸易活动产生较大影响。甚至两宋金元之际，契丹歌舞成为时尚标志。如王安石曾留下"涿州沙上饮盘桓，看舞春风小契丹"的佳句，南宋范成大也有《鹧鸪天·休舞银貂小契丹》词曰："休舞银貂小契丹，满堂宾客尽关山"，元代张翥自赋诗写道："遮头更著狐皮帽，好个侬家老契丹"。这说明契丹文化具有引领潮流之先的能力，已经大规模输入宋朝境内，故朝廷屡次禁止，如庆历八年（1048年）：

诏禁士庶效契丹服及乘骑鞍辔、妇人衣铜绿兔褐之类。[2]
（徽宗时）是岁，又诏敢为契丹服，若毡笠、钓墪之类者，以违御笔论。钓墪，今亦谓之鞡袴，妇人之服也。[3]

据宋人江休复所著《江邻几杂志》记载：

妇人不服宽袴与檐制旋裙，必前后开胯，以便乘驴。其风闻于都下

---

① （清）董诰等：《全唐文》卷854，许敬迁：《请禁断契丹样装服奏》，上海古籍出版社1990年版，第3973页。
② （元）脱脱等：《宋史》卷153《舆服五》士庶人车服之制，中华书局1977年版，第3576页。
③ （元）脱脱等：《宋史》卷153《舆服五》士庶人车服之制，中华书局1977年版，第3577页。

妓女，而士人家反慕效之，曾不
知耻辱如此。

北方习俗如风雨般播洒至中原。
宋徽宗大观四年（1110 年），因京城
盛行穿戴番族衣饰，戴毡笠、系番
式束带，诏令地方禁止。以后，又
两次发布诏令，禁止境内百姓穿戴
"契丹样"服装等。但禁止之后，又
悄然兴起。汴梁城妇女的时尚发式，
如"大鬓方额""急扎垂肩""云尖
巧额，鬓撑金凤"等。朝廷禁断的
"契丹样"，还包括契丹特色的歌谣
乐舞，都与北方契丹人存在密切联系。

契丹服饰石俑，出土于巴林左旗韩氏家族墓地

这些反复出现在中原地区，又屡遭宋朝统治者禁止的"契丹样"，正是契丹
文化性格与特点的绽现，也是辽朝文化最直接的物化表现形式。

山西应县木塔，建于辽清宁二年，是中国现存最大最古老的木塔结构建筑

第五章　辽朝的衰落与灭亡

第一节 兴宗朝施政与问题积聚

1031 年，辽圣宗病殁，长子耶律宗真即位，是为辽兴宗，改元景福。兴宗即位初，宫廷发生激烈的权力之争。宗真生母元妃萧耨斤，出自述律太后一族。但兴宗自幼由圣宗齐天皇后萧菩萨哥抚养，视为己出。兴宗即位，萧耨斤自立为皇太后，尊号法天太后，谥号钦哀皇后。钦哀太后萧耨斤掌权后，首先打击齐天皇后势力，先构陷北府宰相萧浞卜、国舅萧匹敌谋反赐死，将围场都太师著骨里、右祗候郎君详稳萧延留等七人弃市；又将齐天皇后迁往上京，不久因担心兴宗念及养育之恩，赐死齐天皇后，史称"废齐天皇后案"①。萧耨斤企图进一步控制兴宗皇帝，结果导致母子关系紧张，转而谋图废立，欲立 13 岁的幼子耶律重元。重元将政变阴谋告知于兴宗，于是兴宗废萧耨斤为庶人。

齐天皇后，乃睿智皇后（即承天皇太后萧绰）之姪；北府宰相萧浞卜、国舅萧匹敌，皆为睿智皇后族属。②"废齐天皇后"之举，不仅是争夺皇太后摄政之权，而且是对已经崛起的睿智皇太后家族的颠覆性攻击，甚至连曾经贵为皇太子妃、此时已被立为皇后的萧三嬧，也遭到废黜。③史书记载，由圣宗妃、兴宗皇帝生母钦哀皇太后临朝摄政，即"追封曾祖为兰陵郡王，父为齐国王，诸弟皆王之，虽汉五侯无以过"。④嗣后，又杀锄不里（即萧浞卜）党弥勒奴、观音奴等。重熙元年（1032 年），发生"废齐天皇后案"，实际是发生在国舅家族内部的政治翻覆，似乎并未影响到朝政稳定，钦哀皇太后摄政地位也得以确立。但重熙三年（1034 年），当钦哀皇太后又"阴召诸弟

---

① 《辽史》卷 18《兴宗一》，中华书局 1974 年版，第 214 页。

② 《辽史》卷 71《后妃传》圣宗仁德皇后萧氏，中华书局 1974 年版，第 1202 页。

③ 《辽史》卷 71《后妃传》兴宗贵妃萧氏，中华书局 1974 年版，第 1204—1205 页。

④ 《辽史》卷 71《后妃传》圣宗钦哀皇后萧氏，中华书局 1974 年版，第 1204 页。

（萧孝先等）议，欲立少子重元。重元以所谋白帝。帝收太后符玺，迁于庆州七括宫"。①《辽史》记曰："皇太后还政于上，躬守庆陵"②。由于兴宗皇帝实施绝地反击，钦哀皇太后才被取消摄政权力，但其制造冤案并未纠改。

"废齐天皇后案"表面看是一场宫闱内部争权夺利斗争，其实是发生在国舅部家族内部的一场大规模的内讧。第一，契丹国舅家族，原有拔里、乙室已二帐，但圣宗朝又有新变化，即开泰三年（1014年），"六月乙亥，合拔里、乙室已二国舅为一帐，以乙室夷离毕萧敌烈为详稳以总之"，使四大房（帐）族聚为一体。③ 第二，事变使国舅部大父房系统受创。虽然，萧匹敌、萧三嬂父女，属于国舅少父房，但匹敌自幼父母俱丧，是承天皇太后以外祖母身份鞠育于宫中，系承天皇太后系统成员。④ 第三，钦哀皇太后打击的目标是齐天皇后，矛头指向承天皇太后家系，打破统和年间的布局，尤其国舅家族布局。第四，钦哀皇太后家族萧孝穆兄弟五人的功名地位，非钦哀皇太后扶植培养而成，是圣宗朝政治发展的积淀，是钦哀皇太后得以肆虐的底蕴。

萧孝穆是应天皇太后述律平弟阿古只的五世孙，统和二十八年（1010年），官至西北路招讨都监，至太平二年（1022年），已为知枢密院事、充汉人行宫都部署；次年，授封燕王，出任南京留守兼兵马都总管；九年，平定东京渤海大延琳之乱。⑤ 弟孝先为东京留守，大延琳之乱后，改授上京留守。弟孝友，重熙元年，迁西北路招讨使、封兰陵郡王。⑥ 弟孝惠（即萧孝忠），于开泰年间（1012—1020年），尚越国公主，拜驸马都尉、殿前都点检；太平年间（1021—1031年），擢为北府宰相。⑦ 说明钦哀皇太后家族在圣宗朝已形成强大的政治势力。

"废齐天皇后案"，虽然以宫闱事件形式表现出来，却是一次影响极大的政治事件，体现在两方面：一是圣宗朝将国舅部整合为一的"排异性"。圣

---

① 《辽史》卷71《后妃传》圣宗钦哀皇后萧氏，中华书局1974年版，第1203页。

② 《辽史》卷18《兴宗一》重熙三年五月条，中华书局1974年版，第216页。

③ 《辽史》卷15《圣宗六》开泰三年六月条，中华书局1974年版，第175页。

④ 参见史凤春：《辽朝后族诸问题研究》，人民出版社2017年版，第181页；《辽史》卷88《萧排押传》附弟恒德、恒德之子匹敌，中华书局1974年版，第1343页。

⑤ 《辽史》卷87《萧孝穆传》，中华书局1974年版，第1331—1332页。

⑥ 《辽史》卷87《萧孝穆传》附弟孝先、孝友传，中华书局1974年版，第1333、1334页。

⑦ 《辽史》卷81《萧孝忠传》，中华书局1974年版，第1285页。

辽代水晶包金皮囊壶

宗朝施政措施，已不能适应封建化进程的需求。二是辽兴宗的导向性明显。面对国舅部发生的激烈搏杀，辽兴宗不置可否的立场，反有推波助澜嫌疑，甚至重熙三年五月，剥夺钦哀皇太后摄政权之后，仍废除皇后、重新册立萧孝穆之女为皇后，又"幸后弟萧无曲第，曲水泛觞赋诗"；以秦王萧孝穆为北院枢密使、徙封吴王；晋王萧孝先为南京留守。[1] 直到重熙二十一年（1052 年）八月癸亥，谥齐天皇后曰仁德皇后。正如李桂芝先生所说：

> 兴宗热衷于佛、道，满足于表面上的繁荣昌盛，缺乏孜孜求治之心，又受制于太后萧耨斤，没有大的建树，却逐渐滋长了奢靡逸乐的习气。这一时期，辽朝君臣陶醉于表面上的富强、繁荣、和平景象，以强国自居，对潜在的社会危机缺乏必要的警觉，没有采取防范和缓和矛盾的措施。[2]

以"废齐天皇后案"为始，兴宗朝施政措施及其内容，大体如下。

第一，延续前朝管理机构改革与官制调整措施，实行官司职事机构调整。重熙四年（1035 年）十一月，改南京总管府为元帅府；十二年十二月，改政事省为中书省；十三年十一月，改云州为西京。属部管理制度调整方面，[3] 重熙六年（1037 年）八月己卯，采纳北枢密院建议，诏罢越棘等五国酋帅自治方式，改由朝廷任命的契丹人节度使直接管理；二十二年（1053 年）十二月，诏回鹘部副使以契丹人充。加强社会法治化管理，重熙十三年（1044 年）二月，置契丹警巡院。加强对于漠北诸部族的军政控制能力，

---

① 以上俱见《辽史》卷 18《兴宗一》，中华书局 1974 年版，第 216—218 页。

② 李桂芝：《辽金简史》，福建人民出版社 1996 年版，第 109 页。

③ 《辽史》卷 18《兴宗一》，中华书局 1974 年版，第 219 页。

十九年（1050 年）六月，置倒塌岭都监。同时，还在各项制度维护以及官府职司分责方面予以明确，如重熙十六年（1047 年）二月，诏世选之官从各部耆旧择材能者用之，是对世选资质的认定。二十年（1051 年）十一月，命东京留守司总领户部、内省事；丁卯，罢中丞记录职官过犯，令承旨总之。二十二年（1053 年）十一月，诏诸职事官以礼受代及以罪去职者置籍，岁申枢密院等。[①] 这些措施是加强职官档案管理的规定。

第二，加强封建制度与礼仪的完善与调整。重熙五年（1036 年）四月，颁新定条制，主要针对南京、西京等农业人口制定的相应管理措施。十二年（1043 年）五月，诏复定礼制。十六年（1047 年）十月，定公主行妇礼于舅姑仪。同时，仍然采取维护"蕃汉分治"政策的具体措施，如十五年（1046年）正月，诏令禁止契丹以奴婢鬻于汉人；同年十一月，诏令渤海部以契丹户例，通括军马。

第三，发动对外战争。一是展示军事与外交能力，挑起与北宋的关南十县之争，迫使宋朝增加岁币银绢数量。二是利用澶渊之盟的余威，强化辽、夏之间从属关系，通过前后三次伐夏的军事战争，确定辽、夏之间的附属关系。三是调动军队，镇压漠南、漠北及东北诸部族的反抗，加强属国属部的管理与控制。[②]

对于兴宗朝施政，可评价为：守成。相比前朝，没有任何突破，也无任何的改变。例如，圣宗朝由于契丹社会稳定、人口激增，导致原有世选权力分配出现纷争，兴宗遂劳心费神地致力于贵族谱系的辨认，而贵族子弟也纷纷寻找新的入仕途径；兴宗朝，横帐季父房耶律庶箴之子蒲鲁，科举及第后，"主文以国制无契丹试进士之条，闻于上"，兴宗皇帝"以庶箴擅令子就科目"之罪，惩罚以鞭刑二百。[③] 兴宗表现出严守祖制（即"国制"）的执政态度，不越雷池一步。

兴宗朝积聚的问题，是旧制度难以适应社会新变化的矛盾。圣宗朝就有官员建议，契丹人仅有两个姓氏，已经不能适应社会发展趋势，建议以太祖朝标记诸部氏族地名作为新的姓氏，以区分贵贱高低、辨别出身阀阅，但

---

① 《辽史》卷 20《兴宗三》，中华书局 1974 年版，第 237—246 页。
② 《辽史》卷 18《兴宗一》至卷 20《兴宗三》，中华书局 1974 年版，第 216—247 页。
③ 《辽史》卷 89《耶律庶成传》附弟庶箴及其子蒲鲁传，中华书局 1974 年版，第 1351 页。

圣宗皇帝没有采纳。① 至兴宗朝，重熙十年（1041年）二月，"北枢密院言，南北二王府及诸部节度侍卫祗候郎君，皆出族帐，既免与民戍边，其祗候事请亦得以部曲代行。诏从其请"；② 重熙二十三年（1054年）七月"诏八房族巾帻"，③"巾帻"即舆服制度中的"头衣"（即冠饰），此指头巾类服饰，因为契丹人只有贵族子弟方可戴头巾。而"八房族"，即辽太祖功臣耶律欲稳家族。耶律欲稳字辖剌干，突吕不部人，"太祖始置宫分以自卫，欲稳率门客首附宫籍。……后诸帝以太祖之与欲稳也为故，往往取其子孙为友，宫分中称'八房'，皆其后也。"④ 似乎是欲稳家族已经出脱"宫籍"，并具有贵族身份。这些措施，都是维护部落贵族既得利益的保守措施。因此，当萧孝忠提出：一国两枢密，古之未有，今宜合二枢密而为一的建议时，兴宗皇帝同样未予采纳。⑤ 兴宗朝的因循守旧，已达到无以复加地步。

　　封建化程度日益加深，适应趋势须有变革，不作变革也应有所主张。兴宗朝牢固守成而不变化，除如上问题外，还会造成更多问题，积压愈多，造成的社会矛盾便会日趋严重。"废齐天皇后案"，便是其中一例。根源不除，还会有所表现，甚至是连锁式反应。

第二节　道宗即位与滦河行宫之变

　　1055年8月，辽兴宗病殁，其子耶律洪基即位，是为辽道宗，改元清宁。道宗即位，加封皇叔耶律重元为皇太叔，免汉拜，不名，并遣重元至南京安抚军民；依赖之重，无以复加。又以遗诏命国舅、西北路招讨使、西平郡王萧阿剌为北府宰相、权知南院枢密使事，与托孤大臣、北院枢密使兼中书令郑王萧革同掌国政。表面看，中枢政局一切顺理成章、水到渠成，表现出延续兴宗朝施政的基本趋向。

---

① 《辽史》卷89《耶律庶成传》附弟庶箴传及其子蒲鲁传，中华书局1974年版，第1350页。

② 《辽史》卷19《兴宗二》，中华书局1974年版，第225页。

③ 《辽史》卷20《兴宗三》，中华书局1974年版，第247页。

④ 《辽史》卷73《耶律欲稳传》，中华书局1974年版，第1226页。

⑤ 《辽史》卷81《萧孝忠传》，中华书局1974年版，第1285页。

诏除护卫士，余不得佩刃入宫。非勋戚后及夷离堇、副使、承应诸职事人不得冠巾。壬戌，诏夷离堇及副使之族，并民如贱，不得服驼尼、水獭裘，刀柄、兔鹘、鞍勒、珮子不许用犀玉、骨突犀；惟大将军不禁。①

二年春正月丙辰，诏州郡官及僚属决囚，如诸部族例。已巳，诏二女古部与世预宰相、节度使之选者，免皮室军。②

道宗朝延续着兴宗朝（其至圣宗朝末期）维护游牧贵族权力的特点，"诏州郡官及僚属决囚，如诸部族例"，至于何谓"诸部族例"，并没有明确规范。但这也只是当时历史的表象，而自辽朝中期以来积累的诸问题，终于在道宗朝爆发出来，导致政局持续动荡。

道宗朝初期，执政大臣萧革与萧阿剌之间，因处政原则的分歧而呈现尖锐的政治对立，派系倾轧已露端倪。史称：萧革"构陷"萧阿剌③，致使道宗皇帝于清宁二年（1056年）接受萧阿剌的辞呈，命其出任东京留守；转任皇族、同知南京留守事吴王耶律仁先为南院枢密使，与萧革共同执政，又以皇太叔重元为天下兵马大元帅治理燕京。萧革以其子娶重元女为妻，遂与重元、涅鲁古（重元之子）结党营私，潜毁仁先；四年（1058年）十一月，

辽道宗清宁元宝

罢免仁先执政身份，出任南京兵马副元帅、守太尉，徙封隋王。五年（1059年）六月，以南院枢密使萧阿速（即萧孝忠之子）为北府宰相，枢密副使耶律乙辛为南院枢密使。六年（1060年）六月，以隋王耶律仁先为北院大王，

---

① 《辽史》卷21《道宗一》清宁元年九月条，中华书局1974年版，第252页。
② 《辽史》卷21《道宗一》清宁二年正月条，中华书局1974年版，第253页。
③ 《辽史》卷114《逆臣下》萧胡覩传，中华书局1974年版，第1514页。

赐御制诰。为何会赐予"御制"诰敕？史称：

> 时北、南院枢密官涅鲁古、萧胡觌等忌之，请以仁先为西北路招讨使。耶律乙辛奏曰："仁先旧臣，德冠一时，不宜补外。"[1]

故以仁先为北院大王。七年（1061年）三月，耶律乙辛知北院枢密使事；五月，行瑟瑟礼于永安山，萧阿剌言朝政得失，萧革借机挑拨，遂缢杀萧阿剌于行宫；六月，以楚国王涅鲁古知南院枢密使事。[2] 八年（1062年）三月，楚王萧革致仕，进封郑国王。史称，后上知革奸计，崇遇渐衰；八年，致仕，封郑国王。[3] 萧革专权擅政局面结束，标志着萧革、耶律重元集团在朝廷斗争中的失势。

萧革小字滑哥，字胡突堇，系出国舅族。圣宗太平（1021—1031年）初年，入仕为郎官，周旋于近习间，"近习"多贵家子，"以谀悦相比昵"，为流辈称誉，名闻于兴宗皇帝（时为太子）。重熙初年，拜授北面林牙，十二年（1043年）除授北院枢密副使，因矫情媚上而见赏识。十三年（1044年），授北府宰相。十五年（1046年），改授同知北院枢密事，怙宠专权，同僚不得行其职。夷离毕耶律义先知其奸佞，因侍燕，言于兴宗：萧革善谀，用之将会败事。而兴宗不纳，益觉萧革忠诚，眷遇益厚，寻拜南院枢密使，封吴王，班诸王之上；又改知北院枢密使事，进封郑王，兼中书令。兴宗病重，受顾命，辅佐道宗嗣位。清宁元年（1055年），进封楚王，与国舅萧阿剌同掌朝政。革多私挠，阿剌每裁正之，由是有隙，出阿剌为东京留守。[4]

萧阿剌，乃萧孝穆之子。重熙六年（1037年），官至弘义宫使，累迁同知北院枢密使，加同中书门下平章事、东京留守。二十一年（1052年），拜西北路招讨使，封西平郡王，尚秦晋国王公主，拜驸马都尉。清宁元年，遗诏拜北府宰相兼南院枢密使，进封韩王。次年（1056年），改授北院枢密使，

---

① 《辽史》卷96《耶律仁先传》，中华书局1974年版，第1396页。

② 《辽史》卷21《道宗一》清宁七年三月至六月条，中华书局1974年版，第258—259页；又见卷113《逆臣中》萧革传，中华书局1974年版，第1511页。

③ 《辽史》卷113《逆臣中》萧革传，中华书局1974年版，第1511页。

④ 《辽史》卷113《逆臣中》，中华书局1974年版，第1501—1502页。

徙王陈，与萧革同掌国政。革诏谀不法，阿剌争之不得，告归。上由此恶之，除东京留守。阿剌性忠果，晓世务，有经济才。议者以谓阿剌若在，无重元、乙辛之乱。①

萧革与萧阿剌皆为顾命大臣，而萧革是兴宗"培育"的人才。清宁八年（1062年），萧革集团在朝廷内部争斗中失势，但其影响并未消除。同年十二月，以知北院枢密使事萧图古辞为北院枢密使；九年（1063年）五月，以隋王仁先为南院枢密使、徙封许王，与耶律乙辛同执朝政。②史称：

> 萧图古辞字何宁，楮特部人。……清宁初，历北面林牙，改北院枢密副使。辨敏，善伺颜色，应对合上意。……八年，拜南府宰相，顷之，为北院枢密使，诏许便宜从事。为人奸佞有余，好聚敛，专愎，变更法度。为枢密数月，所荐引多为重元党羽，由是免为庶人，后没入兴圣宫。③

道宗朝初期的政治状况，呈现为贵族大臣结党营私、派系争斗的混乱局面。如萧革培植党羽，重元、涅鲁古父子派系形成，明争暗斗，不仅朝臣牵连其中，甚至同族兄弟也形同陌路，譬如萧阿剌之弟胡觌：

> 代族兄术哲为西北路招讨使。时萧革与萧阿剌俱为枢密使，不协，革以术哲为阿剌所爱，嫉之。术哲受代赴阙，先尝借官粟，留值而去。胡觌希革意，发其事，术哲因得罪。胡觌又欲要权，岁时献遗珍玩、畜产于革，二人相爱过于兄弟。胡觌族弟敌烈为北剋，荐国舅详稳萧胡笃于胡觌，胡觌见其辨给壮用，倾心交结。每遇休沐，言论终日，人皆怪之。会胡觌同知北院枢密事，奏胡笃及敌烈可用，帝以敌烈为旗鼓拽剌详稳，胡笃为宿直官。及革构陷其兄阿剌，胡觌阴为之助，时人丑之。④

---

① 《辽史》卷90《萧阿剌传》，中华书局1974年版，第1355页。

② 《辽史》卷96《耶律仁先传》，中华书局1974年版，第1396页。

③ 《辽史》卷111《奸臣下》萧图古辞传，中华书局1974年版，第1494页。

④ 《辽史》卷114《逆臣下》萧胡觌传，中华书局1974年版，第1513—1514页。

又据耶律引吉传记载：

> 时萧革、萧图古辞等以佞见任，鬻爵纳贿；引吉以直道处其间，无所阿唯。[1]

此时，党争之祸，擅权乱政，已见端倪。清宁七年（1061 年）六月，楚国王涅鲁古知南院枢密使事。

> 涅鲁古，小字耶鲁绾。性阴狠。……七年，知南院枢密使事，说其父重元诈病，竢车驾临问，因行弑逆。[2]

辽道宗与重元父子的嫌隙，大约就在于萧革因派系之争的失势。清宁九年（1063 年）秋，耶律重元集团与朝廷的决战爆发。经过如下：

> 秋七月丙辰，如太子山。戊午，皇太叔重元与其子楚国王涅鲁古及陈国王陈六、同知北院枢密使事萧胡覩、卫王贴不、林牙涅剌溥古、统军使萧迭里特、驸马都尉参及弟术者、图骨、旗鼓拽剌详稳耶律郭九、文班太保奚叔、内藏提点乌骨、护卫左太保敌不古、按答，副宫使韩家奴、宝神奴等凡四百人，诱胁弩手军犯行宫。[3]

太子山，位于今内蒙古锡林郭勒盟南部闪电河流域，辽朝帝后依照惯例于此为秋捺钵。耶律重元等人因此发动叛乱，史称"太子山之变"或"滦河行宫之变"。

当时，秋捺钵随行官员、扈从军兵等安置于太子山附近后，耶律重元父子即召集党徒密谋发动事变。敦睦宫使兼权知皇太后（道宗之母、兴宗仁懿皇后萧氏，即宗天皇太后）宫诸局事耶律良，查探到重元父子谋反之状，即刻禀告于宗天皇太后。[4] 皇太后遂令太后宫扈从兵马戒严，称病召见道宗皇

---

① 《辽史》卷 97《耶律引吉传》，中华书局 1974 年版，第 1409 页。
② 《辽史》卷 112《逆臣上》耶律重元传附子涅鲁古，中华书局 1974 年版，第 1502 页。
③ 《辽史》卷 22《道宗二》，中华书局 1974 年版，第 262 页。
④ 《辽史》卷 96《耶律良传》，中华书局 1974 年版，第 1398 页。

帝，告以重元父子谋反之迹。道宗皇帝闻知消息，犹以亲爱为意，尚未尽信；皇太后断然语曰："此社稷大事，宜早为计！"① 道宗遂召见南院枢密使、许王耶律仁先商议。仁先语曰："此曹凶狠，臣固疑之久矣！"道宗皇帝遂下令戒严，命仁先等连夜捕捉重元党徒。仁先方出宫帐，叛军已趁夜晚攻击行宫。②

耶律仁先等人召集卫士保护行宫。匆忙中，道宗皇帝欲避敌于北、南大王院，仁先及北院宣徽使萧韩家奴共执道宗皇帝马辔固谏，危难之际，只宜坚守，不可弃扈从远行。③ 遂令仁先负责讨逆诸事。仁先等遂环车为营，率扈从三十余骑，阵于营外，以弓箭杀伤叛军。④ 重元之子涅鲁古中箭落马，从行大臣、南府宰相萧德驰出，斩涅鲁古首级于乱军中。⑤ 时皇太后亲督卫

---

① 《辽史》卷71《后妃》兴宗仁懿皇后萧氏，中华书局1974年版，第1204页。
② 《辽史》卷96《耶律仁先传》，中华书局1974年版，第1396页。
③ 《辽史》卷96《萧韩家奴传》，中华书局1974年版，第1399页。
④ 《辽史》卷96《耶律仁先传》，中华书局1974年版，第1398页。
⑤ 《辽史》卷96《萧德传》，中华书局1974年版，第1400页。

土至行宫御敌，重元叛军退却。仁先使人至居地最近的五院部（即南大王院）告变，令其率军来援。① 在与叛军的冲突中，道宗皇帝肩臂受箭伤。翌日黎明，重元叛党又纠率奚族猎夫攻击行宫；前任奚王萧韩家奴于阵前以顺逆之道说降奚人，② 南大王院等诸部援军悉至。仁先等背营而阵，乘便奋击，叛军奔溃，追杀二十余里，重元与数骑远遁，③ 不久被擒杀。

此次事变，涉案人员之多、反叛力量之强，都是辽朝绝无仅有之事，且是一次有组织、有预谋的政治事变。事变发生前，扈从军马大部已为重元父子控制，事变爆发之际，道宗皇帝几乎无兵可用，依赖宗天皇太后扈从力量和南大王院的及时援助，才使道宗及其股肱大臣等转危为安。

滦河行宫之变（即"太子山之变"），是一次险恶的政治裂变，牵连贵族大臣等 400 余人，多属辽朝皇族与后族之家的王公大臣，实际是辽朝"分治政治"发展积弊的总爆发，是兴宗朝以来统治者以"守成"姿态下，养痈为患的恶果。

第三节　乙辛之乱与皇后、太子冤案

紧步"滦河行宫之变"的后尘，道宗朝又陷入"耶律乙辛之乱"的怪圈。因为其表现形式过于强烈，导致一系列重大冤案错案，使辽朝受到严重削弱。

清宁九年（1063 年）七月，平息重元之乱后，以耶律仁先为北院枢密使，进封宋王，加尚父；耶律乙辛为南院枢密使，进封魏王。咸雍元年（1065 年）三月，以知兴中府事杨绩知枢密院事；宋王仁先加于越，改封辽王。史称，与耶律乙辛共知北院枢密事，乙辛恃宠不法，仁先抑之，由是见忌。④ 同年十二月，诏以耶律仁先为南京留守，徙封晋王。⑤ 二年（1066 年）二月，诏武定军节度使姚景行问以治道，并拜为南院枢密使；十二月，

① 《辽史》卷 96《耶律仁先传》，中华书局 1974 年版，第 1398 页。
② 《辽史》卷 96《萧韩家奴传》，中华书局 1974 年版，第 1399 页。
③ 《辽史》卷 96《耶律仁先传》，中华书局 1974 年版，第 1398 页。
④ 《辽史》卷 96《耶律仁先传》，中华书局 1974 年版，第 1397 页。
⑤ 《辽史》卷 22《道宗二》咸雍元年十二月条，中华书局 1974 年版，第 265 页。

因姚景行请求致仕，遂以知枢密院事杨绩为南院枢密使，枢密副使刘诜参知政事。五年（1069 年）六月，以南院枢密使萧惟信知北院枢密使事。此时，朝政已经完全为耶律乙辛所操纵。史称：

> 咸雍五年，加守太师。诏四方有军旅，许以便宜从事。势震中外，门下馈赂不绝。凡阿顺者蒙荐擢，忠直者被斥窜。①

七年（1071 年）十二月，以契丹行宫都部署耶律胡觌知北院枢密使事，知北院枢密使事萧惟信为南府宰相兼契丹行宫都部署；汉人行宫都部署李仲禧、北院宣徽使刘霂、枢密副使王观、都承旨杨兴工等各赐国姓。② 八年（1072 年）六月，封北府宰相杨绩为赵王，枢密副使耶律观参知政事兼知南院枢密使事。九年（1073 年）八月，以耶律仲禧为南院枢密使。这种由汉族大臣辅助耶律乙辛执掌朝政的办法，确实收到杜绝朝廷内部"党争"的作用，但是由于乙辛在"执政"的层面上没有对手，而下属臣僚又不具备与之对抗的实力，由此造成了乙辛一人"独大"的政治现象。史称：时枢密使耶律乙辛擅权，谗害忠良，斡特剌恐祸及，深自抑畏。③ 斡特剌避祸之举是一幅"群像"而非个案或特例。

> 耶律乙辛字胡覩衮，五院部人。父迭剌，家贫，服用不给，部人号"穷迭剌"。……（乙辛）美风仪，外和内狡。重熙中，为文班吏，掌太保印，陪从入宫。皇后见乙辛详雅如素宦，令补笔砚吏；帝亦爱之，累迁护卫太保。道宗即位……同知点检司事，常召决疑议，升北院同知，历枢密副使。清宁五年，为南院枢密使，改知北院，封赵王。④

耶律乙辛是在萧革擅权的夹缝中，脱颖而出的政治新锐。他入仕于兴宗朝，并得到了兴宗皇帝及仁懿皇后的信任。仁懿皇后萧挞里，是一位了不起的契丹女性，有"刚重果决"气度与处事敏锐的作风，其父即大丞相、晋国

---

① 《辽史》卷 110《奸臣上》耶律乙辛传，中华书局 1974 年版，第 1484 页。

② 《辽史》卷 22《道宗二》咸雍七年十二月条，中华书局 1974 年版，第 271 页。

③ 《辽史》卷 97《耶律斡特剌传》，中华书局 1974 年版，第 1407 页。

④ 《辽史》卷 110《耶律乙辛传》，中华书局 1974 年版，第 1483—1484 页。

王萧孝穆。史称：

> 道宗即位，尊为皇太后。……九年秋，敦睦宫使耶律良以重元与其子涅鲁古反状密告太后，乃言于帝。帝疑之，太后曰："此社稷大事，宜早为计。"帝始戒严。及战，太后亲督卫士，破逆党。①

仁懿皇后即宗天皇太后，是乙辛的靠山，应属于萧阿剌派系。乙辛在朝廷采取支持和联合耶律仁先，达到控制朝政的目的。先是，国舅萧革与萧阿剌之争，最终因为耶律仁先与耶律乙辛采取的政治联合，导致萧革集团的失势，促成"行宫之变"及乙辛擅政现象。乙辛集团囊括的后族人物有：萧讹都斡，国舅少父房之后。② 萧余里也字讹都椀，国舅阿剌次子。自后余里也揣乙辛意，倾心事之，荐为国舅详稳。③ 还有萧酬斡、萧得里底等。但对乙辛擅权作出激烈反应者，也是后族人物萧忽古。

> 时北院枢密使耶律乙辛以狡佞得幸，肆行凶暴。忽古伏于桥下，伺其过，欲杀之，俄以暴雨坏桥，不果。后又欲杀于猎所，为亲友所沮。大康三年，复欲杀乙辛及萧得里特等，乙辛知而械系之。④
> 萧挞不也字斡里端，国舅郡王高九之孙。性刚直。……乙辛嫉之，令人诬告谋废立事。……遂见杀。⑤

乙辛专擅朝政，显示出辽朝内部后族集团的分裂与重组，不仅契丹贵族卷入其中，汉族官僚地主也被裹挟入漩涡，如张孝杰、李仲禧等。乙辛专权造成严重的政治伤害，由其炮制两起冤案。"诬毁皇后案"发生于大康元年（1075 年）十一月。

> 宫婢单登、教坊朱顶鹤诬后与惟一私，枢密使耶律乙辛以闻。诏

---

① 《辽史》卷 71《后妃传》，中华书局 1974 年版，第 1204 页。
② 《辽史》卷 111《萧讹都斡传》，中华书局 1974 年版，第 1493 页。
③ 《辽史》卷 111《萧余里也传》，中华书局 1974 年版，第 1491 页。
④ 《辽史》卷 99《萧忽古传》，中华书局 1974 年版，第 1422 页。
⑤ 《辽史》卷 99《萧挞不也传》，中华书局 1974 年版，第 1422 页。

乙辛与张孝杰劾状，因而实之。族诛惟一，赐后自尽，归其尸于家。[①]

辽墓壁画《散乐图》，出土于河北张家口

宣懿皇后萧观音被诬陷的政治背景，《辽史》没有明确记载。而乙辛怎会跋扈到如此地步，也是不可索解的悬疑。宣懿皇后擅长音律歌赋，曾与道宗皇帝感情密洽，但道宗皇帝日渐荒于国事，造成夫妻间日渐疏远状况。宣懿皇后写作十首《回心院辞》，本欲抒发能与道宗恢复感情的寄托，谱上曲子用乐工演奏。其辞如下：

扫深殿，闲久金铺暗。游丝络网尘作堆，积岁青苔厚阶面。
扫深殿，待君宴。
拂象床，凭梦借高唐。敲坏半边知妾卧，恰当天处少辉光。
拂象床，待君王。
换香枕，一半无云锦。为是秋来辗转多，更有双双泪痕渗。
换香枕，待君寝。
铺翠被，羞煞鸳鸯对。犹忆当时叫合欢，而今独覆相思魂。
铺翠被，待君睡。
装绣帐，金钩未敢上。解却四角夜光珠，不教照见愁模样。
装绣帐，待君贶。
叠锦茵，重重空自陈。只愿身当白玉体，不愿伊为薄命人。
叠锦茵，待君临。
展瑶席，花笑三韩碧。笑妾新铺玉一床，从来妇欢不终夕。
展瑶席，待君息。

---

① 《辽史》卷71《后妃传》，中华书局1974年版，第1205页。

剔银灯，须知一样明。偏是君来生彩晕，对妾故作青荧荧。

剔银灯，待君行。

爇熏炉，能将孤闷苏。若道妾身多秽贱，自沾御香香彻肤。

爇熏炉，待君娱。

张鸣筝，恰恰语娇莺。一从弹作房中曲，常和窗前风雨声。

张鸣筝，待君听。①

宣懿皇后的愿望没有达到，反成为乙辛等人陷害的证据。耶律乙辛将《回心院辞》，稍加修改，作为诬告皇后与伶官赵惟一偷情的《十香词》。

青丝七尺长，挽出内家妆。不知眠枕上，倍觉绿云香。

红绡一幅强，轻阑白玉光。试开胸探取，尤比颤酥香。

芙蓉失新艳，莲花落故妆。两般总堪比，可似粉腮香。

蝤蛴那足并，长须学凤凰。昨宵欢臂上，应惹领边香。

和羹好滋味，送语出宫商。定知郎口内，含有暖甘香。

非关兼酒气，不是口脂芳。却疑花解语，风送过来香。

既摘上林蕊，还亲御苑桑。归来便携手，纤纤春笋香。

凤靴抛合缝，罗袜卸轻霜。谁将暖白玉，雕出软钩香。

解带色已战，触手心愈忙。那识罗裙内，消魂别有香。

咳唾乾花娘，肌肤百合装。元妃啖沈水，生得满身香。②

《十香词》奏达道宗皇帝后，遂敕令乙辛等人究治，结果皇后赐死并裸尸还其母家。此次冤案，不是简单的宫闱内变，打击的不仅是皇后，也有契丹国舅家族。据出土墓志材料，宣懿皇后萧观音之父即萧孝穆之弟萧孝惠（《辽史》称为萧孝忠），即系钦哀皇太后母族。又是一次源自国舅家族内部后权争斗的政治惨案。原本当时，皇太子耶律濬（宣懿皇后之子）已经参与朝政，行事果决，法度修明，常常使乙辛奸计不能得逞，乙辛遂谋划因事陷害皇后，以警戒太子。而皇后死后，乙辛内心不自安，又欲害太子；遂又爆

---

① 陈述辑校：《全辽文》卷3《回心院》，中华书局1982年版，第63页。

② （辽）王鼎：《焚椒录》，津逮本。

发了第二起冤案"屠害太子案"。

宣懿皇后被害，太子耶律濬很是伤心，欲为母后昭雪。因此，大康三年（1077 年）五月，耶律乙辛使人告发北院枢密使事萧速撒谋立皇太子，辽道宗认为"告发"无状，系为人中伤，遂将萧速撒等人出为上京留守；但事情并未结束。六月，乙辛又使人揭发"尝预速撒谋，籍其姓名以告"，遂令乙辛、耶律仲禧、萧余里也、耶律孝杰、杨遵勖等人鞠治。①

> 杖皇太子，囚之宫中。辛巳，杀宿直官敌里剌等三人。壬午，杀宣徽使挞不也等二人。癸未，杀始平军节度使撒剌等十人，又遣使杀上京留守速撒及已徙护卫撒泼等六人。己酉，杀耶律挞不也及其弟陈留。丙午，废皇太子为庶人，囚之上京。②

> 大康二年，知北院枢密使事。耶律乙辛权宠方盛，附丽者多至通显，速撒未尝造门。乙辛衔之，诬构速撒首谋废立；按之无验，出为上京留守。乙辛复令萧讹都斡以前事诬告，上怒，不复加讯，遣使杀之。③

萧讹都斡，即萧孝穆之弟萧孝诚之第三子；上述被杀的宣徽使挞不也，即萧挞不也，乃萧孝诚次子、讹都斡次兄；耶律挞不也，皇族季父房之后。

> 耶律乙辛谋害太子，挞不也知其奸，欲杀乙辛及萧特里得、萧十三等。乙辛知之，令其党诬构挞不也与废立事，杀之。④

乙辛党羽，还有萧阿剌之子余里也。且乙辛执政始终遭到部分贵族反对，甚至有人竟欲杀之。⑤至大康七年（1081年）十二月，乙辛及其党羽终在反对声讨中受到法办。

接连发生两宗惨案，受害人都是皇室要员，直接牵连国舅部家族的命运

---

① 《辽史》卷110《张孝杰传》，中华书局1974年版，第1487页。
② 《辽史》卷23《道宗纪三》，中华书局1974年版，第279页。
③ 《辽史》卷99《萧速撒传》，中华书局1974年版，第1421页。
④ 《辽史》卷99《耶律挞不也传》，中华书局1974年版，第1421页。
⑤ 据《辽史》卷91《萧术哲传》："咸雍二年（1066年），拜北府宰相，为北院枢密使耶律乙辛所忌，诬术哲与护卫萧忽古等谋害乙辛。诏狱无状，罢相，出镇顺义军"，中华书局1974年版，第1363页。卷99《萧忽古传》，咸雍初，召为护卫。"时北院枢密使耶律乙辛以狡佞得幸，肆行凶暴。忽古伏于桥下，伺其过，欲杀之。俄以暴雨坏桥，不果。后又欲杀于猎所，为亲友所沮。大康三年（1077年），复欲杀乙辛及萧得里特等"。中华书局1974年版，第1422页。卷111《萧余里也传》："咸雍中，会有告余里也与族人术哲谋害耶律乙辛，按无状，出为宁远军节度使。"中华书局1974年版，第1491页。

与王朝兴衰。这些都与权臣耶律乙辛的擅政紧密联系在一起，深入探究两大冤案的成因，无不与国舅家族的内争、朝廷内部派系倾轧密切相连，且与钦哀皇太后制造的"废齐天皇后案"隐然有关，则兴宗朝采取的姑息策略，难辞其咎。

值得注意的是，乙辛擅政期间，还制造了影响颇大的"河东地界之争"，导致北宋政权在此次"地界之争"中，被迫向辽朝割让土地七百里。还曾主持了与西夏的战争，迫使西夏彻底臣服。宣懿皇后冤死后，耶律乙辛向道宗皇帝推荐驸马都尉萧霞抹之妹坦思入宫，并册封为皇后。

> 册皇后萧氏，封其父祗候郎君鳌里剌为赵王，叔西北路招讨使余里也辽西郡王，兄汉人行宫都部署、驸马都尉霞抹柳城郡王。[1]

萧霞抹即萧酬斡。萧坦思入宫，又推荐胞妹斡特懒有"宜子"之相，遂令斡特懒与夫（耶律乙辛之子）离异，入宫，而仍未诞育子嗣；乙辛遂建议将和鲁斡之子淳立为储君。北院宣徽使萧兀纳、夷离毕萧陶隗奏议："舍嫡不立，是以国与人也。"建议将废太子耶律濬之子延禧，立为储嫡。大康六年（1080年），宫人又献奏《挟谷歌》，劝谏以珍惜骨肉之意，遂诏令寄养后家的庶人濬之子延禧接还皇宫，封为梁王，设旗鼓拽剌护卫之。[2] 大康七年（1081年）十二月，耶律仁杰（即张孝杰）以罪削爵为民，耶律乙辛以罪囚于来州。[3] 八年（1082年），降皇后坦思为惠妃，出居乾陵，追谥庶人濬为昭怀太子，晋封延禧为燕国王，以王师儒、耶律固为王傅。大安二年（1086年），惠妃母以巫术厌魅梁王，其子萧酬斡除名流放。[4]

> （萧酬斡）尚越国公主，拜驸马都尉，为祗候郎君班详稳。年十八，封兰陵郡王。时帝欲立皇孙为嗣，恐无以解天下疑，出酬斡为国舅详稳，降皇后为惠妃，迁于乾州。初酬斡母入朝，擅取驿马，至是觉，夺其封号；复与妹鲁姐为巫蛊伏诛。诏酬斡与公主离婚，籍兴圣宫，流乌

---

① 《辽史》卷23《道宗三》，中华书局1974年版，第278页。
② 《辽史》卷24《道宗四》，中华书局1974年版，第285页。
③ 《辽史》卷24《道宗四》，中华书局1974年版，第286页。
④ 《辽史》卷24《道宗四》，中华书局1974年版，第292页。

古敌烈部。①

自道宗即位，萧阿剌家族便牵连于党争中。大安二年（1086年），家族再遭打击。随着燕国王延禧地位提升，燕国王妃萧氏（承天皇太后裔孙）成为国舅部又一房（帐）族的代表。

第四节　道宗朝民族矛盾的爆发

阻卜，又名达怛或鞑靼，是古突厥族系对室韦诸部落的称谓，回鹘汗国覆灭后，这种称谓传播到中原，五代及北宋史料均使用鞑靼一词。阻卜，则是当时契丹人对这些鞑靼部落的称谓。鞑靼人的主体，分布在漠北草原地区。此外，大兴安岭东段有乌古、敌烈部落，其西南有大、小黄室韦、臭泊室韦部落，再向西即黑车子室韦（又名黑车子达怛，七姓室韦，七姓达怛）部落。辽朝将漠北地区达怛诸部称为阻卜，而将大兴安岭附近的达怛诸部，仍称室韦。

辽朝建立后，阻卜诸部与辽朝已经确立通贡关系，但据《辽史》记载，自乾亨四年（982年）至统和十二年（994年），漠北草原的阻卜诸部，曾经发动持续达十余年的"反叛"战争，契丹为此付出了较多的人力物力资源，遂将阻卜诸部区分为阻卜、北阻卜、中阻卜、西阻卜等部落集团，并确立起严密的宗藩关系，即实行属国、属部制度，相继确立性质不同的大王府、节度使衙与羁縻州等管理机构，又按照各部落环境与物产条件制定赋役（即贡献）征收政策，如开泰八年（1019年），诏阻卜依旧岁贡马千七百，驼四百四十，貂鼠皮二万五千。②常赋之外，凡帝后生辰、正旦、重午、冬至、腊节并受贺仪式等，均须献礼纳贡。

辽道宗大安五年（1089年），允许北阻卜磨古斯继承其先人北阻卜部长职位，授予北阻卜部落首领的世袭职位。大安八年（1092年），漠北耶睹刮部反叛，西北路招讨使令磨古斯率部落骑兵助讨，击败耶睹刮部后，辽朝军队

---

① 《辽史》卷100《萧酬斡传》，中华书局1974年版，第1429页。
② 《辽史》卷16《圣宗七》，中华书局1974年版，第186页。

误掠磨古斯部落。于是，磨古斯杀死辽朝派驻的监军，率部反叛，击败辽军，俘获二室韦、挞刺、北王府、特满群牧及宫分军。辽朝诏令西南面招讨使率军应援并兼领西北路招讨司事；次年（1093 年）十月，磨古斯诈降设伏，招讨使挞不也中计，战殁于镇州城南。西阻卜、西北阻卜诸部相继反叛，磨古斯又与乌古札、达里底、拨思母部进攻辽朝倒塌岭统军司。阻卜诸部蜂起响应。大安十年（1094 年）春，辽朝以知北院枢密使事耶律斡特剌为行军都统，率军北征。寿隆元年（1095 年），以都统斡特剌为西北路招讨使，封漆水郡王，加大镇压打击力度，逐渐恢复西北路稳定。辽军以炮兵、弩兵技法，教授北征将士，加强武备。寿隆二年，采取釜底抽薪方法，对阻卜诸部剿抚并用，不断压缩阻卜反叛势力活动范围。寿隆三年（1097 年），中阻卜及粘八葛、梅里急诸部，遣使至军营降附，请求恢复旧地，斡特剌妥善安置降附部落后，集中力量打击惯叛部落，尤其以磨古斯为首领的北阻卜部落，辽朝擢升斡特剌为南府宰相，总治漠北军民事务。寿隆四年（1098 年），斡特剌以俘获阻卜民户，徙置于阴山以南。寿隆五年（1099 年），剿灭耶睹刮部。寿隆六年（1100 年），彻底平定北阻卜部落，俘获磨古斯，献于朝廷，处以磔刑。

10 世纪初，原渤海国居民随着东丹国南迁后，黑水女真进入松花江流域及长白山一带，臣服契丹辽朝政权。辽朝初期，征服鸭绿江女真、合懒甸（今朝鲜咸镜南、北道）女真、蒲卢毛朵女真诸部。辽圣宗时期，又将部分女真部落迁徙至辽阳府以南，编入户籍，称为"系籍女真"或"熟女真"，而另一部分"熟女真"即生活于鸭绿江下游及辽东半岛诸地的"合苏馆女真"。"合苏馆"今辽宁大连北部南关岭，女真语称为"合斯罕关"，讹为"合苏款"或"合苏馆"，汉译"化成关"。辽朝中期建立"合苏馆女真大王府"，委任其首领为"都大王"，其下分设"大王""惕隐"等官职，又有朝廷派出机构——南女真汤河司。在熟女真部落以北，今吉林辉发河流域的"回跋女真"，也属"系籍女真"的一部分，又称"北女真"。回跋，即辉发河。隶属辽朝咸州兵马司管辖。

居住松花江流域、牡丹江流域及黑龙江流域的女真诸部，辽朝称为"生女真"。10 世纪中期，"生女真"诸部编入辽朝属国属部序列，但隶属关系比较松弛，只是依规贡纳马匹、东珠、鹰鹘等土特产品，隶属辽朝宁江州管辖。11 世纪中期，生女真诸部落已经形成蒲察、乌古伦、纥石烈、完颜等十几个联盟组织。其中，完颜部已南迁松花江下游海古水（又名按出虎水，

今黑龙江阿城）流域，至部长石鲁，开始以"条教"（即法度、法令）约束部众，被辽朝委任为惕隐官，势力扩展至今黑龙江绥芬河流域及今俄罗斯境内乌苏里江支流伊曼河流域。至辽兴宗朝，部长乌古乃助辽讨伐，授为生女真部族节度使，赐给旗鼓、印绶。完颜部首领从此使用"都太师"称号，建立官属、纪纲等。辽道宗大安年间（1085—1094年），生女真诸部结成十几个强大的联盟体，称之为"路"，相互展开旷日持久的兼并战争，辽朝采取听任的消极态度。

第五节　辽朝晚期政局及其灭亡

寿隆七年（1101年），道宗皇帝病殁，遗诏皇孙、燕国王延禧嗣位，是为天祚皇帝，改元乾统。耶律延禧幼年失怙，有两位女性对其影响较大：一即道宗皇帝次女、太子濬之妹、齐国公主纠里。公主及驸马都尉萧挞不也，均与太子濬相善，故驸马挞不也作为太子党羽被杀。天祚幼，乙辛用事，公主每以匡救为心，竟诛乙辛。[①]纠里公主对幼年耶律延禧的影响较大。另一

---

① 《辽史》卷65《公主表》，中华书局1974年版，第1009页。

《番部雪围图卷》，五代胡虔款

位是天祚皇帝之妹延寿公主，"与兄天祚俱养于萧怀忠家。后李氏进《挟谷歌》，文帝感悟，召还宫。"①延寿受封楚国公主，徙封许国，下嫁萧韩家奴；乾统元年（1101年），晋封赵国，又加封秦晋国长公主。

天祚帝即位后，下诏究治耶律乙辛的旧账，诏令："为耶律乙辛所诬陷者，复其官爵，籍没者出之，流放者还之。"②但乙辛当政时代，已经远离天祚朝的政治生活，故朝臣奉天祚皇帝诏令进行相关勘问时，大多都采取了比较宽容的处理方法。

> 录乙辛党人，罪重者当籍其家，阿思受贿，多所宽贷。③
> （萧得里底）乾统元年，为北面林牙、同知北院枢密事，受诏与北院枢密使耶律阿思治乙辛余党，阿思纳贿，多出其罪，得里底不能制，亦附会之。④

同时，天祚皇帝下诏究治的冤案，也仅是为太子耶律濬案的受害者平

---

① 《辽史》卷65《公主表》，中华书局1974年版，第1011页。
② 《辽史》卷27《天祚皇帝一》，中华书局1974年版，第317页。
③ 《辽史》卷96《耶律阿思传》，中华书局1974年版，第1404页。
④ 《辽史》卷100《萧得里底传》，中华书局1974年版，第1428页。

辽道宗哀册

反，而对乙辛专权过程中的其他受害者，则不在究治平反之列。乾统元年(1101年)十二月乙巳，"诏先朝已行事，不得陈告"，即明确了道宗朝其余案件不在平反昭雪之列。因此，究治旧账的结果，实际上酿成了又一次国舅族内部的派系斗争，朝廷施政也由此走向任人唯亲之途，并直接发展成辽朝末年最严重的政治问题，即国舅部的实力削弱与皇族内部政治的不稳定性。

> （乾统二年）夏四月辛亥，诏诛乙辛党，徙其子孙于边。发乙辛、得里特之墓，剖棺戮尸，以其家属分赐被杀之家。……闰六月壬申，降惠妃为庶人。①

惠妃及其家族再次受创，导致国舅家族分崩离析，给朝政带来无法弥合的负面影响。同年（1102年）十月，国舅萧海里反叛，率领骨肉军帐逃亡至女真陪术水阿典部中，辽朝与生女真部落陷入旷日持久"索要叛人"纠葛，造成辽朝与生女真部落矛盾。三年（1103年）五月，又发生春、夏捺钵猎人大批逃亡事件，令官府"严立科禁"，杜绝此类事件的再次发生。② 朝廷内部派系倾轧，政治腐败现象已经影响到社会秩序的稳定与发展。辽朝政权已呈现"山雨欲来风满楼"的危急之兆。

天庆三年（1113年），辽朝南京发生李弘以"左道之术"聚众为乱事件；天庆四年，发生"阿疎事件"，生女真部落酋长阿疎不敌阿骨打，逃入辽朝求援，阿骨打遂起兵击败辽朝宁江州守军，再败辽军于出河店，连克宾（吉林农安北）、咸（辽宁开原）二州。因此，东北缘边女真人户及铁骊、兀惹

---

① 《辽史》卷27《天祚皇帝一》，中华书局1974年版，第319页。
② 《辽史》卷27《天祚皇帝一》，中华书局1974年版，第320页。

诸族，皆叛辽依附阿骨打为首的女真部。天庆五年（1115 年），饶州渤海人起义，皇族耶律章奴趁机谋废立，以天祚东征军都监身份起兵反叛，并与饶州渤海及中京侯槩起义军联合，试图废除天祚帝位。天庆六年（1116 年）正月，渤海高永昌袭击辽朝守军，夺取东京辽阳府，自称大渤海国皇帝，与辽朝抗衡。在此危难之际，天祚帝发布诏令，放弃派系争斗立场，释放庶人萧氏并加封为太皇太妃，恢复萧酬斡国舅身份，任命酬斡为南女真详稳、征东军副统军，征剿川州侯槩、渤海及东京高永昌叛乱。同年十一月，驻扎十三山（辽宁医巫闾山附近）的"怨军"，在管押武勇军、太常少卿武朝彦率领下哗变，试图劫杀怨军统帅耶律淳。

天庆七年（1117 年），辽易州涞水人、武勇卒董才又于易州率众起义，与西京留守兵马激战易水后，率众西走飞狐（今河北涞源）、灵丘（今山西灵丘），转战于云（今山西大同）、应（今山西应县）、武（今山西神武）、朔（今山西朔州）诸州。又率军北击奉圣州（今河北涿鹿），辽朝军队忙于应付，而不能制其势。北宋岢岚军遣人招抚，董才率领部众投降北宋，赐姓名为赵诩，并面见宋徽宗详细陈说辽朝衰弱可取之状，煽动宋朝君臣出兵北伐。此时，辽宋关系及双方实力对比，皆发生较大变化，尤其是王安石倡导的财经制度改革，一定程度改变了"国力贫弱"的现状。宋徽宗朝已经取得对西夏的优势，开始将注意力转移到辽朝方面，试图通过海路与女真阿骨打建立联系，确立夹攻辽朝的军事联盟，即闻名后世的"海上之盟"。辽朝已经处于内忧外患并至的危亡之际。

辽朝在女真军的进攻和各族人民起义力量的联合打击下，陷入混乱，统治阶层疲于应付，蕃汉贵族分崩离析。东部重镇宁江州、黄龙府，甚至东京辽阳府等相继陷落女真。因此，天祚帝于天庆八、九两年，一方面平息各地反叛力量，另一方面派出议和使臣与女真阿骨打议和。完颜阿骨打提出：辽帝称女真皇帝为兄，岁贡方物，割让上京中京兴中府三路州县，以亲王公主驸马大臣子孙为人质，将辽朝与宋、夏、高丽往来诏表文书牒送女真等议和条件。经过双方使者往还磋商，女真答应免除质子和割让土地、裁减岁币数目之半，但仍要求辽朝以汉礼册封女真皇帝。天庆九年（1119 年）春，辽朝遣使册封阿骨打为东怀国皇帝，时北宋使臣已与女真签订夹攻辽朝的"海上之盟"，阿骨打借口推翻与辽议和条件。

天庆十年（1120 年）四月，阿骨打率军亲征，五月攻克上京临潢府及

金太祖完颜阿骨打像

庆州城（赤峰巴林右旗索博日嘎苏木）。次年（1121 年），辽朝宗室大臣耶律余覩投降女真，引导女真军队攻克中京城（赤峰宁城大名镇）。天祚皇帝为避女真军追击，遂率宫嫔及随行军马进入夹山（呼和浩特北蜈蚣坝）。于是，留守燕京的蕃汉官僚耶律大石、奚族回离保（汉名萧幹）、汉人李处温等，遂于 1122 年 3 月，拥立都元帅、秦晋国王耶律淳为帝，改元建福，尊号天锡皇帝，降封天祚帝为湘阴王，史称北辽。同月，女真军自北路绕过燕京，夺取西京大同府。4 月，北宋以童贯为陕西河东路宣抚使，领军巡边；北辽遣使入宋，求为藩辅，北宋不应；5 月，宋军进攻燕京，被北辽击败于白沟；9 月，常胜军将领、涿州守将郭药师降宋；10 月，北辽枢密使萧幹再败宋军于白沟；12 月，金军攻克燕京析津府。1125 年，天祚帝被金军俘虏，辽朝灭亡。

第六章　辽朝的社会经济发展

第一节　辽朝的土地所有制和赋役制度

辽朝适应境内诸多民族自然形成的经济生产生活方式差异化，造成境内不同的经济结构与土地占有及使用方式。一般而言，南京与西京地区的土地制度，沿袭唐代旧制，由原有农业区形成的私人占有方式为主；东京地区既有渤海封建因素，又有大批女真人口迁入，还受到来自契丹封建贵族势力的影响，部落共有形态与私人占有制同时并行；中京原本是奚王府统治区，与上京地区同样属于牧区或半农半牧区，农业生产在游牧环境中有所发展，中京还有大量头下州的存在。陈述先生称为"插花田"。契丹部落存在的分地制度，明确区分诸部相对固定的游牧范围，土地使用权仍未脱离部落公有制的窠臼，但私有制也以各种形式客观存在。总之，最高统治者对土地拥有最大的支配权，公有土地转化为国有形式，再以分封方式转化为领主私有。因此，辽初的土地所有方式呈现着错综复杂的变化关系。仅国有土地一项，便包含着以下诸种形式：一是以官户耕种或放牧的"公田"；二是由军、民耕种的"屯田"；三是国有牧场（群牧）、矿山、盐场所占用的土地以及专供皇族田猎的围场、捺钵地及鹰坊、鸟兽监等苑囿之地；四是部落占有土地，属于部落公共财产；五是未经开垦抛荒的"在官闲田"以及山林、河湖泊等其他官地。

辽代官户中有贱民和平民两种。贱民身份的官户，主要是丧失自由的俘虏或罪徒。平民身份的官户，法律上拥有独立身份，使用国有土地缴纳赋税，属于租佃范畴。因此，官户平民又分两类：一是以租种官田为生的官佃户；二是占田置业、定期缴纳赋税的农民。民屯的屯户，也是平民，但在边疆屯田的特殊环境下，受到相对严格的约束。

群牧是为朝廷提供马、牛、羊、驼等畜产的生产管理机构，牧场、畜产均属国有，如辽朝的迪河斡里朵、斡里本、蒲速斡、燕思、兀者诸群牧等，官吏由朝廷委任，从业者为各部族富户或品官子弟、丁口或奴婢。此外，边防驻军在边境地区修筑城镇，屯驻军队，一面从事生产，一面守境戍边，称为军屯，其屯田或牧场也属国有，生产的谷物畜产等满足边备军需。鹰坊户等大抵如此。

诸部族游牧地属于部落公有制，阿保机在原有基础上将契丹整顿为二十部，确定诸部的游牧范围，实行贵族分封制度。将大兴安岭西端的南北地区以及中京道北界，划归为内四部族驻地；其余诸部则被安置在内四部族周围的广阔区域。这些牧地的使用，实际是部落占有形式下的国有土地，部落成员以地位、等级分配土地；由俘虏或移民垦殖的荒地闲田，也是如此。自圣宗朝允许民众开垦荒地，虽有减税奖励，但耕种者仍属国家佃户。

辽代木板画牧牛图，出土于内蒙古赤峰林西哈什吐辽墓

辽朝晚期，开始出现一种新现象，即允许农户将耕种土地立籍，缴纳赋税，即可将已经开垦的荒田转化为私有产业。

辽代十二宫一府，皆有提辖司管理隶宫州县生产，这些生产者即《辽史》记录的诸斡鲁朵蕃汉转户，大多从事农业，兼营工商业。隶宫州县等于斡鲁朵主人的庄园。官僚贵族名下的头下州、城、堡、砦，也是其自己的庄园，其州城名额大多来源于朝廷的赐予。辽朝寺庙道观等，也占有较多的土地，如蓟州盘山感化寺，"野有良田百余顷，园有甘栗万余株，清泉茂林，半在疆域"。[①] 寺院广占田土，以供应僧众衣食。

在南京、西京和东京地区，世俗地主占有着大量土地，自耕农数量较少，大部分农民以佃种为生。这种情况在宋朝使臣留下的"使辽诗"中，可以窥见其一斑。如苏颂《牛山馆道中》题下自注："耕种甚广，牛羊遍谷，问之皆汉人佃奚土，甚苦输役之重"。诗曰：

---

① 向南：《辽代石刻文编》天祚编，河北教育出版社 1995 年版，第 563—565 页。

农人耕凿遍奚疆，部落连山复枕冈。

种粟一收饶地力，开门东向杂边方。

田畴高下如棋布，牛马纵横似谷量。

赋役百端闲日少，可怜生事甚茫茫。①

随着契丹封建化程度的加深，部落组织依然保留着领主占有方式的组织管理机构，皇帝与诸王、公主、贵族、官僚都是大小领主。而实现蕃汉融合的汉、渤海诸族上层，也占有数目不等的土地，是直接从事土地出租的封建地主。张正明先生认为：

> 辽朝原本存在着多种形式的封建土地占有关系，只是在不同地区因历史条件差异而形成不同的组合方式，其间的力量对比又经历着一个与时俱迁的消长过程。一般地说，愈偏北则比较原始的土地占有形式愈流行，这种差别与生产发展水平南高北低的情况大致相符。在南京、西京两道，土地关系的基本特点与入辽之前相比没有发生什么重大变化，而且仍以私有土地占优势。其中，地主的庄园逐渐膨胀，个体农民的小块土地则相应地逐渐萎缩。②

至圣宗朝，封建专制皇权对领主制的限制不断加强，领主对属下的控制逐渐减弱，人身依附关系逐渐松弛，领主制向封建地主制转化。朝廷开始注重对于自耕农阶层的保护。统和七年（989 年）六月辛酉，诏燕乐、密云二县荒地许民耕种，免赋役十年③。

辽朝初期大量存在的头下军州及其私人武装力量，到辽朝后期多已清除或收归国有，原属寺庙的佃户，也被规定为二税户（即分别向国家和寺庙纳税）。辽朝没有"重农抑商"观念的影响，商人、手工业者拥有独立的身份，还成为代表朝廷办理异域交涉的使臣。辽太宗设置商业经营机构回图务与周边各地，不仅堂而皇之的开设在后晋京城，也同样开设在高昌回鹘的政治中

---

① （宋）苏颂：《苏魏公集》卷 13，影印文渊阁《四库全书》本。
② 张正明：《契丹简史》，中华书局 2019 年版，第 99 页。
③ 《辽史》卷 12《圣宗三》统和七年六月辛酉条，中华书局 1974 年版，第 135 页。

心。辽朝鼓励商业发展，如统和四年（986年）十一月壬申，诏令"以古北、松亭、榆关征税不法，致阻商旅，遣使鞫之。"惩治不法关吏，以保障商旅畅通。[①] 征商之法，始自辽初，但未能普及于全境。关税、市税（即过税和住税等）及茶、酒、盐、铁、木诸物之税，是税收的大宗。一般而言，辽朝初期的南京、西京两路商税征收较重，东京渤海等地则是"未有榷酤盐曲之法，关市之征亦其宽弛"。至辽朝中期，这种情况发生改变，盐铁酒实行朝廷专卖；上京置盐铁司、都商税院，中京置度支使司，东京置户部

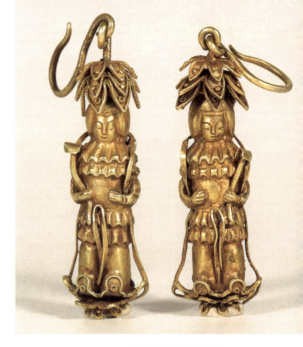

辽代银鎏金人物耳坠

使司、转运使和麴院，南京置都麴院、商税都点检、酒坊使，西京置都商税点检，其他诸地还有商、麴、盐、铁都监、院使或司、务等专门管理机构。

游牧人口以部落为单元，分别编组于基层组织的石烈（相当县）、弥里（相当乡）之内，承担部落与朝廷赋役，早期还承担着部落官吏的薪资，客观上等于是部落贵族的属民。编入州县的农民，无论有无土地，都要承担朝廷赋役。而宫分人，情况比较复杂，既有自由民，也有部曲和奴隶，客观上是领主制的私属与部曲，但其中少部分人也可成为封建官僚，但对本主仍持部曲或奴隶身份。辽初存在较多奴隶，著帐户就是由籍没罪人家属沦为奴婢，这是皇室或部落瓦里直接占有的地位低下的贱民。

辽朝诸族人口都要向朝廷承担赋役和军役。部落民户，以岁输羊马为常赋，赋税额度以拥有畜产的多寡来确定其纳税的等第。《辽史》常见有"括马"的举措，就是计算部落民户畜产的普查方法；常赋之外，节度使还有进奉朝廷的年例，遇有特殊情况或节庆、婚丧等情况，各级贵族官员及宗室都要例有贡献。贡赋之外，即是力役，承担各项官府工程与杂役。兵役，例由部民自备器具鞍马从征或戍边。诸部戍军由节度使管押，其余由司徒管领。西北

① 《辽史》卷11《圣宗二》统和四年十一月壬申条，中华书局1974年版，第125页。

可敦城（即镇州）、东北鸭绿江和黄龙府，均驻兵屯守，致使屯戍户负担日重，疲敝不堪，成为后期影响边地稳定的重要因素。至辽朝中期，原本由部民承担的官员俸禄，已被正式取消，改由官帑发放。

幽云地区沿用唐朝五代赋税制度，按两税法征收。私田计亩纳税，区分士庶等差，依等第承担。头下户向领主缴纳贡赋，朝廷收取田租之半，市井之赋全归领主。辽朝沿袭五代杂税名目，如地钱、户丁税、义仓税、匹帛钱、盐铁钱、农器钱、麴钱等。赋税以钱计征，缴纳则以实物折纳。折纳之物，各依土宜，如南京道产绢，以钱折绢；西京道产粟，以钱折粟；其余或以丝绢或用铁折纳。纳税依据是户口与田亩，辽朝频繁检括户口和田亩，目的是解决隐户或逃户问题，与豪强争夺人口。徭役有驿递、马牛、旗鼓、厅隶、仓司及匠役等，尤其交通要道或上供路线沿途的民户负担甚重，如"岁运泽州官炭，独役松山"。其后，改行募役法，"使民出钱，官自募役，时以为便"[1]。徭役也是依户等分摊。

属国属部赋役以实物，如阻卜除纳马驼外，岁贡貂皮一万张、青鼠皮二万五千张；五国、兀惹等部族贡马、珍珠、胶鱼皮、貂皮、海东青鹘；女真诸部贡弓矢、人参、生金、蜜蜡、珍珠、布帛、海东青、唤鹿人、养鹰人等。总之，因地制宜，各有区分，皆以土产入贡。统和六年，"乌隈于厥部以岁贡貂皮、青鼠皮非土产，皆于他处贸易以献，乞改贡。诏自今止进牛马"。[2]又如高昌回鹘，进献玉、珠、乳香、斜合里皮、褐里丝等。亦有互市，其国主亲与北主评价。[3]西夏进贡马、驼、锦绮、皮毛、药材等物品，高丽进献布匹、铜器、人参、纸墨、藤器、酒醋和龙须草席等物品。此外，遇有战事，各部均须服从辽朝调度。

第二节　辽朝的牧业

辽朝诸部族，主要从事牧业生产，主要分布在阴山以北至胪朐河（今克

---

① 《辽史》卷 105《马人望传》，中华书局 1974 年版，第 1462—1463 页。
② 《辽史》卷 12《圣宗三》统和六年闰五月甲寅条，中华书局 1974 年版，第 130 页。
③ （宋）王明清：《挥麈前录》卷 4，影印文渊阁《四库全书》本。

鲁伦河）、土河、潢水至挞鲁河（今洮儿河）、额尔古纳河流域。

> 契丹旧俗，其富以马，其强以兵。纵马于野，弛兵于民。有事而战，旷骑介夫，卯命辰集。马逐水草，人仰湩酪，挽强射生，以给日用，糗粮刍荛，道在是矣。[①]

牧业是部民的生活来源，松漠地区良好的游牧业生产环境，是保障契丹辽初武力称雄的物质基础。

契丹部落，盛产"名马文皮"，羊马是主要财产和生活资料，各种貂鼠文皮也是契丹人与农业区交换的商品和赠送的礼品。辽太祖与晋王李克用结盟于云州城下，则以"马千匹，牛羊万计"相赠，后来与五代十国政权和北宋的交往中，辽朝仍然以羊、马、文皮作为礼物或商品，换取中原各种物品。述律皇太后曾以"我有西楼羊马之富，其乐不可胜穷也"而自豪。宋人苏颂出使辽朝，沿途所见，羊马遍布山谷，"蕃汉人户亦以牧养多少为高下"。其中所谓的"高下"，即指门户的等第。朝廷向诸部及分布西北、东北地区诸属国属部征收赋税和贡品，也以羊马文皮为主。辽朝初期，官吏俸禄以部民缴纳羊、马之物充抵。牧业是辽朝政权重要的经济来源。

契丹等诸族游牧民牧养的牲畜，主要为羊、马、牛、驼、豕等，属于杂畜牧养经营生产方式。每年春夏季节，是畜产统计与畜群牧放的最好季节，天气入秋之后，便驱赶牧群向朝阳避风之处"就暖坐冬"；春季是契丹人牧业生产的丰收季，也是财政结算年。宋朝使臣苏颂曾亲见：契丹马群动以千数，牧者仅二三人，不复羁绊，纵其逐水草，有役则驱策而用，终日驰骤而力不困乏。并总结成相应生产经验云：一分喂，十分骑。其马之形皆不中相法，蹄毛俱不剪剔，以为遂性则滋生益繁。羊也以千百为群，无复栏栅，纵其自就水草，而生息极繁。其诗云：

> 边城养马逐莱蒿，栈皁都无出入劳。用力已过东野稷，相形不待九方皋。人知良御乡评贵，家有才驹事力豪。略问滋养有何术，风寒霜雪任蹄毛。

---

① 《辽史》卷59《食货志上》，中华书局1974年版，第923页。

潢水流域

　　牧羊山下动成群，啮草眠沙浅水滨。自免触藩羸角困，应托挟策读书人。毡裘冬猎千皮富，湩酪朝中百品珍。生计不赢衣食足，土风犹如茹毛纯。①

　　契丹部落组织，兵民合一，"有事则以攻战为务，闲暇则以畋渔为生"。②诸部族游牧，都有草场范围的区分，随阳转徙，都在规定范围之内。畜群为部民私有，草场则属部落公共财产。部民向朝廷缴纳赋税，以羊马等实物为主。宋人苏颂使辽所见，契丹部落日常生活方式为：

　　　　马牛到处即为家，一卓穹庐数乘车。
　　　　千里山川无土著，四时畋猎是生涯。

----

① （宋）苏颂：《苏魏公集》卷13《后使辽诗》契丹马、北人牧羊诗及题下自序，影印文渊阁《四库全书》本。
② 《辽史》卷31《营卫志上》，中华书局1974年版，第361页。

酪浆膻肉夸希品，貂锦羊裘擅物华。

种类益繁人自足，天教安逸在幽遐。①

辽朝群牧组织，出现时间较早，史称：辽太祖任迭剌部夷离堇，明赏罚，缮甲兵，休息民庶，滋蕃群牧，务在戢兵。②

辽太宗朝，设官置牧，大力发展群牧蓄养业，成为军国马匹之源。辽朝群牧分布，除设置大漠草原地区外，在南京道附近的雄（今河北雄县）、霸（今河北霸县）、清（今河北青县）、沧（今河北沧县东南）诸州闲地，也有群牧组织，养马不下数万匹，以供应南部边地防务之需。辽朝中期，群牧畜产充足，经常用来赈济贫乏部民，其中的羸老羊只和皮毛等则用于榷场贸易。群牧组织隶属契丹北枢密院，置群牧林牙掌管具体部籍，又设置马群太保、牛群太保等职事负责群牧生产事务、通晓畜群繁息情况，并以畜产数量增减作为考校官吏政绩优劣的依据。不同的群牧组织，都有各自不同的畜产烙印，如马印，目的是便于区别和辨认。群牧资源多源于虏获、属部贡纳及畜群的自主繁衍。

始太祖为迭烈府夷离堇也，惩遥辇氏单弱，于是抚诸部，明赏罚，不妄征讨。因民之利而利之，群牧蕃息，上下给足。及即位，伐河东，下代北郡县，获牛、羊、驼、马十余万。枢密使耶律斜轸讨女直，复获马二十余万。分牧水草便地，数岁所增不胜算。当时，括富人马，不加多，赐大小鹘军万余匹，不加少，盖畜牧有法然也。③

契丹群牧组织，是其经济发展的一大特色，辽朝始终保持较好发展势态。

东丹国岁贡千匹，女直万匹，直不古等国万匹，阻卜及吾独椀、惕德各二万匹，西夏室韦各三百匹，越里笃、剖阿里、奥里米、蒲奴里、

---

① （宋）苏颂：《苏魏公集》卷13《后使辽诗》契丹帐诗及题下自序，影印文渊阁《四库全书》本。

② 《辽史》卷34《兵卫志上》，中华书局1974年版，第396页。

③ 《辽史》卷60《食货志下》，中华书局1974年版，第931页。

铁骊等诸部三百匹……以故群牧滋繁，数至百有余万，诸司牧官以次进阶。自太祖至兴宗垂二百年，群牧之盛如一日。①

辽朝群牧组织，主要为西路群牧使司、漠南马群司、漠北滑水马群司、倒塌岭西路群牧使司、浑河北马群司、牛群司等。辽朝晚期，群牧组织管理日渐混乱，官吏及贵族或私自改换马匹印记，将官马私相赠遗，或贪墨官产为私有；上下相欺，日甚一日。朝廷遂重新检括，再定簿籍。

松漠地域的特殊性，决定契丹游牧业以杂畜经营为主，宋人王曾出使辽朝，途经奚境，目睹"青羊黄豕"遍布山谷。属国属部，依其社会发展程度和居住环境，或从事游牧，或从事渔猎，如北阻卜诸部以游牧生产为主，斡娘改部以狩猎为生活手段，女真诸部呈现原始农业与渔猎并重现象。辽朝四时捺钵活动，既是契丹人生活方式的体现，也是其渔猎采集生产的典型例证。《辽史》记载：

> 长城以南，多雨多暑，其人耕稼以食，桑麻以衣，宫室以居，城郭以治。大漠之间，多寒多风，畜牧畋渔以食，皮毛以衣，转徙随时，车马为家。此天时地利所以限南北也。辽国尽有大漠，浸包长城之境，因宜为治。秋冬违寒，春夏避暑，随水草就畋渔，岁以为常。②

辽朝帝后及贵族大臣共同尊奉的"捺钵"习俗，正是契丹民族社会生活在政治层面的反映，是契丹人多种经济形式共存的生动写照。北宋翰林学士晁迥出使辽朝，曾在长泊目睹辽朝君臣捕猎活动。

> 泊多鹅鸭，辽主射猎，领帐下骑击扁鼓绕泊，惊鹅鸭飞起，乃纵海东青击之，或亲射焉。辽人皆佩金玉锥，号杀鹅杀鸭锥。……又好以铜或石为锤以击兔。③

---

① 《辽史》卷60《食货志下》，中华书局1974年版，第932页。
② 《辽史》卷32《营卫志中》行营，中华书局1974年版，第373页。
③ 李焘：《续资治通鉴长编》卷81，北宋大中祥符六年九月乙卯条，中华书局1992年版，第1848页。

苏颂也在使辽途中记录了辽朝围猎的景象：

> 莽莽寒郊昼起尘，翩翩戎骑小围分。引弓上下人鸣镝，罗草纵横兽
> 轶群。画马今无胡待诏，射雕犹惧李将军。山川自是从禽地，一眼平芜
> 接暮云。①

宋人程大昌则记录了辽朝帝后及从行大臣等冬季"凿冰钩鱼"的生动
场景：

> 北主与其母皆设次冰上，先使人于河上下十里间，以毛网截鱼，令
> 不得散逸，又从而驱之集冰帐。其床前预开冰窍四，名为冰眼。中间透
> 水，旁三眼环之不透，第斲减令薄而已。薄者所以候鱼，而透者将以施
> 钩也。鱼虽水中之物，若久闭于冰，遇可出水之处，亦必伸首吐气，故
> 透水一眼，必可以致鱼。而薄不透水者，将以伺视也。鱼之将至，伺者
> 以告北主，即遂于斲透眼中，用绳钩掷之，无不中者。即中遂纵绳令
> 去，鱼倦即曳绳出之，谓之得头鱼。头鱼既得，遂相与出冰帐，于别帐
> 作乐上寿。②

契丹人不仅用鹰鹘捕猎鹅、雁等，还驯育猎犬、猎豹作为捕猎的助手，
宋人宋绶使辽时，曾见到："尝出三豹，甚驯，马上附胡人而坐，猎则以
捕兽"。③由于经常从事捕猎活动，契丹人对獐鹿等野生动物群的习性，了
如指掌，《辽史》常见有鹿人、豕人的记载，就是一些掌握了相应猎捕技巧
的专业人员。《辽史》记载"射舔碱鹿"活动，是对鹿群实施的捕猎。④而
北方寒区的狩猎部落，则因地制宜的以滑雪板为代步，驰骋高山丛林，即

① 《苏魏公集》卷13《后使辽诗》观北人围猎，影印文渊阁《四库全书》本。
② （宋）程大昌：《演繁录》，影印文渊阁《四库全书》本。
③ 参见贾敬颜：《五代宋金元人边疆行记十三种疏证稿》，宋绶：《契丹风俗》疏证稿，中
华书局2004年版，第117页。
④ 《辽史》卷32《营卫志中》秋捺钵，中华书局1974年版，第375页。

辽代《丹枫呦鹿图》，现藏台北故宫博物院

"地多积雪，惧陷坑井，骑木而行"。[①]

契丹以牧业立国，兼有幽云十六州及渤海等较发达的农业生产区域，采取"因俗而治"方针，形成以"南、北面官"为特点的政治体制，塑造了南、北方两种政治体制兼容并存的发展特色。譬如辽墓壁画中，就有很多反映了辽朝畜牧业生产场景的内容。

第三节　辽朝的农业

契丹人的农业生产，在唐代中晚期已形成粗放的经营管理方式。史称：

> 皇祖匀德实为大迭烈府夷离堇，喜稼穑善畜牧，相地利以教民耕。仲父述澜为于越，饬国人树桑麻习组织。太祖平诸弟之乱，弭兵轻赋，专意于农。尝以户口滋繁，糺辖疏远，分北大浓兀为二部，程以树艺，诸部效之。[②]

辽太祖以俘掠汉族人口，在炭山附近滦河（今河北沽源北部大马群山北侧闪电河流域），置汉城，植五谷，兼收盐泊之利；又以之"治城郭邑屋廛市如幽州制度"，为经济生产输入大批农业人口，为封建制度发展创造了条件。

契丹腹地输入大批渤海人，不仅使"地沃宜种植，水草便畜牧"的上京地区农业生产得到迅速发展，也将渤海国人口积累的铜、铁冶炼技艺等植入契丹腹地。会同元年（938年），幽云十六州地区的并入，使农业生产在经济门类中的占比大幅度上升，直接影响到经济生产结构。会同三年（940年），辽太宗以乌古之地（今海拉尔河及克鲁伦河流域）水草丰美，"诏以于谐里河、胪朐河之近地，给赐南院欧堇突吕、乙斯勃，北院温纳何剌三石烈人为农田"。[③] 于谐里河今之海拉尔河，胪朐河今之克鲁伦河。此时，室韦也已具备粗放的农业生产。

---

① （宋）叶隆礼撰，贾敬颜、林荣贵点校：《契丹国志》卷 26《诸蕃记》，上海古籍出版社 1985 年版，第 245 页。

② 《辽史》卷 59《食货志上》，中华书局 1974 年版，第 923—924 页。

③ 《辽史》卷 4《太宗下》会同三年八月丙辰条，中华书局 1974 年版，第 48 页。

统和年间（983—1011 年），派遣齐王妃、萧挞凛统帅乌古部及永兴宫分军镇守西北，相继修建镇州、维州、防州等边防军镇，迁徙渤海、女真、汉人及因罪流配之家 700 余户，分置三州；耶律唐古又于镇州及胪朐河流域劝导诸军屯田耕垦，以解决西北戍军及百姓粮饷供给，连续十五年获得丰收，储粮数十万斛。呈现出南自潢水，北至海勒水、胪朐河流域，田畴布野的发展态势。

中京地区是辽朝奚族人口的聚居区，奚族人与契丹人一样，从事着农牧兼营的经济生产方式。宋绶使辽所见，"自古北口至中京北，皆奚境"，且奚族人"善耕种步射，入山中采猎，其行如飞"。[①] 宋人王曾使辽所见奚族人：

> 居人草庵板屋，亦务耕种，但无桑柘。所种皆从垄上，盖虞吹沙所壅。山中长松郁然，深谷中多烧炭为业。时见畜牧，牛马橐驼，尤多青羊黄豕。亦有挈车帐逐水草，射猎。食止糜粥炒糒。[②]

宋人的使辽诗，记录了奚族聚居区的土地耕作与租赁情况。如苏颂《牛山道中》题下自注曰："耕种甚广，牛羊遍谷。问之皆汉人佃奚土，甚苦输役之重。"诗云：

> 农人耕凿遍奚疆，部落连山复枕冈。
> 种粟一收饶地力，开门东向杂夷方。
> 田畴高下如棋布，牛马纵横似谷量。
> 赋役百端闲日少，可怜生事甚茫茫。[③]

又如苏辙《栾城集》所录《出山》诗，即其奉使辽朝所见闻：

---

① 贾敬颜：《五代宋金元人边疆行记十三种疏证稿》，宋绶：《契丹风俗》疏证稿，中华书局 2004 年版，第 112—113 页。

② 贾敬颜：《五代宋金元人边疆行记十三种疏证稿》，王曾：《上契丹事》疏证稿，中华书局 2004 年版，第 103 页。

③ （宋）苏颂：《苏魏公集》卷 13《后使辽诗》牛山道中诗及题下自序，影印文渊阁《四库全书》本。

燕疆不过古北关，连山渐少多平川。

奚人自作草屋住，契丹骈车依水泉。

橐驼羊马散川谷，草枯水尽时一迁。

汉人何年被流徙，衣服渐变存语言。

力耕分获世为客，赋役稀少聊偷安。

汉奚单弱契丹横，目视汉使心凄然。

石瑭窃位不传子，遗患燕蓟逾百年。

仰头呼天问何罪？自恨远祖从禄山。①

    这些诗句反映出中京道境内，农牧业生产并存的具体状况。辽境内有大量汉族人口，幽州辖属人口流入奚族聚居区，为生存而承租奚人土地，成为佃农；部分奚人贵族也转变成为向汉族人口租赁田地的地主。奚族地区增加的大批的汉族人口，成为中京道农业生产的主要承担者。

    东京辽阳府，土地肥沃，有木铁盐渔之利。天显三年（928 年），诏令东丹国迁移至南京，大批渤海人口进入今辽阳市附近。辽圣宗时期，又将大批熟女真人户迁移至辽阳府境内，为东京道农业生产发展提供了条件。当时，东京道东部、北部的生女真诸部，也具备粗放的农业生产技术，种植作物有麻、谷、稗等，蔬菜有葱、韭、蒜、菘及瓜、果等，其果树栽培技术比较成熟，如宁江州（今吉林扶余西北）已拥有葡萄越冬的知识和生产经验。

    地苦寒，多草木，如桃李之类皆成园，至八月倒置地中，封土数尺覆其枝干，季春出之，厚培其根，否则冻死。②

    南京道和西京道南部，都有发达的农业和丰富的物产，是辽朝重要的农业区。

    锦绣组绮，精绝天下。膏腴蔬蓏、果实、稻粱之类，靡不毕出，而桑柘麻麦羊豕雉兔，不问可知，水甘土厚，人多技艺。秀者学读书，次

---

① （宋）苏辙：《栾城集》，影印文渊阁《四库全书》本。
② （宋）洪皓：《松漠纪闻》，影印文渊阁《四库全书》本。

则习骑射，耐苦劳。①

幽云地区兵强将勇，战事频仍。辽朝初期，将大批俘获人口迁往幽州、营州境内，如将定州（今河北定县）行唐县人户，侨置檀州（今北京密云）境内，凡十寨，仍名行唐县。② 滦州（今河北滦县）、营州（今河北昌黎）及平州（今河北卢龙）安喜、望都等县地，都以中原俘户充实设置，并保留其原籍名称和社会生产方式，既弥补了人口稀少状况，又将大批纯熟的各行业生产者移入，对于恢复幽云地区的经济发展具有积极作用。

辽朝统治者比较重视农业生产的发展，积极为农业生产提供支持和保障。辽太宗曾欲至东京辽阳府游畋巡幸，臣下以农事方举，应减少辎重、与民休息劝谏，欣然采纳。会同三年（940 年）巡幸南京，下诏不许扈从扰民，"诏有司教民播种纺绩"。③ 会同六年（943 年），辽太宗大举伐晋：

> 征山后诸州兵，因下令曰："兵行有伤禾稼损租赋者，以军法论"。又敕有司每村定有人力户充村长，与村人议，有力人户出剩田苗，补贫下不逮顷亩，自愿者据状征收。④

辽景宗乾亨四年（982 年），因幽云地区战乱频仍，遂诏令：

> 诸州有逃户庄田，许蕃汉人承佃，供给租税。五周年内归业者，三分交还二分；十周年内还一半，十五周年内三分还一分。诈认者罪之。⑤

辽圣宗统和年间，屡次诏令鼓励民众开垦荒闲土地，整顿和减轻赋税，赈济灾贫，安置流民，保护商旅。各级官吏也以劝课农桑为要务，如南院大

① （宋）叶隆礼撰，贾敬颜、林荣贵点校：《契丹国志》卷 22《四京本末》南京，上海古籍出版社 1985 年版，第 217 页。
② 《辽史》卷 40《地理志四》南京道，檀州行唐县条，中华书局 1974 年版，第 497 页。
③ 《辽史》卷 4《太宗下》会同三年十月丁丑条，中华书局 1974 年版，第 49 页。
④ （清）厉鹗：《辽史拾遗》卷 3 引《宣府镇志》，载《丛书集成初编》，商务印书馆 1935 年版，第 49 页。
⑤ （清）厉鹗：《辽史拾遗》卷 6 引《宣府镇志》，载《丛书集成初编》，商务印书馆 1935 年版，第 113 页。

王耶律挞烈，均赋役，劝耕稼，部人化之，户口丰殖。① 耶律休哥、耶律学古等人总理幽云地区军务之际，因为"南境未静，民思休息"，"禁寇掠以安之"。②

> （统和四年）韩德让奏宋兵所掠州郡，其逃民禾稼，宜募人收获，以其半给收者，从之。……己未，用室昉、韩德让言，复山西今年租赋。③
>
> （统和七年六月）辛酉，诏燕乐、密云二县荒地许民耕种，免赋役十年。④
>
> （统和九年正月）辛卯，诏免三京诸道租赋，仍罢括田。⑤
>
> （统和十五年三月）戊辰，募民耕滦州荒地，免其租赋十年。……壬午，通括宫分人户，免南京逋税及义仓粟。⑥

辽朝版图辽阔，东至于海（今日本海），西至金山（今新疆阿尔泰山），南至白沟（今河北白沟河），北及胪朐河（今克鲁伦河）以北及杭爱山下。幅员万里之饶，至辽全盛期，已建置有：总京五，府六，州、军、城百五十有六，县二百有九，部族五十有二，属国六十。⑦

境内各种物产毕集，农田开垦从长城地带北及胪朐河流域及杭爱山下，农作物品类齐全，有粟、麦、稻、黍、粱、穄和东墙，其中谷类又分为黑谷、白谷及早熟谷物等；黍中又分化出黏性较大的粱，出现大面积种植的荞麦。辽代遗址与墓葬考古中，发现荞麦种籽或荞麦皮遗物等。辽代蔬菜瓜果种类较多，有菘、芥、蕨、蔓菁、罗菔（即萝卜）、葱、韭、蒜、菠薐菜、蕈（又有地蕈、树蕈之分）、铁脚草（野菜阴干后食用）。宋人陈襄使辽时，留下有"水进金莲开，汤回铁脚春"的诗句，说的就是契丹人食用野生干菜

---

① 《辽史》卷 77《耶律挞烈传》，中华书局 1974 年版，第 1262 页。
② 《辽史》卷 83《耶律学古传》，中华书局 1974 年版，第 1304 页。
③ 《辽史》卷 11《圣宗二》统和四年八月乙巳条，中华书局 1974 年版，第 124 页。
④ 《辽史》卷 12《圣宗三》统和七年六月辛酉条，中华书局 1974 年版，第 135 页。
⑤ 《辽史》卷 13《圣宗四》统和九年正月辛卯条，中华书局 1974 年版，第 141 页。
⑥ 《辽史》卷 13《圣宗四》统和十五年三月戊辰、壬午条，中华书局 1974 年版，第 149 页。
⑦ 《辽史》卷 37《地理志一》总序，中华书局 1974 年版，第 438 页。

辽墓壁画中的宴席准备场景，出土于河北张家口宣化下八里村

之事。瓜果类有：西瓜、甜瓜、梢瓜、胡瓜（即黄瓜）、倭瓜、甜瓜、回鹘豆以及花红（即沙果）、槟子、山里红（即山楂）、山梨、欧李、柿子、巴榄、杏、桃、李、枣、栗、苹婆（即苹果），且瓜果种植已基本园圃化。例如，辽圣宗统和二十八年（1010年），萧韩家奴"内通进，典南京栗园"[1]；开泰五年（1016年）十一月，"幸内果园宴，京民聚观"。[2]1980年辽上京庆州故地附近发现的"崇善碑"题名石刻中，存有"柿作务""果园寨"等名称。澶渊定盟后，辽朝皇帝每年赠送北宋皇帝的礼物中，也有"蜜晒山果十栋楗椀，蜜渍山果十栋楗，帕克哩、山梨、柿四栋楗，榛、栗、松子、郁李、黑郁李子、麯枣、楞梨、棠梨二十箱，麵粔籹梨籹十椀"。[3] 这些都是辽朝的土特产品。

从目前所见事关契丹辽朝的考古成果来看，辽代农业生产工具，种类齐全，样式和水平几与近代北方农具相同，如犁、铧、锄、镰、锹、镐、镢、叉、刀以及石磨、碌碡、石碓、杵臼等，应有尽有。据《辽史》记载：

---

① 《辽史》卷103《萧韩家奴传》，中华书局1974年版，第1446页。
② 《辽史》卷17《圣宗八》开泰五年十一月庚子条，中华书局1974年版，第198页。
③ （宋）叶隆礼撰，贾敬颜、林荣贵点校：《契丹国志》卷21《南北朝馈献礼物》契丹贺宋朝生日礼物附正旦，上海古籍出版社1985年版，第200页。

道宗初年，西北雨谷三十里，春州斗粟六钱。时西蕃多叛，上欲为守御计，命耶律唐古督耕稼以给西军。唐古率众田胪朐河侧，岁登上熟。移屯镇州，凡十四稔，积粟数十万斛，每斗不过数钱。以马人望前为南京度支判官，公私兼裕，检括户口，用法平恕，乃迁中京度支使。视事半岁，积粟十五万斛，擢左散骑常侍。辽之农谷至是为盛。[①]

第四节　辽朝的手工业

契丹早期从事工商业生产者都是部落成员，尚未形成独立的生产经营门类。早在突厥及回鹘汗国时期，契丹人已经借助丝路贸易之便，融入草原商贸活动，并与中原政权确立贡贸联系。而手工业生产则停留在维持生计需求的水平，还不具备产业的规模。辽初，随着大批"有伎艺"的汉族等各族人口的加入，将包括"织纴工作"诸事及其生产技术植入契丹腹地，故中原史料称："中国所为，虏中悉备。"[②]尤其渤海及幽云地区的归属，促使契丹手工业门类迅速发展。

辽朝重视工商业，朝廷有太府监、少府监、将作监、五冶太师和五坊使，分掌百工之事，设置绫锦院、绣院、瓷窑、铸钱院、金银铜铁诸冶、军器坊、甲坊等，后增为五坊，又增为八坊。规定采炼金属、织造御用缯缎等由国家垄断，销售铜铁等也属国家专利。辽道宗清宁九年（1063年），"禁民鬻铜"，十年"诏南京不得私造御用缯缎，私货铁"。[③]辽代官府工坊，由奴隶、役徒和官户兼差构成。工匠，除制造传统车马具的契丹人外，多数是汉族、渤海和女真人。

（一）交通工具

契丹鞍"天下第一"。契丹工匠制造的鞍辔，享誉天下，据宋代太平老人撰写的《袖中锦》记载：契丹鞍、夏国剑，"皆为天下第一，他处虽效之，终不及"。近年考古发掘许多辽墓，清理出大量马具，如1954年赤峰辽代驸

---

① 《辽史》卷59《食货志上》，中华书局1974年版，第925页。
② 《辽史拾遗》卷1引《唐明宗实录》，中华书局1974年版，第11页。
③ 《辽史》卷22《道宗二》清宁九年正月辛未、十年十一月庚辰条，中华书局1974年版，第262、264页。

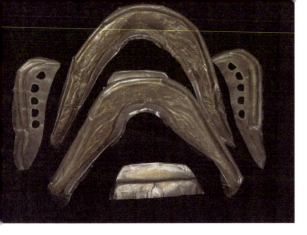

马赠卫国王墓出土遗物中，就有制作精良的鞍辔与马具。造车技术也很高超，契丹人车分几种，"随水草迁徙则有毡车，任载有大车，妇人乘马，亦有小车，贵富者加之华饰，禁制疏阔，贵适用而已。"①

近年巴林左旗富河沟门遗址清理的一座辽墓壁画中，清晰地描摹出一幅人力车式的契丹车图样。车辆和马具生产是契丹人的传统手工艺。这些都属于皮革和木器加工的范畴。辽朝属部黑车子室韦部落，善于造车，据说契丹人的造车技术就是向他们学习而来。还有高毂广轮的奚车。辽墓壁画中，又发现有驼车形象。说明契丹人传统生产技艺，属于古代北方草原游牧文明的一部分。

除马具和车具生产外，还利用娴熟的技术生产出舟船等交通工具和桌椅、橱柜、床帐以及椀楪等生活用具。考古发现的契丹辽朝木作结构的"九脊小帐"，是宋朝土木营造法式中仅存的"样本"。此外，契丹人"弓以皮为弦，箭削桦为杆，鞿勒轻快，便于驰走"，②也是契丹人传统手工艺的一部分。

（二）陶瓷业

20 世纪五六十年代，在赤峰及周边地区的辽文化遗址中，经常出土一种带有长方形行列状印纹陶片，具有非常显著的时代特色，考古工作者经过反复调研，确认其中部分遗物是契丹人陶器制作的孑遗。③其后，考古工作者确认：那种陶器外表带有连续滚轮压印篦点纹的陶器及其残片，是契丹陶器生产的特征之一，这种篦点纹装饰传统来自鲜卑，滚轮压印篦点纹是契丹陶器的典型特征。④说明契丹人很早就掌握了陶器生产技术，至于辽代的瓷

---

① 《辽史》卷 55《仪卫志一》国舆，中华书局 1974 年版，第 900 页。

② （宋）叶隆礼撰、贾敬颜、林荣贵点校：《契丹国志》卷 23《衣服制度》，上海古籍出版社 1985 年版，第 226 页。

③ 汪宇平：《内蒙古昭乌达盟印纹陶的时代问题》，《考古通讯》1955 年第 4 期。

④ 张柏忠：《契丹早期文化探索》，《考古》1984 年第 2 期。

器则是汉族工匠所带来的生产技术。近年来，辽瓷出土数量大增，其胎土和釉料选择较好，成型方法也有较高水平，器型有模仿唐宋风格者，也不乏具有鲜明民族特点之物，如辽代的鸡冠壶、鸡腿坛、牛腿瓶、长颈瓶和海棠长盘等，还有颜色不同于唐三彩的辽三彩。发现于赤峰市松山区缸瓦窑村的辽代瓷器作坊遗址，周围遍布瓷土资源，其窑口在金元时期也有较长时间的沿用，窑址范围相当广阔，瓷器残片及烧造工具等遗物也留存较多，说明当

辽绿釉划花双孔鸡冠壶，现藏辽宁博物馆

时陶瓷生产品种齐全，规模较大，产量很高。尤以粗白瓷生产为主，遗物所见具体器型有碗、盘、杯、碟、盂、盆、注壶、瓮、鸡腿坛、牛腿瓶等；还有小型人物、动物造型的各种玩具和骰子。色釉颜色有茶、绿、黄、黑、褐、白和三彩色，花纹图样有卷草、牡丹、荷花、梅花、水波、凤鸟、蝴蝶等。

辽代瓷器在中国瓷器发展史上占有重要地位，是北方地区出现较早的瓷器生产实践，辽代瓷器烧造技术与制造工艺继承了唐朝生产工艺，借鉴了北宋瓷器生产技术，创造出了独具特色的瓷器新品，其中鸡冠壶、长颈瓶、鸡腿坛、牛腿瓶、凤首瓶、辽三彩、辽白瓷与仿定白瓷等，是其生产工艺的代表。

（三）纺织业

契丹腹地的丝织生产，早在五代时期已初见端倪，大批汉地人口的迁入，推动了农业和纺织业的发展。后梁开平二年（908 年），阿保机夫妻赠送给朱温的礼物中，就有契丹境内生产的"朝霞锦"。[1] 其后，上京、中京和祖州都有"绫锦院"，作为官营的手工业丝织生产作坊，为贵族提供高档消费的奢侈品。中京所属宜州（今辽宁义县东北九道岭）、川州（今辽宁北

---

① （宋）王溥：《五代会要》卷29《契丹》，上海古籍出版社1978年版，第456页。

雁衔绶带锦袍，出土于内蒙古辽代契丹贵族代钦塔拉墓

票东北黑城子）、锦州（今辽宁锦州）、霸州（即兴中府，今辽宁朝阳）和东京所属显州（今辽宁北镇东北）等地产桑麻，也以纺织为副业，甚至用丝织品纳租赋。南京地区号称"锦绣组绮，精绝天下"。20世纪80年代，内蒙古乌兰察布市豪欠营发现的契丹女尸，出土的轻罗薄绢在辽代属于一流产品，运送到宋朝境内也被视为"奇货"。南京是辽朝官营纺织业发展中心，产品种类齐全，绫、罗、锦、绢、绮、縠、纱、缎以及缂丝等，应有尽有。与此相适应，辽朝的南京、中京设有染院，置院使提点丝织印染等院事。辽朝丝织印染业，已经能够生产出运用"夹缬""蜡缬"方法印染成各种花纹的产品。[1]

绫，是斜纹上又起花纹的特殊丝织物。锦，即织彩为纹，用两色以上经纬线组织的多彩丝织品。绫、锦的织造工艺比较复杂，使织物图案花纹呈现出清晰、立体的效果。内蒙古赤峰市巴林右旗辽庆州白塔天宫以及庆陵陪葬墓、兴安盟大沁他拉辽墓、陕西省应县佛宫寺木塔、耶律羽之墓葬等，均曾发现大量的辽代丝织品。应县木塔发现的丝织南无释迦牟尼像，是一件夹缬

---

[1] 王丹华：《契丹女尸的丝织品》，载乌盟文物工作站内蒙古文物工作队编：《契丹女尸》，内蒙古人民出版社1985年版，第72—79页。

彩绘的印花织物，工艺繁缛，造型靓丽。所谓夹缬，是古代丝织生产工艺中用于印花染色的方法，采用两块木板，分别雕刻同样的花纹，将绢帛对折夹入两块木板之间，然后在雕空处染色，使绢帛之上形成对称的染色花纹，近代发展为采用镂花油纸版涂色印染。这种方法起源于秦汉时期，唐朝以后得到广泛流行。

1974 年，辽宁法库叶茂台辽墓出土大量丝织实物资料，有绢、罗、绮、锦和刻丝等品种。其中，刻丝即缂丝，是古代的一种特有的手工艺织物，是当时高水平的丝织品生产工艺，盛行于北宋。据宋人庄绰《鸡肋编》卷上记载，"定州织刻丝，不用大机，以熟色丝经于木桩上，随所欲作花草禽兽状。以小梭织纬时，先留其处，方以杂色线缀于经纬之上，合以成文，若不相连。承空视之，如雕镂之象，故名刻丝。"①

赤峰翁牛特旗解放营子辽墓发现一批织锦、绫罗、刺绣品种，有采用夹缬法和蜡缬法印染的各种花纹，代表着当时两种高水平的丝织印染工艺。蜡缬，用蜡涂成花纹，染色后去掉蜡脂，在织物上留下花纹，故名蜡染工艺。②

辽代丝绸装饰工艺，因织物本身织造工艺不同（如锦、纱、罗等）而形成多样的装饰手法，如平纹地暗花、斜纹地暗花、斜纹地妆花、缂丝、斜纹地结类等织品，还有采用外加在织物本体上的其他表面装饰手法，如纺染印花类的绞缬和夹缬，绘画类的线描、描金、彩绘、贴金以及刺绣类的钉金绣、蹙金绣、压金彩绣、平针绣、锁绣、直针绣等技法。③

1992 年，辽朝皇室贵族耶律羽之墓葬出土大量精美的丝织品，发现其中一幅锦缎残块上，有一只用金线绣制的凤凰。凤凰鹰喙，尾部呈火焰状，围绕全身，成装饰性图案。锦为紫色底，与金色互相辉映，至今熠熠生辉。还可见狮子、喜鹊、大雁、瑞鹿、婴戏、牡丹、吉祥兔、仕女、人物等各式团花图案，绚烂不失典雅，体现着文物的独特之美。④ 耶律羽之墓出土的丝织品残片六百余件，分类达百余种，其中刺绣和印绘都已经达到相当高的发展水平。一件中窠杂花对凤妆金银锦袍，所用面料为中窠杂花对凤妆金银锦

① （宋）庄绰：《鸡肋编》卷上，中华书局 1983 年版，第 33 页。
② 宋德金：《辽金西夏衣食住行》，中华书局 2013 年版，第 7 页。
③ 赵丰：《辽代丝绸》，沐文堂美术出版社有限公司 2004 年版，第 22 页。
④ 盖之庸：《探寻逝去的王朝——辽耶律羽之墓》，内蒙古大学出版社 2004 年版，第 102 页。

较为罕见，以五色的缎纹纬二重作底并织出团窠环，再用拈金线与拈银线在团窠内以挖花的方式织出对凤图案，是一种妆花织物。团窠环由小细杂花组成，中间的对凤具有较为浓郁的唐代风格，而与辽代同时的凤鸟纹样有很大区别。这种加入金银线编织的丝制品为当时高档织物，在宋代被称作"销金"，到了金代世宗时，认为与国号相犯，喻意不祥，故改为"明金"。[①] 团窠，又作团科，唐宋丝绸中较为常见。"团"是表示该种纹样为圆形，"团窠"是由环形纹样组成的圆形主题纹样的设置形式。辽朝也有独有的丝织生产工艺，有些产品甚至北宋宫廷也不能辨识，故辽地生产的丝织物往往被宋人称为"蕃罗"。

（四）建筑与雕刻

契丹人的城镇聚落修建，始于晚唐时期。阿保机的伯父释鲁执政时，已将自己私有的人口"团集"安置，号称于越王城（今巴林左旗查干哈达苏木伊斯营子东侧查干哈达中学西侧古城遗址）。阿保机任迭剌部夷离堇的第二年（902 年），即于潢水之南修建龙化州（今内蒙古通辽科尔沁区莫力庙苏木福巨嘎查北 4 公里处的古城遗址），城内还建有开教寺、大广寺等佛教寺院。此后，又于炭山（今河北沽源大马群山一带）附近修建羊城，作为互市贸易场所；又将归属自己的私有人口"团集"安置，号称汉城。

神册三年（918 年），阿保机于西楼地选址修建皇都，经过太祖、太宗两朝的不断完缮，迄今所见的辽上京城址呈"日"字型，总周长 27 华里，分为南北二城。北城为皇城，皇城的北部为"大内"，即宫城。宫城建有宫殿和东、西、南三门；"大内"（即宫城）南门外，有大街直通皇城南门，大街两侧为官署、寺庙以及贵族住宅。皇城以南为汉城，皇城与汉城之间，有城墙分隔。汉城有南北大街和东西横街，横街两端有楼相望，属里坊、市场、作坊和驿馆所在。外城墙有防御设施马面。上京城是辽朝各族工匠与民众劳动的结果，体现出"因俗而治"的政治、文化特点。

统和年间（983—1011 年），因废黜奚王和朔奴，将奚王职位由"世选"改为朝廷命官，原有奚王府牙帐地，以"献纳"方式收归国有。统和二十五年（1007 年），辽朝选择燕蓟良工，仿照和参详唐朝东都与北宋京城制度，于奚王府牙帐地大兴土木，修建中京城（今赤峰宁城大名镇古城遗址）。中

---

① 　盖之庸：《探寻逝去的王朝——辽耶律羽之墓》，内蒙古大学出版社 2004 年版，第 105 页。

京城建筑布局，由外城、内城和皇城三重组成。外城东西宽 4000 米，南北长 3500 米，总周长 30 华里，平面正方形。外城墙南面正中为朱夏门，由朱夏门向北有一条长 1400 米、宽 64 米的干道，路面呈弧形；外城东、西两部分，各有与干道平行分布的南北向街道各 3 条，路面宽度为 8—12 米；东西向街道各 5 条，路面宽度为 4—15 米。街道两侧有排水沟，用石片和木板砌成并有盖，生活污水由城墙下涵洞排出。外城街市整齐，东西对称，干道两侧为官署、寺庙、驿馆及坊市，继承了唐朝里坊封闭的特点。现外城遗有一座大型砖塔，俗称大明塔。内城位于外城中央，内外城平面呈"回"字型，内城东西长 2000 米、南北宽 1500 米，周长 14 华里，城墙有防御设施马面。内城墙南面正中为阳德门，接续外城干道，向北延伸一条宽 40 米大道，直达皇城南门；大道两侧有矮墙隔护。皇城在内城北部居中位置，以内城北墙为皇城北墙，其东、南、西三墙各距内城墙 500 米。皇城平面正方形，边长 1000 米，周长 8 华里，东南、西南有角楼，南墙正中为闾阖门，三门道，内有一条宽 12 米通向中央宫殿的直道。闾阖门两侧各有东、西掖门，均有道路与大道相连。从东掖门进入，经过武功门，直达武功殿；从西掖门进入，经过文化门，直达文化殿，两殿之间有道路连接。

辽代建筑物保存至今的有蓟县独乐寺观音阁、义县奉国寺大雄宝殿、应县佛宫寺木塔、大同下华严寺薄伽教藏殿与善化寺大雄宝殿等百余处遗存。

辽朝的雕刻造像，已经形成一定规模，开窟造像成为其主要形式，代表性建筑巴林左旗辽代真寂寺，是辽代洞窟式佛教建筑的典范，目前遗迹保存分为前召庙和后召庙两个部分，其一今真寂寺，另一仅存洞窟遗迹。赤峰喀喇沁旗牛家营子镇西的辽代遮盖山石窟（灵峰院千佛洞）遗址，洞窟保存完好，造像仅存主尊佛像一座，规模宏大，气派豪华。还有宁城县辽代香台山洞窟遗址。此外，辽朝中期开始兴起大规模雕造辽朝先帝先后石像，在当代考古调查中有所发现。例如，真寂寺石雕，辽上京观音菩萨立像，中京城辽朝帝后坐、立像，耶律琮墓石雕的文武官吏、羊、虎石俑。文官头戴幞头，身着右衽肥袖长袍，腰系大带，拱手恭立；武吏头戴兜鍪，身着紧袖铠甲，足蹬长靴，双手按剑，神情严肃；石羊盘角昂首，屈膝而卧；石虎则作蹲坐式，前腿竖立，翘首远视。全组石雕风格古朴。[1]

---

① 朱子方、包恩梨：《辽朝的石雕艺术》，《辽海文物学刊》1992 年第 2 期。

山西大同华严寺大雄宝殿，始建于辽清宁八年，契丹拜日，以东为贵，故主殿坐西朝东

辽人崇佛，北京房山云居寺石经塔是保存至今的辽代石浮图之一，刻写于天庆八年（1118年）。塔身刻写《大辽涿州涿鹿山云居寺续秘藏石经塔记》，详细记录了辽代刻写石经的始末过程，极为珍贵。文曰：

> 至天庆七年，于寺内西南隅，穿地为穴。道宗皇帝所办石经大碑一百八十片，通理大师所办石经小碑四千八十片，皆藏瘗地穴之内。上筑台砌砖，建石塔一座。刻文标记，知经所在。[①]

不仅如此，辽人还将校勘誊写清楚的佛教经藏，利用高度发达的雕版印刷技术刻印发行。例如，1974年在山西应县辽代木塔中发现的12卷经藏和35卷其他书籍，多是刊刻印刷于当时的南京析津府，文字工整，技术精湛，并已拥有比较先进的彩色套印技术。辽代的刻经与印径，无疑是当时一项浩

---

① 向南：《辽代石刻文编》天祚编，河北教育出版社1995年版，第671页。

大的文化工程。

（五）矿冶与开采

9 世纪末，契丹已有小型矿冶生产活动。阿保机任契丹可汗的第五年（911 年），征伐幽燕班师，即以俘掠工匠等"置铁冶"。[1] 开疆拓土，国势益强，辽国"土产多铜"。

> 坑冶，则自太祖始。并室韦，其地产铜、铁、金、银，其人善作铜铁器。又有曷术部者多铁，"曷术"国语铁也。部置三冶，曰柳湿河，曰三黜古斯，曰手山。神册初，平渤海，得广州，本渤海铁利府，改曰铁利州，地亦多铁。东平县本汉襄平县故地，产铁矿，置采炼者三百户，随赋供纳。以诸坑冶多在国东，故东京置户部司，长春州置钱帛司。太祖征幽蓟，师还，次山麓，得银、铁矿，命置冶。圣宗在太平间，于潢河北阴山及辽河之源，各得金银矿，兴冶采炼。自此以讫天祚，国家皆赖其利。[2]

《新五代史》也记载，"汉城在炭山东南滦河上，有盐铁之利"。此外，东京道的同州（今辽宁开原南）、上京道的饶州（今赤峰林西），分别有 300 户和 4000 户从事冶铁纳赋的民户。南京道有景州（今河北遵化）龙池冶，营州有新兴冶，均为官营坑冶之场所。东京道的银州（今辽宁铁岭），南京道的渔阳，中京道的泽州（今河北平泉县南）、严州（今辽宁兴城菊花岛），均有银冶。"辽朝金、银、铁器的制造技术也达到了相当高的水平。从辽墓出土看，铁的应用已相当广泛。""辽墓出土的一些兵器有的已使用优质低碳钢。"[3] 辽朝的金银铜铁冶炼技术，既继承了唐朝的传统，也在具体的器物造型上体现出鲜明的民族特征，故契丹生产的"镔铁刀"，也号为"天下第一"。

北方草原地区有许多天然盐池，阿保机立国前，就已经安置汉人于炭山东南的滦河上游地区，从事耕种采盐事务。黑车子室韦居地内的鹤剌泊（辽朝更名为广济湖，又称为大盐泊，今内蒙古锡林郭勒盟东乌珠穆沁旗额吉

---

① 《辽史》卷 1《太祖上》五年冬十月戊午条，中华书局 1974 年版，第 5 页。

② 《辽史》卷 60《食货志下》，中华书局 1974 年版，第 930 页。

③ 李桂芝：《辽金简史》，福建人民出版社 1996 年版，第 100 页。

淖尔，又名达布苏盐池），食盐储量丰富。宋人路振《乘轺录》记载：盐生著岸如冰凌，朝聚暮合，年深者坚如巨石。及至灭亡渤海国、获得幽云十六州后，又增加了海盐的生产，促进制盐业的发展。不仅满足了境内民众的食盐需求，还私贩北宋境内，因"北盐南贩"而增加了辽朝的府库收入，直接影响到了北宋河北诸路盐政的制定和实施。

辽代铜鎏金四神棺

第五节　辽朝的商业

　　商贸贩易是草原游牧民族得心应手的经济活动，早在 8 世纪晚期由阿拉伯人撰写的历史著作《阿拔斯人史》中，就记录了一种来自东方的货物名品——契丹芦荟（即北大黄，蓼科大黄属多年生草本植物）。以"契丹"命名这种经常交流的货物，说明契丹人在丝路交流中的主导地位。辽太祖任可汗的第三年（909 年），"置羊城于炭山之北以通市易"。[1] 会同元年（938 年），辽朝派遣使臣，借道后晋政权境内，驱赶羊 3 万头、马 200 匹至南唐贸易，"以其价市罗纨茶药"；又据陆游《南唐书》，当南唐升元七年（辽会同六年，943 年），"契丹使达罗干等二十七人来聘，献马三百，羊二万五千"。辽太宗设置经营商贸职司机构——回图务，置于后晋都城，还设置于高昌以及鸭绿江畔，商人或商队，往来贩易各地。至辽太宗末年，胡峤所见："上京西楼，有邑屋市肆，交易无钱而用布。"即仍然保持着以物易物的交易形式。[2]

　　辽朝南京成为商业中心，以其富庶繁华程度而论，"大内壮丽，城北有市，陆海百货，聚于其中。僧居佛寺，冠于北方。锦绣组绮，精绝天下。……水甘土厚，人多技艺。"[3]

---

① 《辽史》卷 1《太祖上》，中华书局 1974 年版，第 4 页。

② 贾敬颜：《五代宋金元人边疆行记十三中疏证稿》，胡峤：《陷辽记》疏证稿，中华书局 2004 年版，第 21 页。

③ （宋）叶隆礼撰，贾敬颜、林荣贵点校：《契丹国志》卷 22，四京本末，上海古籍出版社 1985 年版，第 217 页。

辽代壁画契丹引马图

　　上京临潢府汉城，"南门之东回鹘营，回鹘商贩留居上京，置营居之"。[1]
东京辽阳府，"外城谓之汉城，分南北市，中为看楼；晨集南市，夕集
北市"。[2] 祖州（今赤峰市巴林左旗哈达英格村古城遗址）城，"东南横街，
四隅有楼对峙，下连市肆"。[3] 又如松山州，因"边松漠，商贾会冲"[4]。在这
些壮观而繁华的都会中，商旅辐辏，邸店骈列，商贸交易相当活跃。辽朝
在上京城、南京城、西京城都设有都商税院，置点检、都监、判官等员额，
主持征收商税和管理市场；上京、东京置户部司，西京、东京置转运使，管
理通商、运输、贸易诸事；五京诸州县，也视情况置钱帛司、盐铁司、商麴
院及征商榷酒诸事务。辽朝统治者重视商业交流。统和四年（宋雍熙三年，
986 年）三月，辽宋双方激战之际，也不误营商。"以古北、松亭、榆关征

① 《辽史》卷 37《地理志一》，中华书局 1974 年版，第 441 页。
② 《辽史》卷 38《地理之二》，中华书局 1974 年版，第 456 页。
③ 《辽史》卷 37《地理志一》祖州条，中华书局 1974 年版，第 442 页。
④ 《辽史》卷 39《地理志三》松山州条，中华书局 1974 年版，第 485 页。

税不法，致阻商旅，遣使鞫之。"①"诏以南、北府市场人少，宜率当部车百乘赴集。"②

辽圣宗统和七年（989年）三月，又诏令："开奇峰路通易州市"。③即修建奇峰路以保证易州与山西地区的贸易通达。所谓"奇峰路"，即北宋雍熙北伐过程中，中路军统帅田重进等人所走的飞狐路。飞狐路自古号称天险难行，辽朝修复此路，目的是沟通太行山两侧的经济文化交流。

辽朝统治者推动商业发展的目的是促进经济生产发展，因此，商业经营活动也要服务于农牧业生产和民众生活的具体需求。史称，"圣宗统和初，燕京留守司言：民艰食，请弛居庸关税，以通山西籴易。"

辽朝统治者也十分重视市场管理，"又令有司谕诸行宫，布帛短狭不中尺度者，不鬻于市。"④境内各地商业交流呈现繁荣景象。仅以南京析津府所辖香河县为例，因境内有新仓盐场，故新仓镇之繁荣景象，被描述为："复枕榷酤之剧务，面交易之通衢；云屯四境之行商，雾集百城之常货。"⑤至如西京朔州（今山西朔州）榷场、东京鸭绿江畔的保州榷场等百货山积。

辽朝与周边各政权或部族间的经济文化交流，多以朝贡或互市的方式进行。据《辽史》记载：

> 雄州、高昌、渤海亦立互市，以通南宋、西北诸部、高丽之货，故女直以金、帛、布、蜜、蜡、诸药材及铁离、靺鞨、于厥等部以蛤珠、青鼠、貂鼠、胶鱼之皮、牛、羊、驼、马、毳罽等物，来易于辽者，道路绳属。⑥

宋朝初期，诏令允许缘边民与辽人互市。宋太平兴国二年（辽保宁九年，977年），宋朝在镇州（今河北正定）、易州（今河北易县）、雄州（今河北雄县）、霸州（今河北霸县）、沧州（今河北沧县东南）五地，各置榷场，

---

① 《辽史》卷11《圣宗二》统和四年十一月壬申条，中华书局1974年版，第125页。
② 《辽史》卷60《食货志下》，中华书局1974年版，第929页。
③ 《辽史》卷12《圣宗三》统和七年三月丙申条，中华书局1974年版，第134页。
④ 《辽史》卷60《食货志下》，中华书局1974年版，第929页。
⑤ 向南：《辽代石刻文编》圣宗编，河北教育出版社1995年版，第177页。
⑥ 《辽史》卷60《食货志下》，中华书局1974年版，第929页。

许民与辽人贸易，但不久即因辽宋关系紧张而罢废。宋朝雍熙三年（辽统和四年，986年），禁止河北地区经商民户与辽人贸易。宋太宗端拱元年（辽统和六年，988年），宋朝一度开放边境互市，"未几复禁，违者抵死，北界商旅辄入内地贩易，所在捕斩之"。[①] 北宋淳化二年（辽统和九年，991年），宋太宗诏令雄州、霸州、静戎军（今河北徐水境内，后更名为安肃军）、代州（今山西代县）、雁门砦

辽宋边境的定州料敌塔

等处，设置榷场官署如旧制，但不久又罢废。总之，辽宋间互市贸易，处于时绝时通状态。辽统和二十年（宋咸平五年，1002年），辽宋之间稍有接触，辽朝即请求恢复双方榷场贸易，宋真宗采纳知雄州何承矩建议，允许于雄州界内设置榷场。

　　澶渊之盟确立之后，宋景德二年（辽统和二十三年，1005年），辽宋双方同时开设榷场：宋朝于雄州、霸州、安肃军（今河北徐水境内）、广信军（今河北徐水西25里遂城）各置榷场，"平互市物价，稍优其值给之"。[②] 辽朝也在涿州新城县（今河北高碑店东南）、朔州（今山西朔州）以南等处，分置榷场，以通河北、河东贸易。辽宋之间的互市贸易渐趋稳定和逐渐扩大，达到了前所未有的规模。宋朝向辽朝输出的商品有香料、药饵、茶叶、犀角、象牙、珠串、苏木、铜、锡、瓷器、漆器、缯帛、秔糯、硫磺、烟硝、卢甘石和九经书疏等书籍。辽朝向北宋输出商品有盐、布、羊、马、驼及北珠、毡、银器等。景德年间（1004—1007年），宋朝与辽朝互市交易，

---

① （元）脱脱：《宋史》卷186《食货下八》，中华书局1977年版，第4562页。
② （元）脱脱：《宋史》卷186《食货下八》，中华书局1977年版，第4562页。

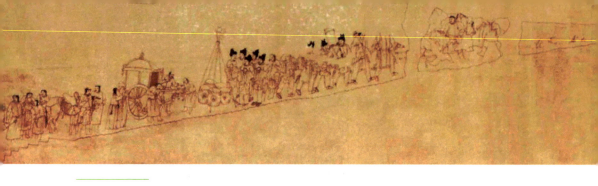

每年获利40万两，辽朝更倍之于北宋。如北院大王耶律室鲁，"以本部俸羊多阙，部人空乏，请以羸老之羊及皮毛，岁易南中绢，彼此利之"。[①] 据统计，辽朝每年仅于河北一地就向宋朝境内贩易羊数万只。此外，辽朝还在振武军(今内蒙古呼和浩特和林格尔)、宁江州(今吉林扶余西北伯都古城遗址)以及高昌回鹘、高丽等边界地区置榷场，开互市，与西夏、女真、回鹘、高丽等进行交易。不仅中亚、西亚地区各种商业驼队，万里跋涉，来到辽朝境内贸易交换，辽朝也组织起规模不等的各种商队，前往中亚、西亚地区进行商业贸易。据说，辽朝灭亡后，耶律大石抵达西州回鹘西界时，得到滞留那里的契丹人5万户归附。这些滞留中亚地区的契丹人，多是周转辽朝本土与中亚、西亚地区间的商旅成员。

值得注意的是，辽朝与北宋、西夏和周边其他地区间的贸易交流，有范围限定或禁制，双方都严令限制某些商品出入。例如，北宋严格禁止以铜、铁、矾、硫磺、烟硝、卢甘石、私茶和九经以外的印本书籍等出境，限制辽朝境内盐巴私自贩入河北境内；辽统和十五年（897年）"禁吐谷浑别部鬻马于宋"。[②] 又严禁以毡、银鬻入于北宋，禁止以铜、铁等与西夏、阻卜等属国属部交易。同时，辽宋双方都严格限制以钱偷运出境。但是，严格限制之下，导致辽宋边境走私贸易屡禁不止，辽朝私盐大量涌入北宋河北地区，严重冲击着北宋食盐专卖制度；而宋朝的书籍，尤其时人文集诗赋等流入辽朝境内，成为时尚紧俏物品之一。可以说，边界贸易是辽宋双方物质文化交流的主要途径，基本满足了辽宋双方对于某些消费品的需求，双方政权从中获利不菲，也将南北方物产进行充分的交换和推广。例如辽朝境内盛产山

---

① 《辽史》卷81《耶律室鲁传》，中华书局1974年版，第1283页。

② 《辽史》卷13《圣宗四》统和十五年七月辛未条，中华书局1974年版，第150页。

梨，冬季酷寒，使之成为冻梨。冻梨的食用，需经水浸泡软化，食之甘酸爽口，余味持久，又祛火除热，是酒后食用鲜果之一。大文豪苏轼即曾留下品尝冻梨滋味的词作一阕，名为《浣溪沙》，将冻梨传入中原后，初见未识及其美味、可口、价值珍贵等诸般特征，汇集铺叙，又将喜爱之情抒发的淋漓尽致。

> 几共查梨到雪霜，一经题品便生光，木奴何处避雌黄？
> 北客有来初未识，南金无价喜新尝，念滋嚼句齿牙香。①

辽朝除大力发展互市贸易外，还在与周边政权和部族间友好往来基础上，延续古代已有的"通贡"贸易，即各地使者往来所携带礼物及其回赐，也是一种互相交流的"换易"方式。高丽每年进献物品有纸、墨、米、铜、人参、粗布，西夏回鹘进献物品有珠玉、犀角、乳香、琥珀、镔铁、马驼和毛织品等。辽朝除了以本地所产与周边政权或属国属部交易外，还将互市所得转贸他方，如宋徽宗时，宫室所需北珠，多由辽朝得之于女真，又转卖给北宋；辽朝赐予宋使或赠送宋朝的徐吕皮（回鹘所产的野马皮）、红虎皮（回鹘所产的獐鹿皮）等，也是转手买卖或赠与。这些都说明辽朝的商业，已经促使更广阔区域内的各种物品得以在其境内直接或间接地循环交流。

商业繁荣势必推动货币经济发展。《辽史》记载，太祖之父撒剌在位时，契丹人已经开始铸造货币，迄今考古发现辽太祖时期已有自铸的金属货币。辽朝继承了古代年号钱传统，凡九帝共使用20余年号，多数年号钱均已被发现。辽朝的货币铸造，由朝廷统一管理。置五冶太师，掌管四方铁钱铸造，景宗朝岁铸钱500万贯，长春州（今吉林松源西北塔虎城遗址）、平州（今河北卢龙应各庄西南）、蔚州（今河北蔚县）及辽西等地都有钱帛司，设都监或提点掌管具体事务，严格禁止私铸与外流，却鼓励吸引宋钱流入辽境，致使北宋河北地区屡生"钱荒"现象。同时也反映出辽朝境内流通唐宋钱币的情况。

辽朝铸币，种类较多，但数量较少。羊马、布帛，曾长期充当商品交换中的等价物，如胡峤所见"交易无钱而用布"，即属此类。自圣宗讫于道宗

---

① （宋）苏轼：《东坡词》，影印文渊阁《四库全书》本。

辽天祚帝天庆元宝

朝，屡次申令严格禁止：布帛短狭不中尺度者入市，不仅维护度量衡统一使用的标准，其也有维护商品交易等价物的作用。直到辽道宗大康七年（1081年），才最终终止了曾经反复强调的"绢帛尺度狭短之令"，[①] 标志着布帛与货币职能混杂使用的阶段彻底终结。

随着辽朝经济的日益繁荣，也吸引了诸国使臣和各方商旅的纷至沓来，上京、南京和中京城等都已经成为国际性的大都会，"高昌国、龟兹国、于阗国、大食国、小食国、甘州、沙州、凉州，以上诸国三年一次，遣使约四百余人，至契丹贡献玉、珠、犀、乳香、琥珀、玛瑙器、镔铁兵器、斜合黑皮、褐黑丝、门得丝、怕里呵、碙砂、褐里丝，以上皆细毛织成，以二丈为匹。契丹回赐，至少亦不下四十万贯。"[②]

尤以回鹘与辽朝的商业往来最为密切，辽朝初期已在上京城南城专辟"回鹘营"之地，以安置回鹘商旅居留于上京者；至辽朝中晚期，中京城之北又出现一个新的地名——回纥城（今喀喇沁旗美林镇北古城遗址），居于上京通往中京城的要道，可能也与大批回鹘商旅贩易于辽朝境内有关。辽朝通往中亚地区的丝绸之路，一是由上京城或中京城出发，经鸳鸯泊（今内蒙古赤峰市克什克腾旗达里湖）至阴山（今内蒙古呼和浩特北大青山）；或由南京城出发至多伦淖尔（今内蒙古锡林郭勒盟多伦），经鸳鸯泊至阴山；或由西京大同府至阴山。再由阴山向西，过古居延（今内蒙古阿拉善盟额济纳旗东南）、河西走廊至伊州（今新疆哈密），经高昌入中亚、西亚地区。另一路为由上京城出发，北逾大兴安岭，至漠北河董城（今蒙古国乌兰巴托市以

---

① 《辽史》卷 24《道宗四》大康七年十一月辛亥条，中华书局 1974 年版，第 286 页。

② （宋）叶隆礼撰，贾敬颜、林荣贵点校：《契丹国志》卷 21，诸小国贡进物件，上海古籍出版社 1985 年版，第 205 页。

南）经今蒙古国西部抵达伊州、高昌，进入中亚、西亚地区。

东北地区诸属部，距离辽朝较远的熟女真部落，"或居民等自意相率，赍以金、帛、布、黄蜡、天南星、人参、白附子、松子、蜜等诸物，入贡北蕃；或只于边上买卖，讫，却归本国。契丹国商贾人等就入其国买卖，亦无所碍，契丹亦不以为防备。"至如屋惹、阿里眉、破骨鲁、铁离诸部，"每年惟贡进大马、蛤珠、青鼠皮、貂鼠皮、胶鱼皮、蜜蜡之物，及与北番人任便往来买卖。"鞑靼，东北与铁离交界，"不贡进契丹，亦不争战，惟以细鹰鹘、鹿、细白布、青鼠皮、银鼠皮、大马、胶鱼皮等与契丹交易。"居地在契丹正北的蒙古里、于厥诸部，亦以牛羊驼马皮毳之物，与契丹交易。①

辽代遗址发现的波斯玻璃瓶，出土于辽宁朝阳北塔天宫

---

① 以上俱见（宋）叶隆礼撰，贾敬颜、林荣贵点校：《契丹国志》卷22，四至邻国地理远近，上海古籍出版社1985年版，第212—214页。

辽墓壁画《诵经图》，出土于赤峰阿鲁科尔沁旗沙布日台乡宝山村

第七章　辽朝的社会结构与生活

第一节　辽朝的民族及其分布状况

契丹社会于 10 世纪初期进入封建专制发展期，主要生活在大兴安岭西段以南，西至内蒙古高原东南缘，南至努鲁尔虎山及大凌河流域，东迄松嫩平原西部。随后，契丹控制版图逐渐扩张至：西踰流沙，南抵白沟，东及今日本海，北至西伯利亚。不断地扩张，使其人口数量不断增加。天赞元年（922 年）十月，"分迭刺部为二院，斜涅赤为北院夷离堇，绾思为南院夷离堇。诏分北大浓兀为二部，立两节度使以统之。"① 除将迭刺部析分为五院（即南院）、六院（即北院）部外，又将皇族中玄祖匀德实三子的后裔，划分为孟父、仲父、季父三房族（帐），并将与皇族通婚的拔里、乙室已二族合编为国舅帐，并对契丹诸部进行整顿，组成新的二十部，史称"太祖二十部"。② 而这二十部的分布状况为：

　　五院部，隶属北府，镇守南境，大王及都监春夏居五院部之侧，秋冬居羊门甸。有四个石烈。

　　六院部，隶属北府，镇守南境，大王及都监春夏居泰德泉之北，秋冬居独卢金。有四个石烈。

　　乙室部，隶属南府，大王及都监镇驻西南境，司徒居鸳鸯泊，闸撒狨居车轴山。有二个石烈。

　　品部，隶属北府，属西北路招讨司，司徒居太子坟。有二个石烈。

　　楮特部，隶属南府，属西北路招讨司，司徒居栢坡山及山铧之侧。石烈二。

① 《辽史》卷 2《太祖下》，中华书局 1974 年版，第 18 页。
② 《辽史》卷 33《营卫志下》部族下，中华书局 1974 年版，第 384 页。

乌隗部，隶属北府，属东北路招讨司，司徒居徐母山、郝里河之侧。石烈二。

涅剌部，隶属北府，属西南路招讨司，居（戍）黑山北，司徒居郝里河之侧。石烈二。

突吕不部，隶属北府，属西北路招讨司，司徒居长春州西。石烈二。

突举部，隶属南府，戍守隗乌古部，司徒居冗泉侧。石烈二。

突吕不室韦部，隶属北府，属东北路统军司，戍守泰州东。

涅剌挐古部，戍守泰州东。

迭剌迭达部，隶属南府，属西南路招讨司，戍守黑山北，部民居庆州南。

乙室奥隗部，隶属南府，属东北路兵马司。

楮特奥隗部，隶属南府，属东京都部署司。

品达鲁虢部，隶属南府，属西南路招讨司，戍守黑山北。

乌古涅剌部，亦曰涅离部，隶属北府，属西南路招讨司。

图鲁部，隶属北府，属东北路统军司。

游牧民族军政合一的特点，决定生产与军事戍守紧密结合。契丹二十部，行政事务归契丹南、北二宰相府管辖；除五院部、六院部镇守南境，乙室部镇守西南境，奚族戍守居地外，其余诸部军事防御分别隶属西北路招讨司（品、楮特、突吕不）、西南路招讨司（涅剌、突举、迭剌迭达、品达鲁虢、乌古涅剌）、东北路统军司（突吕不室韦、涅剌挐古、图鲁）、东北路招讨司（乌隗）、东北路兵马司（乙室奥隗）及东京都部署司（楮特奥隗）管辖。二十部的军事防御功能，犹如一张网覆盖着契丹辽朝政权的直接控制区，在直接控制区以外的属国属部，则由朝廷派出的军政机构，配合相应的羁縻统治方式进行管理。但在契丹二十部之内，也有着诸多属国属部转化而来。

南、北女真中的北女真，分布在今北自吉林四平、南至辽河滨的纵向范围内，置北女真国大王府，兵事属北路女真兵马司。其中，以辉发河流域为中心者，称为回跋女真（又写作回帕、回霸），属于"熟女真"系统，辽廷对其控制较其他"熟女真"宽松，并置回跋部大王府，兵事属咸州（今辽宁开原孙家台东北老城）兵马司。南女真，兵事属南女真汤河司（汤河详稳

司），在今辽宁熊岳及金县一带，辽廷于此置归（今辽宁盖县西南）、苏（今辽宁大连金州）、复（今辽宁瓦房店西北复州城）、卢（今辽宁盖县西南熊岳古城）四州。又采取羁縻统治方式，置南女真国大王府进行管理。

1. 合苏馆、鸭绿江五节度及生女真诸部

在辽东半岛南部，还有合苏馆女真，原本属于鸭绿江女真。因居所附近有"复州合斯罕关，地方七百余里"，自成区系，故名。辽朝将大批内附的女真人迁徙至辽阳府以南安置，并编入户籍，向朝廷纳税服役，称为熟女真或合苏馆女真。其范围纳入辽朝南女真汤河司辖境，辽朝于此设置州县进行管理。这些女真部族维持原有生产生活方式，又深受辽朝军政体制影响，被称为"熟女真"。太平六年（1017年），置曷苏馆路女真国大王府，又名合苏衮部女真王、合素女真王或苏馆都大王，下属各部分设大王、惕隐等。

耀州（辽宁营口大石桥北）以东鸭绿江下游，至清川江以西，为鸭绿江女真、合懒甸女真和蒲卢毛朵女真分布区，辽朝曾与高丽争夺此地。统和九年（891年），于鸭绿江口筑威寇、振化、来远（今朝鲜义州郡西南黔定）三城①。开泰年间（1012—1021年）形成以保州（保州宣义军，下辖宣州定远军及怀化军，今朝鲜义州郡西南黔定）为核心的镇守体系，将女真族群分割在辽东半岛和朝鲜半岛西北部，并将位于朝鲜半岛西北部的女真族群（合懒甸、蒲卢毛朵）交由高丽政权处置。至辽朝晚期，鸭绿江女真演变为辽朝属部，称为五节度熟女真。辽朝置鸭绿江女真大王府、蒲卢毛朵部大王府，实行羁縻管理。

黄龙府地区，辽朝沿罗涅河（即来流河，今拉林河）修筑边堡堑壕，防

---

① 《辽史》卷13《圣宗四》统和九年二月甲子条，中华书局1974年版，第141页。

五代《卓歇图》，胡瓌绘，现藏北京故宫博物院

御生女真。黄龙府附近，有达鲁虢（又作达鲁古、达卢古）部，居于今拉林河以西，辽朝筑达鲁古城（今吉林扶余土城子遗址），置黄龙府女真部大王府，屯驻部族军戍守。在黑龙江中下游的三江平原北部，居住铁骊部落，辽朝置铁骊国王府；与铁骊为邻者为五国部，辽朝置节度使；在铁骊部以东为生女真诸部，如按出虎水（阿什河）完颜部、活剌浑水（呼兰河）纥石烈部及居于仆干水（牡丹江）、统门水（图们江）、孩懒水（牡丹江支流海浪河）、马纪岭（今张广才岭）、白山（今长白山）、耶悔（吉林省延边市珲春河与布尔哈通河流域）、耶懒（俄国滨海边疆区的游击队河）诸部族。[①] 保宁九年（977年），将牡丹江上游生女真部落招抚，授官者二十七人。统和八年（990年），册封部落首领为顺化王，置女真国顺化王府，管理牡丹江上游生女真诸族群，史称顺国女真。其余诸部族，设长白山女真国大王府，管理长白山女真三十部事务；滨海女真国大王府，又称东海女真（即黄头女真），管理黑龙江以北、乌苏里江以东及朝鲜半岛以东滨海地区；松花江中游至黑龙江口、牡丹江、乌苏里江之间的山区，为渤海残余的乌惹部，曾建立定安国，统和十三年（995年）后，被辽朝迁至松花江上游，置乌惹部节度使，建宾州城（今吉林农安红石垒），予以管理。

2.室韦、乌古、敌烈诸部

辽朝初期，在今内蒙古锡林郭勒盟境内居住着黑车子室韦七部。在黑车子室韦以北，由西向东分布着臭泊室韦和大黄室韦、小黄室韦诸部。辽朝置黑车子室韦国王府、室韦国王府分别管理，下设七火室韦部节度使、黄皮室韦部节度使，隶属西南路招讨司。在室韦诸部以东，相继分布着乌古（又作

---

① 参见孙昊：《辽代女真族群与社会研究》，兰州大学出版社2014年版，第53—58页。

乌古里、于厥、于厥里、于骨里、姬厥律），居地位于今呼伦湖以东的海拉尔河及额尔古纳河流域，北抵今蒙古国鄂尔浑河流域，分为乌古和三河乌古两部分。南与契丹界相接，西邻敌烈八部。会同三年（940年），赐予旗鼓，置于厥国王府，下设乌隈于厥部大王府、于厥里部族大王府和乌古部节度使、隗乌古部节度使、三河乌古部节度使、乌隈乌骨里部节度使等。敌烈（又作敌拉、迭烈、敌剌、迪里、迪烈子、敌烈得、敌烈德、迭烈德、达里底等），居地位于克鲁伦河中游，号称敌烈八部或八部敌烈，南与契丹为邻。辽朝将其与乌古合称为乌古敌烈，置迪烈德国王府，下设达里得（达离底）部节度使、敌烈部节度使、八石烈敌烈部节度使等。

3. 阻卜、回鹘、吐蕃等部族

在乌古、敌烈部以北，以今蒙古国境内的杭爱山地区为中心的广阔区域内，分布有拔思母、茶扎剌、粘八葛、耶睹刮、耶迷只、术不姑、挞术不姑、迪离毕、迭剌葛、素昆那山东部、胡母思山部、卢不姑部、蔑思乃部、梅里急部、毛葛失等，总称为阻卜，分为北阻卜、西阻卜、阻卜、西北阻卜诸族群，置阻卜国大王府，设阻卜扎剌部节度使司、阻卜诸部节度使司及西阻卜国大王府、北阻卜国大王府、西北阻卜国大王府、术不姑国大王府、黠戛斯国王府、斡朗改国王府、述律子国王府、吾独椀部大王府与诸部节度使等。

在今西北至西域地带，分别设置党项国大王府、吐谷浑国王府、沙陀国王府、突厥国王府、西突厥国王府、甘州回鹘大王府、沙州回鹘敦煌郡王府、回鹘国单于府、阿萨兰回鹘大王府（高昌国大王府）、于阗国王府、西蕃国王府、吐蕃（又名铁不得）国王府、西蕃国王府、大蕃国王府、小蕃国王府、大食国王府（即中亚萨曼王朝）等。

随着辽朝五京体系的形成，南京道属于汉族分布区；西京道南部为汉族分布区、北部则为多民族杂居区；中京道、东京道属农牧交错区，呈现诸族杂居状态；上京道为游牧文化区，农业生产比重逐渐增长，亦属多民族杂居状态。辽朝时期的民族分布情况，已经造就一幅多民族融合发展态势。辽朝的民族政策，表现为三个方面：一是羁縻管理，讨叛抚安，分割监视；二是纳入部族体系，因俗而治，各得其所；三是兼容诸族，笼络上层，蕃汉合流。

第二节　辽朝的社会人口及其构成

一、辽代的家庭结构与户籍管理

辽朝的家庭结构，由成员、附属成员或依附人口组成。辽朝中期，统治者鼓励多世同堂、同族共居的家庭形态，倡导忠孝。统和元年（983年）十一月，诏令"民间有父母在，别籍异居者，听邻里觉察，坐之。有孝于父母，三世同居者，旌其门闾。"①能够做到祖孙同堂或四世同堂者，唯达官贵族之家为常见，平民百姓多由父母与未成年子女共同组成普通家庭。家庭成员，即由户主及妻子儿女为主体；附属成员，大多系与户主没有血缘关系的收养或寄养人口。辽太祖曾收养吐谷浑弃儿直鲁古为养子，且其养子数目较多②。韩涤鲁，幼孤，被辽圣宗收养宫中，"圣宗子视之，兴宗待以兄礼"③。寄养者，如辽景宗幼孤，"养永兴宫"，④即辽太宗斡鲁朵。还有延寿公主，"幼遭乙辛之难，与兄天祚俱养于萧怀忠家"。⑤家庭依附人口，即部曲与奴隶，富庶豪贵家庭都有一定数量的奴隶，或直接参与生产，或供家庭驱使为婢仆，终生食宿劳作于主人家中，有着严密的人身依附关系，是家庭的一部分。殷实的平民之家，也拥有奴隶，官宦贵族动辄奴仆数十或数百人，甚至成百上千。《耶律元妻晋国夫人萧氏墓志铭》曰："育婢仆百千口"。⑥奴婢来源，一是战争俘掠人口，二是罪犯家属，三是破产的平民。

家庭构成的基本要素是夫妻，辽代盛行一夫多妻制，故夫妻关系的特点为：皇族与后族婚配，不限尊卑辈分；夫妻结合或离异比较自由，续娶和再嫁不受"节义"观念束缚。辽代的家庭中，父权占统治地位，父母与子女关系：一是父权和母权并行，二是盛行幼子守灶习俗，三是母以子贵现象盛行。兄弟姊妹关系，首先是区分嫡庶，尔后长者为尊，再后能者优先。成员

---

① 《辽史》卷10《圣宗一》统和元年十一月庚辰条，中华书局1974年版，第112页。

② 《辽史》卷108《方技》直鲁古，中华书局1974年版，第1475页。

③ 《辽史》卷82《耶律隆运传》附涤鲁，中华书局1974年版，第1292页。

④ 《辽史》卷8《景宗上》序，中华书局1974年版，第89页。

⑤ 《辽史》卷65《公主表》昭怀太子女延寿，中华书局1974年版，第1010—1011页。

⑥ 向南：《辽代石刻文编》兴宗编，河北教育出版社1995年版，第212页。

宣化下八里辽墓群壁画中的家庭生活场景

与婢仆之间是人身依附明显的主仆关系。

家庭是社会组织的细胞，社会由若干家庭组成，体现在管理方面的重要节点，是"户口"管理。诸族人口以家庭为单位活跃于社会中，政府对社会的管控，便是掌管户口、检括（即普查）户口并采取有效引导与防范措施。依据"计家曰户，计人曰口"原则，辽朝是由诸多民族组成的区域统一政权，户籍管理存在多种类型。

一是州县户口。五京州县大部分是为安置农耕人口设置，除南京、西京两道民户是以整体移入方式加入州县行列外，还有诸多由战俘、流民及落帐户等组成的州县。这些州县人口，大多从事农业和工商业生产，由南面枢密院与尚书省所属户部，负责户口登记、造册以及流民编置等管理事务，州县设"户曹"负责其事。

二是宫分户，即帝后斡鲁朵的宫籍人口，包含主人的亲兵、部曲以及大量的附属人口。其中，附属人口均由战俘、奴隶、各种进献人口及罪犯组成，也含有大量的契丹人等诸民族人口。辽朝的宫分户，分为三类：第一类是正户，即契丹人户，由亲兵、部曲和自愿隶属的宫分户组成，由诸宫使、副使和契丹行宫都部署司管理；第二类是蕃汉转户，以俘获的诸族民户转化而来，或析分州县人口纳入。因为，宫分户独立存在，与部族或州县户口不同，一旦纳入即称为"转户"。由南面诸宫使、副使和南面行宫都部署司（又名汉儿行宫都部署院）总领；第三类是著帐户，由罪犯家属没入，或其他宫户中析出，身份地位低下，等同奴隶。宫分户中的正户和转户，为军政合一组织，户籍独立于部族或州县户籍体系之外隶属诸宫提辖司。

三是头下军州和寺院二税户。头下军州和寺院私有民户，履行向朝廷和领主（寺院）同时纳税标准，故名。户籍归领主掌管，也要呈户部备案。

头下军州，皆诸王、外戚、大臣及诸部从征俘掠，或置生口，各团集建州县以居之。横帐诸王、国舅、公主许创立州城，自余不得建城郭。朝廷赐州县额，其节度使朝廷命之，刺史以下皆以本主部曲充焉。官位九品之下及井邑商贾之家，征税各归头下，惟酒税课纳上京盐铁司。①

寺院占有大片良田和众多人口，影响到朝廷的财政收入。《金史》议论辽朝曰："多以良民赐诸寺，分其税一半输官，一半输寺，故谓之二税户。"②

四是部族民户。由契丹、奚、室韦、女真、乌古、唐古、回鹘、突厥、党项、吐浑等诸族部民构成。部族民户既是部落"蕃息"结果，也有由宫分人户等重新编组的新部。由契丹北枢密院负责户籍管理事务。

五是属国属部民户。据《辽史》记载，"辽境东接高丽，南与梁、唐、晋、汉、周、宋六代为劲敌，北邻阻卜、术不姑，大国以十数；西制西夏、党项、吐浑、回鹘等，强国以百数。居四战之区，虎踞其间，莫敢与撄，制之有数故尔。"③"辽制，属国属部官，大者拟王府，小者准部使。命其酋长与契丹人区别而用，恩威兼制，得柔远之道。"④即采取羁縻管理方式，对这些由不同民族构成的属国属部给予较宽松的自治。

辽属国可纪者五十有九，朝贡无常。有事则遣使征兵，或下诏专征，不从者讨之。助军众寡，各从其便，无常额。⑤

但属部户口属于系辽籍，而属国户口不系辽籍，生女真诸部即如此。关于辽朝的总人口数，武玉环教授估计，鼎盛时 750 万左右（百余万户）。⑥

二、辽代的社会阶层

辽初，保留着较浓厚的游牧汗国特质，以传统"世选制"演化出控制绝

---

① 《辽史》卷 37《地理志一》头下军州条，中华书局 1974 年版，第 448 页。
② （元）脱脱：《金史》卷 46《食货志一》，中华书局 1975 年版，第 1033 页。
③ 《辽史》卷 46《百官志二》北面边防官序，中华书局 1974 年版，第 742 页。
④ 《辽史》卷 46《百官志二》北面属国官序，中华书局 1974 年版，第 754 页。
⑤ 《辽史》卷 36《兵卫志下》属国军序，中华书局 1974 年版，第 429 页。
⑥ 武玉环：《辽金社会与文化研究》，中国社会科学出版社 2014 年版，第 48 页。

对权力的特殊阶层，即皇亲国戚贵族集团，他们掌握着政权的命脉。史称："辽之秉国钧，握兵柄，节制诸部帐，非宗室外戚不使，岂不以为帝王久长万世之计哉。"①

辽朝皇族，包括由阿保机祖父的直系后代编成的"三房"皇族，即由伯父岩木后代构成的"孟父房"、伯父释鲁后代构成的"仲父房"、阿保机父系成员构成的"季父房"。三房皇族并称"大横帐"。而由皇族疏属划分出来的新部族，即五院部（又称南院部、南大王府）与六院部（又称北院部、北大王府），亦属皇族序列，号称"两院皇族"。与皇族地位相匹配的即遥辇氏九帐（又称九营、遥辇九可汗宫分），享受与皇族等同的特权。后族与皇族世代通婚，称为国舅帐，分拔里氏大父房、少父房，乙室已氏大翁帐、小翁帐等四大房帐；后又增加国舅别部。辽太祖规定：皇族世选南府宰相、后族世选北府宰相。开泰三年（1014 年），将拔里、乙室已二帐合并为一，与国舅别部为二国舅帐（部）。太平八年（1028 年）诏令："两国舅及南、北王府，乃国之贵族，贱庶不得任本部官。"②

皇亲国戚在"草原本位"面前，注重保持优厚的待遇及超乎寻常的政治地位。部落中的其他贵族，则与汉、渤海及奚族等世家、地（牧）主共同构成辽朝统治的中坚力量，皇亲国戚集团无疑成为这个封建统治阶层的核心。

辽代的僧侣上层，因统治阶级崇佛，通过恩赐等形式参政，兴宗朝"尤重浮屠法"，高僧至有正拜三公三师者③。这些僧官虽不直接参与朝政，却能直接影响皇

曲柄铁斧与错金镐形铁器，出土于赤峰阿鲁科尔沁旗耶律羽之墓

---

① 《辽史》卷 114《逆臣下》史臣论曰，中华书局 1974 年版，第 1517 页。

② 《辽史》卷 17《圣宗八》太平八年十二月丁亥条，中华书局 1974 年版，第 203 页。

③ （宋）叶隆礼撰，贾敬颜、林荣贵点校：《契丹国志》卷 8《兴宗文成皇帝》，上海古籍出版社 1985 年版，第 82 页。

帝，在朝班中享有极高品
位，并以赐封的专职僧官实
际管理一定区域内的宗教
事务。保宁六年（974年），
以沙门昭敏为三京（上京、
东京、南京）诸道僧尼都总
管，加衔兼侍中，即如此。
辽朝专职僧官，还有僧录、
都僧录、正副判录等。这些
高僧，不仅政治荣宠，经济
上也比较富有，文化上博学
多智。

辽代契丹贵族彩棺，出土于内蒙古通辽吐尔基山辽墓

辽朝社会的中下层，既
有官僚地主，也有士农工
商、僧尼巫道以及数目更多
的平（部）民、部曲、婢仆、驱口、贱民等。士，即处于中下层的各族知识
分子，入仕后由低级官吏起资，逐渐攀升。农、工、商阶层，均属中下层人
口，拥有相对可观的家赀，承担着租赋、兵役和徭役。辽代分布广泛而人数
众多的平民、下层僧尼、巫觋、道徒等，无疑属于社会分层中的下层。但比
辽代社会下层境遇更为悲惨的是，那些相当于农奴身份的部曲、婢仆和著帐
户等"贱民"阶层。

三、辽代的社会基层组织

辽代社会经济结构的多元特点，使其社会基层组织的类型分为农区与牧
区两种基层组织构建形式。

辽代农业生产区域的基层社会组织，继承了唐朝管理模式，由州县隶属
的乡、里、保、砦（寨）、庄、务、村、屯等自然聚落，构成农区社会基层
组织的基本框架和基本单元。辽代南京与西京地区，位于古长城以南，今河
北省北部、中部与山西省北部及京津地区，居民以汉族人口为主，是辽代主
要的农业生产区域，堪称辽代的"粮仓"所在。辽人关于幽云地区及其战略
地理价值的认识，可以统和五年（987年）于南京城撰刻创建的《祐唐寺创

辽代墓葬壁画中的汉人形象

建讲堂碑》为证：

夫幽燕之分，列郡有四，蓟门为上。地方千里，籍冠百城。红稻青秔，实鱼盐之沃壤。襟河控岳，当旗戟之奥区。①

辽代乾统七年(1107年) 撰刻的《三河县重修文宣王庙记》云：

燕京经界，辖制六州，总管内外二十四县。县贯三河者，古之名邑也，左附流渠，背连黍谷，作大都之襟带，为上郡之唇腮。户版颇多，赋调益大，历经操割，随用有殊。②

这里的社会基层组织，完全沿袭中原地区固有的乡、里组织形式：每个县辖有若干乡，乡辖有若干个里，里由一个或几个大小不等的保、砦、庄、屯等村落组成。或认为辽代村、里呈现重合现象，即作为基层组织的"里"与村级社区重合。③

西辽河流域（今内蒙古东南部、辽宁西北部、吉林西部），属于农牧交错的多民族杂居区，既有斡鲁朵州县，也有奚族聚居区，贵族领地及头下州。农业生产以"插花田"形式，存在于广袤的河流、山（林）地与牧场间。从事农耕者，多为汉族、奚族和渤海人。在此区域内，州县所辖乡里基层组织并不健全，尤其斡鲁朵州县、贵族领地与头下州等，大多类似"庄园"自给自足经济发展形态，限制了农区封建生产关系与基层组织的发展，出现许多庄、寨、堡、务等新的聚落形态。

辽代牧区的社会基层组织，即部族内部以"石烈"为具体管理单元，在

---

① 向南：《辽代石刻文编》圣宗编，河北教育出版社 1995 年版，第 89 页。

② 向南：《辽代石刻文编》天祚编，河北教育出版社 1995 年版，第 577 页。

③ 张国庆：《辽代社会史研究》，中国社会科学出版社 2006 年版，第 109—111 页。

草原牧场间，形成数量众多、规模不等的"弥里"（又作抹里），弥里之下有"得里""闸撒"以及关押管理罪犯的"瓦里"等基层组织。辽代契丹等部族如此，斡鲁朵的契丹人"正户"，也是按此方式进行编制。属国属部也大体如此。"石烈""弥里"作为牧区基层组织结构，又因生产和迁徙的需求，呈现出较为明显的关系特征。这是因为，"游牧民族所特有的生产方式，仍决定了其旧的部落组织外壳经过一番改造后，又以社会基层行政组织的形式被保存下来，部落中仍以'帐族'的形式存在着若干个小的'抹里'等游牧社区。"①

辽代墓葬壁画中的契丹人形象

至金朝时期，契丹人部落组织仍然保留着这些基层组织形式。金朝便沿袭这种方式，以许多弥里组织（即"诸抹"）为单元发展起繁盛的群牧组织。

辽代部族社会基层组织结构，依据规模而稍有差别，大部族的石烈（契丹语相当于县）官员有：夷离堇，下设马普（又作马步，本名达剌干，为辅佐）、牙书（掌账簿文记）；弥里长官为辛衮（本名马特本），下设闸撒狨等。小部族的石烈官员，以令稳为长官，马普为副职，牙书为僚吏；弥里职官与大部族同。②

---

① 参见张国庆：《辽代社会史研究》，中国社会科学出版社 2006 年版，第 115 页。
② 《辽史》卷 46《百官志二》北面部族官，中华书局 1974 年版，第 724—725 页；卷 45《百官志一》北面宫官，中华书局 1974 年版，第 718 页。

四、辽朝的社会管控措施

辽朝的社会管理及其控制程度，较以前诸封建时代都有所加强，突出标志是首创五京警巡院，以警察制度作为城市治安与民政管理机构，主要职能是巡查缉盗、执法鞠讼、济众安民以及负责户口检括、户籍管理等琐碎事务。[1] 辽朝的社会管理刚柔兼济，非仅依赖法政治理，还有比较具体的调控措施，相伴而行。辽朝采取的社会调控措施可归纳为以下三项。

（一）大力弘扬社会"教化"措施

辽朝采取社会"教化"的手段，就是本着维护统治与弱化民众逆反心理为宗旨，弘扬儒学与佛法。辽朝"北面官"系统，模仿中原王朝的宗正寺置"大惕隐司"管理皇族事务、"大林牙院"掌管文翰之事、"敌烈麻都司"掌管礼仪、"文班司"负责文治教化事宜，"北面著帐官"中则有"殿幄郎君""佛殿小底"等具体职守。"南面官"系统沿袭唐宋政治体制，翰林院有翰林画院、国史院、宣政、观书、昭文、崇文、乾文诸殿学士，皆以究治儒学为根基；客省则有礼信、礼宾二司，国子监下设国子学，东宫官属有文学馆、司经局，王傅府有诸王文学馆，其"五京学职名总目：道宗清宁五年，诏设学养士，颁经及传疏，置博士、助教各一员"。故有上京学（又别有国子监）、东京学、中京学（亦别有国子监）、南京学（亦曰南京太学）、西京学。[2] 还有"中京文思院"、黄龙府学、兴中府学，职官设置如五京。"南面方州官"体系中，又有诸州、县学。辽朝儒学的教育职能发挥得淋漓尽致。

辽人崇佛，塔寺遍布，僧尼众多。如咸雍八年（1072年）于蓟州（今天津市蓟县）刻写的《蓟州神山云泉寺记》云：

> 佛法西来，天下响应，国王大臣与其力，富商强贾奉其赀，智者献其谋，巧者输其艺，互相为劝，唯恐居其后也。故今海内塔庙相望，如觌史之化成，似耆阇之涌出。第当形胜，举尽庄严。非护世神灵，潜有加被，出尘龙象，先为主张，何以至于是哉！[3]

---

[1] 参见张国庆：《辽朝警巡、军巡与巡检制度考略》，《辽宁大学学报》2015年第2期。

[2] 《辽史》卷48《百官志四》南面京官，中华书局1974年版，第807页。

[3] 向南：《辽代石刻文编》道宗编上，河北教育出版社1995年版，第358页。

虽文辞有夸耀，但可言喻辽朝崇佛信佛之实际。辽朝佞佛，皆因统治者大力倡导。例如兴宗朝政，高僧非浊蒙恩加授崇禄大夫，检校太保，旋又加检校太傅太尉；高僧海山赐官崇禄大夫守司空、辅国大师。"正拜三公三师兼政事令者，凡二十八人。贵戚望族化之，多舍男女为僧尼"。[1] 辽兴宗倡导和崇重佛法的根本目的，就是为"辅国"。据《圆空国师胜妙塔碑》记载，开泰二年（1013 年）赐圆空国师诏云：

> 朕闻上从轩皇，下逮周发，皆资师保，用福邦家。斯所以累德象贤，亦不敢倚一慢二者也。……朕何不师之乎。[2]

目的就是"讨教"治国安邦之策。辽朝崇佛尊儒，虽然方式方法各不相同，但寓意其中以行"教化"之心态，昭然若揭。

（二）社会管理的强制措施

强制措施就是制度控制。辽朝以"因俗而治，官分南北"为祖制，历代相沿"以国制治契丹，以汉制待汉人"的方针，目的是平衡蕃、汉统治阶级利益和安定社会从业人口，但草原本位倾向也会时常表现出来，尤其多民族融合加速、封建化程度日益加深之际，社会发展需要统治阶级在政治、经济领域作出适当调整与改革，但统治集团却严守"祖制"而采取不做变更的"守成"策略，导致社会矛盾积聚，吏治腐败，权力冲突不断，近而引起统治集团内部的斗争愈演愈烈。

面对严重的社会问题，圣宗朝开始在法律层面，尝试融会番律与汉律，即"治契丹人一同汉法"，但朝野之中，声调不一。兴宗即位，诏命北院枢密副使萧德等修订法律条令，"参酌古今，刊正讹谬，成书以进，帝览而善之"，[3] 共计 547 条，史称"重熙条制"。同时创立警巡院制度，配合新订条制，一同颁行，但条制实施效果不佳。道宗即位后，删繁就简、重订条制900 余条，史称《咸雍重定条例》，实行之后，公私不便，故大安五年（1089年），"复用旧法"，即采用"重熙条制"。

---

① （宋）叶隆礼撰，贾敬颜、林荣贵点校：《契丹国志》卷 8《兴宗文成皇帝》，上海古籍出版社 1985 年版，第 82 页。

② 陈述辑校：《全辽文》卷 1，开泰二年《赐圆空国师诏》，中华书局 1982 年版，第 15 页。

③ 《辽史》卷 89《耶律庶成传》，中华书局 1974 年版，第 1349 页。

（三）维护社会稳定的保障措施

辽朝维护社会稳定措施，除制定颁布刑法，以法律准绳齐民行为外；又创置五京警巡院，试图体察民间，防患于未然。除此之外，还在以下几方面确实达到稳定社会秩序、维护社会平稳发展之目的。

1. 赈灾恤民，解决民间疾苦

辽朝于农业生产区广置义仓，以备旱涝天灾导致的歉收之需。据《辽史》记载，统和十五年（997年）四月，"发义仓粟，振南京诸县民"①；开泰元年（1012年）诏令："朕惟百姓徭役烦重，故多给工价；年谷不登，发仓以贷；田园芜废者，则给牛种以助之"。② 如遇重大自然灾害，则会及时调动临近京府州县力量，全力施救，济民安众。例如，开泰六年（1017年）"冬十月丁卯，南京路饥。辄云、应、朔、弘等州粟振之"，将西京道诸州县储藏粟米，辄运至南京界内，赈济饥民。③ 又如太平九年（1029年），"燕地饥。户部副使王嘉请造船，募习海漕者，移辽东粟饷燕"。④ 不仅如此，辽朝对于各族贫民的接济，也属惯常举措。如辽道宗大安二年（1086年）十一月，"出粟振乾显成懿四州贫民"；⑤ 大安四年（1088年）正月庚午，"免上京逋逃及贫户税赋"；三月己巳，"振上京及平、锦、来三州饥"；四月己卯，"振苏、吉、复、渌、铁五州贫民，并免其租税。甲申，振庆州贫民"。⑥ 七年（1091年）又诏给渭州（今辽宁省彰武县二道河子万宝城遗址）贫民耕牛、布绢。辽道宗寿隆元年（1095年）二月戊辰，赐左、右皮室贫民钱；又赐东北路贫民绢。⑦ 次年正月，"市牛给乌古、敌烈、隗乌古部贫民"。⑧ 辽朝还黜免或减低受灾民众税租额度。如此规模的赈济活动，说明辽朝已经具备比较健全的赈灾恤难机制。

2. 优老恤鳏寡

辽朝以儒家治国思想，倡导孝义廉明。统和元年（983年），"下诏谕三

---

① 《辽史》卷13《圣宗四》统和十五年四月壬寅条，中华书局1974年版，第149页。
② 《辽史》卷59《食货志上》，中华书局1974年版，第925页。
③ 《辽史》卷15《圣宗六》开泰六年十月丁卯条，中华书局1974年版，第180页。
④ 《辽史》卷59《食货志上》，中华书局1974年版，第925页。
⑤ 《辽史》卷24《道宗四》大安二年十一月癸未条，中华书局1974年版，第292页。
⑥ 《辽史》卷25《道宗五》大安四年正月至四月条，中华书局1974年版，第296页。
⑦ 《辽史》卷26《道宗六》寿隆元年二月至三月条，中华书局1974年版，第307页。
⑧ 《辽史》卷26《道宗六》寿隆二年正月辛酉条，中华书局1974年版，第308页。

京左右相、左右平章事、副留守判官、诸道节度使判官、诸军事判官、录事参军等，当执公方，勿得阿顺。诸县令佐如遇州官及朝使非理征求，毋或畏徇。恒加采听，以为殿最。民间有父母在，别籍异居者，听邻里觉察，坐之。有孝于父母者，三世同居者，旌其门闾。"①

辽朝对于年长者，无论官僚贵族还是平民百姓，都给予较高的优待。如南院枢密使马人望年老致仕（即退休）时，"以守司徒兼侍中致仕"，即给予优厚的退休待遇。② 这样的例子，举不胜举。如辽太宗会同元年（938年），"诏群臣及高年，凡授大臣爵秩，皆赐锦袍、金带、白马、金饰鞍勒，著于令。"③

辽圣宗统和九年（991年），"诏诸道举才行，察贪酷，抚高年，禁奢僭，有殁于王事者官其子孙"④。统和十二年（994年），因霸州民李在宥133岁，朝廷遂赐予束帛、锦袍、银带，每月供应饮食羊酒若干，并蠲免其全家的赋役租税。统和十六年（998年），又诏令："妇人年逾九十者赐物"。⑤ 辽道宗大安十年（1094年），三河县民孙宾及其妻皆百岁，诏令蠲免其全家赋役租税。会同四年（941年），令乙室、品卑、突轨三部鳏寡不能自存者，官府为之选择配偶，以维持生计。统和元年，诏令赐物给命妇寡居之人。太平五年（1025年），圣宗亲自"礼高年，惠鳏寡，赐酺饮"。⑥ 这些对于减缓社会矛盾，稳定社会秩序，安抚流民，无疑具有积极意义。

3. 推行检查巡视制度，纠正不良风习

辽朝经常派遣朝官至各地巡查，检视各行业生产状况、纠正社会风气、督理司法疑案。如太宗朝，东平郡（今辽宁省辽阳市）"饥馑疾厉"，受灾严重，汉官韩德枢受命巡视，"下车整纷剔蠹，恩煦信孚，劝农桑，兴教化，期月民获苏息。"⑦ 甚至帝后也亲至乡里，观稼观获，诏令诸县长吏勤政劝农。道宗朝，派遣西南安抚使萧文巡查高阳，"文始至，悉去旧弊，务农

① 《辽史》卷10《圣宗一》统和元年十一月庚辰条，中华书局1974年版，第112页。
② 《辽史》卷105《马人望传》，中华书局1974年版，第1463页。
③ 《辽史》卷4《太宗下》会同元年九月壬子条，中华书局1974年版，第44页。
④ 《辽史》卷13《圣宗四》统和九年七月乙巳条，中华书局1974年版，第141页。
⑤ 《辽史》卷14《圣宗五》统和十六年五月乙酉条，中华书局1974年版，第153页。
⑥ 《辽史》卷17《圣宗八》太平五年末，中华书局1974年版，第198页。
⑦ 《辽史》卷74《韩延徽传》附子德枢，中华书局1974年版，第1232页。

桑，崇礼教，民皆化之"。① 巡视检查是以官署为核心的权力调控行为之补充，属于权力调控范畴，但也可以达到及时发现问题、及时处理的效果，起到弥补刑法疏漏的作用。辽朝许多巡视案例，都是针对各地疑案讼狱而发，进行整顿清理秩序。因此，巡视检查归属监察系统之巡检制度，是从朝政巡检向地方巡检的延伸。

第三节　辽朝的社会生活

（一）婚姻与姓氏

辽代的契丹人仍保留着原始族外婚制的影响，严格奉行同姓不婚原则，但姑舅亲婚姻极为普遍，不受行辈限制，甚至还存在姊亡妹续的旧习惯。

契丹人虽然接受中原文化影响而尊孔崇儒，但妇女的社会地位未受封建礼教的压制，没有照搬照抄"三从四德"的说教，寡妇再嫁视为天经地义，属人之常情。如辽景宗病殁后，承天皇太后下嫁汉人丞相韩德让，并赐韩德让姓名为耶律隆昌（后又更名为隆运）。这应是按照契丹人收继婚旧俗来处理，赐韩德让国姓耶律氏，名为隆运，是与辽圣宗御讳隆绪相连接，表示其已为辽景宗家人（子侄辈行序），使得耶律隆运与承天皇太后婚姻符合契丹习惯法。因此，辽圣宗也对耶律隆运十分敬重，还为耶律隆运组建了归属其个人的斡鲁朵，即文忠王府。这都是以当时契丹所盛行的习俗来办理。

最初，契丹人的婚姻习俗比较简单。《辽史》记载，"肃祖尝过其家，曰：同姓可结交，异姓可婚姻。知为萧氏，为懿祖聘焉。"② 肃祖即其四世祖耨里思，懿祖即其曾祖萨剌德。当时遵守"同姓不婚"规例，由双方家主或长者约定聘娶，这绝非当时唯一的结姻形式，只是较为尊重的表达方式。因为，至辽朝时期还有着"放偷日"的遗俗（即抢婚的余痕）。宋朝境内盛传契丹人的起源神话，即"阴山七骑"故事，呈现于后世的即活脱脱的"抢婚"画面。③ 辽朝的"岁时杂仪"中有一项"狘里尀"的庆典。契丹语"狘里"，

---

① 《辽史》卷 105《萧文传》，中华书局 1974 年版，第 1461 页。
② 《辽史》卷 71《后妃》懿祖庄敬皇后萧氏，中华书局 1974 年版，第 1198 页。
③ 任爱君：《关于契丹族源诸说新析》，载中国蒙古史学会编：《蒙古史研究》第 7 辑，内蒙古大学出版社 2003 年版，第 31—46 页。

辽代双鱼玉佩，出土于内蒙古通辽奈曼旗青龙山镇陈国公主墓

是"请、约请"；"䖷"是"时、时候"；就是国舅族萧氏有大事张罗、隆重热烈的"请客"日子。客从何来？即与萧氏家族联姻的耶律氏。但这个"请时"有两个：一是每年二月初一日，由国舅族隆重邀请姻亲耶律氏，是亲家团聚的联谊行为；二是每年六月十八日，由国族耶律氏设宴邀请国舅族宴饮欢乐。因此，"䖷里䖷"是双方互请的宴乐节日，源自血缘亲情的体现，是姻族牢固关系的亲密行为。但是，随着封建化程度的日益加深，辽朝原本流行的收继婚俗逐渐受到抵制，落后的姊亡妹续之法也以法律程式予以终结；契丹人的婚姻行为逐渐形成一套由媒者牵线、父母许亲和择日订婚、纳币、迎娶、送嫁陪嫁的程式仪注。

辽代的皇族，大多数都迎娶国舅部萧氏家族女子为妻，并有朝廷法律的约束，但也有例外。例如，辽世宗耶律阮即帝位前，就以俘获的后唐宫人甄氏为妃，即位后将甄氏册立为皇后，虽是契丹后妃群体中的特例，但契丹皇室的婚姻家庭中，确实并不严格排除他族。又如辽圣宗，也将与北宋战争中俘获的南唐国主李璟的女儿（南唐公主），册立为顺仪。此事传到北宋境内后，文人墨客曾经非常主观地撰写一篇《芳仪曲》，以哀感凄婉的语调陈述李氏的内心世界。但李氏公主与辽圣宗似乎较好，育有金乡郡主，下嫁给国舅部家族的萧图玉。于此所见辽朝皇室的婚姻行为，表明当时辽代诸族群之间的通婚现象，也客观地存在于诸族人口的社会生活中，并随着融合程度加深而逐渐增多。

契丹族仅有耶律和萧两个姓氏，但同姓之人也并不代表着相互间必然的血缘联系，只是以姓氏标记为互为婚姻的两个群团。辽朝尤论萧氏或耶律氏任何一个群团中，都有着其各自内部的更细致地划分和区别。首先是耶律氏，辽太祖虽以地名为姓，但将前代可汗家族大贺氏、遥辇氏与皇族世里氏，俱为耶律氏。而皇族之中，又有二院皇族和三房皇族的划分。所谓二院皇族，即以辽太祖五世祖之长子洽慎的后裔为五院司（又称五院部、南院或南大王院），以五世祖三子、四子后裔与四世祖二子、四子后裔并为六院司（又称六院部、北院或北大王院），总称为二院皇族，隶属北宰相府。他们与阿保机为同宗，但血缘关系已经较为疏远。所谓三房皇族，即阿保机祖父匀德实的后裔。阿保机以二伯父岩木的后人为"孟父房"，三伯父释鲁的后人为"仲父房"，以阿保机父亲的后裔为季父房，总称为三房皇族或皇族三父房，隶属于朝廷大惕隐司（相当于中原王朝的"宗正寺"或"宗人府"）。遥辇氏家族则归属遥辇九帐大常衮司管辖。但这些耶律氏所在的诸部落中，也同时包括了与其存在婚姻关系的萧氏在内。随着耶律氏皇族三父房(即横帐)地位的日益突出，那些原本与皇族世代通婚的萧氏家族，也在部落共同体中"别出"为国舅族帐。这样形成的客观效果是：一是皇族与后族的婚姻联系更加明确；二是促使部落内部的调整与析分，势在必行；三是使部族婚姻与辽朝政治结构紧密地联系在一起。国舅家族自部落共同体内部的"别出"，使国舅部成为社会地位与政治地位比较突出的显赫家族，法令规定他们不与卑小帐族通婚，实际等同于部落社会内部尊卑阶层的划分。有尊卑阶层的划分，必然有尊卑阶层的区别，故在辽朝的耶律姓氏之中，为与皇族显赫的地位相区别，又有"庶耶律"之区分。"庶耶律"即部族社会的底层，他们的政治地位也较低，各方面都无法与皇族耶律氏相比。萧姓中也是如此。地位比较低下的耶律氏与萧氏群体，在部族社会中也结成相对应的婚姻群团。

契丹人主要经济生产生活方式，依然是游牧渔猎为主，农工商为辅，生活简单，"食肉衣皮"是其社会生活内容的真实写照。辽朝建立后，尤其幽云十六州地区的纳入，农业生产在经济生产结构中的比重迅速增长，并与牧业生产形成交相辉映的发展状态，使契丹人的社会生活结构发生巨大变化。

（二）服饰

自太宗朝开始，贵族阶层逐渐确立起"国服"和"汉服"的区别，均以丝绸布帛制作，服饰纹样呈现出各自不同的文化特点，传统的游牧文化与盛唐文化影响，辽朝文化继承了盛唐文化传统。但辽朝前期，契丹社会中下层人口，皮衣皮裘仍是四季穿着的主要衣物。后晋宰相冯道奉使辽朝时，曾经留下"朝披四袄专藏手，夜盖三裘怕露头"的诗句，其中的"裘袄"，是他来到辽朝之后，辽太宗亲自赏赐给他的一些锦袄、貂袄和羊裘、狐裘、貂裘等衣装，因气候寒冷，冯道用以御寒。辽朝的官服，分为国服、汉服两类，详细又有祭服、朝服、公服、猎服和常服之分，种类不一，式样众多。普通契丹人有长袍、短服、内衣、裙裤（长裤有裆，套裤即吊敦）、帽、靴等。袍服多为圆领、交领或直领，左衽窄袖。

耶律羽之墓出土的两件袍服，一件为中窠杂花对凤妆金银锦袍，该袍为左衽盘领，锦袍总长 1.50 米，通袖长约 2.20 米。窄袖，自腋下起至袖口长约 75 厘米，上截与衣身为同一片织物，下截长 54 厘米，袖口宽约 15 厘米，胸围 1.4 米，下摆总宽 1.15 米。前身斜襟，下摆宽 98 厘米；里

辽耶律羽之墓菱纹花罗地菩提纹绣残片

身也是斜襟，下摆宽约 1 米。在左胸处钉有两排扣袢，相距 15 厘米。值得注意的是，此袍的开衩是在后片中间，高约 63 厘米；衩口内，还接有两片梯形的锦片，以便遮挡开衩处。这种开衩方法，是典型的缺胯袍。领宽约 10 厘米，里襟斜而前襟围绕到颈左后部，领端有一扣，后部有一袢，刚好相扣。织物图案的窠径较小，约为 15 厘米，因此此袍在裁剪时，并不过于注重图案的方位。锦袍的左后身与里襟左部相连，右后身与前襟右部相连，织时两面的图案方向相反，肩部不见缝接处。前襟左部有一片相对完整的织物斜向构成，而在里襟右部却由许多碎料拼成，这是因为它藏于里面之故，由此也可看出当时在裁剪用料方面的周到考虑。

另有一袍也较为完整，形状亦为左衽盘领，窄袖。只是里面加入了一层丝绵，为夹衣，未着纹饰，当为秋冬服装。

这两件服装从多角度折射出契丹服饰修饰的华丽，尤其宽袍窄袖特点，较繁缛宽松广袖的汉式服装，更加穿着方便又利于骑马、射猎等行动，表现出服装的实用性，这也许就是"胡服"在中原地区屡禁不止的原因所在。[1]

辽代纯金耳坠

其衣装的颜色，有红、黄、蓝、绿、紫、黑、白多种。腰带有丝、革之分，喜佩蹀躞（各种金属佩饰件）带，带上佩有弓箭、刀匕、荷包、针筒、火石及金、玉、水晶、玛瑙、琥珀、碧石饰品等。皇帝冠帽，有实里衮冠、金冠、硬帽等；臣僚贵族有金文金冠、鎏金银冠、金花毡冠、金饰毡冠（貂蝉冠）、纱冠（夏季凉帽）、毡笠（无饰物的毡冠，形如小笠，圆顶或方顶，以缨系颏下）以及皮帽、巾帻（帕）等，贵族妇女有瓜皮小帽。在当代已经大量发现的辽墓壁画中，都有栩栩如生的鲜活表现。其中，契丹人的皮帽，尤其普通人惯戴的皮帽，曾经影响持续到金元时期，如元人张翥曾有诗句云："遮头更著狐皮帽，好个侬家老契丹"，普通人佩戴的狐皮帽，已经成为很长一段时期内契丹人的标志性服饰。

契丹人不分男女，皆好戴耳环，并有髡发习俗，即去其顶发，使颅顶四周发丝下垂，并向后披。男子喜好将鬓边发一缕，穿入耳环中。契丹女性亦髡发，有豪欠营女尸为证。但契丹男子髡发，考古材料甚多，式样又有多种。契丹是只有一种还是兼有多种的髡发式样，还尚待新的材料出现与考证分析。

（三）饮食

契丹人的食物，以肉乳为主。肉类，又可制成濡肉、腊肉、干肉等，尤好喜食火锅。同时也食用粮食，多制成炒米，或饼、馒头一类，也作粥加以奶乳或肉块等；辽朝中后期，煎饼、水饭、干饭以及酥乳饼、饵饼（带馅糕点）、糯米饭与各种面食盛行。蔬菜类则有回鹘豆、葱、韭、蒜、芹、姜、葵、菘、菠薐菜、铁脚草等，或生食或烹炒或作汤煮羹，调味品为盐、醋、酱、油、蜜、酒等。辽代的酿酒业，分为官、私两类，上京城麴院就是著名的官营酿酒工场，而市场出现的私酿则属民间小作坊的产品。辽朝社会由于对酒类的需求较高，相应的服务行业——酒肆便应运而生，很快遍布各京城府州。酒具如鸡冠壶、扁背壶、盘口瓶、鸡腿坛、牛腿瓶以及革制品浑脱、葫芦制作的瓠以及玉质的卮、钟和木质的榼、椀、楪、槃等。辽人饮用之茶，分饼茶和散茶两种。饼茶即砖茶，也称团茶，均为贵族饮用，平民饮用散茶，并逐渐形成新的饮品——乳茶。茶叶，成为辽朝境内紧俏商品之一。

辽代也因地制宜地将本地盛产的药草或花卉等，纳入茶品系列而广泛使用，如甘草汤、芍药蕊及旱金莲花等。

现代考古发现的辽墓壁画就有献茶或烹茶场面。如敖汉旗羊山 1 号墓西南壁绘画的"备茶图"：五位男子围立于高桌周围，其中一髡发（双鬟及脑后各垂一绺发辫）人，正将小盏放在盏托上；又一人髡发、戴黑色毡帽，手捧果盘；桌面置盏杯、盘、碗及一只带盖罐，盘内有果品、枣子等；桌前男童袖手扶于竹笟上

辽墓壁画《备茶图》，出土于内蒙古敖汉旗羊山 1 号墓

鼾睡，竹笟为竹竿框架、网格状罩，下有流苏，顶盖为斜坡式；右侧女童，蹲坐三足火盆后，作拨火状。这是一幅典型的"茶炊备饮图"。说明契丹社会的茶具铺设，主要有茶壶、茶盏、茶盏托、盛茶叶的罐及配饮的几副果盘、洗盏或盛放残茶的钵、装盛茶具的竹笟、煮茶的炭火盆等。[1] 沏茶进饮的场景，则有下湾子 5 号辽墓西南壁的绘画内容：左起第一人为髡发青年，袖手正立；余三人均为汉装，或手托黄色大碗，或手捧浅盘（内放黄色大碗），或双手捧黄色的瓷洗；前方左侧，置方形食盒四层，右侧置黄色曲口浅腹火盆，炭火正旺，上有两个执壶。似乎表现出饮前洗手、漱口习惯。[2] 表明契丹社会已有繁缛复杂的饮茶程序。壁画内容取材于生活，反映的是贴近现实的生活方式。

辽朝的酒类酿造已达到一定水平，每年致送宋朝的礼物中，都有法渍、法糟、面糟酒各 20 壶，这都是用不同制作方式生产的"御酒"，档次较高；

---

① 敖汉旗文物管理所：《敖汉旗羊山 1—3 号辽墓清理简报》，《内蒙古文物考古》敖汉旗辽墓壁画专辑，1991 年第 1 辑。

② 邵国田：《敖汉旗下湾子辽墓清理简报》，《内蒙古文物考古》敖汉旗辽墓壁画专辑，1991 年第 1 辑。

此外，还有数量较少的"新罗酒"，大约辽朝已掌握此类酒的制作技术。①
契丹民族好酒善饮，生活中处处都不能离开酒。譬如，号称"穷迭刺"的
五院部人耶律迭剌，在牧群转场之际，儿子降生，却因贫穷而懊恼无酒用
"祭东"。②辽代富贵人家的饮酒场面，比较讲究，大都使用金银制作的酒具
与酒器，如盏、盘、杯、壶、罐、碗等，还有配套使用的温酒器和食具等。
敖汉旗下湾子 5 号辽墓东南壁的绘画内容：共有四人，一人捧大碗，一人捧
黄色圆盘（上置黄色小盏两只），一人恭立于后，还有一人肩扛修瓶、侧身
向外行走。方桌上有曲口菊花纹温碗，内置执壶；浅盘内盛放西瓜、桃子、
石榴等；左侧曲口浅盘内有盏。桌下有半埋入地的修瓶，瓶口加桔红色泥
封。这是典型准备宴饮的场面。宴会还没有开始，仆人们已经着手准备宴
会所需的器物与饮品等。体现出的酒宴铺陈有：仆人肩扛从酒窖（架）取来
的陈酒、斜埋入地的盛酒器——长形修瓶（今考古发现所谓之鸡腿坛或牛
腿瓶），还有盘内盛放的瓜果（备好下酒物）等；仆人手捧的大碗，称为洗，
是宴饮前的盥洗工具，还有正在准备的各种用具如盘盏等。③画面表现的内
容，似是野外餐饮场面。同样在下湾子墓群的 1 号墓壁画中，已有居家宴饮
的酒瓶架。④

契丹人喜欢饮酒，也善于劝人饮酒。辽兴宗重熙二十三年（宋仁宗至和
元年，1054 年），宋翰林学士王拱辰、李珣为回谢契丹使臣，送给辽朝两头
大象，其间又与生辰使副宋选、王士全相遇于靴甸。因契丹人的热情款待，
上演一幕醉剧：契丹君臣在靴甸举行欢迎宴会，因饮酒过量，出现宋朝使臣
与契丹君臣深夜喧闹、酗酒狂醉的景象，以至不顾君臣礼节，或抓住契丹接
伴使臣手臂不放，或轻佻地相互拍搭肩背，王拱辰还与契丹君臣即席联句、
相互嘲谑，甚至模仿市肆俚俗语言取乐助兴。以至宋廷认为此事成为失礼事
件，事后两批使臣都遭到北宋朝廷的处罚。⑤据 20 世纪 80 年代发现的一座
辽朝晚期的墓室壁画内容看，契丹人饮酒已经达到"酗酒狂醉"的程度。壁

① （宋）叶隆礼撰，贾敬颜、林荣贵点校：《契丹国志》卷 21《南北朝馈献礼物》契丹贺
　　宋朝礼物附正旦，上海古籍出版社 1985 年版，第 201 页。
② 《辽史》卷 110《逆臣上》耶律乙辛，中华书局 1974 年版，第 1483—1484 页。
③ 《内蒙古文物考古》敖汉旗辽墓壁画专辑，1999 年第 1 辑。
④ 《内蒙古文物考古》敖汉旗辽墓壁画专辑，1999 年第 1 辑。
⑤ （元）脱脱：《宋史》卷 318《王拱辰传》，中华书局 1977 年版，第 10360—10361 页。

画背景是主人宴饮用的高桌，桌下两个高大的牛腿瓶，就是契丹人使用的盛酒器具。地上三个人中，有一人已经赤足醉卧，鼾然而眠，另外两人也已酒意醺醺，一人指天划地，醉话不已；另一人则靠近放有酒勺的高足盆前，举碗饮酒不止。酒徒形象，栩栩如生。① 契丹人的京府州县及聚落间的食店酒肆，也是纵情饮酒处所。辽兴宗曾数次变易服装入酒肆饮酒。宋人苏颂使辽诗歌也留下"朱板刻旗村肆食"的诗句，并于句下自注说：其食邸门前，悬挂有木刻朱旗。

宋人记载，契丹人的饮食习惯，是先用汤，后用茶。宴会场面，也是先进水饮，而后才是诸般肴饭的品味。契丹人长期生活在比较寒冷的北方地区，对于饮食习惯已经形成一套适应气候条件的具体方法，譬如饮食中形成的"先点汤"习惯，即如此。"点汤"之后，"再点茶"，说明契丹人没有将茶饮纳入汤饮，而是视为高级消费品，属于餐食系列的一部分。

契丹人的果品，较为丰富，种植的有桃、李、栗、柿、葡萄、梨、苹婆等，林野采集的有花红、欧李、枣、梨等野果。契丹果品，用以蜜渍，制成果脯，远销中原各地。夏日有西瓜，冬天有冻梨，皆为醒酒消渴的佳品。

（四）居住与出行

契丹人过着"随阳转徙"的游牧生活，居住的是便于迁徙的庐帐和车帐等。赵延寿在契丹居住多年后，对这种生活最直观的感受是："黄沙风卷半空抛，云动阴山雪满郊。探水人回移帐就，射雕箭落著弓抄。鸟逢霜果饥还啄，马渡冰河渴自跑。占得高原肥草地，夜深生火拆林梢。"20世纪末，赤峰克什克腾旗二八地辽墓石棺发现的契丹驻地小景线刻绘画，正可作为四时迁徙状况的参考。但宋朝使臣所目见之"草庵板屋"，说明已具备一定的房屋建造能力。

契丹皇帝四时移徙的生活习惯，称为捺钵，一年四季都有不同的住坐地点。但皇帝所用的毡帐或车帐，都比普通牧民的居帐大许多，甚至可以容纳千百人，故又称"行宫"或"行殿"。

辽代城市发展较快，但最具代表意义的还是辽上京城（今巴林左旗林东镇古城遗址）和中京城（今宁城县大名镇古城遗址）。辽上京，始建于辽太祖神册三年（918年），初名皇都，选址于迭剌部领地内；后经辽太宗朝的修

---

① 文物编辑委员会：《文物考古工作十年》附图版，文物出版社1991年版。

缮和扩充，更名为上京临潢府，是当时世界性大都市之一。辽代城市建设是当时世界一流的都市建筑。

马是契丹人重要的代步工具，也是衡量富庶程度的重要依据。《辽史》称契丹"其富以马"，说明了马在契丹人社会生活中的重要经济地位。契丹人男女皆善骑，从幼儿阶段即开始了"马背上的生活"。除了马匹，还有各种车辆，如从黑车子室韦人那里学得的造车技术，就对契丹有重大影响。还有高辐广轮的奚车，也是利于泥泞和沙漠地带出没的重要工具。辽墓中，发现有众多关于"奚车"的绘画。据说契丹人还掌握了一种凭车渡河的技术。辽朝境内交通比较发达，以辽宋使臣往来的驿路为干线，形成支、干线交错密布状况，北方草原地区的交通得到高度开发。

（五）生死观

契丹人使用十二生肖纪年习惯，并将这种纪年法运用到每一个人的生命属相上来，因此衍生出一系列的礼仪和禁忌。

据说契丹妇女在分娩前，要净身拜日，然后搭制专门的毡帐居住，分娩时卧在甘草苗上，以手帕蒙住孕妇双眼，若生男，为产妇饮调酥杏油，其夫用胭脂涂面；生女，则为产妇饮加盐的黑豆汤，其夫以炭涂面。如果是契丹皇后生产，就还要搭建48座与皇后待产一样的专门制作的小帐幕，铺设如契丹旧俗，但每帐例置一羊；至皇后生产时，便由宫人用力扭羊角，令其惨叫，以代皇后呻吟。这只羊完成使命后，任何人不得宰杀或鞭打，要由其自由生存，至老死病死。若皇后生男，则皇帝须着红衣，奏契丹乐，赏赐近臣，饮酒祝贺；若皇后生女，则皇帝须着黑衣，奏汉乐。凡契丹小儿，长至满 12 岁后，即有过本命年习俗，亲戚相庆；若帝后小儿本命年，则要举行再生仪，有着一套具体的排场和铺陈，并模仿出生时的情景，以示不容父母鞠养之劬劳。即使普通人家，凡遇子女诞生之际，也要依照习俗举行具有一定程式内容的"祭东"仪式。

在早期的契丹部落社会中，若遇儿孙病战而死，父母哭以葬；若父母病战而死，则儿孙不哭，"哭者，以为不壮"。其安葬方式：置尸于山树之上，三年后取其骨殖，焚化后埋葬。子孙例须扫墓祭祖，方式是洒酒以祭，并口中念诵着告祝先祖的祭辞："冬月时，向阳食；夏月时，向阴食。使我射猎时，多得猪鹿。"故猪肉和鹿脯也是祭祖的必需品。契丹人死后，生前所用器具、乘马、奴婢等，或殉葬，或留少部分物品赠遗亲戚好友。

辽朝建立后，这种葬俗也未根除，至辽朝末年，还有人亲眼目睹了北人（宋朝对辽人的称呼）置尸于树（树已改为搭制的尸棚）的丧葬方式[1]。但辽朝时期，已经出现较多的石砌、砖筑墓室，极为豪华讲究，如驸马赠卫国王娑姑墓[2]、皇族耶律羽之墓[3]等，墓室中都事先安置好打磨规矩的巨大石板，一般为七块或更多，搭建成屋室之状，再用砖石砌券外围，然后将柏木棺椁或棺床，移入石室，封锢石门。或将棺椁作成几脊小帐，再于帐内置木床，象征死者生前居住状况。一般贵族墓前，放置有与生前品级对等的石人、石虎、石羊等石像生。辽代帝后陵墓，沿袭唐朝因山为陵之制，规模宏大，但未见神道及石像生等，有些不同寻常。一般的契丹人，还要在完成送葬礼仪

辽代水晶描金十二生肖

① （宋）楼钥：《攻瑰集》，影印文渊阁《四库全书》本。
② 郑绍宗：《赤峰县大营子辽墓发掘报告》，《考古学报》1956 年第 3 期；盖之庸：《内蒙古辽代石刻文研究》驸马赠卫国王娑姑墓志，内蒙古大学出版社 2002 年版，第 33—34 页。
③ 盖之庸：《内蒙古辽代石刻文研究》耶律羽之墓志，内蒙古大学出版社 2002 年版，第 2—3 页。

后，举行烧饭祭祀仪式，多在死后、七夕（日）、周年、忌日、节辰、朔望之日举行。烧饭是祭祀的主要内容，事先筑土为台或掘地为坎，中置大盆，盛以酒食并加以焚化。契丹人死后，有时还要进行尸身处理，当时已经掌握一套保护死者尸身的技术。也有一些僧人死后，尸骨焚化，然后再将其骨灰盛放在模仿死者相貌雕制的真容木雕偶像中。贵族则普遍采用金银覆面或网络罩裹尸身的习俗。

（六）生活规例

契丹人还有祭祀天地、祖先、山川、河流诸神的习俗，每年都要举行相当隆重的礼仪，来进行祭祀。在辽朝的"祭山仪"中，保留着祭祀"辽河神"习惯。与此相关，契丹人也产生诸多禁忌，如遇有日蚀发生时，则望日而唾，或拜日相救并背日而坐；遇有月蚀发生时，则置酒相庆；遇到旋风时，口称"坤不刻"，鞭打空中四十九下；听到霹雳时，则相互勾住中指，口中模仿唤雀之声；如迁居新地时，须先屠白狗厌禳。辽太宗至汴梁时，就先"磔犬于门，以杆悬羊皮于庭为厌胜"①。行军之际，讳言僧人为"和尚"等等。

（七）节庆

契丹人的节日和娱乐活动密切相关，年末，有岁除仪，即除夕夜的庆典，皇帝与大臣贺使宴于正殿，敕使和夷离毕率执事郎君至殿前，将盐及羊膏置簹火中焚烧，噼叭爆响之际，巫师赞祝火神，皇帝等拜火毕，守岁相庆。普通民众，也大致如此。每年正月初一、正月初七、正月十五、立春日、二月初一、三月初三、端午节、七月十三、九月初九（重阳节）、冬至日以至于元旦等，都是节日庆典。周而复始，循环相袭，渐成岁时节庆习惯。

正旦，即正月初一日，契丹语称为"迺捏咿呢"。"迺"意为"正"，"捏咿呢"意为"旦"，即正旦之意。此日，按照契丹习俗，用糯米饭和白羊髓制作为饼，再将饼攒丸成拳状，每帐赐予四十九枚。至戊夜，各从帐内窗中尽力掷丸于帐外，然后收集帐前所得，为偶数，即演奏乐器，办席宴饮；若所得为奇数，则由巫者十二人执箭，摇动铃声，绕帐歌呼作法。帐内则爆盐火炉内，烧地拍鼠，称之为"惊鬼"。此帐内居人，至七日后，方可出帐。

---

① 《资治通鉴》卷286《后汉纪一》天福十二年（947）正月癸巳条，中华书局1956年版，第9330页。

立春日，由妇人进献春书，刻青缯为旗帜，像龙御之；或为蟾蜍，书于旗帜上"宜春"二字。

人日，即正月初七日。此日，若为晴天，则为吉祥之兆；若为阴天，寓意为有灾祸。契丹习俗，此日家家都煎饼于庭中，称之为"薰天"。

正月十五，契丹语称为"鹘里匝"。"鹘里"意为"偷"，"匝"意即时、时候；即"偷时"，民间俗称为"放偷日"，就是不禁止偷窃的时候。放偷日，乃契丹故俗，自正月十三至十五日，许人作贼三日，至夜，家家需要加以防

宣化下八里辽墓壁画中的演奏场景

范，遇人来盗，相互心知肚明，只能设法支遣驱逐，不能以兵仗相加；若家主稍有疏忽，大至妻女、宝货、衣服、奴婢、鞍马、车乘，小至杯碟、箕帚之类，都可能被人盗走，届时官府不能究治；失窃之家，待数日后，访知物之所在，或盗者自言，需邀长者（或尊贵之人）调解，再备酒食钱物赎回；若被盗妻女不愿回还者，即由盗者所有，也可以结成夫妻。

二月初一日称中和节，契丹人将这一天和六月十八日同称"狎里匝"，意为"请时"，是请客（qie，音且，即客人、亲戚之意）的日子。二月初一日这天，由国舅萧氏家族排筵邀请皇族耶律氏家族，至家中宴饮一日，纵情欢乐；六月十八日，也是"请时"，这一天，要由皇族耶律氏家族排筵邀请国舅萧氏家族，如二月一日那样，至家中宴饮一日，纵情欢乐。"请时"具有会亲、叙话，胶固情谊之意。

二月八日为佛生日，京府及诸州用木雕刻佛像，以仪仗百戏导引从行，循城而走，众以为乐。

三月三日为中原上巳节，契丹语称为"陶里桦"。"陶里"意为"兔"，"桦"意为"射"，即射兔节。契丹习俗，用木雕刻为兔状，众人分棚走马射木兔。先射中木兔者，同棚之人皆为胜者；负者同棚之人，则下马列跪进酒，胜者一棚于马上接酒饮之。

五月重五日，契丹语称为"讨赛咿呢"，"讨"意为"五"，"赛咿呢"意为"月"，即五月节。此日午时，采撷艾叶和绵著衣内，将七件铺絮有艾叶的衣装献给天子，北、南面臣僚各赐给三件，然后，君臣奏乐排筵，由渤海膳夫进奉艾糕。用五彩线编为彩索，缠绕臂膊，称之为"合欢结"；又用彩丝宛转编织为人形，簪于发际，称之为"长命缕"。

夏至，契丹人称为"朝节"。是日，由妇人进献彩扇，以粉脂囊相互赠遗。

六月十八日，为契丹耶律氏家族的"狎里㧢"，请客日。

七月十五日，契丹语称为"赛咿呢奢"，"奢"意为"好"，即好月节。十三日夜，天子于行宫帐西三十里卓帐宿焉。事先，预备齐全酒馔。翌日，诸军部落从行者奏起契丹乐曲，宴饮终日，至暮，天子返回行宫，称之为"迎节"。十五日为中原中元节，奏起中原音乐，大排筵席终日；十六日清晨，天子复又赴前日卓帐之地，从行诸军部落人等齐声大噪三遍，称之为"送节"。

八月八日，契丹语称为"捏褐耐"，"捏褐"意为"狗"，"耐"意为"首、头"，即狗头节。此日，按照契丹习俗，屠杀一只皮毛为白色的猎狗，将它埋在距离寝帐前七步之处，嘴尖露出于外。至八月十五日中秋节，移置寝帐于埋葬白狗之地上，以求神祇祈福。

九月九日，契丹语称为"必里迟离"，意为九月九日（即重阳节）。此日，天子亲率群臣部族射虎，以获多者为胜，获少者为负，负者罚以重九宴。射虎后，选择高地宽敞处卓帐，赐从行蕃汉臣僚畅饮菊花酒，行登高饮酒之意。同时，切碎兔肝为臡（ni，音尼，带骨的肉酱；同"脔"，意为切割成小块的肉），用鹿舌作酱（均为精美的肴馔），以供佐酒；又研磨茱萸泡酒，洒门户以禳灾邪。

十月十五日，契丹语称为"戴辣"，"戴"意为"烧"，"辣"意为"甲"，即烧甲节。月初，由五京进奉草纸制作的小衣甲、枪刀、器械等一万副；至十五日，天子与群臣等择旷地，望祭木叶山，用契丹字书状，连同纸造衣甲刀枪等一同焚烧，以行祭祀之礼。

冬至日，契丹习俗屠宰白羊、白马、白雁，各收取其血，掺入酒中，由天子率群臣望祭黑山。黑山在辽北境，俗谓契丹人魂魄，由黑山神司之，犹如中原人崇拜岱宗。每岁此日，由五京进奉纸造人马万余件（套），望祭黑山而焚烧之。契丹习俗，崇拜黑山，甚是敬畏，非祭祀，普通人不敢进山。

腊辰日，契丹语称为"炒伍偭呞"，"炒伍偭"意为"战、战斗"，即战时之节。游牧社会以冬日为战争季节，故契丹人以腊月为"战时"的节日。此日，天子率领北、南臣僚，全部身着戎装，戊夜坐朝，作乐饮酒，依臣僚等级身份赐予甲仗、羊马，以备战时征讨之军资。

（八）娱乐

除上述节日庆典外，契丹人还有比较丰富的娱乐活动，大体分为健身与文娱两类。其中，健身类有马球、射柳、角觝等，文娱类有围棋、双陆、草棋等。

马球，又称击鞠，设场地于开阔处，两端置门，参与者骑马，分为两队。比赛时，马走如电，杖舞

辽代《山弈侯约图》，出土于辽宁省法库县，现藏辽宁省博物馆

如风，来回驰逐盘旋，以杖击木球，入门多者为胜。马球是契丹人十分喜爱的活动。这在敖汉旗发现的辽墓壁画中，也有惟妙惟肖的摹画。

射柳，也是一项马上活动，先于地面竖立插放柳枝两行。柳枝去皮半尺，露出白梗。预射者，以尊卑为序，各系帕于柳枝为标记，乘马以无羽平

镞箭疾速射之，若射断柳枝白梗处，而又能在空中接帕在手者为胜；若射断其白梗处，而未能空中接帕在手者次之；若射断其柳枝青处，或射不断及不中者，皆为负。负者，饮以劣酒，以羞辱之。

角觝，类似摔跤，也是契丹人十分喜爱的娱乐项目。至今，巴林左旗辽代真寂寺右侧溪谷，仍遗有一幅刻画惟妙惟肖的契丹角觝力士的岩画。

契丹的围棋水平较高，据说契丹曾派出围棋手到北宋挑战，屡战不败，故有"国手"之称。现代考古发掘中，也经常见到辽代的弈局、棋盘及棋子等。

契丹双陆，也是契丹人喜闻乐见的娱乐方式。据南宋人考查，契丹人喜欢的双陆玩法，称为"契丹双陆"，宋人全然不知其游戏方法，与中原双陆游戏规则完全不同，在游戏技法、游戏规则等方面已经自成一格。

第八章　辽朝与周边地区的经济文化交流

第一节 辽朝与中原政权的关系和周边古族古国的联系

一、辽朝与中原诸政权的关系

（一）辽朝与五代十国的联系

唐末，李克用集团采取联合幽州刘仁恭，与中原军阀朱温相抗衡的策略，结果反被刘仁恭击败于木瓜涧。905 年，李克用遣人与契丹阿保机相约为兄弟，共同对抗朱温及刘仁恭集团，阿保机趁机掳掠刘仁恭数州之地。契丹势力开始介入中原军阀纷争的局面。

907 年正月，契丹部族发生剧烈变化，世里氏家族的耶律阿保机迫使遥辇氏家族让出世选可汗的特权，契丹进入君主专制时代。同年 4 月，朱温在汴州（今河南开封）宣武军，废除唐朝皇帝，自立为帝，建国号梁，开启了中原地区"五代嬗替"的乱局。而幽州藩帅刘仁恭，也被其子刘守光囚禁，守光自称幽州留后，守光之兄守文以财物赂契丹，率部属进攻幽州，阿保机趁机深入幽蓟地区掳掠，守光之弟、平州刺史刘守奇率众投降契丹，使契丹控制平州城（今河北卢龙）；割据河东地区的李克用集团，又与耶律阿保机相会于云州（今山西大同），再定共击朱温盟约，向后梁政权宣战。于是，后梁派遣使臣携带书币、衣带、珍玩等，与契丹交好，以牵制李克用、刘守光集团；阿保机遂向后梁求封册，朱温以"共灭沙陀"为条件答复契丹。不久，李克用病殁，其子李存勖向契丹借兵击后梁，未得到响应，河东与契丹关系疏远。

916 年，阿保机称帝，遂向河东集团控制的朔（今山西朔县）、蔚（今河北蔚县）、新（今河北涿鹿）、武（今河北宣化）、妫（今河北怀来）、儒（今北京延庆）、幽（今北京）、涿（今河北涿县）、定（今河北定县）诸州进攻，并将夺取的武州改为归化州、妫州改为可汗州，置西南面招讨司经略阴山以南及幽云地区。917年，晋王属下新州兵变，副将卢文进率众投降契丹，并引契丹军围攻幽州城。李存勖调集兵马救援，击败契丹于幽州城下，阿保机次弟剌葛投降晋王。921年，阿保机攻克涿州，围困定州，李存勖率军救援；次年正月，击败契丹于沙河，会天大雪，契丹军大败。923年，李存勖灭梁建唐。阿保机向漠北及渤海地区扩张。天显元年（唐天成元年，925年），后唐兵变，庄宗遇弑，李嗣源即位，是为后唐明宗，遣使会见阿保机于扶余府（今吉林省农安县），阿保机以割让河北地区为条件，议和无果而还。

天显三年（后唐天成三年，928年），后唐明宗诏令定州（今河北定县）藩帅王都入朝，以大将王晏球为北面招讨使、权知定州行州事。王都求救于契丹，奚秃里太尉铁刺（即秃馁）率骑兵万人驰援，至定州，与王都合兵，战唐军于曲阳，败守定州城。六月，契丹又遣惕隐涅里衮、都统查剌增援定州，被王晏球击败于唐河（今河北唐县），不得至定州，回撤途中，又遭幽州节度使赵德钧邀击，涅里衮等全军覆没。七月，王晏球破定州，铁剌战死。天显五年（后唐长兴元年，930年），契丹东丹王耶律倍渡海逃亡后唐，受到后唐政权礼遇，赐名李赞华。契丹遣使与后唐交涉放还唐河之役战俘和东丹王，后唐明宗只放还其部分俘虏，另择契丹战俘置"契丹直"，纳入后唐禁卫序列。

天显十一年（后唐清泰三年，936年），后唐末帝李从珂与驸马都尉、河东节度使石敬瑭矛盾激化，下诏移任石敬瑭为天平军节度使（治郓州，今山东东平），石敬瑭遣使求援于契丹，许诺岁贡银绢30万两（匹）并割让幽云十六州，事成即向契丹称子称臣。九月，后唐围困晋阳城（今山西太原），辽太宗率铁骑5万，自杨武谷（今山西朔县南部）南下，击败唐军于汾河，反包围后唐军队于晋安寨。唐末帝遂诏令洛阳、魏州（今河北邯郸大名）、幽州、耀州（今陕西铜川耀县）诸路出兵赴援，而幽州赵德钧及其子赵延寿却趁机谋划取代后唐，暗中与契丹联络，企图借契丹支持称帝。最终，晋安寨守军击杀主帅，出降契丹。十一月，耶律德光作册书，立石敬瑭为大晋皇帝，并遣骑兵护送石敬瑭南入洛阳；石敬瑭即向契丹称臣称子，尊契丹为"上国"，割让幽云十六州及岁献银绢30万两（匹）。辽朝遂据有古长城及古北、居庸等要隘。

937年，契丹幽州节度使赵思温奏请，瀛、莫二州处于枢要，其刺史常行周、白彦球等人应发遣至幽州，返归本任。诏允其请，仍令凡自梁、唐以来，陷身中原的契丹人，由官府出钱赎身，遣还本家。天显十二年二月癸卯，后晋遣后唐所掠郎君剌哥、文班吏萧㽘里还朝。[1]938年，耶律德光改国号为大辽，年号会同，更名皇都为上京临潢府，改原南京为东京辽阳府，升幽州为南京幽都府，接受后晋为其母子二人册上尊号。[2]史称，耶律德光册号"宝检（简）"一直保存至辽朝灭亡。[3]石敬瑭还在洛阳城树立起为耶律德光颂功的《圣德神功碑》。辽朝以赵延寿为南京留守，会同元年九月，遣使洛阳为其搬取妻子戚属而还，而延寿妻（即后唐公主）不久病殁，耶律德光依照契丹旧俗，遣使入晋复取公主之妹（唐明宗幼女）至幽州，令延寿续娶之。时契丹使入晋，后晋要沿途迎劳，即使由后晋转往江淮以南各地，也由后晋沿途排办供应。天显十二年（937年）九月，遣直里古使晋及南唐，即如此。[4]而《资治通鉴》也记载，后晋天福四年（辽会同二年，939年）十一月，辽遣使遥折至后晋，又由后晋南赴吴越政权。[5]其实，辽朝使臣"通问"江南，只是个形式，目的为商贸交流。据陆游《南唐书》记载，938年，辽使经由后晋至南唐，携行牛羊3万口、马200匹，以换易罗纨茶药。甚至辽太宗还在汴梁城置有营商机构——回图务。契丹诸般使臣在后晋境内恣意而为，江南诸政权也趁火打劫，欲假手契丹蹂躏后晋。939年，福建的闽政权，未与后晋协商，即令使臣郑元弼携礼品入境，直言北上契丹"贡献"，后晋囚禁闽使、籍没货物。闽政权遂遣使渡海至契丹，称进献的"贽见之礼"，遭晋人劫夺。耶律德光遂令石敬瑭将闽国货物交付汴京城"回图务"收押，慰抚闽使，悉数放还；后晋只得一一照办，闽使从此与契丹"往复不一"。[6]而941年4月，"（南）唐主遣通事舍人欧阳遇求假道以通契丹，帝不许。"[7]南唐政权也想效仿闽政权，遭到石敬瑭的拒绝。

① 《辽史》卷3《太宗上》天显十二年二月癸卯条，中华书局1974年版，第40页。
② 《辽史》卷4《太宗下》会同元年十一月壬子、丙寅条，中华书局1974年版，第44页。
③ （宋）徐梦梓：《三朝北盟会编》政宣上帙，影印文渊阁《四库全书》本。
④ 《辽史》卷3《太宗上》天显十二年九月庚申条，中华书局1974年版，第41页。
⑤ 《资治通鉴》卷282《后晋纪三》天福四年（939年）十一月戊子条，中华书局1956年版，第9208页。
⑥ 《资治通鉴》卷282《后晋纪三》天福四（939年）年十月庚戌、五年（940年）七月乙丑条，中华书局1956年版，第9207—9208、9216页。
⑦ 《资治通鉴》卷282《后晋纪三》天福六年（941年）四月辛巳条，中华书局1956年版，第9221页。

契丹政权以宗主身份，干涉后晋政治，又有商人谍者多方侦伺，加强对后晋政权的控制。王庭胤，本后唐义武军（定州）节度使王处直从孙，仕后晋为郡佐。处直之子威，逃亡契丹，受到赏识。天福四年（辽会同二年，939年），义武军帅职空缺，辽太宗遣使送王威入晋，致语于敬瑭曰：使王威袭职于其父旧地，如契丹家这般！石敬瑭知悉王威入仕契丹，遂遣使回报曰：中原法度，凡将校须从刺史、团练、防御使序迁，方得授予麾节。请遣王威至此任用，渐加升迁可。辽太宗闻报，即遣使责让曰：尔自节度使至天子，因何阶序迁？石敬瑭担忧滋生事端，遂遣使厚致礼物以赔礼，又暗中超擢庭胤至彰德军（相州，今河南安阳）节度使。然后奏请曰：请以处直兄处存之孙王庭胤承袭先人之职。辽朝遂不提王威袭职。辽朝以经营商贸为名，置"回图务"于汴京，以汉人乔荣为使，主管回图务事务。但乔荣却参与了辽、晋失和的全过程。

> 晋少主之代，有妇人仪状端严，衣服铅粉不下美人，而无腿足，由带而下，如截而齐，余皆具备。其父载之于独车，自邺（今河北临漳）南游浚都（即汴梁），乞丐于市，日聚千人，至于深坊曲巷华屋朱门，无所不至。时人嗟异，皆掷而施之。后京城获北戎（契丹）间谍，官司案之，乃此妇为奸人之领袖，所听察甚多，遂戮之。[1]

契丹人飞扬跋扈，后晋君臣颇觉难堪。

> （后晋天福六年、辽会同四年，941年）镇州节度使安重荣执契丹使拽剌，遣轻骑掠幽州南境之民，处于博野。仍贡表及驰书天下，述契丹援天子父事之礼，贪傲无厌，困耗中国。已缮治甲兵，将与决战。[2]

天福七年（辽会同五年，942年），石重贵即位，同平章事、侍卫亲军都指挥使景延广，力主在致送辽朝告哀表中称孙不称臣，意图摆脱附庸地

---

① （清）厉鹗：《辽史拾遗》卷3引《玉堂闲话》，国家图书馆出版社2010年版，第54页。
② （宋）薛居正：《旧五代史》卷79《晋书五》高祖纪第五，中华书局1976年版，第1048页。

位。辽太宗极为不满，遣使责问，景延广明确以不可称臣之意回答，双方矛盾激化。于是，后晋平卢（山东青州，时称益都）节度使杨光远暗通辽朝，辽南京留守赵延寿也想借机效仿石敬瑭，在契丹羽翼下称帝自立。

会同六年（晋天福八年，943年）十二月，辽太宗集合南京道兵马，赵延寿等分别从沧（今河北沧县东南）、恒（今河北正定）、易（今河北易县）、定（今河北定县）诸州出击，讨伐后晋政权。次年正月，攻克莫（今河北任丘）、贝州（今河北南宫东南）等地，前锋抵达黄河北岸。至三月，因天气炎热，撤军而还。会同八年（后晋开运二年，945年）正月，攻克邢州（今河北邢台）、洺州（今河北永年广府镇）、磁州（今河北磁县）与邺都（今河北临漳西南），辽、晋双方会战于定州，辽军不利，退回南京。次年九月，赵延寿诈降，布设陷阱，双方会战于滹沱河，晋军统帅杜重威率军降辽。辽遣先锋兵马持诏入汴，石重贵投降。会同十年（947年）正月，辽太宗入汴，将石重贵族属北迁霸州（今辽宁朝阳）安置；二月，诏令改元为大同，升后晋镇州（今河北正定）为辽中京，意欲混一南北。

947年3月，天时转热，辽太宗令从行兵马押送俘获北归临潢府。河东节度使刘知远遂趁机收复中原诸州镇，后晋官员、将领纷纷归附刘知远。辽太宗行至栾城杀狐岭（今河北石家庄附近）病殁，军中贵族拥立永康王兀欲即位柩前，赵延寿等人被兀欲囚禁，而留守汴梁、镇州诸地的契丹将领，也相继退还草原。兀欲，即辽世宗，称天授皇帝，改大同元年为天禄元年。

后周太祖郭威像

辽世宗率军北归草原，刘知远入汴，建立后汉政权。次年，改元为乾祐元年（948年），不久，刘知远病殁，子承祐继位，仍用乾祐年号。天禄五年（951年）正月，后汉权臣郭威废汉自立，改国号周，建元广顺。后汉河东节度使刘崇，据太原自立，行汉正朔，史称北汉。辽世宗采取扶持北汉策略，北汉成为辽朝附庸。北汉讨伐后周政权，辽世宗率军应援，行至归化州境内，发生"祥古山之变"，辽世宗遇弑，耶律璟即位，改年为应历，是为穆宗。辽朝仍奉行助汉御周策略。应历四年（周显德元年，954年），周世宗即位，北汉乘机攻伐，辽朝遣大将杨衮率骑兵应援，与周世宗会战于高平，后汉及辽军惨败；刘崇病死，其子承钧继立，遂向辽朝称子称臣。当时，后周与北汉、辽朝的军事防线游移至葫芦河（今河北衡漳水）一线。周世宗采取"先南后北"统一措施，将矛头指向江淮流域，先后夺取淮南及陕南地区，北汉不断联合辽军南下攻伐，应历八年（周显德五年，958年），周世宗挥师北向，直指辽朝幽州，相继夺取益津、瓦桥诸隘及瀛（今河北河间）、莫（今河北任丘北）二州，遂改瓦桥关为雄州（今河北雄县）、益津关为霸州（今河北霸县），辽朝丢失幽云十六州之中的二州十七县之地。但不久，周世宗病殁，大将赵匡胤趁机夺取政权，改国号为宋，建隆元年（960年），史称北宋。

（二）辽朝与北宋的联系

北宋开宝七年（辽保宁六年，974年），宋廷主动调整关系，与辽朝互开榷场和遣使通聘，史称"开宝议和"。"议和"始于开宝七年，结束于太平兴国四年（辽乾亨元年，979年）。此后，宋太宗大规模北伐，"开宝议和"破灭，辽朝不再相信宋朝，双方陷入持久惨烈的战争状态，宋军屡战不利，宋太宗晚年亦不敢轻言与辽朝用兵。

宋真宗像

宋真宗景德元年（辽圣宗统和二十二年，1004年），辽朝军队再次南伐，大军屯聚于黄河北岸的澶州城（今河南濮阳）下，双方再次"议和"，约定结为兄弟之国，遣使互通聘问；宋朝每年给辽朝"助军费"银10万两、绢20万匹，于雄州（今河北雄县）界交割；各置榷场互通贸易。史称"澶渊之盟"。盟约缔结并不意味着双方摩擦的彻底结束，尤其北宋始终不忘幽云十六州归属。

宋仁宗庆历年间（1041—1048年），由韩琦、范仲淹等发起的改革运动，以解决"积贫积弱"状况，以富国强兵为目的，故名"庆历新政"。新政不仅遭到内部官僚地主阶层的反对，也招致了辽朝政权的发难。庆历二年（辽重熙十一年，1142 年），辽朝派遣横使至宋，责问宋、夏争战缘由以及宋朝边境添兵、增置防御工事的目的，并提出交换"关南十县"的要求，还陈兵于幽州以施压。所谓"关南十县"，即指瓦桥关、淤口关和益津关以南，原属三关及瀛、莫二州之地，是周世宗北伐收复幽云十六州的一部分。辽朝此时提出此问题，以向宋廷施压。宋遣富弼使辽，数次往返后，达成新约：北宋每年再增"纳"岁币银、绢各 10 万两（匹），总数达每年 50 万两（匹）。辽朝此举的目的：一是调停宋夏纠纷，二是借机打压宋朝。客观上导致宋朝的"新政"局面匆匆收场，新政的图强措施被搁置起来。

二十年后，北宋在王安石主持下再次倡行新政，王安石被誉为中国十一世纪的改革家。他在宋神宗熙宁年间（1068—1077 年），出任宰相，主持变法，采取去芜杂、强主干、固民本、聚国运措施，精兵简政，自新图强。史称王安石变法。变法提出"天变不足畏，祖宗不足法，人言不足恤"的主张，以示变法的决心。王安石变法的部分措施过于超前，又因偏重理财措施，损害了支持变法的社会基础，加之地方官府政策执行不力，使得变法的动机和效果背离，原本的安民措施变为扰民行为，用人不当等原因，使变法陷入阻碍重重的局面。

熙宁五年（辽咸雍八年，1072 年），河北、山西边关呈报辽朝兵马越界侵扰，随即辽朝遣使入宋，质询宋夏失和原因，力主双方化解纠纷，遭北宋拒绝。于是，辽朝又挑起双方地界之争。熙宁七年（辽咸雍十年，1074 年），辽朝擅自移动蔚、应、朔三州界桩，遣横使①至宋，责备宋朝违背盟约，拓展雄州关城、营缮沿边戍垒、存止北界居民等；要求拆除蔚、应、朔三州堡垒驿站，由双方派官检视边境，重新划界。横使声言"违约"问题不决，不离汴京。宋神宗令刘忱知忻州，与萧士元、吕大忠赴河东，会同辽朝官员商议分画地界；又命韩缜为回谢辽国使，携两朝地界牒文觐见辽帝面陈本末；但韩缜入辽，未能受到辽帝接见，无法面陈。而刘忱等人在河东边界与辽朝官员交涉，也不顺利。熙宁八年（辽大康元年，1075 年），辽朝再遣使至汴京，要求撤换办事拖延的刘忱；北宋遂令知制诰沈括查阅疆土档案、出使辽朝，双方经过六次往复会谈，达成协议：蔚、应、朔三州古长城以北归属辽

---

① 横使，即辽宋双方于正常通聘遣发使臣之外，凡遇其他重大事项且须临时遣使商议通报者，即为横使。

辽代带鞘玉柄银锥，出土于内蒙古通辽斯布格图村陈国公主墓

朝，方圆达七百里；承认辽朝已经侵占的边地。最终于熙宁九年（1076年），双方遣使依照协议，重新分划地界，史称"河东地界之争"。此事，辽朝目的就是寻衅滋事。而宋朝，横使方入宋，大臣司马光、文彦博等即群起攻讦变法，内政与外交混为一谈，王安石等面对辽朝挑衅束手无策，划界割地的事实导致变法陷于停止。

辽、宋之间除政治联系密切之外，经济贸易联系也相当频繁，和盟确立后，除正常而稳定的"通贡"与榷场贸易，民间贸易活动也极其活跃。史称：

> 雄州、高昌、渤海亦立互市，以通南宋、西北诸部、高丽之货，故女真以金、帛、布、蜜蜡诸药材及铁骊、靺鞨、于厥等部以蛤珠、青鼠、貂鼠、胶鱼之皮、牛羊驼马、毳罽等物，来易于辽者，道路缫属。圣宗统和初燕京留守司言，民艰食，请弛居庸关税，以通山西糴易。又令有司谕诸行宫，布帛短狭不中尺度者，不鬻于市。明年，诏以南、北府市场人少，宜率当部车百乘赴集。开奇峰路以通易州贸易。二十三年，振武军及保州并置榷场。[①]

辽朝与北宋之间的经济文化交流，已经达到"前无古人"的鼎盛发展阶段。辽、宋之间形成"共存共亡"的政治格局，直到双方为金军所灭。

二、辽与华夏各族联系

（一）辽朝与西夏的联系

五代时，党项族拥有银（今陕西米脂）、夏（今陕西靖边）、绥（今陕西绥德）、宥（今陕西靖边东）、静（今陕西米脂北）诸州，接受中原割据政权

---

① 《辽史》卷60《食货志下》，中华书局1974年版，第929页。

授予的官职或册封。北宋建立后，仍授其首领为定难军留后、夏王，并配合北宋军事行动，而与辽朝及北汉相互攻击。太平兴国七年（辽乾亨四年，982年），党项首领李继捧无力制御内部矛盾，遂将党项部族占据的土地与族众户口进献朝廷，宋太宗遣官前来接收，遭到继捧族弟继迁的反抗，并击退宋军。雍熙三年（辽统和四年，986年），宋太宗分兵进攻辽朝幽云地区，李继迁遂遣使称臣于辽，请求"和亲"，辽朝册封其为夏国王。于是，李继迁周旋辽、宋之间，或向宋朝请降，却将宋朝颁授的诰敕转交辽朝；依附辽朝，又与宋朝藕断丝连。辽朝发现继迁暗中附宋，遣西南招讨使率军前往责询，继迁避而不见，辽军俘掠其部落而还，继迁诉状于辽，仅得抚慰而已。①

辽、宋议和后，宋朝赐予党项部金、帛、缗钱各4万，茶2万斤，党项仍为宋朝属部。统和二十二年（1004年），继迁病死，其子李德明继嗣，辽朝册封为西平王；宋朝册封李德明为定难军节度使、西平王。李德明仍周旋于辽、宋之间，积极恢复生产，并增筑怀远镇为兴州（今宁夏银川）。辽朝又加封李德明为夏国王。太平六年（1026年）五月，辽朝西北路招讨使萧惠率军击甘州回鹘，围城三月，不克而还。②党项部趁机征服甘州回鹘可汗部落，太平八年（1028年），发生党项侵边事件，辽夏之间开始产生摩擦，辽朝以兴平公主下嫁元昊，加封元昊为驸马都尉、夏国公。景福元年（1031年），李德明病死，其子李元昊即位，仍倚辽为援、抗衡北宋，却不以藩属自缚，西与吐蕃争夺河湟地区，东南攻击北宋麟（今陕西神木北）、府（今陕西府谷）、环（今甘肃环县）、庆（今甘肃庆阳）诸州。重熙七年（1038年），元昊称帝，建国号为大夏，北宋遂削夺元昊官爵，关闭榷场互市。李元昊亦发兵骚扰北宋边镇，重启宋夏战端。重熙九年（宋康定元年，1040年），三川口之战，夏军大败宋军，俘虏宋鄜延环庆副都部署刘平、石元孙；翌年，再败宋军好水川。宋夏冲突升级陷入激战。辽朝于重熙十一年（宋庆历二年，1042年），借口索还"关南十县"之地，偏助西夏以威吓北宋，迫使北宋增加岁币银绢至50万两（匹）。

---

① 《辽史》卷13《圣宗四》统和九年十月壬申、十二月及十年二月庚寅条，中华书局1974年版，第142页。

② 《辽史》卷17《圣宗八》太平六年五月癸卯、八月条，中华书局1974年版，第199页。

但是，西夏过于强盛是辽朝不愿见到的，故与北宋重新达成和约后，辽朝便以宗主身份，遣使诏令元昊与宋复和，元昊不敢违逆辽朝意志。但此举，引起李元昊极度不满，遂招诱河西河套地区诸部。重熙十三年（1044年），辽朝夹山党项部、河西部族背叛辽朝，依附西夏。辽朝遣兵追击，西夏遂出兵接应这些部落入境。辽朝遣使责令其放还，李元昊非但不从，还自称为"西朝"，欲与辽、宋分庭抗礼。辽朝遣使至宋，通报兴兵伐夏因由，提议"元昊负中国当诛"，北宋只是宛转致意，不言可否。同年九月，辽军自九十九泉（今内蒙古集宁东北），分兵三路渡黄河，深入西夏境内数百里，夏军隐藏主力，诱敌深入，分军伏击辽朝南、北两路军，取得一系列胜利。元昊乘胜遣使请和，答应归还辽朝部落、军马，仍称臣纳贡如故。辽朝许和之后，李元昊扩建宫殿，设置文武臣班，建元开运，旋改广运元年；颁布新定西夏文字，设立学校，又夺取青唐(今青海西宁)、宗哥城(今青海西宁东)及肃州（今甘肃酒泉）、瓜州（今甘肃安西）、沙州（今甘肃敦煌），西夏版图东据黄河，西至玉门（今甘肃敦煌西），南临萧关（今宁夏同心南），北抵大漠（今蒙古国瀚海戈壁），分置银、夏、绥、宥、静、灵、盐（今宁夏盐池）、会（今甘肃靖远）、胜（今鄂尔多斯准格尔旗东北）、甘（今甘肃张掖）、凉（今甘肃武威）、瓜、沙、肃及洪、威、定、怀、龙诸州镇，设置十二监军司，驻兵戍守。

重熙十七年（1048年），李谅祚年幼即位，辽朝再次大举伐夏，南路军遭夏军袭击，死伤惨重；北路军推进至贺兰山，击败夏军，俘获元昊妻及官僚家属，逼使西夏求和后，收军而还，但双方分歧较大，盟约迟迟不能达成。重熙十九年（1050年），辽朝又遣萧迭里得等伐夏，击败夏军于三角川，直到重熙二十三年（1054年），重新达成和约，战争方才停止。咸雍四年(宋熙宁元年，1068年)，西夏李秉常嗣位，复与辽朝确认藩属关系。此后，双方关系较为稳定，西夏军政势力在辽、宋两强不断打击下，日渐衰落，北宋也在与夏对峙中转为优势，宋军与西夏军事斗争中不断奏凯，使辽朝常常为此而遣使北宋"调和"，北宋对辽朝的"调和"置之不理；辽、夏双方紧密的合作关系日渐式微。

西夏与辽朝西部接壤，双方以黄河河套地区为界。辽朝重熙十二年（1043年），于今内蒙古鄂尔多斯东北置河清军，又于今鄂尔多斯达拉特旗树林召镇南耳字壕古城遗址置金肃州（又名金肃军），两座州军均位于黄河以南，作为与西夏交界处的重要军镇，还开通直路以达上京临潢府，[①] 也是西夏与辽朝聘使往来的官道驿路，是联系辽、夏交通的枢纽。据宋人曾巩《隆平集》记载：

> 至德明攻陷甘州，拔西凉府，其地东西二十五驿，南北十驿。自河以东、北，十有二驿，而达契丹之境。[②]

又据传世《西夏地形图》，此十二个驿，即从西夏兴庆府（今宁夏银川）出发，渡黄河后，向东行走的十二座驿站，直通契丹境内。借助这条官修驿路，西夏和辽朝使节、商队、僧侣络绎不绝，行走此路，沟通双方经济文化交流。史称，元昊曾于天授礼法延祚十年（辽重熙十六年，1047年）下令西夏境内："以四孟朔为圣节，令官民礼佛，为己祈福。至是，于兴庆府东一十五里，役民夫建高台寺及诸浮图，俱高数十丈，贮中国所赐《大藏经》，广延回鹘僧居之，演绎经文，易为蕃字。"四季礼佛，兴建佛寺塔庙，并将中原传入《大藏经》，延请回鹘僧人译为西夏文字，已将佛教崇奉发展为面向大众的社会责任，推动了佛教在西夏境内的发展。其中，也有与辽朝持续的佛教交流因素在内。辽道宗咸雍三年（1067年）冬十一月，夏国遣使进回鹘僧、金佛与《梵觉经》；[③] 寿昌元年（1095年）十一月，夏国进贝多叶佛经。[④] 辽朝不仅对于回鹘僧及保存的佛教经卷较为推崇，也对敦煌洞窟存在的盛大佛教崇奉，显示出浓厚的敬法礼佛心愿，甚至辽夏通和后，辽朝曾连续多年，借道西夏兴州，前往敦煌以礼佛塔。已从侧面反映出存在于辽、夏双方间崇信佛教的诸多趋同之处，而趋同更会成为促进交流的动因。据辽代《法均大师遗行碑铭》记载，咸雍五年（1069年），燕京马鞍山开坛讲法："来者如云，官莫可御。凡瘄聋呕，贪愎憍顽，苟或求哀，无不蒙利。至有邻邦父老，绝域羌军，并越境冒刑，捐躯归命。"[⑤] 此处"绝域羌军"指西夏境内党项诸族的信众，越境来到燕京听佛学大师讲戒说法。1959年，呼和浩特东郊大黑

---

① 《辽史》卷41《地理志五》河清军条，中华书局1974年版，第515页。
② （宋）曾巩：《隆平集》卷20，四库全书本。
③ 《辽史》卷22《道宗二》咸雍三年冬十一月壬辰条，中华书局1974年版，第267页。
④ 《辽史》卷26《道宗六》寿隆元年十一月甲辰条，中华书局1974年版，第308页。
⑤ 向南：《辽代石刻文编》道宗编下，河北教育出版社1995年版，第438页。

河南岸一处辽代佛寺遗址，出土有西夏文
"天祐宝钱"，说明基于经济文化交流之中
的双方佛教崇信的互动，已经具有难以想
象的社会深度和广度。西夏时期，还曾依
据辽朝《契丹藏》和北宋《开宝藏》来整
理校勘佛经，现藏俄国圣彼得堡编号为
Ф.123A《增一切阿含经》和编号为 Ф.204A
《增一切阿含经》的西夏刻本，就被日本
学者竺沙雅章鉴定为：二者实属辽刻《契
丹藏》的经文残片。《契丹藏》虽然晚于《开
宝藏》数十年，但其所据的底本，却早于、
优于《开宝藏》的底本；其经文、版式、
均反映了《开元录藏》的面貌。因此，在
汉文佛教大藏经的历史上，《契丹藏》的
价值和地位应高于《开宝藏》。

莫高窟壁画《西夏王妃供养图》

　　辽朝所刻藏经，还对当时东北亚的高丽、日本，以及后世产生深远影
响。由辽朝传入西夏的高僧作品，既有华严与密宗经典，如鲜演大师《华严
经玄谈决择记》属华严经范畴，《释摩诃衍论》属密宗论藏经典。西夏佛学
深受辽朝影响，也热衷华严经与密教，其禅宗附属于华严宗系统华严禅，与
辽朝情况相似。

（二）辽朝与东北诸部族的联系

　　辽朝控制北方广袤疆域，垄断草原丝路与东北亚地区经贸活动，主要以
"通贡"形式体现贸易往来。908 年 10 月，辽修筑长城于镇东海口（今辽宁
大连）目的是为控制陆海交通枢纽，说明当时海路交流频繁。史称：

　　　　（天显元年）二月，高丽、濊貊、铁骊、靺鞨来贡。[1]

　　濊貊、铁骊、靺鞨皆是东北古族，濊貊、靺鞨所指女真诸部；铁骊亦为
黑水靺鞨属部，辽朝时居住于黑龙江伊春附近，辽朝置铁骊国王府。这些古

---

① 《辽史》卷 2《太祖下》，中华书局 1974 年版，第 21、22 页。

国古族与契丹通贡联系的主因，是经济文化沟通。随着契丹辽朝军政势力壮大，这种联系日益紧密。天显十二年（937年），辽朝遣使铁骊，主动建立联系，蕴蓄其中的政治经济意味比较强烈，辽廷开始逐渐采取"属国属部"管理方式，将作为经济联系的"朝贡"方式转化为政治征服。统和六年（988年）八月，滨海女真遣斯鲁里来修土贡，即商定、确定贡献土产的规模与义务，契丹辽朝与这些部族间的经济交换行为，已经受到强烈的"条制或章程"限制。如居地位于铁骊与高丽之间的兀惹部，统和十四年（996年）归附辽朝后，双方于次年三月确定"贡纳"内容与时间。

> 兀惹乌昭度以地远，乞岁时免进鹰、马、貂皮。诏以生辰、正旦贡如旧，余免。①

东北亚地区诸多部族，皆成为契丹辽朝的"属国属部"，在接受朝廷政令的同时，才能与丝路贸易的垄断者契丹人，确立经济文化交流关系。

> （开泰元年）长白山三十部女直酋长来贡，乞授爵秩。
> 铁骊那沙等送兀惹百余户至宾州，赐丝绢。是日，那沙乞赐佛像、儒书，诏赐护国仁王佛像一、《易》《诗》《书》《春秋》《礼记》各一部。
> 归州言其居民本新罗所迁，未习文字，请设学以教之。诏允所请。②

"乞授爵秩"即给予相应的爵禄品秩待遇，是属国应有态度。

> （开泰四年）曷苏馆部请括女直王殊只你户，旧无籍者，会其丁入赋役。从之。③

曷苏馆部，即辽朝附国女真，又称熟女真，居住今辽东半岛及鸭绿江下游，

---

① 《辽史》卷13《圣宗四》统和十五年三月戊寅条，中华书局1974年版，第149页。
② 《辽史》卷15《圣宗六》开泰元年正月癸未、八月丙申朔、十二月甲申条，中华书局1974年版，第170—172页。
③ 《辽史》卷15《圣宗六》开泰四年四月丙辰条，中华书局1974年版，第176页。

辽朝置曷苏馆女真大王府以管理。此次请求对女真王殊只你部落括户入籍，即表示完全接受辽朝政令管理。开泰七年（1018 年），辽朝修定五国诸部的纳贡额度。

> 命东北越里笃、剖阿里、奥里米、薄奴里、铁骊等五部，岁贡貂皮六万五千，马三百。①

这些措施，标志着辽朝对东北亚诸部族政令的统一，进一步加强了政治经济文化交流的深广幅度，客观上起到开发东北地区的作用。于是，诸部族相互以物产交易。

> （五国节度熟女真部族，以）所产人参、白附子、天南星、茯苓、松子、猪苓、白布等物。
>
> （熟女真国）不与契丹争战，或居民等自意相率赍以金、帛、布、黄蜡、天南星、人参、白附子、松子、蜜等诸物，入贡北番，或只于边上买卖，讫，却归本国。契丹国商贾人等就入其国买卖，亦无所碍，契丹亦不以为防备。
>
> （屋惹国、阿里眉国、破骨鲁国等）每年惟贡进大马、蛤珠、青鼠皮、貂鼠皮、胶鱼皮、蜜蜡之物，及与北番人任便往来买卖。
>
> （靺鞨国）不贡进契丹，亦不争战，惟以细鹰鹘、鹿、细白布、青鼠皮、银鼠皮、大马、胶鱼皮等，与契丹交易。
>
> （喜失牵国）不贡进契丹，亦不争战，惟以羊、马、牛、驼、皮、毛之物，与契丹交易。
>
> （蒙古里国）不与契丹争战，惟以牛、羊、驼、马、皮、毳之物，与契丹交易。
>
> （于厥国）惟以牛、羊、驼、马、皮、毳之物，与契丹交易。
>
> （鳖古里国）契丹常为所攻，如暂安静，以牛、羊、驼、马、皮、

---

① 《辽史》卷 16《圣宗七》开泰七年三月辛丑条，中华书局 1974 年版，第 183 页。

女真人

氊为交易，不过半年，又却为盗。[1]

在这些与契丹政权维持密切关系的诸部族中，尤以铁骊国主那沙，更是值得重视。铁骊，也称铁利、铁离，是东北古老部族之一。辽朝时期，铁骊为比较重要的"属国"，据史料记载：铁骊与辽朝确立宗藩关系之后，"惟以大马、蛤珠、鹰鹘、青鼠貂鼠等皮、胶鱼皮等物，与契丹交易。"[2]

如上述材料所见，开泰元年（1012年）铁骊国主那沙押送兀惹百余户至宾州（今吉林农安广元店古城遗址）献俘，受到辽朝褒奖，还赐予护国仁王佛像及儒学经典。史实《高丽史》也有相关记录，如高丽显宗五年（1014年）二月，"铁骊国主那沙使女真万豆来献马"；其后，十年（1019年）三月、十三年（1022年）及二十一年（1030年）四月等，铁骊国主那沙又数次遣使至高丽献马、貂鼠青鼠皮以及土马、方物等，还向高丽政权请求赐予"历日"。[3]虽然，那沙生卒年不详，但其在辽朝、高丽史料中最早出现的频率较高。铁骊那沙最早出现史籍记载，为《辽史》开泰元年（1012年）八月，而其在史料中最后出现的时间，为《高丽史》德宗即位之年（高丽显宗二十二年，1031年）六月，此时铁骊国主那沙又遣使高丽"朝献"。因此，铁骊国主那沙在位时间达20余年，其主政时较好地维护了与辽朝宗藩关系，不仅因兀惹叛辽而

---

① （宋）叶隆礼撰，贾敬颜、林荣贵点校：《契丹国志》卷22，四至邻国地里远近，上海古籍出版社1985年版，第212—214页。

② （宋）叶隆礼撰，贾敬颜、林荣贵点校：《契丹国志》卷22，四至邻国地里远近，上海古籍出版社1985年版，第213页。

③ （朝鲜）郑麟趾等著，孙晓主编校勘：《高丽史》卷4《显宗一》、卷5《显宗二》，广西师范大学出版社2014年版，第99、111、119、133页。

向辽朝献俘"兀惹百余户"，太平二年（1022 年）又再次向辽朝进献兀惹俘十六户，[①] 真正做到"执藩臣之礼"的程度；同时还与高丽保持密切的通贡联系。

辽朝对于东北诸部族都设置有行政管理机构，如女真诸部有：女真国顺化王府、北女真国大王府、南女真国大王府、曷苏馆路女真国大王府、长白山女真国大王府、鸭绿江女真大王府、滨海女真大王府、蒲卢毛朵部大王府、回跋部大王府、嵩母部大王府、黄龙府女真部大王府、铁骊国王府、鞞鞨国王府、濊貊国王府以及生女真部、渤海部、西北渤海部、兀惹部、九石烈部、蒲奴里部等。

第二节　辽朝与漠北诸部族的关系

10 世纪初期，中国北方大漠草原到西伯利亚、高加索的亚欧大陆腹地，居住着众多的游牧部落。西起阿尔泰山，东迄贝加尔湖流域，北至西伯利亚，广泛分布着室韦—达怛诸部落，这些部落不相统一，随水草而畜牧。辽太祖时期，征服的方向主要是这些松散的部落。史称：

> 时小黄室韦不附，太祖以计降之。伐越兀及乌古、六奚、比沙狨诸部。[②]

室韦、于厥、乌古、突厥、党项、沙陀诸部，成为辽太祖征服的主要目标。

> （天赞三年六月）大举征吐浑、党项、阻卜等部。……九月丙申朔，次古回鹘城，勒石纪功。庚子，拜日于蹛林。丙申，遣骑攻阻卜。……是月，破胡母思山诸蕃部，次业得思山，以赤牛青马祭天地。回鹘霸里遣使来贡。[③]

---

① 《辽史》卷 16《圣宗七》太平二年五月庚辰条，中华书局 1974 年版，第 190 页。
② 《辽史》卷 1《太祖上》，中华书局 1974 年版，第 1 页。
③ 《辽史》卷 2《太祖下》天赞三年六月乙酉条，中华书局 1974 年版，第 19—20 页。

辽代穹庐陶器，出土于辽上京遗址

此役，兵锋直指阿尔泰山，"六百余里且行且猎，日有鲜食，军士皆给"，征服了大漠南北诸部族。至辽太宗朝（928—947年），漠北土拉河、鄂尔浑河、色楞格河及克鲁伦河流域，已尽在契丹势力控制之下。

以乌古之地水草丰美，命瓯昆石烈居之，益以海勒水之善地为农田。（会同三年），诏以谐里河、胪朐河近地，赐南院欧堇突吕、乙斯勃、北院温纳河剌三石烈人，以事耕种。①

辽太宗以此地赐予契丹南、北两院部四石烈人户，目的在于屯田戍边，加大控制漠北诸部族力度。当时驻牧于色楞格河等三河流域的诸部族，是契丹公主的封地与属部。史称，天显十一年（936年）"秋七月辛卯，乌古来贡。壬辰，蒲割宁公主率三河乌古来朝。"②蒲割宁公主是以三河乌古部宗主身份朝觐辽太宗。同样，会同三年（940年）二月，"乌古遣使献伏鹿国俘，赐其部夷离堇旗鼓，以旌其功。"

乌古诸部已臣属契丹。会同九年（946年）七月，诏令"以阻卜酋长曷剌为本部夷离堇"，漠北诸部完全接受契丹"条制"约束。至辽圣宗统和六年（988年），"闰五月甲寅，乌隈于厥部以岁贡貂鼠、青鼠皮非土产，皆于他处贸易以献，乞改贡。诏自今止进牛马。"这些部落已经遵循辽朝规定按期缴纳"贡赋"。开泰八年（1019年）"七月癸亥，诏阻卜依旧岁贡马千七百，驼四百四十，貂鼠皮万，青鼠皮二万五千。"

随着漠北地区纳入契丹版图，诸部族领属关系发生转变。统和二十二年（1004年）"八月庚申，阻卜酋铁剌里来朝。戊辰，铁剌里求婚，不许。"此事，据《辽史·属国表》中记载，已许其婚。故统和二十九年（1011年）"六

---

① 《辽史》卷59《食货志上》，中华书局1974年版，第924页。
② 《辽史》卷3《太宗上》天显十一年七月辛卯条，中华书局1974年版，第38页。

月，置阻卜诸部节度使。"

不久，在漠北诸部落正式设置契丹官员进行管理，朝廷还遣使出巡岭表（即岭外）。辽朝对漠北的控制与经营，已远播中亚北部。但辽朝晚期与阻卜部族发生矛盾，甚至影响到了辽朝的安危。

阻卜，本名达怛或鞑靼，乃突厥族系对室韦部落集团称谓，五代及北宋史料即称鞑靼。阻卜，是契丹人对达怛部落的称谓。

> （达靼）本在奚、契丹之东北，后为契丹所攻而部族分散，或属契丹，或属渤海，别部散居阴山者，自号达靼。当唐末，以名见中国。有每相温、于越相温。咸通中，从硃邪赤心讨庞勋。其后李国昌、克用父子为赫连铎等所败，尝亡入达靼。后从克用入关破黄巢，由是居云代之间。其俗善骑射，畜多驼马。

阴山北部及河西地区的鞑靼部落，自唐至宋，与中原保持密切经济文化联系。但"阴山达靼（即阴山室韦）""河西达靼（即河西室韦）"等，并非室韦—鞑靼部落主体；其主体部落分布于杭爱山周围草原，古史称"九姓达怛"或"达怛国九部"。而室韦原居地，还有两支部落集团，即"乌古""敌烈"部落；在乌古、敌烈部西南（今大兴安岭西段北侧），有"大黄室韦""小黄室韦"及"臭泊室韦"等部落，再西即"黑车子室韦"（又名黑车子达怛、七姓室韦、七姓达怛）。

"九姓达怛"有大量部众、畜群和毡帐，当黠戛斯人退出鄂尔浑河，"九姓达怛"便成为漠北草原主人。契丹辽朝政权建立后，已与契丹辽朝建立密切联系，并已融汇诸多突厥系部族于其中，体现出深厚的突厥文化影响，如《册府元龟》记载：

> （后唐同光三年）云州节度使李敬文奏：达勒首领涝馣于于越族帐先在碛北，去年契丹攻破背阴达勒，因相掩击，涝馣于于（越）率领步（部）族羊马三万逃遁来降，已到金月南界。今差使蒙越到州，便令入奏。

"达勒"即鞑靼异译；"于越"为九姓达怛使用的突厥官号，乃突厥语高官之

新疆柏孜克里克石窟壁画《回鹘男供养人》，现藏柏林亚洲艺术博物馆

意；"碛北"即漠北草原腹心地带；"背阴"即背阴国，指阴山以北达怛部落；"金月"，鞑靼部落名号；所谓"去年契丹攻破背阴达勒"，即天赞三年（924年）六月征伐吐浑、党项、阻卜诸部之役。其实，九姓达怛早在突厥汗国及回鹘汗国时代，已与契丹有着接触和联系。据北宋王延德出使高昌国记录，契丹旧为回纥牧羊，达怛旧为回纥牧牛。

辽朝于漠北草原树立统治权威，征服对象即为九姓达怛部落。10世纪末，王延德出使高昌时，经过鄂尔浑河流域仍为九姓达怛领地。辽景宗乾亨四年（982年）至圣宗统和十二年（994年），九姓达怛曾对契丹发动持续的反叛战争。契丹人称其为"阻卜"，并将仍活动在大兴安岭周围地区诸部落称为"室韦"。辽朝将阻卜诸部，根据地域划分为：阻卜、北阻卜、中阻卜、西阻卜诸部。辽朝初期，统治者在漠北诸部承认宗主权前提下，采取"各仍其旧"的松散统治措施。随着军政实力上升，逐渐实施属国属部管理制度，以诸部落自然环境及物产，制定相应的赋役（即贡献）征收制度。例如，辽圣宗开泰八年（1019年），诏阻卜依旧岁贡马千七百，驼四百四十，貂鼠皮二万五千。常赋之外，凡属帝后生辰、正旦、重午、冬至、腊节并受贺仪等，均须献礼纳贡。

辽道宗大安五年（1089年），依照习惯任命北阻卜部落首领磨古斯为阻卜诸部长，以继承其先人职任。三年后（1092年），阻卜耶睹刮部反叛，西北路招讨使司令磨古斯率部落骑兵助讨，但辽军击败耶睹刮部时，劫掠了磨古斯部落。于是，磨古斯杀死辽朝监军，率部反叛，阻卜诸部蜂起响应。次年春，磨古斯击败辽军，俘获辽朝二室韦、拽剌、北王府、特满群牧与宫分军等，设伏覆灭前来征剿的辽军。辽朝以西南面招讨使耶律挞不也率军应援，并兼领西北路招讨司事，同年秋，磨古斯诈降，挞不也中计，战殁于镇州城南。于是，西阻卜、西北阻卜相继反叛，掠夺群牧，袭击辽军；磨古斯联合诸部进攻辽朝倒塌岭统军司，兵锋威胁西京大同府。当时，北至胪朐河，南至倒塌岭，阻卜诸部如茶扎剌、拔思母、达里底、耶睹刮、颇里八、梅里急、排雅、仆里、同葛、虎骨、仆果等，群起响应，辽朝对漠北局势失去控制。大安十年（1094年）春，拔思母部击溃辽朝四捷军，朝廷以知北院枢密使事耶律斡特剌为行军都统，率军援助；五月，敌烈部反叛于克鲁伦河，进攻辽军残余于倒塌岭，辽敦睦宫太师耶律爱奴父子战殁；又以知国舅详稳司事萧阿烈同领西北路行军事增援；七月，磨古斯攻击辽军倒塌岭据点，掳掠西路群牧马匹。寿隆元年（1095年），以都统耶律斡特剌为西北路招讨使，加封漆水郡王，诏令西京大同府以其炮兵、弩兵技法教授西北路汉军。次年，诏令买牛给予乌古、敌烈、隗乌古部贫民，将乌古部迁居乌纳水以扼守冲要。寿隆三年（1097年），中阻卜及粘八葛、梅里急诸部请求恢复旧地，辽遣使慰抚。斡特剌将打击重点锁定在惯叛磨古斯部落。次年，辽军徙置阻卜俘户阴山以南。又次年，平定耶睹刮部。寿隆六年（1100年），平定北阻卜，擒磨古斯献于朝，处以磔刑。北阻卜诸部反辽，是辽朝历史上规模最大、影响最广、持续时间最长的游牧部落反抗斗争，极大地削弱了辽朝在漠北地区的统治。

辽朝还与叶尼塞河流域及青藏地区确立朝贡关系。太祖初元三年（909年），西北嗢娘改部族向契丹汗国进献挽车人（即人力车夫），是生活在今叶尼塞河上游地区的古老部族。天显六年（931年）正月，西南招讨司守将以降附的黠戛斯人献于朝廷。黠戛斯部居住在叶尼塞河上游，距离辽朝遥远。此次降附者，多为黠戛斯部落的商人之类。天禄二年（948年）正月，辽世宗又遵循着契丹社会惩治罪犯的旧俗，将谋反罪臣、宗室贵族耶律盆都充任远赴黠戛斯的使臣，努力与今叶尼塞河上游地区构建联系。应历十三年（963年）五月，辽穆宗还曾亲自前往皇家鹿苑查看"斡朗改国所进花鹿生麖"，斡朗改国，即前述的嗢娘改部，名称上为同音异译。记载虽简略，但蕴蓄其中

辽代铜鎏金立凤纹头盔

的联系极为密切，直到辽天祚帝朝时期（1101—1125 年），今叶尼塞河上游诸地区的各部族，仍与辽朝保持着密切的经济文化交流。据《辽史》天庆三年（1113）六月，"斡朗改国遣使来贡良犬"。同样，生存在青藏高原及其周边地区的吐蕃、羌族、吐浑诸部，至迟到 11 世纪初期，相继与辽朝确立起以"通贡"为形式的经济文化交流。

开泰七年（1018 年）闰四月，吐蕃王并里尊曾向辽朝奏请假道于夏国。辽圣宗欣然接受了吐蕃王的请求，并诏令夏国予以方便。大康十年（1084 年）二、三月，又有萌古国及远萌古国遣使来辽朝确立聘使关系。这说明，当时的东亚、北亚地区诸政权或诸部族已与契丹辽朝确立密切的交流交往联系，契丹文化也传播到这些地区。据《辽史》记载，辽朝在漠北相继设置有：阻卜国大王府、西阻卜国大王府、北阻卜国大王府、西北阻卜国大王府、乞粟河国大王府、术不姑国大王府、阿萨兰国大王府、回鹘国单于府、沙州回鹘敦煌郡王府、甘州回鹘大王府、高昌国大王府、党项国大王府、西夏国西平王府、吐谷浑国王府、吐浑国王府、黠戛斯国王府、室韦国王府、黑车子室韦国王府、沙陀国王府、突厥国王府、西突厥国王府、斡朗改国王府、迪烈德国王府、于厥国王府、吐蕃国王府、三河国王府、述律子国王府、吾秃椀部大王府、乌隈于厥部大王府、于厥里部族大王府以及阻卜扎剌部节度使司、阻卜诸部节度使司、阻卜别部节度使司，还有拔思母、茶扎剌、粘八葛、耶睹刮、耶迷只、挞术不姑、乌古、隗乌古、乌隈乌骨里、达里得、敌烈、八石烈敌烈、党项、隗衍党项、山南党项、四部族、四蕃、胡母思山、素昆那山东、白可久、七火室韦、黄皮室韦、梅里急、五部蕃等属部。

第三节　辽朝与东北亚各国

一、辽与高丽

高丽政权的创立者王建于 918 年自立为王，因忙于三韩统一，与契丹政权未有稳定联系。926 年渤海国灭亡，王建诏令有司曰：

> 北蕃之人，人面兽心，饥来饱去，见利忘耻。今虽服事，向背无

常。宜令所过州镇，筑馆城外待之。

此时，契丹与高丽未有稳定交往，故置馆城外不许入城。942 年 10 月，契丹遣使来献橐驼，高丽王因契丹"无信义"于渤海国，不足结聘，遂流放其使臣数十人于海岛，系橐驼于万夫桥下饿死。[①] 943 年，王建病危时，仍遗嘱后人云：契丹与我风俗不同，衣冠制度，言语殊异，慎勿效之。[②] 时辽朝与后晋激战方酣，高丽表现出维护后晋"正统"的态度。王武即位后，遣使后晋并贺破契丹之捷。[③] 至高丽成宗（982—997 年）时，已与辽朝发生严重摩擦。史载：辽军讨伐女真诸部，曾借道高丽边境，女真认为系高丽"构祸"，是与契丹结为声援。[④] 契丹视鸭绿江女真为"属部"，而高丽欲将鸭绿江女真驱逐至白头山（今长白山）外。993 年，契丹军主帅萧逊宁率军入境，高丽命徐熙讲和。史称：徐熙留住契丹军营七日而还，相约荡平女真诸部，高丽称臣朝觐。高丽成宗遂遣使聘问于辽。[⑤] 和议约定：行用契丹历法与统和年号，岁岁朝贡；契丹册封高丽王为开府仪同三司、尚书令、高丽国王，以东京留守萧逊宁之女为公主，下嫁高丽王。

1009 年（辽统和二十七年），高丽权臣康兆弑杀穆宗、另立显宗，契丹不予承认并遣使责问。[⑥] 次年，康兆率军三十万驻守通州备契丹，辽圣宗亲率军四十万与之会战，康兆被擒；受康兆拥立的高丽显宗，退守南部。1012 年，高丽与契丹约和，契丹要求高丽显宗亲自入觐，显宗称病拒绝；契丹军遂进攻兴化、通州、龙州、铁州、郭州、龟州诸城，[⑦] 又作浮桥于鸭绿江，夹桥分筑军城。高丽向北宋求援不果，遂于 1020 年（辽统和十八年）向契丹请和，高丽复行契丹年号，契丹允准。

---

① 《高丽史》卷 2《太祖二》太祖十四年岁末、二十五年冬条，广西师范大学出版社 2014 年版，第 34、42 页。

② 《高丽史》卷 2《太祖二》二十六年夏四月条，广西师范大学出版社 2014 年版，第 43 页。

③ 《高丽史》卷 2《惠宗》元年条，广西师范大学出版社 2014 年版，第 46 页。

④ 《高丽史》卷 3《成宗》四年五月条，广西师范大学出版社 2014 年版，第 65 页。

⑤ 《高丽史》卷 94，徐熙传，广西师范大学出版社 2014 年版，第 2910 页。

⑥ 《高丽史》卷 4《显宗一》元年五月甲申、秋七月戊寅朔条，广西师范大学出版社 2014 年版，第 90 页。

⑦ 《高丽史》卷 4《显宗一》三年六月甲子条，广西师范大学出版社 2014 年版，第 96 页；又见卷 94，姜邯赞传，广西师范大学出版社 2014 年版，第 2913—2914 页。

契丹东京持礼使李克方来，言自今春、夏季问候使并差一次，与贺千龄、正旦使同行；秋、冬季问候使并差一次，与贺太后生辰使同行。①

辽朝与高丽基本恢复宗藩关系。

1029 年（辽太平九年），契丹发生渤海大延琳之乱，部分渤海、女真人户逃入高丽，高丽敕令边备观变②。高丽德宗即位，十月辛巳，遣工部郎中柳乔如契丹会葬，郎中金行恭贺即位，表请毁鸭绿城桥，归高丽被留行人。（十一月）辛丑，金行恭回报，契丹不从所奏，遂停贺正使，仍用圣宗大平年号③。1032 年（辽重熙元年），高丽拒绝契丹使臣入境，增修宁远、派川军镇，备御契丹。④辽军发兵攻击高丽静州城，双方再次爆发军事冲突。至1038 年，高丽致送金吸瓶、银药瓶、幞头、纱纻布、贡平布、脑原茶、大纸、细墨、龙须席等物于契丹，请求朝贡，契丹允准并遣使慰抚。

1046 年（辽重熙十五年），又因鸭绿江女真部族引发双方矛盾。先是，高丽遣人勘查东女真部落疆界，并以兵部尚书杨鉴为秋冬防御蕃部兵马使，女真诸部不断反抗，⑤随着事态的升温，引起契丹警觉。1054 年（辽重熙二十三年）7 月，契丹始设弓口门栏于抱州城东野⑥。

1055 年（辽重熙二十四年，清宁元年），高丽群臣遂就是否罢废契丹鸭绿江城桥发生争议。1058 年（辽清宁四年），高丽伐巨木造船，求助宋朝遭拒；廷议遂转变为与契丹和战关系的争论。

内史门下省上言："国家结好北朝，边无警急，民乐其生。以此保邦，上策也。昔庚戌之岁，契丹问罪书云：'东结构于女真，西往来于

① 《高丽史》卷 4《显宗一》六年春正月、十三年八月庚子条，广西师范大学出版社 2014年版，第 100、118—119 页。

② 《高丽史》卷 5《显宗二》二十年九月戊午、十二月条，广西师范大学出版社 2014 年版，第 131、132 页；又见卷 94，崔士威传，广西师范大学出版社 2014 年版，第 2916 页；又见同卷柳韶传，广西师范大学出版社 2014 年版，第 2933 页。

③ 《高丽史》卷 5《德宗》显宗二十二年十月辛巳、十一月辛丑条，广西师范大学出版社2014 年版，第 139、140 页。

④ 《高丽史》卷 94，柳韶传，广西师范大学出版社 2014 年版，第 2934 页。

⑤ 《高丽史》卷 7《文宗一》六年六月己卯条，广西师范大学出版社 2014 年版，第 196 页。

⑥ 《高丽史》卷 7《文宗一》甲午八年七月条，广西师范大学出版社 2014 年版，第 202 页。

宋国，是欲何谋？'又尚书柳参奉使之日，东京留守问南朝通使之事，似有嫌猜。……如非永绝契丹，不宜通使宋朝"。从之①。

1066 年（辽咸雍二年）开始，高丽经略女真收到实效，但 1073 年（辽咸雍九年）即遭到辽朝报复。

西京将军柳涉防守鸭绿船兵，有契丹人来投，其追捕者越入长城，逼静州。涉不能守御。制令免官②。

至 1075 年（辽大康元年），高丽收到辽朝枢密院劄子，申明双方派官勘定鸭绿江以东地界，但因歧义较大未能勘定③。次年（辽大康二年，1076 年），辽朝于高丽定戎镇关外开垦土田，置庵子驻守，高丽移牒请求撤毁，辽朝拒绝。1083 年（辽大康九年），高丽文宗病殁，长子勋即位后病殁，次子运即位，是为宣宗；辽朝怀疑其发生王位纷争，不许高丽告丧使入京，并诘问二王薨逝因由④。1086 年（辽大安二年），辽朝置榷场于鸭绿江，高丽担心榷场必兴场屋、城池并设官兵防守，故求罢心情迫切。⑤1101 年（辽寿隆七年、乾统元年），高丽肃宗诏令境内曰："朕自御神器，居常小心，北交大辽，南事大宋。又有女真国倔强于东，军国之务，安民为急，宜罢不急之役，以安斯民。"⑥

于是，高丽遣使赐女真完颜部以银器匠、医者等，确立双方贡使关系；不久，完颜部与别部交争，导致高丽备御，反遭女真诸部攻击，遂筑雄、

---

① 《高丽史》卷 8 《文宗二》戊戌十二年八月乙巳条，广西师范大学出版社 2014 年版，第 218—219 页。

② 《高丽史》卷 9 《文宗三》癸丑二十七年夏四月丙子、六月己卯条，广西师范大学出版社 2014 年版，第 245、247 页。

③ 《高丽史》卷 9 《文宗三》乙卯二十九年秋七月癸酉条，广西师范大学出版社 2014 年版，第 250 页。

④ 《高丽史》卷 95，李子渊传附孙资仁传，广西师范大学出版社 2014 年版，第 2947 页。

⑤ 《高丽史》卷 10 《宣宗》戊辰五年二月甲午条，广西师范大学出版社 2014 年版，第 283 页。

⑥ 《高丽史》卷 11 《肃宗》辛巳六年八月乙巳条，广西师范大学出版社 2014 年版，第 327—328 页。

英、福、吉等九城，金仁存云：

> 国家初筑九城，使告契丹，表称女真弓汉里，乃我旧地，其居民亦
> 我编氓，近来寇边不已，故收复而筑其城。表辞如是，而弓汉里酋长多
> 受契丹官职者，故契丹以我为妄言。其回诏云："远贡封章，粗陈事势，
> 其间土地之所属，户口之攸归，已敕有司，俱行检勘。相次别降指挥"。
> 以此思之，国家不还九城，契丹必加责让。我若东备女真，北备契丹，
> 则臣恐九城非三韩之福也①。

契丹偏袒女真。1109 年（辽乾统九年），完颜部向高丽索九城之地，高丽遂
还九城于女真。②1114 年（辽天庆四年），完颜阿骨打叛辽，高丽采取观望
应付。1116 年（辽天庆六年），东京渤海高永昌自立，高丽遂停止使用辽朝
年号，遣使通好阿骨打，并趁机收复来远、抱州二城。③

辽朝灭亡前，已有大批契丹人流亡高丽南京城附近。高丽睿宗十二年
（辽天庆七年，1117 年）八月，其南京城附近已聚集较多的契丹人口。史称：
"王至南京，契丹投化人散居南京圻内者，奏契丹歌舞杂戏以迎驾，王驻跸
观之。"④

早在契丹大延琳之乱，就有契丹流民涌入高丽⑤。而辽朝给予高丽的影
响也比较深厚，如伐康兆之年，高丽显宗南下，适有臣僚携带契丹萧逊宁
书状至，始知契丹退兵，而欣喜之余，竟无人识读书状之契丹文字⑥。故成
盟之后，即遣童子十余人至辽朝学习契丹文字。高丽大臣邢台辅也建议王
庭曰：

---

① 《高丽史》卷96，金仁存传，广西师范大学出版社 2014 年版，第 2970 页。
② 《高丽史》卷13《睿宗二》己丑四年二月戊戌、六月丙申、七月辛酉至壬申条，广西
师范大学出版社 2014 年版，第 368、372、373—374 页。
③ 《高丽史》卷14《睿宗三》丙申十一年三月辛未、丁酉十二年三月辛卯条，广西师范
大学出版社 2014 年版，第 405、412 页。
④ 《高丽史》卷14《睿宗三》丁酉十二年八月丁卯条，广西师范大学出版社 2014 年版，
第 415 页。
⑤ 《高丽史》卷5《显宗二》庚午二十一年夏四月乙丑、十月条，广西师范大学出版社
2014 年版，第 133、134 页。
⑥ 《高丽史》卷94，智蔡文传，广西师范大学出版社 2014 年版，第 2925 页。

北路边城将士，多自山南州县充入，故丁田在远，赀产贫乏，脱有
兵事，并为先锋。请自今令入辽使臣拣壮健者为傔从，因使侦察疆域事
势，且有互市之利，人必竞劝①。

因为有辽朝都市贸易之利，吏士蜂涌竞逐，不言自明。1065 年（辽咸雍元
年），高丽文宗受契丹册封，受赠九旒冠、九章服、玉圭、玉册、象辂、衣
襨、匹段、弓箭、鞍马等；王太子收到九旒冠、九章服、牙笏、竹册、草
辂、衣襨、匹段、鞍马、弓箭、酒等。②宣宗七年（辽大安六年，1090 年），
辽朝遣使张师说等 31 人来贺。

庚辰，再宴辽使于乾德殿，令三节人坐殿内。左右有司奏："再宴
使者，古无此例。三节就坐殿内，亦所未闻"。王曰："使者赍御制《天
庆寺碑文》以来，宜加殊礼"③。

辽道宗亲自为高丽天庆寺撰写的碑文。聘使互通，体制文化互动十分明显。
又高丽名僧大觉国师义天，名煦，原本出身高丽王族近属，主持兴王寺。

辽使王萼，见兴王寺小钟，叹美曰："我朝所未有"。煦谓萼曰："吾
闻皇帝崇信佛教，请以此钟献之"。萼曰："可"。煦请铸金钟二簴，将
献于辽帝，遂属回谢使孔目官李复，先奏其意。辽帝以萼奉使，妄有求
索，加峻刑，令勿献。及复还，刑部奏治其罪④。

王煦，即名僧大觉国师义天。著名佛教经典《高丽藏》，就是义天大师参校
《开宝藏》《契丹藏》基础上形成。此外，还有将高丽文玩输入辽朝者，如文
公仁，"奉使入辽，私赠傔者白铜螺钿器及书、画、屏、扇等奇玩。自是，

---

① 《高丽史》卷 95，邢台辅传，广西师范大学出版社 2014 年版，第 2957 页。
② 《高丽史》卷 8《文宗二》乙巳十九年三月己未条，广西师范大学出版社 2014 年版，
  第 230—231 页。
③ 《高丽史》卷 10《宣宗》庚午七年九月辛未、庚辰条，广西师范大学出版社 2014 年版，
  第 287—288 页。
④ 《高丽史》卷 90，宗室传，大觉国师煦，广西师范大学出版社 2014 年版，第 2828 页。

辽人每于行李必援公仁，征索无厌，遂为钜弊。"①

高丽睿宗八年（1113年），明懿太后柳氏病殁，辽朝遣使致祭：

> 其文曰："惟灵温惠毓，德柔嘉成，仪以母道，教于一方。以亲恩睦于九族。荃兰香气，本自芬芳，桃李有华，加之蕡实。先臣谢世，长嫡承家。棘风方丞于吹嘘，薤露遽悲于零落。人生至此，天道难知。朕方抚存候藩，知恤臣意。彼死生虽以数，至于母子其如哀何？爰遣介绍，往陈奠礼。魂兮不昧，歆我殊私"。百官奏曰："本朝自祖宗以来，太后升遐，邻国未尝遣使吊祭。今始见是礼。又前夕，雨暴作，及车驾行礼，日色清明，人心喜悦。宜令百僚朝贺"。王从之②。

诸多典章制度由辽朝而入高丽，双方间较长时期保持和平往来，使契丹丝路枢纽的作用尽显，来自中亚、西亚的商贸使团，往往经由辽境辗转至高丽贸易。高丽显宗十五年（1024年）九月，大食国悦罗慈等100人来献方物；次年九月，大食蛮夏诜罗慈等百人来献方物③。

> （高丽靖宗六年即1040年十一月丙寅）大食国客商保那盍等来献水银、龙齿、占城香、没药、大苏木等物，命有司馆待优厚，及还，厚锡金帛④。

这些都是经契丹辽朝而转入高丽境内的中亚商人。辽朝与高丽的交往以及因故流落高丽境内的契丹人，对高丽历史文化发展产生重要的作用。辽朝对于高丽政权的控制比较严密，《辽史》称：朝廷曾先后设置有新罗国王府和高丽国王府（即高丽王氏政权）。

---

① 《高丽史》卷125，奸臣传，文公仁，广西师范大学出版社2014年版，第3775页。
② 《高丽史》卷88，肃宗明懿太后柳氏传，广西师范大学出版社2014年版，第2782页。
③ 《高丽史》卷5《显宗二》甲子十五年九月、乙丑十六年九月辛巳条，广西师范大学出版社2014年版，第124、125页。
④ 《高丽史》卷6《靖宗》庚辰六年十一月丙寅条，广西师范大学出版社2014年版，第165页。

二、辽朝与日本的联系

日本是东亚古国，唐朝时钦慕中国文化，派遣唐使学习。"安史之乱"后，日本来唐私自贸易较多，但遣唐使逐渐终止，海路贸易也渐转向渤海国交流，以私贸所得转输日本境内销售。辽朝与日本之间的官方联系较少，有记载者或属民间贸易，或为论事涉及，信息含量不高。具列如下：

> （天赞四年十月）庚辰，日本国来贡。①
>
> （大安七年九月）己亥，日本国遣郑元、郑心及僧应范等二十八人来贡。②
>
> （大安八年九月）丁未，日本国遣使来贡。③
>
> 宋元丰元年十二月，诏司天监考辽及高丽、日本国历与奉元历同异。辽己未岁气朔与宣明历合，日本戊午岁与辽历相近，高丽戊午年朔与奉元历合，气有不同。戊午，辽大康四年；己未，五年也。当辽宋之世，二国司天固相参考矣④
>
> 辽制，属国、属部官，大者拟王封，小者准部使。命其酋长与契丹人区别而用，恩威兼制，得柔远之道。考其克制者具如左。⑤

以上记载，文字不多，是《辽史》关于日本的全部记录。故有学者认为：

> 《辽史·百官志二》将日本列为"属国"，称"日本国王府"。这是辽朝统治者的一厢情愿，实际上日本根本就不是他的属国。⑥

---

① 《辽史》卷2《太祖下》天赞四年冬十月庚辰条，中华书局1974年版，第21页；又见卷70《属国表》，中华书局1974年版，第1127—1128页。

② 《辽史》卷25《道宗五》大安七年九月己亥条，中华书局1974年版，第300页；又见卷70《属国表》，中华书局1974年版，第1172页。

③ 《辽史》卷25《道宗五》大安八年九月丁未条，中华书局1974年版，第300页；又见卷70《属国表》，中华书局1974年版，第1172页。

④ 《辽史》卷44《历象志下》朔考，中华书局1974年版，第678页。

⑤ 《辽史》卷46《百官志二》北面属国官，其属国职名总目列有"日本国王府"，中华书局1974年版，第758页。

⑥ 田久川：《古代中日关系史》，大连工学院出版社1987年版，第198页。

也就是说，《辽史》"北面属国官"条关于"日本国王府"的记载，应是元朝修史时的虚饰，学界仍然无法承认日本国曾经作为辽朝属国的身份。但是，依据日本国历史资料的记载，辽朝确实存在过主动遣使日本的行为。

辽朝灭亡渤海后，天显四年（929年）东丹国以裴璆为使前往日本，欲与日本国延续渤海国时期存在的聘使关系。① 此前，日本史料也将渤海国遣使视为外藩来朝。② 故裴璆等"件客九十三人。去年十二月廿三日着丹后国竹野郡。"③929年12月，裴璆登陆日本丹后国竹野郡，丹后国人视其为渤海国使节，而裴璆等人自称为"东丹国使"。次年三月，天皇阅丹后国奏报，因不知渤海国与东丹国更迭，故下旨诘问"东丹国使"，认为裴璆等人对答之状"前后相违"，"而对答中多称契丹王之罪恶"，天皇遂怒责裴璆等人曰：

> 朕闻渤海之于契丹"世仇"之国也。今汝怀二心，朝秦暮楚，为人臣者，岂一日如此乎哉。④

遂责令裴璆等上"进过状"，即检讨错误。而裴璆等人"进过状"原文如下：

> 裴璆等背真向伪，争善从恶。不救先主于涂炭之间，猥谄新王于兵戈之际。况乎奉陪臣之小使，紊上国之恒规。望振鹭而面惭，咏相鼠而股战，不忠不义，向招罪过，勘责之旨，曾无辟陈，仍进过状。裴璆等诚惶诚恐谨言。

裴璆使团因为天皇对其"不忠不义"的厌恶，禁止进入京都。⑤

五代时期，渤海国至日本的海路航线有三条，即"筑紫线""南海线"与"北线"，尤以北线为主。裴璆等人即由"北线"至日本国。辽朝建立后，

---

① 据记载，早在五代时期，渤海国就曾两次派遣裴璆出使日本，一次是渤海湮讙元年（后梁开平元年，907年），另一次是渤海湮讙十三年（后梁贞明五年，919年）。

② ［日］滨田耕策：《日本对渤海认识的变迁》，日本《东北亚史志》，2007年。

③ ［日］《国史大系》第六卷《扶桑略记》，日本国立国会图书馆编1927年版，第695页。

④ ［日］《本朝通鉴》卷五，《续本朝通鉴》卷第六，醍醐天皇六，日本国书刊行汇本，第2012、1244—1245页。

⑤ ［日］《本朝文粹》卷12，东丹国入朝使裴璆等解申进过状事。

由于航路受季风影响，只能在特定时间段内通达，给交流造成严重阻碍。虽然，辽朝造船和航海技术有所发展，但不足以应付渡海遣使或贸易需求。而与辽朝（907—1125年）对应的日本平安时代中、后期，奉行摄关政治，权力旁落于外戚藤原氏手中，采取限制民间出海的锁国政策。以当时北宋与日本交流状况为据。

> 宋船的来往如此频繁，但开往宋朝的日本船却几乎不见，这是因为日本采取了一种锁国主义，即使偶尔有想前往海外的，也严加禁止。[①]

日本国对于偷渡出海者，采取禁止态度。学者木宫泰彦举例说：

> 自堀河天皇宽治三年至嘉保元年凡五年间，任大宰权帅的藤原伊房，就曾私自派遣僧明范到契丹去进行贸易。《百炼抄》嘉保元年三月六日条说：诸卿审议前帅伊房派遣明范法师至契丹交易货物之罪行。[②]

日本宽治三年，即辽大安五年（1089年）；日本嘉保元年，即辽大安十年（1094年）。藤原伊房私遣僧人"明范"至辽朝交易货物，事觉之后，也受到日本国的处罚。此事，在日本史书《百炼抄》中，也有记载：

> （宽治六年六月）二十七日，诸卿定审本朝商客渡契丹一事。
> （宽治七年二月）十九日，诸卿定审渡契丹之商客。

日本贵族像

---

① ［日］木宫泰彦：《日中文化交流史》，胡锡年译，商务印书馆1980年版，第244页。
② ［日］木宫泰彦：《日中文化交流史》，胡锡年译，商务印书馆1980年版，第244—245页。

（宽治八年）五月廿五日，伊房卿解确降位一等，缘坐者多。①

上述举例涉及的僧人"明范"，恰与前引《辽史》大安七年记录的日本僧人"应范"，为同一人。因辽景宗耶律贤，小字明扆，故《辽史》避讳，将日僧明范写作"应范"。故日本史籍记载的僧人明范，乃其原名。而大安七年（1091 年）"郑元、郑心、应范"等代表日本"来贡"，正与日本史料记载吻合。但僧人应范此行，重在佛学而非商贸。辽道宗朝（1055—1100 年）是辽代佛教发展鼎盛期。"应范"和尚"冒禁"入辽主要是佛事活动，② 侧面说明了辽日之间文化交流的情况。

第四节　辽朝与中亚、西亚的经济文化交流

1966 年，赤峰市克什克腾旗热水镇二八地辽墓出土一件长颈鎏金银壶，内刻"匠孟文恭"字样；一件银质折肩罐，底刻"大郎君"字样，形状与制作工艺均与伊斯兰风格器物相似。③1975 年，敖汉旗李家营子契丹早期墓葬出土一件波斯式银壶。④1987 年，辽宁省朝阳市北塔天宫中，发现一件淡绿色的琉璃执壶，为辽朝重熙十三年（1044 年）重修时置放入塔内天宫，其造型与李家营子出土的这件波斯式银壶，在造型与工艺方面都很相似。⑤1986 年，内蒙古奈曼旗辽朝陈国公主墓出土一件錾花花口铜盆⑥，据马文宽研究，现今伊朗德黑兰博物馆收藏有一件 13 世纪的嵌银花口铜盆，口沿錾刻有多次重写的阿拉伯文"安拉"一词，其造型与陈国公主墓出土的

① ［日］《国史大系》第 14 卷《百炼抄》，日本国立国会图书馆编 1927 年版，第 55—57 页。
② ［日］常盘大定：《平安朝时代日本僧人之入辽》，日本《东方学报》（东京）第 11 册，1940 年。
③ 刘志一：《克什克腾旗文物志》，内蒙古人民出版社 1993 年版，第 81 页。
④ 内蒙古文化厅等：《草原文化——游牧民族的广阔舞台》，香港商务印书馆 1996 年版，第 226 页。
⑤ 《朝阳北塔 1986—1989 年考古勘查纪要》，《辽海文物学刊》1990 年第 2 期。
⑥ 内蒙古自治区文物考古研究所哲里木盟博物馆编：《辽陈国公主墓》，文物出版社 1993 年版，图版十一，2。

此件器物，极为相似。[1] 此外，陈国公主墓还出土一件刻花喇叭口高颈玻璃瓶，天津蓟县独乐寺塔墓也发现有相同器物，马文宽认为其造型与耶路撒冷以色列博物馆、沙特阿拉伯利雅得伊斯兰艺术馆各收藏一件刻花盘口细颈瓶同源，均为 11 世纪的产品。[2] 同样，2012 年赤峰市博物馆等抢救清理辽代会同六年（943 年）后唐德妃伊氏墓葬，其中出土的几件器物，反映出辽朝初期与伊斯兰世界密切交流的基本状况。

契丹与中亚的交流密切。1005 年（辽统和二十三年），与辽朝有密切联系的波斯被喀拉汗王朝（阿萨兰回鹘）和伽色尼王朝（今阿富汗南部）灭亡。波斯在丝绸之路的历史地位，被加色尼王朝、萨曼王朝和塞尔柱王朝所取代。辽太祖时期曾经入贡契丹的大食国，是西亚地区的阿拔斯王朝（黑衣大食），但统和二十四年（1006 年）以后，入贡辽朝的大食国则已是指伽色尼王朝或萨曼王朝。西域及中亚政权还有：喀喇汗王朝、高昌回鹘（西州）、于阗以及河西地区的沙州归义军、甘州回鹘等，均纳入辽朝宗藩体系。

辽代刻花喇叭高颈玻璃瓶，出土于内蒙古通辽奈曼旗青龙山镇陈国公主墓

> （天显十二年）冬十月庚辰朔，皇太后永宁节，晋及回鹘、敦煌诸国皆遣使来贺。壬午，诏回鹘使胡离只、阿剌保问其风俗。丁亥，诸国使还，就遣薄里骨皮室胡末里使其国（回鹘）。

胡末里，《辽史》又作"鹘末里"；奉使甘州、沙州回鹘部落，西至阿萨兰回鹘（即高昌），往返近三年，及会同三年（940 年），方完成奉使的使命。史称：二月辛亥，墨离鹘末里使回鹘阿萨兰还，赐对衣劳之。使

---

[1] 马文宽：《辽陈国公主墓出土伊斯兰錾花铜盆考》，载李逸友、魏坚主编：《内蒙古文物考古文集》第 1 辑，中国大百科全书出版社 1994 年版，第 486—489 页。

[2] 马文宽：《辽墓辽塔出土的伊斯兰玻璃器》，《考古》1994 年第 8 期。

9 世纪阿拉伯虹彩陶器

臣获得的殊荣，说明这是辽朝对阿萨兰回鹘的首次遣使。其间，会同二年（939 年）回鹘单于使人乞授官，诏第加刺史、县令，此指甘、沙诸州回鹘。

辽朝对甘、沙诸州与高昌回鹘部落采取羁縻统治方式。景宗保宁三年（971 年）二月，派遣铎遏出使阿萨兰回鹘，沿途抚慰甘、沙诸部族。统和十四年（996 年）十一月，阿萨兰回鹘王遣使来为其子求婚（即和亲），没有得到辽朝的允许。重熙二十二年（1053 年）二月丙子，阿萨兰回鹘因为遭到邻国的攻侵，遣使来辽朝求援。

甘沙回鹘及归义军相继尊奉辽朝为宗主，密切往来。高昌回鹘，早在太宗置"互市"于高昌并设立回图务时，即已密切往来。圣宗统和十九年（1001 年）正月甲申，回鹘进梵僧名医。开泰八年（1019 年）正月，封沙州节度使曹顺为敦煌郡王。册封曹顺（即曹贤顺，《辽史》避景宗"贤"讳）的使人，即汉人望族韩橁，其因在官犯罪，故按旧俗，"罚使绝域"。史称：遂以笞刑断之，仍不削夺在身官告，念勋旧也。明年奉使沙州，册主帅曹恭顺为敦煌王。恭亦是避景宗贤字讳。至开泰九年（1020 年）辽使还自沙州，史称，十月，郎君老使沙州还，诏释宿累。国家旧使远国，多用犯徒罪而有才略者，使还，即除其罪。

辽朝对于沙州（敦煌）的重视程度，不亚于阿萨兰回鹘（即高昌）。敦煌与辽朝关系，不仅在于经济文化交流，还在于经济文化建设的互补。咸雍三年（1067 年）十一月壬辰，夏国遣使进回鹘僧、金佛、梵觉经。契丹与诸国联系，因丝绸之路而建立。契丹与西亚联系，通过立国中亚的萨曼王朝与伽尼王朝。统和二十四年（1006 年）八月，沙州敦煌王曹寿遣使进大食国马及美玉，以对衣、银器等物赐之。此大食，是指称阿拉伯古代的伽色尼王朝及萨曼王朝。开泰九年（1020 年）十月壬寅，大食国遣使进象及方物，为子册割请婚。辽朝与伽色尼王朝联姻，已为中亚史料证实。故太平元年（1021年）三月，大食国王复遣使请婚，封王子班郎君胡思里女可老为公主，嫁之。

辽朝与中亚、西亚保持顺畅联系，使契丹辽文化远播，后世阿拉伯史学家及欧州史籍中，也都以"契丹"称呼中国。

契丹同西域及中亚各民族、政权的交往，采取羁縻策略，即使进入封建化进程深化之际，也仍然保持着诸族属的部落组织形态，使部落社会畜牧业经济在社会发展中保持下来。这种形式不但有利于民族融合，也有利于当时诸地区间经济发展的调整、改善和互补，从而塑造出更大范围内的民族融合发展趋势。辽朝在"羁縻"策略下，提高了自身威望，扩大了国际影响，使统治腹地（即本土）成为与各方经济文化交流的枢纽。各方与辽朝"贡品"交流的货物，《辽史》记载有马、玉、象、文豹等，而《契丹国志》则云：

> 高昌国、大食国、小食国、甘州、沙州、凉州，以上诸国三年一次遣使约四百余人，至契丹贡献玉、珠、犀、乳香、琥珀、玛瑙器、镔铁兵器。斜合黑皮、褐黑丝、门得丝、帕里呵、硇砂、褐里丝，以上皆由细毛制成，以二丈为匹。契丹回赐，至少亦不下于四十万贯。

所谓契丹回赐，其实就是互为贸易而输出的商品，有茶叶、丝绸、马匹、马具、瓷器、钱币、铜铁等。中亚学者马卫集称伊斯兰世界向契丹输入的物品，主要有：象牙、胡椒、阿魏、玻璃、青金石等。据《西夏书事》记载：

> 回鹘土产，珠玉为最。帛有兜罗锦、毛毡、狨锦、注丝、熟绫、斜褐；药有腽肭脐、硇砂；香有乳香、安息、笃耨。其人善造镔铁刀、乌金银器。或为商贩，市于中国、契丹诸处，往来必由夏界，夏国将吏率十中取一，择其上品，商人苦之。[①]

这种"互市"非常繁荣，长髯高鼻、绸布缠头的回鹘人与契丹商队讨价还价。而契丹引进回鹘物产，如1990年巴林左旗滴水湖辽墓壁画出现的"徽

---

① （清）吴广成撰，龚世俊等校证：《西夏书事校证》卷15，庆历元年夏四月沙州回鹘来侵条，甘肃文化出版社1995年版，第175页。

子"，是来自伊斯兰世界的油炸面食；[1] 还有回鹘豆与西瓜的输入，称契丹破回鹘而得此种籽；辽上京遗址曾出土若干西瓜籽，而敖汉旗羊山 1 号辽墓壁画出现了西瓜。据《辽史》"属国军"条记载："辽属国可纪者五十有九，朝贡无常。有事则遣使征兵，或下诏专征，不从者讨之。"[2] 这些"属国军"，就包括波斯、大食、喀喇汗王朝等伊斯兰军队。《辽史》北面属国官，也有阿萨兰回鹘大王府、波剌（斯）国王府、于阗国王府等。中西亚商旅与契丹交往中，将乐舞传入契丹，如会同三年（940 年）以端午宴君臣及诸国使，命回鹘、敦煌二使做本俗舞，俾诸观之。[3]

在辽墓壁画和辽代文物中，常见题材是胡人舞狮图像等，画面人物都是深目高鼻的特征。甚至《辽史·乐志》也说，契丹国乐的乐调组合已加入"大食调，高大食调，小食调"和"大食角、高大食角、小食角"[4] 等。对阿拉伯伊斯兰乐舞的接受，已是辽朝具有较为典型意义的文化现象。回鹘汗国灭亡后，余部分为三支，即阿萨兰回鹘（黑汗）、高昌回鹘和甘沙回鹘。契丹与回鹘有着密切联系，在辽上京汉城内还置有专供其居住的"回鹘营"；这是辽朝早期设置的与西域（回鹘）诸族多方交往的固定场所，与唐朝长安城设置的波斯店相类似。现今北京著名的牛街清真寺，始建于辽统和十四年（996 年），多是来自葱岭以西阿萨兰回鹘等伊斯兰商旅所创建。今辽上京城遗址内，还发现有西北干旱及半干旱地带的沙漠植物——骆驼蓬，就是当时在上京城居留的回鹘使节、商旅等携带而来。

此外，伊斯兰国家与契丹交流的物品中，以玻璃器和辽瓷最有特点，保留下来的也最多。古代中原地区自产的玻璃制品，质差易碎，与西域伊斯兰国家进口玻璃器差别较大。因此，这些伊斯兰玻璃器作为重要"方物"以贡品形式输入辽朝。[5] 当时，辽瓷的制作水平已处于领先地位，在埃及旧都福斯塔特曾出土数片辽朝白瓷和一件完整的辽代白釉盘口瓶，伊朗波斯湾港口西拉夫出土一件完整的辽代白瓷碗。在伊拉克萨马拉遗址、地中海东岸以及

① 巴林左旗博物馆：《内蒙古巴林左旗滴水壶辽代壁画墓》，《考古》1999 年第 8 期。
② 《辽史》卷 36《兵卫志下》属国军，中华书局 1974 年版，第 429 页。
③ 《辽史》卷 4《太宗下》会同三年五月庚午条，中华书局 1974 年版，第 47 页。
④ 《辽史》卷 54《乐志》大乐之大乐调，中华书局 1974 年版，第 889—890 页。
⑤ 宿白：《中国古代银器和玻璃器》，《中国文物报》1992 年 5 月 3 日；马建春、夏灿：《古代西域玻璃器物及工艺的输入与影响》，《回族研究》2011 年第 1 期。

北京牛街清真寺

伊朗的尼沙布尔，也都曾出土过辽朝的三彩瓷器。虽然，唐三彩很少输出于国外，但是辽三彩却对伊斯兰世界的瓷器产生过重要影响[1]。同时，辽朝的瓷器造型与装饰艺术等，也深深地受到伊斯兰陶器制作风格的影响，如辽瓷中凤首瓶的造型艺术，当来源于西亚，因为在回鹘壁画中曾见有此种器物[2]。

中亚以及西域地区，通往契丹的交通路线，从撒马尔罕向东越过帕米尔高原至喀什，再沿塔克拉玛干沙漠南缘而奔敦煌，由敦煌北上可敦城（今蒙古国乌兰巴托），或东趋可敦墓，经阴山而至辽朝的上京城。11 世纪的阿拉伯人马卫集曾有相关日程的描述：疏勒（喀什）至叶尔羌（莎车）需 4 天，

---

① 　[日] 三上次男：《陶瓷之路》，李锡经译，文物出版社 1964 年版，第 15 页。

② 　冯先铭：《中国陶瓷》，上海古籍出版社 1977 年版，第 271 页。

辽代定窑白瓷瓶

叶尔羌至和阗（和田）需 10 天，和阗至克里雅（于田）需 5 天，克里雅至沙州（敦煌）需 50 天。① 敦煌是这条路线的枢纽，西夏兴起前，又多经额济纳道至酒泉、安西到敦煌；西夏占据河西走廊后，蒙古高原成为西域诸国与东方联系的重要通道。然后，这条草原丝绸之路又经过辽上京城而继续延伸至辽中京城、兴中府（今辽宁朝阳）、东京城（今辽宁辽阳），甚至出境至朝鲜半岛及日本群岛等。

可敦城即回鹘旧城，辽景宗于此置西北路招讨司，圣宗统和二十二年（1004 年）又于此更置镇州城。辽朝由于地缘优势和藩属关系，为中西方商贸提供了便利条件，使得这条丝绸之路畅通、延伸与繁荣，逐渐实现地中海诸国的商贸沟通。

1124 年，耶律大石率骑兵自漠北镇州城西迁，途中致书甘州回鹘可汗云："与尔国非一日之好，今我将西至大食，假道尔国，其勿致疑。"书信里提到的大食，即立国中亚的伊斯兰政权。而当耶律大石"驻军寻斯干（今撒马尔罕），凡九十日，回回国王来降，贡方物"。此中提到的寻斯干，今中亚著名的撒马尔罕；回回国，即花剌子模伊斯兰政权。耶律大石西至起尔漫（或云叶密立）后，即帝位，改元延庆元年（1130 年），将高昌回鹘、花剌子模国均并入西辽版图。起尔漫即应是大石所说的"大食"。西辽政权在行政、军事、赋税方面较为宽松，允许各种宗教信仰在境内的存在和发展，尤其伊斯兰教更是得到耶律大石的尊重，甚至在给河中地区发布的诏谕中，也使用波斯语言并按照伊斯兰教行文格式，予以颁布。② 西辽是中亚地区的强国，也是契丹辽朝政治在中亚的延续。在西辽灭亡后，契丹人八剌黑又于 1222 年在今伊朗西南部建立了起尔漫王朝，史称后西辽。后西辽政权改信伊斯兰教，并逐渐与当地伊斯兰民族融合。

---

① 参见冯家升、程溯洛、穆广文：《维吾尔族史料简编（上）》，引英译本《马卫集论中国、突厥与印度》，民族出版社 1958 年版，第 65 页。

② 余太山：《西域通史》，中州出版社 1996 年版，第 310、318 页。

第九章　辽朝的文学、艺术与科技成果

第一节　辽朝的语言文字

辽朝的通用文字，主要有两种，即汉族语言文字和契丹语言文字，某些特殊场合或领域也偶尔会使用其他民族语言文字，譬如自辽朝初期，契丹人就与回鹘人保持密切往来，契丹人不但熟悉回鹘语言文字，还学习回鹘文字的拼音习惯创作出契丹小字。契丹人在与五代十国政权和北宋、西夏政权的交流往来中，作为"国信"文书使用的文字通常为汉字，不仅如此，还将汉字文书的使用范围扩展至河西走廊、西域和中亚诸伊斯兰王朝，甚至朝鲜半岛和日本列岛。但契丹人之间，包括文臣武将间的信函往来，一般都使用契丹大、小字。例如，公元 928 年，后唐政权与得到契丹支持的定州藩镇之间，爆发历史上著名的定州会战。此役，后唐政权完胜定州藩镇与契丹军队，后唐主帅王宴球在战利品中，发现一件契丹文书，奏报朝廷后，朝臣无人识其文字。契丹人重视教育，将大量中原文化典籍和西域佛经翻译成契丹文字。据宋人笔记记载：

> 契丹小儿初读书，先以俗语颠倒其文句而习之，至有一字用两三字者。顷奉使金国时，接伴副使、秘书少监王補，每为予言，以为笑。如"鸟宿池中树，僧敲月下门"两句，其读时则曰："月明里和尚门子打，水底里树上老鸦坐"。大率如此。補，锦州人，亦一契丹也。①

在契丹文与汉文之间频繁译写的过程中，使得一些契丹文字逐渐混入汉字系统。例如，由辽代著名僧人行均编撰的字书《龙龛手鉴》收录的文字中，

---

① （宋）洪迈：《夷坚志》丙志卷 18，契丹诵诗，影印文渊阁《四库全书》本。

就包含有一些契丹文字。①

　　契丹本为古东胡族系的分支，契丹语属于古代阿尔泰语系中一个独立的语言系统，与蒙古语同源关系密切，某些契丹语词汇至今仍与蒙古语相同或相近。辽朝建国前，契丹人并没有自己的文字，军国大事以刻木为契、传箭为号，约束诸部共同行动。辽太祖创建契丹专制政权后，神册五年（920 年），诏令耶律突吕不、耶律鲁不古等人参酌汉字笔划部首，始制契丹文字。② 史称，汉人教之以隶书之半增损之，作文字数千，以代刻木之约。③

　　耶律突吕不、耶律鲁不古等人牵头制作的文字，史称为"契丹大字"，是一种模仿汉字的方块字，采用了不拼音的音节文字和拼音的音节文字共同组合的方式，共有原字 3000 多个，这是契丹人最早创置的"国字"。契丹政权就用它记写契丹语言、军国大事与相关活动等。

　　契丹大字，在辽朝时期始终是与汉字一样作为通用文字使用，直到金朝才被逐渐废弃。现存契丹大字材料，主要有俄罗斯东方文献研究所一册契丹大字手抄页（共计 167 页）以及国内出土 20 余方以契丹大字刻写的辽代墓志铭，还有部分的辽代器物的大字铭文、钱文及刻石等，内蒙古通辽市科右前旗发现一幅辽代墨书契丹大字题记、赤峰喀喇沁旗小牛群乡白斯汰沟村发现一处 20 余字的辽代契丹大字石刻以及蒙古国发现的九峰石壁石刻等。总

---

①　详参（辽）行均撰，潘重规编：《龙龛手鉴新编》，中华书局 1988 年版。

②　《辽史》卷 2《太祖下》神册五年春正月乙丑条，中华书局 1974 年版，第 16 页；又见卷 75《耶律铎臻传》附弟突吕不，中华书局 1974 年版，第 1240 页；又见卷 76《耶律鲁不古传》，中华书局 1974 年版，第 1246 页。

③　《新五代史》卷 74《四夷附录一》契丹，中华书局 1974 年版，第 888 页。

之，契丹大字的原字已基本收集齐全，但因契丹大字被废弃较早，故对其释读解译工作正在进行之中。

辽太祖时期，在契丹大字创制成功以后，因为字数太多，不方便掌握和记写，使用带来许多困难。因此，辽太祖在以大字作为"契丹国字"的前提下，又采纳母后及群臣建议，诏命皇弟迭剌在参与接待回鹘使臣过程中，创制了契丹小字。

> 回鹘使至，无能通其语者。太后谓太祖曰："迭剌聪敏可使。"遣迓之。相从二旬，能习其言与书，因制契丹小字，数少而该贯。①

迭剌参照回鹘文字又创制了一种新的文字。迭剌创制的这种新文字，为了与已有的大字相区别，而被称为"小字"。契丹小字系拼音文字，其拼音方法受到回鹘字启发和汉字反切音影响，计有表音符号（或称原字）300 多个，采用若干原字顺序拼读的方法以记录契丹语和军国大事。契丹小字极大地方便了契丹语中多音节词汇，尤其语法中有粘着词尾的契丹语的记写工作，其原字总数不及大字十分之一，使用方便，故与大字一样定为辽朝"国字"，也是官方与民间的通用文字。

契丹小字遗存，没有发现纸质残留，仅国内出土有辽代碑刻、墓志等 20 余件，还有一些辽代器物表面刻划的铭文，在内蒙古自治区通辽市阿贵山发现的洞壁题记、大黑山摩崖石刻等，也是辽代残存的契丹小字墨书资料。通过这些存世资料基本将契丹小字的原字收集齐全。契丹小字的释读解译工作，也已取得具有突破性的重大进展，现已释读小字的语词 500 余条，构拟出原字音值近 400 个。

契丹大字和小字，是契丹人创制的民族文字，字型属方块字范畴，用来记写契丹人的语言、朝廷大事以及辽朝各族人民创造的文明成果及其历史活动等，是契丹语言和文化的载体，与辽朝同期的汉字文献也译写有部分契丹语词汇。契丹语言文字，还被辽朝用来翻译儒学经典、文学、史学和医学著作。例如耶律倍曾用契丹文字翻译了古代著名兵书《阴符经》，萧韩家奴曾经用契丹文字翻译《通历》《贞观政要》和《五代史》，耶律庶成翻译了中原

---

① 《辽史》卷 64《皇子表》德祖六子，中华书局 1974 年版，第 968—969 页。

医学的方脉书，耶律庶臻则用契丹大字记录了辽朝建国初期的诸部乡里之名。大量汉文书籍的翻译，将中原地区的思想文化和统治经验、科学技术与文学艺术，传入辽朝境内，带动和促进了草原文明的快速发展。不仅辽朝贵族仰慕中原文化，许多汉人也通晓契丹语言文字，甚至北宋使臣也偶能以契丹语与契丹君臣赋诗酬和。

契丹文字大约行用到元朝时期，据说耶律楚才曾于西辽故地学习契丹文字，并翻译记录了一首由辽朝寺公大师用契丹文字创作的《醉义歌》，此歌曾是辽代文学的名篇。

第二节　辽朝的文学艺术

契丹人善于运用比喻方式品藻人和事，如用"空车走峻坂"形容一个人言语无检和随意而为的行为；如用"着靴行旷野射鸰"形容一个人说话时的言不及义。又如辽太祖的长子耶律倍，用"小山压大山"的诗句，形容自己受到来自胞弟太宗耶律德光的猜疑。契丹人不仅善于运用本民族的语言为文作诗，也使用汉文表达政见和诗文创作，有许多作品都是用来描绘北国风物民情，如辽道宗《题李俨黄菊赋》：

> 昨日得卿黄菊赋，碎剪金英添作句，
> 袖中犹觉有余香，冷落西风吹不去。

文人雅士既能用契丹文字写作诗词歌赋等，也能使用汉文，其作品已经涵盖了诗、词、歌、赋、文、书、章奏、简牍等各种文体。据说辽圣宗一生作诗已有五百余首。耶律国留创作有《兔赋》和《寤寐歌》。辽道宗皇后萧观音创作有《谏猎疏》《回心院词》和著名的应制诗《君臣同志华夷同风诗》；天祚帝文妃创作有《讽谏歌》，契丹女子耶律常哥还曾经撰写一篇著名的《述时政文》等。辽朝文士尤其喜欢宋朝三苏的作品，文士魏野诗文也深受辽朝文士喜爱。

> 祥符中，契丹使至，因言本国喜诵魏野诗，但得上帙，愿求全部。

苏轼像

真宗始知其名，将召之，死已数年，搜其诗，果得《草堂集》十卷，诏赐之。魏野字仲先，其诗固无飘逸俊迈之气，但平朴而常，不事虚语尔。如《赠寇莱公》云："有官居鼎鼐，无地起楼台。"及《谢寇莱公见访》云："惊回一觉游仙梦，村巷传呼宰相来。"中的易晓，故虏俗爱之。①

在平实尚朴的文风影响下，许多契丹人都能文善赋并撰作了大量文集，诸如平王耶律隆先留有《阆苑集》、耶律资宗留有《西亭集》、萧孝穆留有《宝老集》、萧柳留有《岁寒集》、萧韩家奴留有《六义集》等一大批辽朝文士的个人文集杂著传世，可惜辽代以后大多遗失。

宋代以来，文士盛行编纂"诗话""词话"等著录诸多当代文人墨客佳句，其中也包含许多辽朝文人诗词创作的佳句。如宋人阮阅编纂的《诗话总龟》，不仅摘录辽人的诗词佳句，也记录了许多来自辽朝的文化轶闻。

在传统的文学观念影响下，契丹人继承和学习了中原王朝的修史传统。辽太祖即曾诏命耶律鲁不古监修国史，至太宗会同四年（941 年）编修《始祖奇首可汗事迹》，为先祖树碑立传。辽圣宗朝（982—1031 年），朝廷职官队伍已经拥有起居注和日历官的席位与职责，辽朝的修史制度和机构也日益完善。统和九年（991 年），由监修国史的室昉和邢抱朴等人撰修的朝廷《实录》20 卷，系统地记载了自辽太祖至辽景宗五朝近八十年的史事。其间，还收集、翻译并颁行了前朝史书名著，如《史记》《汉书》和《唐实录》《五代史》等。辽兴宗朝（1031—1055 年），又诏命耶律谷欲、耶律庶成、萧韩家奴等人纂修《遥辇至重熙以来事迹》（又名《辽国上世事迹及诸帝实录》或《先朝事迹》）20 卷，记录自契丹起源而至辽兴宗时期，内容庞杂，记录

---

① （宋）释文莹：《玉壶清话》卷第七，载郑世刚、杨立扬点校：《湘山野录 续录玉壶清话》，中华书局 1984 年版，第 66—67 页。

的信息量较大。辽道宗朝（1056—1100 年），诏命耶律孟简编修耶律曷鲁、耶律屋质与耶律休哥《三人行事》；同时，朝廷设置编修局，最终由耶律俨等人编修记述太祖以来诸帝事迹为主的《皇朝实录》70 卷，成为后世编修《辽史》的重要依据。此外，还相继有私人编撰的《礼书》《辽朝杂礼》《契丹会要》《契丹官仪》《大辽登科记》《七贤传》以及《契丹地理图》等。辽朝时期的史学成果比较丰富，但因历史变迁因素等影响，致使由辽朝人自己编撰的史学成果，几乎没有任何孑遗得以流传。

辽代文化艺术，最为突出的表现是在绘画与雕塑方面。辽代绘画，有着深厚的草原画风的积累。隋唐之际，曾有一位名为杨契丹的画家，以其画作而名扬唐朝，杜甫曾在诗文中将其与阎立本等名画家进行比较，如"笔力直追杨契丹"是以其画风作为了品鉴的标杆。10 世纪初期，辽太祖的长子耶律倍绘画造诣颇深，善于描摹草原人物、动物以及花卉虫草等主题，其作品成为北宋朝廷秘府所收藏的珍品。史称：

> （耶律倍）多写贵人酋长，至于袖戈挟弹，牵黄臂苍，服用皆缦胡之缨，鞍勒率皆瑰奇，不作中国衣冠。[①]

而耶律倍所绘画之马，一概清奇，骨法劲快，不良不驽，自得穷荒步骤之态。[②]

耶律倍作品流传至今的有：《射骑图》《出猎图》《回猎图》《人骑图》和《射鹿图》。当时，与耶律倍齐名的另一位契丹画家，是出身于山后契丹部落的胡瓌。胡瓌在五代时期（907—960 年）只身进入中原的画学体系，并迅速成为五代及北宋时期开中原画学新风的大师，其作品如《卓歇图》等惟妙惟肖地勾勒出草原生活的真实场面。

> （胡瓌）善画蕃马，骨骼体状富于精神。其于穹庐、部落、帐幕、旗旆、弧矢、鞍鞯，或随水草放牧，或驰逐弋猎，而又胡天惨冽，沙碛

---

① （宋）佚名：《宣和画谱》卷 8，影印文渊阁《四库全书》本。
② （宋）刘道醇：《五代名画补遗》走兽门第三·神品，影印文渊阁《四库全书》本。

《射骑图》（局部），耶律倍绘，现藏台北故宫博物院

平远，能曲尽塞外不毛之景趣。[1]

　　用狼毫制笔，疏渲鬃尾，细密有力。至于穹庐什物，各尽其妙。[2]

　　辽兴宗耶律宗真也善丹青工画，曾经以所绘画之鹅、雁图幅赠送宋朝，点缀精妙，宛乎逼真；宋仁宗遂以御笔作飞白书答之。[3] 契丹人萧瀜，慕唐裴宽、边鸾之迹，凡奉使入宋者，必命购求。凡遇名迹，不惜重价，装潢即就，而后携归本国，建小楼以贮之。风日晴和，焚香展卷，临摹所至，咸有法规。[4]

　　此外，辽朝燕京布衣常思言，善于绘画山水林木之状，求其画者甚众。还有辽朝同知南院宣徽事耶律裹履（宋朝史料写作耶律防），史称：

---

① （宋）刘道醇：《五代名画补遗》走兽门第三·神品，影印文渊阁《四库全书》本。

② （元）汤垕：《画鉴》，影印文渊阁《四库全书》本。

③ （宋）叶隆礼撰，贾敬颜、林荣贵点校：《契丹国志》卷8《兴宗文成皇帝》重熙十五年，上海古籍出版社1985年版，第83页。

④ （清）王毓贤：《绘事备考》，影印文渊阁《四库全书》本。

裹履善画，写圣宗真以献……复以写真，召拜同知南院宣徽事。使
　　送贺正，写宋主容以归。清宁间，复使宋。宋主赐宴，瓶花隔面，未得
　　其真。陛辞，仅一视，及境，以像示饯者，骇其精妙。[①]

还有耶律题子、秦晋国妃萧氏、汉人陈升、吴九州等诸多知名画家。终辽一
代，契丹知名画师层出不穷，甚至许多无名画师的作品也得以流传下来，如
山西应县佛宫寺塔内发现的挂幅《神农采药图》《释迦牟尼佛像》，还有立轴
《炽盛光九曜图》和《药师玻璃光佛说法图》，体现出辽代中期成熟的绘画水
平；辽宁法库叶茂台辽墓出土两轴绢本帛画：《山水楼阁图》与《竹雀双兔图》，
构图对称，装饰洗净，体现出融汇唐、五代与北宋技法于一炉的成熟画风。
此外，还有大量的辽代壁画、木版画作品，成为研究当时艺术及生产生活习
俗的重要资料。

　　辽朝的雕塑数量丰富，主要分为石雕、砖雕两类，也有泥塑，而木质雕
塑大约因为不易保存而少见。辽朝的石雕艺术，突出表现在开窟造像以及石
刻浮雕等方面。例如，距离辽上京城故址南不足 20 公里处的辽代真寂寺洞
窟遗存（当地俗称后召庙，巴林左旗林东镇南），位于辽朝真寂寺石窟东侧
大山南坡的开化寺洞窟遗存（窟室保存状况完整，但主佛与四壁千佛像均遭
毁坏），均属辽代较为典型的石窟寺建筑。其中，真寂寺主洞窟内的石雕佛
涅槃像与一群悲泣的佛弟子像，造型典雅、古朴、逼真；在主洞窟南侧为供
奉石雕菩萨像的小型洞窟，在主洞窟右上方由石阶攀升至两座小型洞窟即北
窟，供奉佛菩萨像等。这些洞窟，均属利用山体岩石，直接雕造不可移动的
窟内佛菩萨像。还有，灵峰院千佛洞石窟（今赤峰西南 15 公里）、福峰山洞
窟（宁城妙香山遗址，洞窟外侧存有辽朝天禄五年石刻），虽然内部陈设均
遭毁坏，但其形制可堪称佳作。山西大同的云冈石窟也保存有辽代的开窟造
像遗存。辽宁也发现有辽代玉石观音造像及其题记，是辽代石雕艺术中的精
品。辽朝石雕造像，在上京城遗址和中京城遗址内，也均有部分的遗存。上
京城内矗立至今的大型观音石像遗存，中京城内遗存有辽代汉白玉质的帝后
雕像，山西大同西郊佛字湾所存观音堂内，还保留着一组疑似辽代雕造的佛
像。而辽代时期的泥塑佛像，在今山西大同的上下华严寺、天津蓟县的独乐

---

① 《辽史》卷 86《耶律裹履传》，中华书局 1974 年版，第 1324 页。

寺、山西应县佛宫寺、辽宁义县奉国寺等辽代佛寺塔庙遗存中，都有完好的保存。辽宁朝阳北塔塔身砖雕的力士、侍者、狮、虎、莲花及五方如来坐佛像等，更是生动传神，也是石雕艺术的上乘之作。此外，内蒙古等地发现辽墓地表，布列有石像生、石经幢和石浮图遗存。经幢除了刻写佛经经文、真言咒语与佛菩萨浮雕造像外，也刻写佛传故事，目的是传经文、修功德、消灾祸、报恩祈福，大多都造型奇特、雕刻精湛。现藏日本京都国立博物馆的一件辽代多宝千佛陀罗尼石经幢，原为河北涿州佛寺内收藏物。石浮图，有北京房山云居寺石经塔，塔身刻写《大辽涿州涿鹿山云居寺续秘藏石经塔记》，记述辽朝高僧信众发愿刻写石经本末，其须弥座八面石刻精湛，图像惟妙惟肖。又如赤峰巴林左旗辽上京遗址附近出土的一件石经幢，通高 175厘米，由上、中、下三节卯扣组合。上节为宝珠式六角攒尖顶，翘檐；中节为八角柱形幢身，满刻经文，汉字楷书；下节为幢座，雕刻莲纹、连枝纹。造型玲珑，雕刻精细，为佛教艺术珍品。①

赤峰巴林右旗庆州白塔进行修复时，由塔内秘藏室发现一尊木雕释迦佛坐像和一尊观世音菩萨立像，造像不早于重熙十八年（1049 年）安放于塔内秘藏室。其中，释迦佛坐像，柏木雕制，通高 25 厘米，由须弥座、仰莲台及像身三部分组成。佛像螺发，方颐大眼，长耳，有胡须，穿双领下垂式袈裟。右手上举施无畏印，左手平伸腹前，结跏趺坐，周身金装。观世音菩萨立像由筒状薄壁像座和像身组成，通高 19 厘米、像高 7.1 厘米。像身由紫红色琥珀雕制，身修长，赤双足，双手托捧莲蕾于胸前，额中镶珍珠 1颗，神态安详慈善，雕琢工艺精细，惜发现时像身已断裂。柏木像座外表雕饰行龙 1 条，内藏纸本印经咒 1 卷。②

书法，也是辽代艺术的重要领域。辽朝许多帝后都能书善画，如天祚帝耶律延禧曾手书"五字之歌"流传于世。道宗皇帝耶律洪基尤喜题字书碑赐额，如靖安寺、大昊天寺等寺额，均是蒙恩道宗皇帝"御赐"的匾额。现今发现的契丹大字书法作品，尤以赤峰阿鲁科尔沁旗发现的《北大王墓志》、敖汉旗发现的《耶律延宁墓志》为佳；而契丹小字则以发现于赤峰巴林右旗辽代庆陵遗址的《庆陵哀册》、翁牛特旗发现的《故耶律氏铭石》、辽

---

① 项春松：《赤峰古代艺术》雕塑艺术，内蒙古大学出版社 1999 年版，第 416 页。
② 项春松：《赤峰古代艺术》木雕，内蒙古大学出版社 1999 年版，第 422—423 页。

宁省阜新市发现的《许王墓志》为优。契丹文字最有创意的书法作品，是将契丹小字"折写"的篆书方法，小字本是若干原字组成的拼读文字，一组原字中由若干声母与韵母组成，故契丹小字篆书方式，也如其拼读方式一样，遵循先上后下、先左后右的拼读书写原则。篆书时，将已经拼成的契丹小字，拆开书写，各占一字，释义时再按顺序拼读，使篆刻的契丹小字整齐美观，是民族书法艺术的创举。辽代书法治印方面，形成九迭篆书的印文书法，古拙秀丽，顺畅易读，是书法艺术的新发展。辽代汉文书法则以《契丹藏》佛经的刻写印刷最为典雅。

辽朝的乐舞吸收周边民族的乐舞成果，融入本民族的传统文化因素，创造出自成特色的乐舞风格。辽朝的雅乐，是为宫廷盛典服务，完整的雅乐组合中，有宫悬 36 架，共 381 人组成。其中，乐官 1 人，为总指挥；协律令 2 人，负责乐器组合；乐工 246 人，负责各种乐器的演奏，适时协和曲拍节奏；舞工 128 人，负责舞蹈演绎的具体呈现；领舞者 4 人，负责协调各个舞队的节奏；使用的乐器有：钟、馨（磬）、琴、箫、琶、笙、竽、埙、鼓、笛等。辽朝的燕乐，是为宫廷宴饮庆

辽《竹雀双兔图》

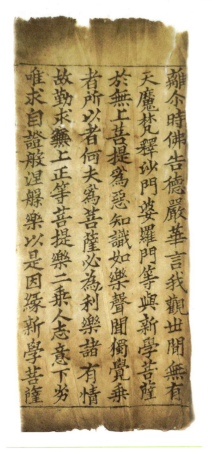

辽圣宗统和二十一年《契丹藏》刻本(局部)

典活动提供服务的乐舞演艺,其中,又有大乐和散乐之分。大乐,气势宏伟,使用乐器达30余种,舞部人员至少也有20人;散乐,即从事各种娱乐演艺乐舞的总称,又融入百戏、手伎(倒刺)、角觗等具体内容。1989年发现于巴林左旗的辽代萧氏夫人墓中的"散乐画像石",即有较好的刻划与体现,画像石上浮雕有乐工12人,俱作演奏之状。此外,值得一提的是辽代散乐中的"倒刺",倒刺即手伎与口技的结合,曾在当时北方草原地区长期流传,并传播入宋朝境内。辽朝的军乐是高亢嘹亮的壮威音乐,主要分为横吹、鼓吹两部(即两种组合),鼓吹乐多属"设而不奏"即备而不用的以壮威武的仪仗。辽代的佛乐,也是其乐舞内容的重要组成,使用于佛教仪典活动。辽代的民间乐舞,有些类似散乐所见到的具体内容,大体由双人舞、三人舞、独舞等构成。见于宋人所记录的《契丹歌》《臻蓬蓬歌》等,都是由辽朝传入北宋境内的契丹诸族民间乐舞。杂剧,也在辽朝偶见雏型。

第三节　辽朝的宗教与科技

(一)辽朝宗教

1. 本土宗教

契丹人崇奉的本土宗教是萨满教。敬事天神,是草原游牧部落的社会生活不可缺少的重要内容。辽太祖立国初期,部落社会的契丹大巫师名为神速姑。神速姑曾帮助阿保机图谋夺取遥辇氏家族享有的选举汗位特权。辽太祖耶律阿保机从夺取契丹可汗职位,到自称皇帝建立君主专政政权的过程,就是将部落社会行政权、军事领导权和宗教神权"三权合一"的过程。因此，萨满教的巫职权力，始终在辽朝的宫廷以及民间生活中得到保留和传承。譬如《辽史》礼仪活动中处处可见的契丹巫职的身影，还有契丹人生子必须"祭东"的习俗，辽太宗进入后晋宫廷时"以狗皮悬杆"厌禳的行为等，即是契丹人盛行萨满教的体现。

2. 佛教

辽朝建立后，佛教逐渐在部落社会占据突出的重要地位，辽朝中晚期阶段，终于形成了"佞佛"的历史现象。辽代的佛教，与前朝时期相比，主要是采取了兼收并蓄的融合态度，不分流派和主张，以"显密圆通"为宗旨融汇发展。"显"指成型于中原的佛教显宗等流派，"密"指流传于游牧民族的佛教密宗流派，"显""密"原本是两个严重对立的佛教流派，辽朝要兼容并蓄将其圆融合一，并且收到较好的效果，各种佛学流派都在辽朝得到发扬光大。流行于辽朝境内的佛教宗派有：华严宗、净土宗、唯识宗、禅宗、律宗和密宗等。因此，至有"一岁而饭僧三十六万，一日而祝发三千"的夸张景象。

当时，禅宗主要流行于中原地区，辽朝比较尊崇既有经义又有仪轨的华严宗，它符合了契丹人"拜日"的传统，辽道宗即曾亲自撰写《华严经随品赞》10卷，宣扬华严教法。与此同时，密宗的因陀罗尼（即咒语）和镇邪安宅的佛菩萨崇拜，也较为普遍地流行于民间，还受到部分贵族的支持。辽朝的寺塔建筑及其佛像布置都呈现出显密合一的特点。例如辽朝西京华严寺，上寺大殿供奉密宗五方佛，下寺教藏殿供奉三世佛；应州佛宫寺塔四层中有两层供奉华严三圣，另外两层供奉密教五方佛和八大菩萨；中京大明塔底层

辽代七宝塔，现藏辽宁朝阳北塔博物馆

浮雕有八大灵塔、八大菩萨和五方佛图像。

辽朝中晚期，佛教寺庙遍布京府州县各地，甚至影响中原、高丽、日本等国，居住东北的诸部族也接受辽朝佛法，崇信佛教。辽朝的高僧得到社会普遍尊敬，还获得皇帝赐予的司空、司徒、太尉、太保等职衔，都僧统是朝廷设置管理佛教事务的最高职务，僧人教育、考试、晋级体制逐渐形成，僧官遴选制度遵仿唐朝，职务有僧录、僧正、僧判、都官等，民间则有"都维那"主持的邑社组织。僧官寺院广受四方施众献纳，迅速集聚起庞大的财产，使得寺院经济成为辽朝经济门类中的重要组成。与此同时，佛事相关的校经、写经、印经活动日益频繁，逐渐发展成为信众盛行的崇奉行为。例如，已发现最早的辽朝手写经卷，是辽穆宗应历十七年（967年）由比丘尼惠深译写的《大般若波罗蜜多经》第76卷；而现存的辽朝佛教资料，主要有：应县佛宫寺发现的《契丹藏》刻印经文，为辽圣宗朝（982—1031年）刻版印刷的佛典精品；巴林右旗岗根苏木辽代庆州白塔发现的大批手写经卷，是研究辽代佛教礼俗和社会习俗的重要参考资料；北京房山云居寺所发现的隋唐至辽朝的石刻佛经，计有14000余块，计数百卷，达420多万字，分藏9个洞穴中，也为研究辽朝的佛学与佛事活动提供了丰富资料，说明佛教在辽代的兴盛。

辽代佛教，以华严与密教为盛行，也兼修净土及律学、唯识、俱舍学等。辽朝佛教思想基础是华严学，尤以显密圆通观念为中心。高僧法悟曾奉辽道宗诏命，结合华严经为《释摩诃衍论》作注，并在辽朝形成传习《释摩诃衍论》的热潮。这些佛教典籍曾在西夏黑水城经卷中被发现。此外，高丽义天大师著述收录有辽道宗、耶律思齐和沙门智佶的佛学佚文，义天编订的《新编诸宗教藏总录》收录有辽人佛学著述 72 部共 260 卷。①

佛教的盛行，推动了辽朝社会文化的发展，燕京僧人行均撰写《龙龛手鉴》4 卷，收字达 26430，注字达 163170，分为 424 个部首，以平、上、去、入四声为序，广收异体字、简体字和俗字，甚至部分契丹大字也以俗字形式而收入其中，说明契丹大字与汉字同源关系，也说明契丹辽文化是中华传统文化的重要组成部分。此书雕板印刷后，传入北宋产生较大影响，经过北宋时期的重新雕板印刷后，《龙龛手鉴》成为当时影响面较大的字书和私人著述。同样是由辽朝僧人希麟依照唐朝成书的《一切经音义》体例，撰写而成的《续一切经音义》10 卷，以为新译佛经作音注释义的方式，成为中国古代字书中的佼佼者，后来此书由辽朝传入高丽，再由高丽传入北宋，北宋遂刻版印刷而收藏，其后又传入日本，对于当时的佛教传播和古代汉字的文字训释等裨益良多。

3. 道教

在辽朝兼容并蓄的宗教容存政策下，中原地区的道教也植根于契丹本土，并在契丹（辽朝）社会得到进一步发展。辽朝的五京和大批州城中出现道观，辽圣宗本人也兼习佛、道二教，其皇弟吴国王耶律隆裕更是虔诚的道徒，史称：

> 自少时慕道，见道士则喜。后为东京留守，崇建宫观，备极辉丽，东西两廊，中建正殿，接连数百间。又别置道院，延接道流，诵经宣醮，用素馔荐献，中京往往化之。②

---

① 王承礼、李亚泉：《从高丽义天大师的著述考察辽和高丽的佛教文化交流》，载张畅耕主编：《辽金史论集》第六辑，社会科学文献出版社 2001 年版，第 52—81 页；朱子方、王承礼：《辽代佛教的主要宗派和学僧》，《世界宗教研究》1990 年第 1 期。

② （宋）叶隆礼撰，贾敬颜、林荣贵点校：《契丹国志》卷 14《诸王传》齐国王隆裕，上海古籍出版社 1985 年版，第 153 页。

不仅辽朝东京城如此，上京城也建有规模较大的天长观，中京城修建有规模浩大的通天观。著名道士冯若谷，还被辽圣宗授予太子中允官衔；道人刘海蝉著有《还丹破迷歌》，远在西域的于阗人张文宝也向辽朝进献道门典籍《内丹书》等。当代考古发现中，也揭露出许多以道教内容为题材的画像石、画像砖和四神八卦图文等，甚至同一物品上兼有佛教与道教两种文化因素，佛教与道教、儒学的同时共存、并行发展，体现辽朝文化的容留和吸收发展，中原文化为契丹文化所汲取和传承，现存山西浑源的悬空寺，始建于辽代，其主殿供奉的雕像，分别为老子、佛祖和孔子。

中亚、西域等地先后传入中国的也里可温教、伊斯兰教（元朝称为木速蛮），也都在辽朝控制下的漠北阻卜诸部落、河西地区以及辽朝西京、南京地区得到容留和发展。如创建于辽圣宗时期的北京牛街清真寺，至今其窑殿内，还陈列有数件辽朝时期的文物：龛式木雕经文阁、绘画和梁枋彩画及古阿拉伯文字的木雕棂窗。牛街清真寺的建筑造型，没有清真寺常见的新月标志，却具有古代中国庙观的外表造型，直观地表明了其初入中国的状况，即借助中国古代庙观的外形，而内蕴伊斯兰窑殿的宣教仪式。①

（二）医学与科技

1.医学

辽朝的医学，吸收了中原的知识积累与历史影响，但也有自己独特的方式，沿袭了古代北方游牧民族积累的治疗疾病的成功经验。据说8世纪左右的古代吐蕃人，已经认识到人类胚胎发育要经过38周孕育，其间又可以分为鱼期、龟期和猪期三个过程。由著名医者宇陀·元丹贡布编写的《居悉》（汉译名《四部医典》），是藏医学的经典著作，不仅奠定了藏医学的基础，还深刻地影响到北方医学的发展。吐蕃人的医疗方式，除药物治疗外，还有穴位放血、穿刺术、灌肠、冷热敷、导尿、熏蒸、药水浴等方式。② 可以说，吐蕃人的医药、医疗技术，也折射出了当时契丹医药医疗知识的基本水准。辽太祖长子耶律倍就是一位"通阴阳，知音律，精医药、砭炳之术"③ 的奇

---

① 回宗正：《北京牛街清真寺窑殿宋辽建筑探析》，载北京城垣博物馆编：《北京辽金文物研究》，燕山出版社2005年版，第91—101页。

② 杜石然、范楚玉等编著：《中国科学技术史稿（上册）》，科学技术出版社1983年版，第356页。

③ 《辽史》卷72《宗室》义宗倍，中华书局1974年版，第1211页。

士。而与耶律倍同时期的耶律迭里特则以诊疾无误著称，据《辽史》记载，迭里特字海邻，乃辽太祖从叔耶律辖底之子。

> 有膂力，善骑射，马踶不仆。尤神于医，视人疾，若隔纱睹物，莫不悉见。……会帝患心痛，召迭里特视之。迭里特曰："膏肓有淤血如弹丸，然药不能及，必针而后愈。"帝从之。呕出淤血，痛止。①

还有一位名为直鲁古者，与耶律迭里特生活时代相同，更是以针灸疗法见长，曾著有《脉决》和《针灸书》。据《辽史》记载，直鲁古本吐谷浑人，其父世善医，虽马上视疾，亦知标本。直鲁古自婴幼儿开始，即为应天皇太后所收养，长亦能医，专事针灸。太宗时，以太医给侍，尝撰《脉诀》《针灸书》行于世。年九十卒。②

直鲁古大约生活至辽朝统和初年左右，服事于朝廷太医署，故其撰写的医书等，必然是结合自身经验积累所得的医学成就，使朝廷收藏和刻版印刷才能够得以流行于世间。

中国古代中医药学提倡望闻问切诊病方法，契丹人也如此。切脉审药，成为契丹人熟悉的医学常识，而医疗过程中又往往依据病情，无药而施治。直鲁古后，统和年间（983—1011 年）另一位契丹名医是耶律敌鲁。

> 耶律敌鲁字撒不椀，其先本五院之族，始置宫分，隶焉。敌鲁精于医，察形色即知病原。虽不诊候，有十全功。统和初，为大丞相韩德让所荐，官至节度使。初，枢密使耶律斜轸妻有沉疴，易数医不能治。敌鲁视之曰："心有蓄热，非药石所及，当以意料。因其瞆，聒之使狂，用泄其毒则可。"于是令大击钲鼓于前。翌日果狂，叫呼怒骂，力极而止，遂愈。治法多类此，人莫能测。③

耶律敌鲁，其实是位身份低微的宫分人，也能因善医药而留名于青史。辽兴

---

① 《辽史》卷 112《逆臣上》耶律辖底传附子迭里特，中华书局 1974 年版，第 1499 页。
② 《辽史》卷 108《方技》直鲁古，中华书局 1974 年版，第 1475—1476 页。
③ 《辽史》卷 108《方技》耶律敌鲁，中华书局 1974 年版，第 1477 页。

宗重熙十年（1041 年）八月戊戌，以医者邓延贞治详稳萧留宁疾验，赠其父母官以奖之。[1] 此事在 20 世纪 70 年代出土的《邓中举墓志铭》中也有记载：公讳中举，字子进，其先南阳人。大父延正，通术数，尤长于医卜。兴庙时，皇太后齿疾，工治不验，因召入，遽以术止之。尔后出入扈从，蔚有华佗之能。至于寓泊途舍，贫贱悍独婴疾恙者，皆阴治活之。后累官至节度使，加勤劳奉职功臣，右千牛卫大将军。[2] 此邓延正，即为兴宗褒奖之邓延贞。又据《辽史》记载，辽兴宗朝时期，契丹医人鲜知切脉审药，上命耶律庶成译方脉书行之，自是人皆通习，虽诸部族亦知医事。[3]

辽朝的医药医疗技术，与中原中医药传统有着密切联系，但也存在着比较明显的差异，与当代的藏医学、蒙医学存在着较多相近特征。据说辽朝时期，还充分利用中草药原理而创制出一些比较独特的方剂。例如，专门防治冻疮的膏剂，用獾油、狐尿等调和而成，涂于患处，其热如火，足以根治冻疮，曾以之治愈宋朝使臣冻伤；还有以乳香、没药、地龙、禾蝥子等成分调和的止疼药，敷药后伤者即失痛感，名为"鬼代丹"。辽朝人比较重视饮食营养和卫生保健意识，已经掌握了按季节饮用甘草汤、菊花茶(酒)的习惯，制造出保持口腔卫生的牙刷等物品。而辽朝制造的"玫瑰油"，更是宋朝达官贵族艳羡不已的护肤佳品。

契丹还有许多不能详细了解的内容。例如，947 年辽太宗病殁于北返契丹草原的途中，随行职事人员对其遗体进行防腐处理，名为"帝羓"。1981 年在内蒙古乌兰察布市察哈尔右翼前旗固尔班乡豪欠营村发现保存相对完好的契丹女尸。2003 年，通辽市科尔沁左翼后旗吐尔基山辽墓，也发现保存完好的契丹女性棺椁与遗体。这些为研究契丹辽朝时期曾有的尸体防腐术提供了参考，是探索契丹辽朝医学技术发展的珍贵资料。

2. 天文历法

辽代的天文历法知识，汲取了中原和中亚的先进成果。辽圣宗朝，使用的大明历，曾经颁行于高丽。辽朝历法水平已与北宋不相上下，据《宋史》记载，宋神宗朝（1068—1085 年），大臣苏颂奉使辽朝，恰逢冬至节气，而

---

[1] 《辽史》卷 19《兴宗二》，中华书局 1974 年版，第 226 页。

[2] 向南：《辽代石刻文编》道宗编下，河北教育出版社 1995 年版，第 488—489 页。

[3] 《辽史》卷 89《耶律庶成传》，中华书局 1974 年版，第 1349 页。

辽朝历法此年冬至日与北宋历法冬至日相差一天。于是，辽朝群臣遂与宋使议论两朝历法孰优，苏颂强言遮辩，掩藏宋朝司天台失误；归朝密奏神宗皇帝，受到褒奖。[1] 同样，元朝在修订《辽史》时也曾评论：

> 宋元丰元年十二月，诏司天监考辽及高丽、日本国历与奉元历同异。辽己未岁气朔与宣明历合，日本戊午岁与辽历相近，高丽戊午年朔与奉元历合，气有不同。戊午，辽大康四年；己未，五年也。当辽宋之世，二国司天固相参考矣[2]

1989 年，河北宣化下八里辽墓发现的两幅彩绘星图，绘画了二十八宿、黄道十二宫和十二生肖星辰图案，其中黄道十二宫图案是学习和借鉴古巴比伦天文学知识，并对其加以改造和利用；十二生肖星辰图案，则与中国古代北方游牧民族盛行的十二生肖纪年方法密切相关，大约源于突厥、回鹘时期的传承。据契丹文字研究的最新成果表明，与汉籍文献记载的辽朝官方盛行十二干支纪年方式所不同的是，辽朝民间以及贵族家庭还盛行用五行（或五色）与十二生肖相配的纪年方法。这种在天文历法方面所呈现的官方与民间使用方式（或实际为两种并用）的差异，也正好是辽代政治、经济与文化融合状况的具象呈现，是极具代表性和时代特色的民族文化风貌。但是，这种融合状况也正如李桂

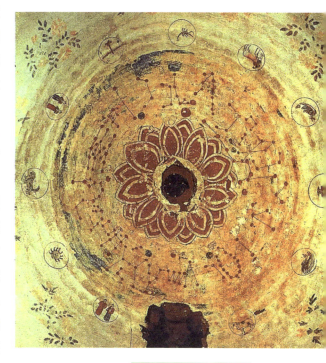

宣化下八里辽墓《星空图》

---

① （元）脱脱等：《宋史》卷 340《苏颂传》，中华书局 1977 年版，第 10863 页。
② 《辽史》卷 44《历象志下》朔考，中华书局 1974 年版，第 678 页。

芝教授所言：

> 宣化辽墓的星图在吸收西方文化的同时，也用中国传统对其加以改
> 造，如将双子宫的西方二男童改为二男立像和坐像；室女宫的西方丰收
> 女神改为二女立像和坐像；同时女神变成了女仆，裸体改为依中国礼俗
> 着装；人马宫半人半马的射手变成了人牵马；摩羯宫的鱼尾山羊变成了
> 大鱼。①

辽朝耶律纯撰写的综论星命之学的著作，名为《星命总括》。原书已佚，
据清代搜集所得，为：

> 《星命总括》三卷。辽耶律纯撰。术数之书，凡称古名人著述者，
> 百无一真。纯不知为何许人，似尚实出其手。原本久佚，今从《永乐大
> 典》录出。其书兼称星命，而大抵专主子平。②

《星命总括》属于术数类，是古代神秘文化中的一种。所谓"术数"即是以
数行方术，基础为阴阳五行、天干地支、河图洛书、太玄甲子数等；五行是
数，干支是数，河图洛书是特殊的数学。因此，术数与方术的区别，就是它
自身的数学化，它与现代科学的区别就是其自身的方术领域。广义的术数，
已经将天文、历法等容留其中。所以，古代究治天文学，虽以算学为基奠，
而术数之类无可避免。耶律纯的《星命总括》可视为辽朝时期的科技类著作。

3. 科技

辽朝时期的科技发展有两条中西方文化交流的史料，于此值得一谈。

第一条史料为公元 8 世纪末，成书于西亚地区的《阿拔斯人史》中，将
阿拉伯世界与东方国家贸易交流而来的中国中草药——北大黄，称为"契丹
芦荟"。《阿拔斯人史》成书之际，契丹辽朝的封建专制政权尚未创立，契丹
人可能已与西亚地区建立经济文化交流与联系。

---

① 李桂芝：《辽金简史》，福建人民出版社 1996 年版，第 181 页。
② （清）永瑢等著：《四库全书简明目录》子部七，术数类，上海古籍出版社 1985 年版，
第 425 页。

第二条史料为公元10世纪末，987年由伊拉克人迪纳姆（921—996年）撰著的《百科全书》，其中记载有位名叫阿卜达拉·沙伊达尼的人，曾经为花拉子米所著的代数算法及"契丹算法"这两本书作注。阿拉伯语直译为"契丹"或"契丹的"（现今习惯译为"中国"），俄语"Китай"或"Kitai"（意即中国）导源于此。而迪纳姆提到的花拉子米，是位出生于花剌子模的波斯裔数学家和天文学家，真实名字为花剌子模人穆萨之子阿卜·贾法尔·穆罕默德（780—850年），后人误将"花剌子模人"当成姓氏，故称其为花拉子米。花拉子米曾经担任阿拔斯王朝首都巴格达智慧馆的馆长，负责将搜集而来的希腊、印度和中国的一些书目译成阿拉伯文，编成教材颁行于王朝境内。花拉子米用阿拉伯文撰写的著作有三部，即《论归位及对消算法之书》《科学之钥》《契丹算法》，故迪纳姆《百科全书》中还提及阿拉伯的"炼丹术"也是从契丹传入，还说有位精通阿拉伯语的契丹医生在巴格达的大医学家兼炼丹家拉兹（866—925年）家里居住达一年之久，讨论医学问题，后来返回了契丹。还发现一位生活时代早于迪纳姆的黎巴嫩人库斯塔·伊本·卢卡（837—912年），曾经直接引用花拉子米的《契丹算法》一书，并通过数学实证写出《对契丹算法证明之书》，此书至今仍流传于世。这里所说的"契丹算法"，就是中国古代《九章算术》中的"盈不足术"，即求解盈余与不足问题的算法，典型案例即《九章算术》中给出的例题：

今有共买物，人出八钱，盈三；人出七，不足四钱。问人数、物价各几何？

说明"盈不足术"在9世纪时期已经传入阿拉伯，并被称为"契丹算法"。契丹，已经成为中国古代北方地区的代名词。①

于此论及辽朝时期的科学技术，实际上就是探索其当时所具备的"技术史"范畴的内容，许多东亚已散见于描述其经济的篇章中，值得一提的是：辽朝晚期，称誉于北宋的"玫瑰油"，其生产技术应与"炼丹术"密切相关，亦属此期内"科技"发展之一斑。

---

① 潘吉星：《中外科学技术交流史论》，中国社会科学出版社2012年版，第101—104页。

天津独乐寺观音阁，建于辽统和二年

第十章 辽朝的历史地位和意义

第一节 "因俗而治"的"祖制"

契丹属于宇文鲜卑部落的残余，是从鲜卑部落组织"化生"而成的新部落联盟，其从小到大、由弱至强的发展过程中，不断整合周边弱小部众凝聚为强大的部落联盟体。史称，唐朝咸通年间（860—874年），契丹部落逐渐强盛，"方天下盗兴，北疆多故，乃钞奚、室韦，小小部种皆役服之。"①"契丹方强，奚不敢亢，而举部役属。"② 张正明先生认为：

> 契丹在长期辗转流徙的过程中，先后接触了许多部落、部落集团和部落联盟。由此，一方面，在契丹与某些相处较久的部落、部落集团和部落联盟之间，出现了一些风俗相同或相似的现象，这是一种合乎规律的结果；另一方面，契丹还从所曾接触过的某些部落、部落集团和部落联盟中吸收了若干成员。对多次因遭受惨重打击而部众衰耗的契丹来说，这是一种现实的需要。③

因而，契丹和室韦在语言和风俗上有明显的共通性，与鞑靼及突厥风俗都有一定的共同点，还吸收了部分回鹘人的加入。逐渐走向强大的契丹行国统治，尽量采取融入或采取被征服者所适应的统治方法，或授官于外族人，给予其优越的社会地位，如回鹘人糯思的后代，先后拥有舍利、梅里的称号和阿扎割只的职位；或将被征服的部众重新组建为部，成为契丹部落共同体中

---

① 《新唐书》卷219《北狄传》契丹，中华书局1975年版，第6172页。
② 《新唐书》卷219《北狄传》奚，中华书局1975年版，第6175页。
③ 张正明：《契丹简史》，中华书局2019年版，第15—16页。

的一员，如天复三年（903 年）痕德堇可汗新编的迭剌迭达部，即是如此。

> 先是德祖俘奚七千户，徙饶乐之清河，至是创为奚迭剌部，分
> 十三县。①

唐朝末年，河北地区频繁的藩镇割据战争，导致民众背井离乡流离失所，大量地流入北方草原地区。唐天复元年（901 年），耶律阿保机出任契丹迭剌部夷离堇和遥辇氏汗国的大夷离堇职务后，相继征服周边弱小部族，并在与幽州藩镇的军事冲突中，俘掠大批幽州和山后地区的汉族人口。阿保机通过和平禅让方式，夺取了契丹可汗职位，进而完成其"化家为国"的转变过程。因此，《辽史》赞誉辽太祖有帝王之度与英雄之智。

> 辽太祖有帝王之度者三：代遥辇氏，尊九帐于御营之上，一也；灭
> 渤海国，亚于遥辇，二也；并奚王之众，抚其帐部，拟于国族，三也。
> 有英雄之智者三：任国舅以耦皇族，崇乙室以抗奚王，列二院以制遥辇
> 是已。②

辽太祖的统治之术，属于契丹专制政权体制建设的具体内容。将契丹可汗更名为皇帝，使君主专制色彩更为凸显，改变了世选制的根本内容与性质；又将契丹世选制度中已有的南北府宰相职任的世选范围，重新改为由新兴的皇族和国舅家族共同分享，并重新调整契丹部落组织结构：创制了二十部，以无上皇权确立了"内四部族"所拥有的超然地位。在这一体制架构中，治理方式则以宗教神权、朝廷礼仪及刑法惩处等诸多手段为支撑。

契丹宗教神权，在辽朝初期已经达到佞信的程度。史称，辽太祖依靠大巫神速姑支持，顺利夺取控制在遥辇氏家族手中的汗权。然后，又取代神速姑掌握了最高神权。

> （天赞三年）六月乙酉，召皇后、皇太子、大元帅及二宰相、诸部

---

① 《辽史》卷 1《太祖上》，中华书局 1974 年版，第 2 页。
② 《辽史》卷 45《百官志一》北面诸帐官，中华书局 1974 年版，第 711 页。

头等诏曰："上天降监，惠及烝民。圣主明王，万载一遇。朕既上承天命，下统群生，每有征行，皆奉天意。是以机谋在己，取舍如神，国令既行，人情大附。舛讹归正，迤迓无愆。可谓大含溟海，安纳泰山矣！自我国之经营，为群方之父母。宪章斯在，胤嗣何忧？升降有期，去来在我。良筹圣会，自有契于天人；众国群王，岂可化其凡骨？三年之后，岁在丙戌，时值初秋，心有归处。然未终两事，岂负亲诚。日月非遥，戒严是速。"闻诏者皆惊惧，莫识其意。[1]

阿保机宣示完这番具体意图后，群臣竟然无法理解其语意。直到天显元年秋七月，辽太祖病死在从渤海都城返回契丹皇都的途中，群臣对于天赞三年其所谓"丙戌初秋，必有归处"之语至是乃验。[2] 群臣终于完全领会了阿保机在三年前宣示的那番诏谕的真正意义。因此，在将其安葬于祖陵后，上谥号为升天皇帝，墓前修建有明殿，凡军国大事都要至明殿祭告，以领取升天皇帝的具体旨意。[3]

契丹礼仪有遥辇氏阻午可汗制定的柴册仪、再生仪，以及祭山仪、瑟瑟仪等，关于其作用《辽史》记载：

> 善哉，阻午可汗之垂训后嗣也。孺子无不慕其亲者，嗜欲深而爱浅，妻子具而孝衰。人人皆然，而况天子乎。再生之仪，岁一周星，使天子一行是礼，以起其孝心。夫体之也真，则其思之也切。孺子之慕，将有油然发于中心者，感发之妙，非言语文字之所能及。善哉，阻午可汗之垂训后嗣也。始之以三过岐木，母氏劬劳能无念乎。终之以拜先帝御容，敬承宗庙宜何如哉。诗曰："无念尔祖，聿修厥德。"[4]

辽朝初期对于遥辇氏汗国时期旧的礼仪制度的应用，确实起到较好效果。但也有因时制宜的改变。史称汉人韩知古为辽太祖主管诸国礼仪，仪法

① 《辽史》卷2《太祖下》天赞三年六月乙酉条，中华书局1974年版，第19页。
② 《辽史》卷2《太祖下》天显元年秋七月辛未条，中华书局1974年版，第23页。
③ 《新五代史》卷74《四夷附录一》契丹，中华书局1974年版，第898页。
④ 《辽史》卷53《礼志六》，中华书局1974年版，第880页。

疏阔，知古援据故典，参酌国俗，与汉仪杂就之，使国人易知而行。^① 对法律程序的具体整顿的记载：

> 太祖初年，庶事草创，犯罪者量轻重决之。其后治诸弟逆党，权宜立法。
>
> 神册六年，克定诸夷，上谓侍臣曰："凡国家庶务，钜细各殊，若宪度不明，则何以为治，群下亦何由知禁。"乃诏大臣定治契丹及诸夷之法，汉人则断以律令，仍置钟院以达民冤。^②

---

① 《辽史》卷74《韩知古传》，中华书局1974年版，第1233页。

② 《辽史》卷61《刑法志上》，中华书局1974年版，第936—937页

其中所谓"定治契丹及诸夷之法，汉人则断以律令"，即"以国制治契丹，以汉制待汉人"①的分别治理措施。这都属于"权宜立法"之范围。

> 刑也者，始于兵而终于礼者也。……辽以用武立国，禁暴戢奸，莫先于刑。国初制法，有出于五服、三就之外者，兵之势方张，礼之用未遑也。……太祖太宗经略疆土，擐甲之士岁无宁居，威克厥爱，理势然也。子孙相继，其法互有轻重；中间能审权宜，终之以礼者，惟景圣二宗为优耳。②

综上所述，辽太祖耶律阿保机确立了君主专制政体的基本框架。其针对部落社会和农耕人口的管理方式上，既遵循"以国制治契丹，以汉制待汉人"的分治原则，对于契丹及奚族等游牧部落仍然采取固有生活方式与组织形态，又汲取唐朝羁縻州制度，将部落社会构建为部（相当于州）、石烈（相当于县）、弥里（相当于乡里组织）等组织形式，法律则尊用游牧部落习惯法为主。

> 其刑罚之制凡四，曰死、曰流、曰徒、曰杖。死刑有绞、斩、凌迟之属，又有籍没之法。流刑量罪轻重，置之边城部族之地，远则投诸境外，又远则罚使绝域。徒刑一曰终身，二曰五年，三曰一年半；终身者决五百，其次递减百；又有黥刺之法。杖刑自五十至三百，凡杖五十以上者，以沙袋决之；又有木剑、大棒、铁骨朵之法。
> 籍没之法，始自太祖为挞马狘沙里时，奉痕德堇可汗命，按于越释鲁遇害事，以其首恶家属没入瓦里。……其后内外戚属及世官之家，犯反逆等罪，复没入焉；余人则没为著帐户；其没入宫分、分赐臣下者亦有之。③

而对汉族等农耕人口则保留其乡里籍贯及其生活、组织管理方式不变，

---

① 《辽史》卷 45《百官志一》序，中华书局 1974 年版，第 685 页。
② 《辽史》卷 61《刑法志上》序，中华书局 1974 年版，第 935 页。
③ 《辽史》卷 61《刑法志上》，中华书局 1974 年版，第 936 页。

甚至树城郭，分市里，以居汉人之降者。又为定配偶，教垦艺，以生养之。以故逃亡者少。① 管理农耕人口的法律，遵行中原地区的故有律令条制，将农耕人口以州县的组织形态进行安置。

> 契丹旧俗，事简职专，官制朴实，不以名乱之，其兴也勃焉。太祖神册六年，诏正班爵。至于太宗，兼制中国，官分南北，以国制治契丹，以汉制待汉人。国制简朴，汉制则沿名之风固存也。辽国官制，分北南院，北面治宫帐、部族、属国之政，南面治汉人州县、租赋、军马之事。因俗而治，得其宜矣。②

辽朝官僚系统的职责划分、人员任免、品级确定等，经历了太祖、太宗两朝方得完成，即确立南北面官制度。这也是"因俗而治"的具体体现，但南北面官非辽朝官制的全部，辽朝官制自有其特点。

> 初，太祖分迭剌夷离堇为北、南二大王，谓之北、南院。宰相、枢密、宣徽、林牙，下至郎君、护卫，皆分北、南，其实所治皆北面之事。语辽官制者不可不辨。
>
> 凡辽朝官，北枢密视兵部，南枢密视吏部，北南二王视户部，夷离毕视刑部，宣徽视工部，敌烈麻都视礼部，北南府宰相总之。惕隐治宗族，林牙修文告，于越坐而论议以象公师。朝廷之上，事简职专，此辽所以兴也。③

北面官主要治理契丹及游牧民族事务，南面官主要治理汉族及农耕人口事务。辽太祖以经济生产生活方式为区分，对游牧人口与农耕人口采取分而治之的管理办法，在宗教神权、礼仪制度、组织管理等方面实行不同体制，而最终统由契丹皇帝总摄最高权力。这种管理办法，历史上称之为"因俗而治"。

---

① 《辽史》卷74《韩延徽传》，中华书局1974年版，第1231页。
② 《辽史》卷45《百官志一》序，中华书局1974年版，第685页。
③ 《辽史》卷45《百官志一》序，中华书局1974年版，第685—686页。

"因俗而治"在辽朝君主专制政权建设与巩固方面，确实发挥出积极的历史作用，诚如《辽史》所言："因俗而治，得其宜矣"。对于稳定封建统治局面，发展社会生产，消弭民族矛盾，都有着极为明显的历史作用。

辽朝南北面官制度，是中国古代政治体制建设的创新。它肇源于辽太祖时期（907—926年）实施的"因俗而治"的分治统治政策。辽太祖灭亡渤海国后，保留了渤海国原有的社会生产方式与组织制度，更名为东丹国，以皇太子耶律倍为人皇王，赐天子冠服主之，设置左右大、次相四员及百官，一用汉法，由契丹、渤海臣僚共同辅佐。东丹国遂以契丹专制主义政权的封藩身份，"岁贡布十五万端，马千匹"。① 这是辽太祖朝政治分治措施的集体呈现。辽太宗（927—947年）以"嗣圣"身份，完整继承太祖制定的"因俗而治"国策，但随着专制集权意识的加强，也有新的措施。人皇王留居皇都期间，太宗向东丹国右次相耶律羽之下诏，迁国至东平，允许契丹富民在渤海国迁徙过程中，以资助渤海国民迁徙方式，纳为私有人口；虽然因为东丹国的迁入，而将东平郡升为南京城，但更便于对东丹国的控制。这是辽太宗采取的削藩措施。因此，天显五年（930年）十一月，人皇王耶律倍泛海逃亡至后唐政权；次年三月，人皇王妃萧氏率东丹国僚属觐见辽太宗，命人皇王妃领其国事，遂置中台省于南京。

与此同时，一直被新政权尊奉的遥辇氏九帐族，也受到来自契丹皇权的压制。史称，天显四年（929年）二月庚戌，阅遥辇氏户籍。② 天显十一年（936年）七月，辽太宗耶律德光利用宗教神权，冲破太后摄政的干预，出兵协助石敬瑭灭亡后唐，扶立后晋政权，使其成为契丹政权的附庸，并将幽云十六州之地纳入契丹版图。天显十三年（938年）十一月丙寅，改元会同。

> 是月，晋复遣赵莹奉表来贺，以幽、蓟、瀛、莫、涿、檀、顺、妫、儒、新、武、云、应、朔、寰、蔚十六州并图籍来献。于是诏以皇都为上京，府曰临潢。升幽州为南京，南京为东京。改新州为奉圣州，武州为归化州。升北、南二院及乙室夷离堇为王，以主簿为令，令为刺史，刺史为节度使，二部梯里己为司徒，达剌干为副使，麻都不为

---

① 《辽史》卷72《宗室传》义宗倍，中华书局1974年版，第1210页。
② 《辽史》卷3《太宗上》天显四年二月庚戌条，中华书局1974年版，第30页。

县令，县达剌干为马步。置宣徽、閤门使，控鹤、客省、御史大夫、中丞、侍御、判官、文班牙署、诸宫院世烛，马群、遥辇世烛，南北府、国舅帐郎君官为敞史，诸部宰相、节度使帐为司空，二室韦阅林为仆射，鹰坊、监冶等局官长为详稳。①

辽太宗改天显十三年为会同元年，设置三京，改革官制，易契丹官称为汉制官名，大赦天下改国号契丹为大辽，标志着契丹君主专制政权体制已经具备了新特点，即将契丹人熟悉的游牧行国的政治体制与中原地区的君主专制体制兼收并蓄地融通于一体。于是，辽朝政权呈现出一副新的政治现象。

　　皇帝与南班汉官用汉服，太后与北班契丹臣僚用国服。②

这是辽朝南北面官制度，在朝堂服色上的区别与划分。但是，直到辽世宗朝（947—951 年），才最终完成南北面官体制的基本建设，并在辽穆宗朝（951—969 年）将这种"兼制"的官制体系完善并巩固下来。

　　辽景宗朝（969—982 年），统治者采取敦睦皇族和推进封建化进程的措施，致力于消除统治集团的内部矛盾，利用援助北汉对抗宋朝的军事方略，适时与宋太祖达成"开宝议和"相互聘使联系；及宋太宗灭亡北汉，辽宋相继爆发白马岭、高梁河以及满城之战，使双方关系呈现激烈的对抗局面。而辽朝对于北方草原诸部族的统治，开始由掠夺奴役转向为征贡纳税、设官治理。乾亨四年（982 年）四月，景宗皇帝崩殂，年方十二岁的圣宗皇帝即位，母后萧氏摄政。为了稳定和巩固统治秩序，凝聚统治集团的信心与力量，辽圣宗母子将景宗朝敦睦族属政策拓展至整个统治体系，于次年六月宣布改元为统和元年，国号为大契丹，借此抵御来自北宋的威胁。

　　承天皇太后摄政达二十八年（982—1009 年），致力整顿吏治，清理刑狱，适应了稳固政权和恢复生产发展的需求。统和二十二年（1004 年），与北宋罢战议和，达成"澶渊之盟"，缔造双方长达百余年的和平，创造了中国古代历史上又一次的多民族间融合发展的局面。综合而言，辽圣宗朝

①　《辽史》卷 4《太宗下》会同元年十一月条，中华书局 1974 年版，第 44—45 页。
②　《辽史》卷 55《仪卫志一》舆服，中华书局 1974 年版，第 900 页。

赤峰宝山辽墓壁画《寄锦图》中身着中原服饰的贵族妇女

（982—1031 年）施政，对于"因俗而治"国策有继承，也有发展。

其一，清理宫分、头下州等冗杂人口，将隶属于诸位帝后宫分的大多数户籍以及掠夺的俘户，重新析分组建为新的三十四部；使得部落社会结构由太祖时期的二十部，增为五十四部，分别归属中央的南北宰相府管辖。又将部分头下州没入官府，如乌、宗、贵德、榆、隰、川、遂、双等原本属于宫分或贵族之家的头下州，转变为各归属地方管辖的州县。

其二，整顿吏治，任贤去邪。统和十六年（998 年），正式颁诏天下：罢民输官俸，给自内帑。[1] 此次官员俸禄领取方式的变化，标志着契丹官制的极大进步。吏治总体较为清明，如契丹南院大王耶律勃古哲，因违法害民被惩处，说明职事以奖勤罚懒相标尚；而官吏擢免，更以擢贤黜贪为宗旨。辽圣宗开泰三年（1014 年），又将国舅部拔里、乙室已二帐合为一帐。[2] 裁汰冗职，重用室昉、邢抱朴、韩德让等一大批汉族官员，培养新兴人才作为后备力量，客观上推动了辽朝蕃汉贵族官僚之间的政治合流，符合民族融合的发展趋势。同时，又增设了左右丞相职务，于诸京枢要之地设置转运司和钱

---

① 《辽史》卷 14《圣宗五》统和十六年夏四月丁未条，中华书局 1974 年版，第 153 页。
② 《辽史》卷 15《圣宗六》开泰三年六月乙亥条，中华书局 1974 年版，第 175 页。

帛司，主管朝廷财赋。

其三，调整税法，推动生产发展。据北宋史料反映，辽朝地亩税率高于北宋，故辽圣宗数次下诏改动税法。统和十四年（996年），以"南京新定税太重"而诏令降减。同时，多次下诏允许民众垦荒耕种、占田置业，并相应减免征税期限。为了防备灾荒，统和十三年（995年），诏令各地设置义仓，令民储粮自救。同时，组织戍边军兵屯田备边，巩固边防。开泰元年（1013年），贵德、龙化、仪坤、双、辽、同、祖七州，至是有诏始征商。[①]至开泰三年（1014年）三月戊申，南京、奉圣、平、蔚、云、应、朔等州置转运使。[②]至此，钱帛司、漕运等事务皆应运而生。

其四，提倡学习汉族历史文化，修撰朝廷实录，开科取士。辽朝科举始于辽太宗朝，在幽云十六州地区不定期举行，至辽景宗朝南京地区的科举制度正式确立，但每年取士员额较少，参与考试也多为汉人。辽圣宗朝，开科取士范围扩大，渤海人也参与科举考试，取士名额扩大，既提高了官僚队伍的文化素养与施政能力，也极大地推动了辽朝封建化进程。统和十三年（995年）九月戊午，以南京太学生员浸多，特赐水磑庄一区。[③]太平五年（1025年）十一月庚子，幸内果园宴，京民聚观。求进士得七十二人，命赋诗，第其工拙，以张昱等一十四人为太子校书郎，韩栾等五十八人为崇文馆校书郎。[④]太平七年（1027年），刚任命的三位皇族出身的契丹节度使，上奏朝廷请求选派侍读书史之人，辽圣宗欣然允诺。"匡义军节度使中山郡王查葛、保宁军节度使长沙郡王谢家奴、广德军节度使乐安郡王遂哥奏，各将之官，乞选伴读书史。从之。"[⑤]

其五，调整法律，朝廷置大理卿，以加强法制。诏令各地，主人擅杀奴婢治罪，强调契丹、汉人统一律令，"契丹人犯十恶，亦断以律"。统和元年（983年）枢密请诏北府司徒颇德译南京所进律文，从之。[⑥]统和二十九年（1011年）以旧法宰相、节度使世选之家，子孙犯罪徒杖如齐民，惟免

① 《辽史》卷15《圣宗六》开泰元年十二月戊申条，中华书局1974年版，第172页。
② 《辽史》卷15《圣宗六》开泰三年三月戊申条，中华书局1974年版，第175页。
③ 《辽史》卷13《圣宗四》统和十三年九月戊午条，中华书局1974年版，第147页。
④ 《辽史》卷17《圣宗八》太平五年十一月庚子条，中华书局1974年版，第198页。
⑤ 《辽史》卷17《圣宗八》太平七年十一月己未条，中华书局1974年版，第201页。
⑥ 《辽史》卷10《圣宗一》统和元年四月壬子条，中华书局1974年版，第110页。

黥面。诏自今但犯罪当黥，即准法同科。[1] 此处所谓"旧法"，即"蕃汉不同治"的"蕃法"，即契丹习惯法；而"准法同科"之"法"，即"待汉人以汉制"的律令。辽圣宗太平六年（1026年）又下诏曰：

> 朕以国家有契丹、汉人，故以南北二院分治之，盖欲去贪枉，除烦扰也；若贵贱异法，则怨必生。夫小民犯罪，必不能动有司以达于朝，惟内族外戚多恃恩行贿，以图苟免，如是则法废矣。自今贵戚以事被告，不以事之大小，并令所在官司按问，具申北、南院覆问得实以闻；其不按辄申，及受请托为奏言者，以本犯人罪罪之。

> 七年，诏中外大臣曰："《制条》中有遗阙及轻重失中者，其条上之，议增改焉。"[2]

契丹、汉人法治归一，已是大趋势。太平七年颁行《条制》，即重新修订的法令，便与"法治归一"措施相关。但法治归一还有较多难点。譬如贵贱同法科罪问题，是契丹世官家族难以逾越的障碍，所牵涉尤多。辽圣宗太平七年诏令：诸帐院庶孽，并从其母论贵贱。[3] 辽朝旧制中，部族组织的帐院制度以及依附其上的政治利益——世选制度，已经成为深化改革的主要障碍。面对持续和平环境，贵族之家人口成倍增加，子弟的身份鉴别尤显重要，嫡庶区分事关承祧继承，已经成为社会生活的重要问题，不得不由朝廷作出界定，圣宗此条诏令即是如此。故次年十二月乙丑，又颁布了一条新诏令：诏庶孽虽已为良，不得预世选。……诏两国舅及南、北王府，乃国之贵族，贱庶不得任本部官。[4] 则是又采取维护贵族利益的措施。

圣宗朝的改革，开始触及到阻碍改革的旧制，草原本位与封建化进程势必二者选其一。契丹房帐（或帐院）制度，以遥辇氏汗国时期创行的世选制度是草原本位的核心内容。而契丹政权彻底的封建化进程，实际类似于北魏孝文帝全面汉化的改革。如果一味地坚持草原本位政策不变，即是信守"因俗而治"的"祖制"，维系南北方政治体制相互浸染熏陶的"兼制"体系不变。

---

① 《辽史》卷61《刑法志上》，中华书局1974年版，第939页。
② 《辽史》卷61《刑法志上》，中华书局1974年版，第940页。
③ 《辽史》卷17《圣宗八》太平七年冬十月丁卯朔条，中华书局1974年版，第201页。
④ 《辽史》卷17《圣宗八》太平八年十一月丁丑、丁亥条，中华书局1974年版，第203页。

辽代木板画中的男女侍人，出土于内蒙古巴林右旗

　　封建化与维系"祖制"之间的矛盾与游移，是辽圣宗朝晚期面临的发展难题，并毫无保留地延续到辽朝后期的政治生活之中。史称，辽圣宗太平年间（1021—1031 年），时太平日久，帝留心翰墨，始画谱牒以别嫡庶，由是争讼纷起。[①] 这条史料，恰好成为太平七年、八年二年间，连续颁布契丹贵族家庭"论贵贱"、贱庶"不得预世选""不得任本部官"诏令的注脚。说明

---

① 《辽史》卷 80《萧朴传》，中华书局 1974 年版，第 1281 页。

辽圣宗太平年间（1021—1031年）已出现较严重的政治问题。所以，辽圣宗要"画谱牒已别嫡庶"，一是契丹贵族家庭人口增长，使得世选制度面临巨大的冲击，享受世选资格意味着特殊的身份地位与巨大的政治和经济利益。二是原始而单一的世选制度，已经无法满足封建统治进化的需求，反而给统治带来诸多不便。辽圣宗所以焦虑于"画谱牒已别嫡庶"，是为了忠实地维护太祖确立的"祖制"，而非为加深封建化进程的努力。其中的意味，已是矛盾的不断积累，不解决"祖制"造成的阻碍就不能推进辽代社会的深入发展。这是辽朝中后期最为严重的社会问题。

太平十一年（1031年）六月，辽圣宗薨逝于大福河行宫，太子耶律宗真即位，是为辽兴宗，大赦改元为景福元年（1031年）。辽兴宗即位之初，宫廷爆发了严重的斗争。圣宗皇帝贵妃、兴宗生母萧耨斤，依仗母家权势，自立为皇太后，宣布摄政，史称为钦哀皇太后；而圣宗皇后萧氏，乃承天皇太后之姪，齐天皇后被钦哀皇太后囚禁。钦哀皇太后夺取后权，又使人诬告齐天皇后与驸马萧锄不里、萧匹敌等谋反，全部处死。猛烈的宫闱事变，硝烟未散，至重熙三年（1034年）五月，钦哀皇太后又阴谋废立，遭到兴宗皇帝镇压，被囚于庆州七括宫，兴宗皇帝亲政。宫闱事变，暴露出国舅部内部拔里氏大父房与少父房之间的严酷相残，实际与圣宗朝晚期契丹贵族家庭嫡庶区分紧密相关。此次事变，导致辽兴宗朝政治连锁反应。史载：萧氏，小字三嬉，驸马都尉匹里之女。选入东宫，帝即位，立为皇后。重熙初，以罪降为贵妃。[1] 又云，兴宗仁懿皇后萧氏，钦哀皇后弟孝穆之女，兴宗皇帝即位，入宫，生道宗皇帝，重熙四年立为皇后。[2] 兴宗废立皇后，也与即位之初废齐天皇后案密切相连。辽兴宗一朝始终呈现出"守成"的基本特点，延续着圣宗朝晚期维护"祖制"的策略。如重熙十年(1041年)，北枢密院言，南北二王府及诸部节度、侍卫、祗候郎君，皆出族帐，既免与民戍边，其祗候事，请亦得以部曲代行。诏从其请。[3]

这是一项明显维护契丹贵族特殊权益的诏令。兴宗朝政治的确呈现出维护贵族政治统治的鲜明特点。重熙十二年五月"复定礼制"，六月即颁布

---

① 《辽史》卷71《后妃传》兴宗贵妃萧氏，中华书局1974年版，第1204—1205页。
② 《辽史》卷71《后妃传》兴宗仁懿皇后萧氏，中华书局1974年版，第1205页。
③ 《辽史》卷19《兴宗二》重熙十年二月甲申条，中华书局1974年版，第225页。

新规：世选宰相、节度使族属及身为节度使之家，许葬用银器，仍禁杀牲以祭。① 重熙十六年（1047 年）又诏令：诏世选之官，从各部耆旧择材能者用之。②《辽史》中记载：耶律和尚，字特末，系出季父房，善滑稽。

> 重熙初，补祗候郎君。时帝笃于亲亲，凡三父之后，皆序父兄行第，于和尚尤狎爱。然每侍宴饮，虽诙谐，未尝有一言之过，由是上益重之。

《辽史》又记载云：

> 和尚雅有美行，能以财恤亲友，人皆爱重。然嗜酒不事事，以故不获柄用。或以为言，答曰："吾非不知，顾人生如风灯石火，不饮将何为？"晚年沈湎尤甚，人称为"酒仙"云。③

这则史料说明，一是兴宗标榜敦睦亲族政策，客观起到强化草原本位的作用；二是兴宗较为欣赏如耶律和尚等才能之士；三是当时贵族之士标榜的楷模，即如耶律和尚般熏染着两晋南朝门阀遗风的"品行端士"。说明辽朝朝野出现了比较严重的问题，世代为官的门阀习气滋生，聚焦在政治上的表现，在如下两个例证中可以得到比较充分的体现。

第一个例证，《辽史》卷八十一萧孝忠传记载的一封奏疏。

> （重熙）十二年，入朝，封楚王，拜北院枢密使。国制以契丹、汉人分北、南院枢密治之，孝忠奏曰："一国二枢密，风俗所以不同。若并为一，天下幸甚。"事未及行，薨。④

第二个例证，《辽史》卷八十九耶律庶成传记载道宗朝的一份奏章。

---

① 《辽史》卷 19《兴宗二》重熙十二年六月丙午条，中华书局 1974 年版，第 229 页。
② 《辽史》卷 20《圣宗三》重熙十六年二月辛酉条，中华书局 1974 年版，第 237 页。
③ 《辽史》卷 89《耶律和尚传》，中华书局 1974 年版，第 1353—1354 页。
④ 《辽史》卷 81《萧孝忠传》，中华书局 1974 年版，第 1285 页。

辽墓壁画饮茶图

迁都林牙，上表乞广本国姓氏曰："我朝创业以来，法制修明，惟姓氏止分为二，耶律与萧而已。始太祖制契丹大字，取诸部乡里之名，续作一篇，著于卷末。臣请推广之，使诸部各立姓氏，庶男女婚媾有合典礼。"帝以旧制不可遽釐，不听。①

上述二例，可以清晰地了解到：太祖太宗朝确立的"因俗而治"施政方略，至辽兴宗、道宗时期均已定格为"国制""旧制"即祖宗制度，而不可以有些许的釐改变更，甚至天祚朝女真威胁日甚之际，契丹统治者仍遵循着"凡军国大计，汉人不与"的"旧制"。② 因此，元朝人修定辽史时，也曾评论曰：

辽之秉国钧握兵柄，节制诸部帐，非宗室外戚不使，岂不以为帝王久长万世之计哉。及夫肆叛逆，致乱亡，皆是人也。有国家者可不深戒矣乎！③

其实，在兴宗朝（1031—1055 年）、道宗朝（1055—1101 年）以及天祚朝（1101—1125 年）的近一个世纪的时间内，可能还有许多关系兴衰的因素，但大多都如云烟散于旷野，无影无踪。而有案可查者，辽朝制定"因俗而治"政策，确实发挥出独特的历史作用，稳定了契丹封建统治秩序，促进了中国北方地区多民族共存与融合，奠定了大一统多民族国家的基础。"因俗而治"是以"分治"为核心的统治政策，是辽初统治者采取的权宜之策，

---

① 《辽史》卷 89《耶律庶成传》附弟庶箴传，中华书局 1974 年版，第 1350 页。
② 《辽史》卷 102《张琳传》，中华书局 1974 年版，第 1441 页。
③ 《辽史》卷 114《逆臣传下》史臣论曰，中华书局 1974 年版，第 1517 页。

但权宜之策不具备长期的稳定性。至辽朝中晚期，随着封建化日益加深，这种权宜策略的弊端也极大地释放出来，契丹辽朝统治者，尤其辽兴宗、辽道宗时期，在进一步改革与维系草原本位间游移不定，没有做出符合实际发展需求的政治抉择，这便成为关系到辽王朝兴衰的关键因素。

第二节　行政建制与边疆管理

10世纪初期，辽朝政权的核心区域，包括今内蒙古自治区、北京市、天津市、辽宁省、吉林省、黑龙江省的全部和河北省中北部、山西省北部以及甘肃、新疆维吾尔自治区的部分地区。938年，幽云十六州成为辽朝统治区内最为发达地区，在经济、社会、文化等各方面全面超越辽朝原有统治地区。但经过二百余年的发展，至12世纪初期辽朝灭亡前，这种差距已有明显的缩小，辽政府"兼制"措施收到明显成效。

辽朝统治者始终坚持执行的南、北方政治体制"兼制"措施，在政权建设中，将起源于游牧民族的"行国"统治措施与中原地区的封建统治措施（又称城国体制）结合在一起，使得辽朝初期确立的"以国制治契丹及诸夷，以汉制待汉人与渤海"的"因俗而治"政策，达到南、北融通的客观效果。这一政策不是孤立的民族分治，而是将"汉制"的内容引入到部落管理与发展体系，客观推动了政治体制的融合，促进了多民族间的互信、认同与融合。

契丹人，最初活动区域，即古代的"松漠"地域，其地理范围大体为今大兴安岭西部及其以南，内蒙古高原东部边缘以东，燕山以北，松嫩平原西部及其以西，南至努鲁尔虎山周围。在这片区域内，从远古至辽朝建立，仅松漠南缘地带出现过西汉设置的右北平郡（内蒙古赤峰宁城）、北魏至唐朝设置的营州（辽宁朝阳）。此外均是属于游牧生产活动的界域，辽朝时期此地区得到了前所未有的开发。

辽太祖以战争方式掠夺大量人口，迁徙至契丹腹地以"团集建州县"方式，修筑城郭予以安置，初名"汉城"，随着贵族创置"汉城"数目的增多，契丹统治者采取依照一定人口数量"筑城赐额"方式，称之为"投下州军"。于是，古代的北方草原地区出现一座座大小不等的城镇。经过辽太宗朝的用心经营，辽朝地方行政体系建设已初具规模，至辽圣宗、兴宗朝时期，地方行政体系建设已臻于完备。以五京为中心，形成五大行政区，分别称为五京道。五京各置留守司，下辖府、州、军、县、头下州、边防城等各级行政机构。除南京、西京本幽云十六州地区，保存相对完备的地方州县制度外；东京道是原来渤海国故壤，也基本保留原有地方组织制度与生产方式。上京、中京二道，属于契丹、奚族等游牧民族聚居地，大批战俘修筑起若干的州县堡砦，州县制与部族制并行，而州县制又分为国属和私有（隶属宫分、贵族头下）两类。

一、上京道

上京道包括今内蒙古自治区赤峰市北部、锡林郭勒盟东部北部、通辽市、呼伦贝尔市、兴安盟以及蒙古国、俄罗斯西伯利亚地区。在这里大规模地营建州县城郭，是从辽朝开始。上京道的中心城市，即辽朝的都城上京临潢府。

（一）府州县

1. 上京临潢府

上京临潢府，今内蒙古自治区赤峰市巴林左旗林东镇南古城遗址。本契丹左大部之地，神册三年（918 年）于此营建皇都，会同元年（938 年），更名上京临潢府。全城由南、北两部分的"汉城"和"皇城"组成，整体平面呈不规则的"日"字型。宫城位于北面皇城中部偏北，是"大内"所在。皇城是官署寺院所在，有纵横交错的街道。汉城为手工业作坊、商贸区和密集的民居。城建风格，既有中原都城样式的借鉴，又呈现浓郁的民族特点。城郭总周长 27 华里，是当时世界性的大都会。临潢府衙，设在皇城。下辖军、府、州、城二十五，统县十。

临潢县附郭。位于内城临潢府衙西侧，县衙西南有承天皇后所建崇孝寺。

长泰县附郭。位于内城崇孝寺西，县衙西有天长观。

定霸县附郭。辽太祖破扶余府，徙其强师县民居京西南，与汉人杂处耕种。统和八年益以诸宫提辖司户置县。衙署位于宣化县西南。

保和县附郭。辽太祖破渤海龙州，徙其富利县民居京南，统和八年（990 年）益以诸宫提辖司户置县。衙署位于定霸县西。

宣化县附郭。辽太祖破渤海鸭绿府，徙其神化县民居京南，统和八年益

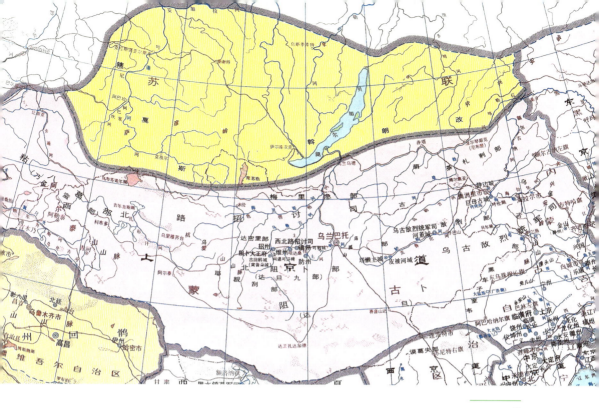

辽上京道①

以诸宫提辖司户置县。衙署位于汉城南门外东侧福先寺西。

潞县附郭。辽太祖以蓟州潞县俘户居京东，与渤海人杂处。位于临潢府南城东门之北。

兴仁县附郭。开泰二年（1013年）置县。位于潞县衙府东南。

易俗县附郭。太平九年（1029年），以渤海大延琳俘户居京城北，置县。衙署位于临潢府南城西门北侧。

迁辽县附郭。太平九年，以渤海大延琳俘户居京东北，置县。衙署位于临潢府西门外北侧，易俗县衙东。

渤海县附郭。太平九年，以渤海大延琳俘户置。

2. 祖州上等州

祖州上等州，天成军节度使。今内蒙古自治区赤峰市巴林左旗哈达英格乡石房子村北古城遗址。为契丹西楼地。天显元年（926年），于此建太祖

---

① 引自谭其骧主编：《中国历史地图集》（第六册）宋·辽·金时期，中国地图出版社1982年版，第6页。

奉陵邑，因是父祖莘生居之所，故名祖州。全城沿山坡呈西北——东南向，内城近外城西北角，为祭祀享殿所在；外城北角为官署、作坊等，外城东南为市肆、住宅区，东南城门外，还有一片庞大的关厢区。祖州隶属太祖弘义宫，辖二县：长霸、咸宁，一城。

3. 于越王城

于越王城，也称越王城，今内蒙古自治区赤峰市巴林左旗查干哈达苏木白音戈洛河上游北岸冲积平地。本为契丹大于越耶律释鲁创置私城，后隶属祖州。

4. 怀州

怀州上等州，奉陵军节度使。今内蒙古自治区赤峰市巴林右旗岗根苏木岗岗庙村，平面呈方形，城墙边长达 500 米。本辽太宗以渤海、汉人居住的堡寨。大同元年（947 年），辽世宗于此筑为怀陵奉陵邑，故名。境内有西山清凉殿。隶属太宗永兴宫。辖二县：扶余县，本辽太宗迁渤海扶余县民户于此，世宗置县。今辽怀州城遗址北门外。显理县，辽太祖破渤海，太宗迁其显理府民户居此，世宗置县。今赤峰市巴林右旗巴彦琥硕镇的西花和少古城遗址。遗址近长方形，东西宽 197 米、南北长 174 米。

5. 燕王城

燕王城位于今赤峰市巴林右旗巴彦琥硕镇达巴梁古城遗址。遗址处于达巴梁山峦南侧缓坡，墙体以不规则块石垒砌，边长 50 余米。东墙外附近有建筑址。南墙外顺山势缓坡，修筑有八道阶梯式台地，阶沿用不规则石块垒砌，台面宽 30—50 米，长度达百米。遗址遍布辽代沟纹砖、布纹瓦及压印纹条形滴水。[①]

6 庆州

庆州上等州，玄宁军节度使，今内蒙古自治区赤峰市巴林右旗索博日嘎苏木白塔子古城遗址。由内外两座方城套置组成，平面呈"回"字型。最初，辽穆宗于太保山黑河之地建城，名黑河州。圣宗统和八年（990 年）省并，后又复置州城于此，更名为庆州；兴宗景福元年（1031 年），用为圣宗永庆陵奉陵邑，隶属大内都总管司，后改隶圣宗兴圣宫，辖三县：富义县、玄德县、孝安县。

---

① 韩仁信：《辽代城址探源》，远方出版社 2003 年版，第 42—50 页。

7. 泰州

泰州德昌军节度使，今吉林省洮南市城四家子古城遗址。隶属兴宗延庆宫，兵事属东北统军司。天庆六年（1116 年），析分金山县置静州。辖县二：兴国、乐康（今黑龙江省泰来县塔子城古城遗址）。

8. 长春州

长春州下等州，韶阳军节度使，今吉林省大安县东南他虎城遗址。辽朝春捺钵地，濒临鸭子河（今松花江下游与嫩江、洮儿河合流段），重熙八年（1039 年）置州，隶属兴宗延庆宫，兵事属东北统军司。辖县一：长春，附郭。

9. 乌州

乌州静安军刺史。治所不详。本乌丸之地，辽初，北大王拨剌占为牧场，因以所俘汉民，建城置州居之，后为朝廷没入，隶属兴圣宫。境内有辽河、夜河、乌丸川、乌丸山。附郭县一：爱民。

10. 永州

永州永昌军观察使，今内蒙古自治区赤峰市翁牛特旗新苏莫苏木巴彦诺尔嘎查达尔罕庙古城遗址。本契丹南楼地，为辽朝冬捺钵所在。乾亨三年（981 年），承天皇后置永州于皇子韩八墓侧，平面呈方形。隶属景宗章愍宫，辖三县：长宁县附郭，以渤海显德府长宁县俘户居此，故名；义丰县，本铁利府义州，迁其民于南楼西北，仍名义州，重熙元年（1032 年）废州为县，改今名，在州西北一百里，又尝改富义县，属泰州；慈仁县，辽太宗皇子只撒古死葬于此，坟侧置慈州，重熙元年（1032 年），降为慈仁县，隶永州。

11. 仪坤州

仪坤州启圣军节度使，今内蒙古自治区赤峰市克什克腾旗万合永乡和尚地古城遗址。本契丹右大部地，回鹘糯思居之，辽应天皇后述律氏出生地，后随太祖开拓四方，应天皇后以俘掠有伎艺者多归帐下，号为属珊，遂于此地置州。内有启圣院、仪宁殿。隶属长宁宫，统县一：广义县，原有来远县统和八年（990 年），以诸宫提辖司户置来远县，属仪坤州，十三年省废，并入广义县。

12. 龙化州

龙化州下等州，兴国军节度使，今内蒙古通辽市科尔沁区莫力庙苏木福巨嘎查北古城遗址。传说契丹始祖所居，称"龙庭"。为契丹东楼。902年，以代北俘户建龙化州；904年，增广东城；916年，于城东金铃冈设坛祭天，建元称帝，国号大契丹。辽太宗朝升为节度州。后隶属章愍宫，辖县一：龙化县。

13.降圣州

降圣州下等州，开国军刺史。本契丹大部落东楼之地，辽太祖春月行帐多驻此。应天皇后梦神人金冠素服，执兵仗，貌甚丰美，异兽十二随之。中有黑兔跃入后怀，因而有娠。唐天复二年（902年），遂生太宗于此，时黑云覆帐，火光照室，有声如雷，诸部异之。穆宗析分龙化州，于此置州，名为降圣，四面各三十里，禁止樵采放牧。原属穆宗延昌宫，后改隶景宗章愍宫，统县一：永安县。

13.饶州

饶州中等州，匡义军节度使。本唐朝饶乐都督府地。辽太祖完其故垒置州。境内有潢河、长水泊、没打河、青山、大福山、松山、隶属兴宗延庆宫，统县三：长乐县，位于州城遗址西侧的小土城遗址。临河县，其人口本渤海永丰县，太宗分兵伐渤海，迁其民于潢水之曲，今赤峰市巴林右旗查干诺尔苏木小城子村古城遗址。安民县本辽太宗以渤海诸邑所俘户，杂置于此，今赤峰市克什克腾旗土城子镇古城子遗址。

（二）投下军州

契丹投下州简称为头下军州。辽朝初期，诸王、外戚、大臣及诸部将领从征伐，因功将俘掠所得人口，聚居一处，依照一定的人口数目设置为州县，不足州县规模者，分别称为堡寨（砦）。这些自建的州城，由皇帝赐名，委任头下主部曲充任节度使，其余刺史、县令等皆由本主以部曲充任。

1.懿州

懿州广顺军节度使（后改宁昌军节度使），今辽宁省阜新县塔营子村古城遗址。辽圣宗太平三年（1023年），以女儿越国公主滕臣户置州，原名庆懿军，更名广顺军。清宁七年（1061年），道宗宣懿皇后以此州进入，遂改为宁昌军。统县二：宁昌、顺安。顺安县，今辽宁省阜新县塔营子村古城遗址。宁昌县，今辽宁省阜新县平安地土城子古城遗址，本渤海国平阳县民，置县于此，名为宁昌。

2. 徽州

徽州宣德军节度使，今内蒙古通辽市库伦旗水泉西南城子古城遗址。本辽景宗女、秦晋大长公主以媵臣万户创建，节度使以下，皆为公主府署。县一，徽川。

3. 成州

成州长庆军节度使，今辽宁省阜新县红帽子古城遗址。辽圣宗女、晋国长公主以媵臣户创建，附郭县一：同昌。

4. 渭州

渭州高阳军节度使，今辽宁省彰武县二道河子西北万宝城古城遗址。本驸马都尉萧昌裔（萧匹敌），以公主媵臣户创建。

5. 豪州

豪州今辽宁省彰武县四合城古城遗址。本辽朝国舅宰相南征俘掠汉族民户，居于辽东汉代西安平县故地。县一：灵山。

6. 原州

原州今辽宁省康平县岔海村小城子遗址。本国舅金德俘掠汉族民户，居于辽东汉朝北安平县故地。

7. 福州

福州今辽宁省康平县北小城子镇西古城遗址。本汉北安平县地，辽初，国舅萧宁以南征俘掠汉民，于此建城置州，位于原州北 20 里。

8. 横州

横州今辽宁省彰武县苇子沟镇土城子遗址。本汉辽阳县故地，辽初，国舅萧克忠占为牧场，后因牧人建城置州，位于辽州西北 90 里，境内有横山。

9. 顺州

顺州今辽宁省阜新市十家子车站东古城遗址。本汉辽队县地，辽初，横帐南王府以燕、蓟、顺州民户，建城置州，位于显州东北 120 里。

10. 凤州

凤州今吉林省公主岭市杨大城子古城遗址。本橐离国故地，渤海国安宁郡辖地，隶属契丹南大王府五帐分。

11. 遂州

遂州今内蒙古通辽市库伦旗三家子古城遗址。本高州地，契丹南王府五帐分放牧于此，因建城置州，位于檀州西 200 里。附郭县一：山河。

12. 丰州

丰州今赤峰市翁牛特旗乌丹镇。本辽泽大部落之地，遥辇氏僧隐放牧于此，因建城置州，北距上京 350 里。附郭县一：安丰。

13. 闾州

闾州今辽宁省黑山县英城子古城遗址。本契丹罗古王牧地，近医巫闾山，位于辽州西 130 里。附郭县一：闾山。

14. 松山州

松山州本辽泽大部落之地，为辽朝初期横帐普古王牧地，后建为头下州，境内有松山，北至上京 170 里。统和八年（990 年）省废。今赤峰市巴林右旗益和诺尔苏木布敦花嘎查古城遗址。城墙黄土夯筑，分内、外城，内城边长不足 200 米，外城边长均超过 520 米，内、外城门皆开辟于东城墙，外城门有瓮城。瓮城为方形，东西长 135 米、南北宽 248 米。

15. 黑河州

黑河州本为太保山黑河川，辽穆宗于此置州，统和八年省废，复置。初今赤峰市巴林右旗索博日嘎苏木石匠山古城遗址，位于群山环绕的山谷草甸中，墙体以不规则石块加泥土垒砌而成，南北宽 362 米、东西长 450 米；城内又有以不规则石块垒砌墙体分割而成的两座小城。统和八年后，徙今赤峰市巴林右旗都希苏木友爱村古城遗址。

16. 豫州

豫州今内蒙古通辽市扎鲁特旗境内胡虎儿河流域。本契丹横帐陈王牧地，南至上京城 300 里。

17. 宁州

宁州今内蒙古通辽市扎鲁特旗东部。本契丹大贺氏勒得山，辽朝横帐管宁王牧地，位于豫州东 80 里，南至上京城 350 里。

（三）边防城及派出机构

1. 边防城

边防城辽朝西北界边防城，因屯戍而设立，设置地均依据地理形胜，而非借助丁口赋税资助。

2. 静州观察

静州观察，今内蒙古兴安盟乌兰浩特市东北乌兰哈达苏木公主岭一号古城遗址。本为辽朝泰州金山县，天庆六年（1116 年）升为州。附郭县一：

金山。

3. 镇州

镇州建安军节度使，今蒙古国中央省扎马尔苏木图拉河北岸的和日木登吉古城遗址（Khermen Denj）。[①] 本为回鹘可敦城，统和二十二年（1004 年），由契丹皇太妃奏请建置，以为镇遏漠北阻卜诸部的军镇，选诸部族骑军二万屯守，又迁徙渤海、女真、汉族罪犯配流之家七百余户，分屯镇、防、维三城。

4. 防州
防州今蒙古国塔勒·乌兰·巴勒嘎斯古城遗址。

5. 维州
维州今蒙古国境内哈达桑古城遗址。

6. 河董城
河董城今蒙古国布尔干省达申其勒苏木青托罗盖古城遗址。本回鹘可敦城，语讹为河董城。久废，辽人完之以防边患。

7. 静边城
静边城今内蒙古呼伦贝尔市满洲里中俄边界以北。本契丹二十部族水草地。北邻羽厥，每入为盗，建城，置兵千余骑防之。

8. 皮被河城
皮被河城今蒙古国乔巴山县祖赫雷姆古城遗址。地控北边，置兵五百于此防托。皮被河出回鹘北，东南经羽厥，入胪朐河，沿河董城北，东流合沱漉河，入于海。

9. 招州
招州绥远军刺史，今蒙古国后杭爱省鄂尔浑河上游东古城遗址。[②] 辽圣宗开泰三年（1014 年）以女真户置，隶西北路招讨司。

10. 塔懒主
塔懒主城今蒙古国境内克鲁伦河上游北岸。辽道宗大康九年（1083 年），在胪朐河流域置此城。

---

① 参见宋国栋：《辽代镇州城地理位置考辨》，《内蒙古社会科学》2017 年第 1 期。

② 参见宋国栋：《蒙古国青陶勒盖古城研究》，内蒙古大学，硕士学位论文，2009 年。

11. 乌古敌烈统军司

乌古敌烈统军司又名胪朐河统军司，于今克鲁伦河中游一带，辖区以呼伦贝尔草原及外兴安岭以南地区为主。

12. 通化州

通化州今呼伦贝尔市陈巴尔虎旗巴彦库仁镇东北浩特陶海古城遗址。

13. 巨母古城

巨母古城今呼伦贝尔市海拉尔区东南呼伦湖以北、海拉尔河以南一带。

二、中京道

中京道辖今赤峰市英金河以南及河北省东部古北口外、辽宁省西北部等。此处大规模营建城市，始于契丹辽朝时期，虽然隋唐时期已在今辽西地区有所开发，但都远远不能与辽代时期相比较，尤其在今赤峰市南部与河北省东部古北口外地区，辽代城市建造与开发于此都属于填补空白式的兴造，揭开这些区域城市开发的新篇章。辽朝中京道的核心城市，是中京大定府与兴中府，中京城还在辽朝晚期实际起到都城的历史作用。

1. 中京大定府

中京大定府今内蒙古赤峰市宁城县大明镇古城遗址。本辽朝奚王府地，辽圣宗统和二十一年（1003 年）至二十五年（1007 年），以燕蓟工匠于此修筑都城，名为中京大定府。城市主体布局仿上京形制，兼收唐朝洛京特点，由内城、宫城、外城组成。内城，南北方向，由平面呈"日"字型的北面皇城与南面汉城组成，中有隔墙，设宏大门廊相通；宫城，位于皇城北部的居中位置，宫城北墙借用皇城北墙，有东、南、西三面独立的宫墙，南面宫墙设一座门与皇城相通；在皇城和汉城之外，东、西、北三面，复有一重外郭。其外城总周长达 30 华里。中京城的主要居民是汉人，城内建有辽朝祖庙和景宗皇帝、承天皇太后御容殿以及接待宋朝使臣的大同驿、高丽使臣的朝天馆、西夏使臣的来宾馆，汉城还有商贾交易的廊舍、监督管理市场的四座市楼。城内有平整交错的街道和设计精巧的排水沟网。境内有七金山、马盂山、双山、松山、土河。大定府衙，设在中京城内。统州十、县九：大定县本为白霫故地，以诸国俘户居之；

长兴县本为汉代宾从县，以诸部人户居之；

富庶县今辽宁省喀喇沁左翼蒙古族自治县大城子镇东北公营子古城遗

址，本为汉代新安平之地，开泰二年（1013年），析分京民置县；

劝农县今内蒙古赤峰市宁城县甸子乡红城古城遗址，本汉代宾从县故地，开泰二年（1013年），析分京民置县；

文定县今辽宁省建平县叶柏寿镇西北白山四汉城遗址，开泰二年（1013年），析分京民置县；

升平县今内蒙古赤峰市宁城县大明镇附近，开泰二年（1013年），析分京民置县；

归化县今内蒙古赤峰市宁城县甸子乡西部老哈河上游北岸一带，本汉代柳城县之地；

神水县今辽宁省朝阳市西南常在营子古城遗址，本汉代徒河县之地，开泰二年（1013年）置县；

金源县今内蒙古赤峰市敖汉旗四家子镇大城古城遗址，本唐朝青山县境，开泰二年（1013年）析分京民置县。

2. 恩州

恩州下等州，怀德军刺史，今内蒙古赤峰市喀喇沁旗西桥镇土城子古城遗址。辽太宗始建州城，辽圣宗开泰年间，增添渤海人户于此，初隶永兴宫，后转归中京大定府管辖。附郭县一：恩化。

3. 惠州

惠州中等州，惠和军刺史，今辽宁省建平县叶柏寿镇马圈子村西北博罗科古城遗址。本唐朝归义州之地，辽太祖俘汉民数百户安置于兔麝山下，隶属上京道，后转归中京大定府管辖。附郭县一：惠和。

4. 高州

高州中等州，观察，今内蒙古赤峰市元宝山区风水沟镇老哈河西岸哈拉木头古城遗址。本唐朝以契丹室活部置信州之地，辽圣宗以高丽俘户置州于此。境内有平顶山、滦河。隶属中京，附郭县一：三韩。

5. 武安州

武安州中等州，观察，今内蒙古赤峰市敖汉旗南塔乡白塔子古城遗址。本唐朝契丹沃州之地，辽太祖建城名为杏堝新城，迁木叶山下汉民人户于此，又增益辽西人户以充实其地，更名为新州。辽圣宗统和八年（990年），更名为武安州，初为刺史州，后升为观察。境内有黄柏岭、袅罗箇没里水。隶属中京，附郭县一：沃野。

6. 利州

利州中等州，观察，今辽宁省喀喇沁左翼蒙古族自治县大城子镇古城遗址。本为奚族琵琶川之地，唐朝末年，契丹强盛，役使奚人。统和四年（986），于此置阜俗县，后归属中京；统和二十六年（1008 年）升县为刺史州，开泰元年（1012 年）升观察。隶属中京，附郭县一：阜俗。

7. 榆州

榆州下等州，高平军刺史。今辽宁省凌源县西北小城子古城遗址。本汉代临渝县地，后并入右北平骊城县。唐朝析慎州，分置为黎州，以安置靺鞨部落，后为奚族占据。辽太宗朝，横帐解里以所俘中原镇州民户，于此置州，名为榆州。开泰年间，头下榆州没入，隶属中京。领县二：和众县附郭，本新黎县地；永和县本为汉代昌城县地，今辽宁省锦西市连山镇西北钢屯古城遗址，辽圣宗统和二十二年（1004 年）置县。

8. 泽州

泽州下等州，广济军刺史。今河北省平泉县会州城遗址。本为汉代土垠县之地。辽太祖俘蔚州民户，迁居于此，立寨居之，采炼陷河银冶，后拨属中京留守司。辽圣宗开泰年间，置为泽州，属中京。境内有松亭关、神山、九宫岭、石子岭、滦河、撒河。领县二：神山县神山在县西南；滦河县今河北省迁西县西北滦阳古城遗址，本汉代徐无县之地，隶属辽太宗永兴宫。

9. 北安州

北安州上等州，兴化军刺史。今河北省承德市西滦水西南。本为汉代上谷郡女祁县地。北朝时，为冯跋北燕政权占据。唐朝时期，属于奚王府西省地。辽圣宗朝，以汉族俘户于此置北安州，隶属中京。附郭县一：兴化。

10. 潭州

潭州下等州，广润军刺史。今辽宁省喀喇沁左翼蒙古族自治县大城子镇西南白塔子古城遗址。本为汉代交黎县地，辽初于此置习家砦，开泰二年（1013 年）升习家砦为龙山县，隶属中京，后又以龙山县升为潭州，仍属中京。附郭县一：龙山。

11. 松山州

松山州下等州，胜安军刺史。今内蒙古赤峰市松山区城子乡城子村古城遗址。本为汉代文成县地，位于松漠边缘，为商贾会衢之所，开泰年间置州，境内有松山川，隶属中京。附郭县一：松山。

此后，成州又自上京道拨属中京道管辖，又有兴中府统州二、县四及宜、锦等九州隶属中京道。

12. 成州

成州兴府军节度。今辽宁省阜新市西北红帽子古城遗址。本辽朝晋国长公主以媵臣户置州，初名睦州长庆军，隶属上京，又更州名为成州，后转归中京管辖，改军名为兴府。附郭县一：同昌。

13. 兴中府

兴中府辽朝五京六府之一，今辽宁省朝阳市。本为古代孤竹国之地，汉代至柳城县，前燕慕容皝于此筑龙城，定都于此。北魏至辽西郡，后为营州，隋唐沿之。辽太祖完葺柳城，号为霸州彰武军节度；辽圣宗统和年间，诏令制置建、霸、宜、锦、白川等五州，不久，落制置，隶属积庆宫，后转属兴圣宫。重熙十年（1041年），升为兴中府。境内有大华山、小华山、香高山、麝香崖——天授皇帝刻石在焉、驻龙峪、神射泉、小灵河。领州二：安德、黔，县四：兴中县本为汉代柳城县地，辽太祖俘掠汉民居此，建为霸城县，重熙年间，置兴中府，更县名为兴中。营丘县今辽宁省北票县章吉营古城遗址，析分霸城县置。象雷县今辽宁省朝阳市西北召巴都古城遗址，辽初于此置麦务川，圣宗开泰二年（1013年）升麦务川为象雷县，初隶中京，后拨属兴中府。闾山县今辽宁省黑山县东北英城子古城遗址，本为汉代且虑县，辽朝初期于此置罗家军，开泰二年（1013年）升罗家军为闾山县，初隶中京，后拨属兴中府。

14. 安德州

安德州下等州，化平军刺史。今辽宁省朝阳市东南根德营子古城遗址。辽圣宗统和八年（990年），析分霸城县东南龙山徒河民户置为安德县，初隶乾州，后更属霸州；霸州升兴中府，安德县升为州，隶属兴中府。附郭县一：安德。

15. 黔州

黔州下等州，阜昌军刺史。今辽宁省北票市东北小塔子古城遗址。本汉代辽西郡地，辽太祖平定渤海国，迁渤海兴州盛吉县民户居此，仍名盛吉县，隶属黑水河提辖司。其后，析分霸州、宜州民户增益之，于此置黔州，初属永兴宫，后更隶中京，及置兴中府来属。附郭县一：盛吉。

16. 宜州

宜州上等州，崇义军节度。今辽宁省义县东北九道岭北。本为辽初东丹王秋畋之地，辽世宗以定州俘户于此置弘政县、闻义县，民工织纴，多技巧。辽兴宗于此建宜州。境内有坟山，松柏连亘百余里，禁止樵采；凌河，累石为堤。初隶积庆宫，后归属中京。领县二：弘政县辽世宗始置县。闻义县今辽宁省义县七里河开州城遗址，辽世宗始置县，初隶海北州，后来属宜州。

17. 锦州

锦州中等州，临海军节度。今辽宁省锦州市。本汉辽东无虑县地，慕容燕政权置西乐县，辽太祖以汉民俘户于此置州，初隶弘义宫，后归属中京。境内有大胡僧山、小胡僧山、大查牙山、小查牙山、淘河岛。统州一：岩州，县二：永乐县。安昌县今辽宁省锦西市连山镇北安昌岘。

18. 岩州

岩州下等州，保肃军刺史。今辽宁省兴城市菊花岛东北城子里。本汉海阳县地，辽太祖平渤海国，迁徙汉户与渤海户杂居于此，辽圣宗建城置州，初隶弘义宫，后来属锦州。附郭县一：兴城。

19. 川州

川州中等州，长宁军节度。今辽宁省北票市东北黑城子。本唐朝契丹青山州之地，辽太祖弟、明王安端以私属置城于此，会同三年（940年），赐名为白川州。天禄五年（951年），安端之子察割弑帝谋逆，其头下州被没入，省名曰川州。初隶崇德宫，统和年间又以诸宫提辖司户增置弘理、宜民二县，后拨属文忠王府。领三县：宜民县统和年间置县。弘理县今辽宁省北票市西北一带，统和八年（990年）置县。咸康县今辽宁省北票市大板古城遗址。

20. 建州

建州上等州，保静军节度。今辽宁省朝阳市大平房黄花滩古城遗址。唐朝于此置昌乐县，辽太祖完葺故垒，置州。947年，后晋太后及末帝率族属宫人等迁居此地；天禄二年（948年），石晋太后诣辽世宗求耕垦自赡，许于建州南四十里，给地五十顷，营造房室，创立宗庙。州治灵河南岸，屡遭水害；辽圣宗遂迁治于灵河北、唐代崇州故城。初名武宁军，后更名保静军，最初隶属永兴宫，后转属敦睦宫。领县二：永霸县。永康县今辽宁省朝阳市西南木头城子古城遗址，本为唐朝昌黎县地。

21. 来州

来州下等州，归德军节度，今辽宁省绥中县西南前卫古城遗址，辽圣宗朝，女真五部以岁饥来属，诏令于此置州居之；初为刺史州，后升为节度，隶属永兴宫。境内有三州山、六州山、五脂山。统州二：隰州、迁州，县一：来宾县本为唐朝来远县地。

22. 隰州

隰州下等州，平海军刺史。今辽宁省兴城市东辛庄北关站古城遗址。北朝时，前燕政权于此置集宁县。辽圣宗朝括诸部落帐户迁居信州，会天大雪，路不能行，遂建城置州于此，名为隰州。其地濒海，地多矙卤，置盐场于境内。初隶兴圣宫，后来属。附郭县一：海滨。

23. 迁州

迁州下等州，兴善军刺史。今河北省秦皇岛市山海关。本汉阳乐县地，辽圣宗太平年间，平定大延琳之乱，迁徙归州民户居之，遂置州，隶属来州。境内有箭笴山，奚族聚居于此。附郭县一：迁民。

24. 润州

润州下等州，海阳军刺史。今河北省秦皇岛市海阳古城遗址。本汉阳乐县地，辽圣宗太平年间，平定大延琳之乱，迁徙宁州及东京城内渤海从乱民户居此，遂置州。后为奚族聚居地。隶属中京。附郭县一：海阳。

三、东京道

东京道辖今吉林省中南部、辽宁省东部及内蒙古通辽市部分地区。此处大规模营建城市，始于辽朝，同样是填补空白式的兴造，揭开了这些区域城市开发的新篇章。东京道的核心城市，是东京辽阳府与黄龙府，他们都是重要的军镇。

1. 东京辽阳府

东京辽阳府辽朝五京之一。今辽宁省辽阳市。本汉代辽东郡，唐朝于此置安东都护府，后属渤海国，有五京、十五府、六十二州，号为海东盛国。辽太祖神册四年（919 年），修葺辽阳故城，名为东平郡，为防御州；其后，平定渤海国，乃以其地置东丹国，立太子突欲为人皇王，主理东丹国事务。辽太宗天显三年（928 年），迁徙东丹国民户，以充实东平郡，遂升东平郡为南京；天显十三年（会同元年，938年），又改南京曰东京，府曰辽阳。境内有辽河、范河、东梁河、太子河（大梁水）、浑河、沙河、蒲河、清河、浿水（泥河），手山（驻跸山）、明王山、横山（白石山）。辖州、府、军、城八十七，县九：辽阳县本汉代浿水县，渤海为常乐县。仙乡县本汉辽队县，渤海永丰县。鹤野县今辽宁省辽阳市西南唐马寨，本汉居就县地，渤海为鸡山县。析木县今辽宁省海城市析木古城遗址，本汉望平县地，渤海为花山县。紫蒙县本汉镂芳县地，拂涅国置东平府领蒙州紫蒙县，后徙辽城，并入黄岭县，渤海为紫蒙县。兴辽县本汉平郭县地，渤海为长宁县。肃慎县以渤海户置。归仁县今辽宁省昌图县西北实力古城。顺化县未详。

2.开州

开州镇国军节度，今辽宁省凤城县南边门附近的古城里。本濊貊地，渤海为东京龙原府，垒石为城。唐朝称为石城。辽太祖平渤海国，迁徙其民于大部落，此城遂废。辽圣宗修葺故城，开泰三年（1014年），迁双、韩二州民千余户实之，号为开封府开远军节度，后更名为镇国军，隶属东京留守司，兵事属东京统军司。领州三，附郭县一：开远。

3.盐州

盐州今辽宁省凤城县南部。本渤海龙河郡，隶属开州，相距140里。

4.穆州

穆州保和军刺史。今辽宁省凤城县附近。本渤海会农郡，隶属开州。

5.贺州

贺州今辽宁省凤城县附近。本渤海吉理郡，隶属开州。

6.定州

定州保宁军。今朝鲜州郡境内。县一：定东。辽圣宗统和十三年（995年），升为军，迁辽西民户实之，隶东京留守司。

7.保州

保州宣义军节度。今朝鲜人民民主共和国义州郡西南黔定古城遗址。本高丽置州，县一：来远。辽圣宗问罪高丽，于开泰三年（1014年）取其保、定二州，于此置榷场。隶属东京统军司。统州、军二，附郭县一：来远。

8.宣州

宣州定远军刺史。今朝鲜人民民主共和国鸭绿江南岸附近。辽圣宗开泰三年（1014年），迁徙汉民置州实之，隶属保州。

9. 怀化军下等州

怀化军下等州军，刺史。今朝鲜人民民主共和国鸭绿江南岸。辽圣宗开泰三年（1014 年），置州，隶属保州。

10. 辰州

辰州奉国军节度。今辽宁省盖县。本唐代盖牟城，渤海为盖州，又更名辰州，为四方冲会之地。辽朝因之，始名长平军，后更名为奉国军，隶属东京统军司。附郭县一：建安。

11. 卢州

卢州玄德军刺史。今辽宁省盖县西南熊岳。本渤海杉卢郡，故县五：山阳、杉卢、汉阳、白岩、霜岩，皆废。辽朝因之，为卢州，在东京西 130 里，兵事属南女真汤河司。附郭县一：熊岳。

12. 来远城

来远城军镇。今朝鲜人民民主共和国义州郡。本为熟女真之地，辽圣宗统和年间，伐高丽，以燕军两指挥于此建城防戍，名曰来远军，隶属东京统军司。

13. 铁州

铁州建武军刺史。今辽宁省营口市大石桥东汤池。本汉安市县，唐代安市城，渤海为铁州，故县四：位城、河端、苍山、龙珍，皆废。辽朝因之，隶属东京留守。附郭县一：汤池。

14. 兴州

兴州中兴军节度。今辽宁省铁岭市西南懿站。本汉海冥县地，渤海为兴州，故县三，皆废。辽朝因之。

15. 汤州

汤州今辽宁省辽阳市西北。本汉襄平县地，渤海置州，辽朝因之，在京西北 100 里。

16. 崇州

崇州隆安军刺史。今辽宁省灯塔县境内。本汉长岑县地，渤海置州，故县三皆废。辽朝因之，位于京东北 150 里。附郭县一：崇信。

17. 海州

海州南海军节度。今辽宁省海城市。本沃沮国地，唐代沙卑城，渤海建为南京南海府，垒石为城，都督沃、晴、椒三州，故县六皆废。辽朝因之，名南海城；辽圣宗平大延琳之乱，尽徙南海城民户于上京，移泽州民户来实之。统州二，附郭县一：临溟。

18. 耀州

耀州刺史。今辽宁省营口市大石桥北岳州。本渤海椒州，故县五，仅存岩渊，辽朝因之，隶属海州。东界新罗，附郭县一：岩渊。

19. 嫔州

嫔州柔远军刺史。今辽宁省海城市什司古城遗址。本渤海晴州，故县五皆废，辽朝因之，隶属海州，附郭县一：新昌。

20. 渌州

渌州鸭绿军节度。今辽宁省东沟县西北黑沟古城遗址。渤海号为西京鸭绿府，城高三丈，都督神、桓、丰、正四州，故县三皆废。辽朝因之，大延琳之乱，迁其余党于上京，仅存二千户，隶属东京留守司。统州四，县二：神乡县。弘闻县今辽宁省东沟县黑沟古城遗址附近。

21. 桓州

桓州今辽宁省东沟县与庄河县之间。本前燕地，渤海置为桓州，故县三皆废。辽朝因之，隶属渌州。

22. 丰州

丰州今辽宁省丹东市西部。本渤海盘安郡，故县四皆废。辽朝因之，隶属渌州。

23. 正州

正州今辽宁省岫岩县东南洋河流域。本汉东耐县地，后为公孙康兼并，渤海置沸流郡，辖正州。辽朝因之，隶属渌州。县一：东那县今辽宁省岫岩县境内洋河流域，距州西 70 里。

24. 慕州

慕州今辽宁省东沟县西北与岫岩县之间。本渤海安远府地，故县二皆废。辽朝因之，隶属渌州。

25. 显州

显州上等州，奉先军节度。今辽宁省北宁市西南古城遗址。本渤海显德府地，辽世宗于此置州，以奉东丹王显陵，迁东京三百余户实之。应历元年（951 年），辽穆宗又葬世宗皇帝于此，禁止樵牧。州西北有医巫闾山，又有十三山、沙河。初属长宁宫，后转归积庆宫，兵事属东京都部署司。统州三，县三：奉先县，本汉无虑县，即医巫闾。辽世宗析分辽东长乐县民户为奉陵户，隶属长宁宫。山东县今辽宁省北宁市东北中安古城遗址，本汉望平县，辽穆宗析分渤海永丰县民户为奉陵户，隶属积庆宫。归义县今辽宁省北宁市西，辽世宗初置显州，渤海民户自来助役，愿为守陵，世宗皇帝嘉悯，因籍其民户置为县，隶属长宁宫。

26. 嘉州

嘉州下等州，嘉平军刺史。今辽宁省北宁市以南。隶属显州。

27. 辽西州

辽西州中等州，阜成军刺史。今辽宁省义县大榆树堡东北砖城子古城遗址。本汉辽西郡地，世宗于此置州，隶属长宁宫，后来属显州。附郭县一：长庆。

28. 康州

康州下等州，刺史。今辽宁省北镇市西北。本渤海率宾府地，辽世宗迁渤海率宾府民户置州，属显州，初隶长宁宫，后隶积庆宫。附郭县一：率宾。

29. 宗州

宗州下等州，刺史。今辽宁省法库县四家子村土围子古城遗址。本渤海县地，辽圣宗以耶律隆运所俘汉民置州，立为头下州，隶属文忠王府；王薨，转属提辖司。境内有石熊山。附郭县一：熊山。

30. 乾州

乾州上等州，广德军节度。今辽宁省北宁市西南小常屯古城遗址。本汉无虑县地，辽圣宗统和三年（985年）置州，以奉景宗乾陵，隶属崇德宫，兵事属东京都部署司。统州一，县四：奉陵县本汉无虑县地，辽圣宗统和三年（985年），括诸部落帐户，助营山陵，因为守陵户。延昌县今辽宁省北宁市小常屯附近，辽圣宗统和三年（985年），析分延昌宫户口置县。灵山县今辽宁省北宁市西南医巫闾山东麓附近，本渤海灵峰县地。司农县今辽宁省北宁市南部，本渤海麓郡县，辽圣宗又将麓波、云川二县并入，名曰司农县。

31. 海北州

海北州中等州，广化军刺史。今辽宁省义县南开州。辽世宗以所俘汉户置州，地在闾山之西，南海之北。初隶宜州，后来属乾州。附郭县一：

开义。

32. 贵德州

贵德州下等州，宁远军节度。今辽宁省抚顺市。本汉襄平县地，辽太宗以宗属察割所俘汉民所置头下州，及察割弑逆，州城没入。辽圣宗改名为贵德军，后更名为州。境内有陀河、大宝山。隶属崇德宫，兵事属东京都部署司。县二：贵德县本汉襄平县地，渤海为崇山县。丰德县今辽宁省抚顺市西部，本渤海绿城县地，辽朝尝于此置奉德州。

33. 沈州

沈州中等州，昭德军节度。今辽宁省沈阳市。本挹娄国地，渤海为沈州，故县九皆废。辽太宗于此置兴辽军，后更名为沈州昭德军节度。初隶永兴宫，后属敦睦宫，兵事属东京都部署司。统州一，县二：乐郊县辽太祖俘获蓟州三河县民户置此，仍名三河县，后改名乐郊。灵源县今辽宁省沈阳市附近，辽太祖俘获蓟州吏民安置于此，名为渔阳县，后改今名。

34. 岩州

岩州下等州，白岩军刺史。今辽宁省灯塔县西大窑东南燕州古城遗址。本渤海白岩城，辽朝因之，辽太宗拨属沈州，初隶长宁宫，后属敦睦宫。附郭县一：白岩。

35. 集州

集州下等州，怀柔军刺史。今辽宁省沈阳市东南奉集古城遗址。本汉险渎县地，渤海置州，辽朝因之，附郭县一：奉集。

36. 广州

广州防御。今辽宁省沈阳市西南彰驿。本汉襄平县地，渤海为铁利郡。辽太祖迁徙渤海人居此，建为铁利州；辽圣宗统和八年（990 年），省废；开泰七年（1018 年），益以汉户，置为广州。附郭县一：昌义。

37. 辽州

辽州下等州，始平军节度。今辽宁省新民县公主屯辽滨塔古城遗址。本拂涅国城，渤海为东平府，都督伊、蒙、陀、黑、北五州，共领县十八，皆废。辽太祖伐渤海，先破东平府，迁民实之，改为辽州，军名东平；辽太宗改军名为始平。境内有辽河、羊肠河、锥子河、蛇山、狼山、黑山、巾子山，隶属长宁宫，兵事属北女真兵马司。统州一，县二：辽滨县。定安县今辽宁省新民县境内。

38. 祺州

祺州下等州，祐圣军刺史。今辽宁省康平县西南张强古城遗址。本渤海蒙州地，辽太祖俘获檀州民户迁居于此，置为檀州，后更今名。隶属弘义宫，兵事属北女真兵马司。县一：庆云县，辽太祖俘获密云县民户，迁居此地，仍名密云县，后更今名。

39. 遂州

遂州刺史。今内蒙古库伦旗东北三家子古城遗址。本渤海美州地，辽初采访使耶律颇德以所属汉民，于此置州。辽穆宗朝（951—969年），耶律颇德绝嗣，遂由朝廷收入，隶属延昌宫。县一：山河县，本渤海置县，辽朝又并入黑川、麓川二县，仍为山河县。

40. 通州

通州安远军节度。今吉林省四平市。本扶余国王城，渤海号为扶余城，辽太祖灭渤海国，更名为龙州；辽景宗保宁七年（975年），以黄龙府叛人燕颇余党千余户置此，升为节度；辽圣宗改名为通州安远军。领县四：通远县，本为渤海扶余县，又并入布多县，置为通远县。安远县今吉林省四平市附近，本渤海显义县，并入鹊川县置。归仁县今辽宁省昌图县西北实力古城遗址，本渤海强帅县，并新安县置。渔谷县今吉林省四平市附近，本为渤海置县，辽朝因之。

41. 韩州

韩州下等州，东平军刺史。今辽宁省昌图县西北八面城古城遗址。本为槀离国旧治柳河县，渤海为郑颉府。辽太宗于此分置三河、榆河二州；辽圣宗并二州置韩州，隶属延昌宫，兵事属北女真兵马司。县一：柳河县，本渤海粤喜县地，辽朝又并入万安县，置为柳河县。

42. 双州

双州下等州，保安军节度。今辽宁省沈阳市北石佛寺东北。本挹娄故地，渤海为安定郡，久废。辽初，沤里僧王从太宗南征，以所俘镇、定二州民户，于此建城，置为头下州；后从察割谋逆，其头下州被朝廷没入，初属延昌宫，后属崇德宫，兵事属北女真兵马司。县一：双城县，本为渤海安夷县地。

43. 银州

银州下等州，富国军刺史。今辽宁省铁岭市西南新兴古城遗址。本渤海富州，辽太祖以其地有银冶，名州。隶属弘义宫，兵事属北女真兵马司。

县三：新兴县，本越喜国故地，渤海置银冶，尝置银州。延津县今辽宁省铁岭市新兴古城附近，本渤海富寿县，因境内有延津故城而得名。永平县今辽宁省铁岭市新兴古城附近，本渤海优富县地，辽太祖以俘户置此，因境内有永平寨得名。

44. 同州

同州下等州，镇安军节度。今辽宁省开原市中固古城遗址。本汉襄平县地，渤海为东平寨，辽太祖于此置州，军曰镇东，后改为今名。隶属章愍宫，兵事属北女真兵马司。统州一，未详；县二：东平县，本汉襄平县地，因其地产铁，辽朝拨属三百户用于采炼，随征赋输。永昌县今辽宁省开原市中固古城遗址附近。

45. 咸州

咸州下等州，安东军节度。今辽宁省开原市东北老城遗址。在汉候城县北，渤海为铜山郡，地多山险。辽初，招募平、营等州数百户，居此建城，名为郝里太保城；辽圣宗开泰八年（1019 年），置州，兵事属北女真兵马司。县一：咸平县，唐朝安东都护府治此，辽太祖置安东军，开泰年间升为县。

46. 信州

信州下等州，彰圣军节度。今吉林省公主岭市秦家屯古城遗址。本越喜故城，渤海为怀远府，已废。辽圣宗以其地邻高丽，遂于开泰初年，以所俘汉民置州于此，兵事属黄龙府都部署司。统州三，未详；县二：武昌县，本渤海怀福县地，辽圣宗析分平州提辖司及豹山县千户实之。定武县今吉林省公主岭市秦家屯古城遗址附近。本渤海豹山县地，辽圣宗析分平州提辖司及乳水县民户置，初名定功县，后改今名。

47. 宾州

宾州怀化军节度。今吉林省农安县东北广元店古城遗址。本渤海置城，辽圣宗统和十七年（999 年），迁徙兀惹民户居此，置刺史于鸭子河、混同江二水之间，后升为宾州怀化军节度，兵事属黄龙府都部署司。附郭县一：未详。

48. 龙州

龙州黄龙府。今吉林省农安县。本渤海扶余府，辽太祖崩于此地，有黄龙见，因得名。辽景宗保宁七年（975 年），军将燕颇据此反叛，府遂废；辽圣宗开泰九年（1020 年），迁其府城于故地东北，以宗州、檀州民千户实之，复置黄龙府。统州五、县三：黄龙县，本渤海长平县，辽朝又并入富利、佐慕、肃慎三县置。迁民县今吉林省农安县附近，本渤海永宁县，辽朝又并入丰水、扶罗置。永平县今吉林省农安县附近，本渤海置县。

49. 益州

益州观察。今吉林省农安县北小城子古城遗址。隶属黄龙府，附郭县一：静远。

50. 威州

威州武宁军刺史。今吉林省公主岭市西北双城堡古城遗址。隶属黄龙府，附郭县一：未详。

51. 清州

清州建宁军刺史。今吉林省农安县附近。隶属黄龙府。

52. 雍州

雍州刺史。今吉林省农安县附近。隶属黄龙府。

53. 湖州

湖州兴利军刺史。治所不详。本渤海置州，辽朝因之，兵事属东京统军司，附郭县一：长庆。

54. 渤州

渤州清化军刺史。治所不详。本渤海置州，辽朝因之，兵事属东京统军司，附郭县一：贡珍。

55. 郓州

郓州彰圣军刺史。治所不详。本渤海置州，辽朝因之，兵事属北女真兵马司，附郭县一：延庆。

56. 铜州

铜州广利军刺史。今辽宁省海城市东南析木古城遗址。本汉望平县地，渤海置州，附郭花山县；辽朝因之，兵事属北兵马司。附郭县一：析木。

57. 置州

置州刺史。治所不详。本渤海置州，辽朝因之，兵事属南兵马司。

58. 率宾府

率宾府刺史。今俄罗斯乌苏里斯克（即双城子）。本率宾国故地，因今绥芬河而得名。渤海置府，辽朝因之。

59. 定理府

定理府刺史。今俄罗斯滨海边疆区游击队城。本挹娄国故地，渤海置府，辽朝因之。

60. 铁利府

铁利府刺史。今黑龙江省依兰县西南马大屯古城遗址。本铁利国故地，渤海为铁利府，辽朝因之。

61. 安边府

安边府《辽史》地理志误书"安定府"，应以"安边府"为是。今俄罗斯滨海边疆区东北奥尔加。本渤海置府，辽朝因之。

62. 长岭府

长岭府今黑龙江省桦甸县东北辉发河南岸大城子古城遗址。本渤海置府，辽朝因之。

63. 镇海府

镇海府今辽宁省庄河市附近。本渤海置府，辽朝因之，兵事属南女真汤河司。附郭县一：平南。

64. 冀州

冀州防御。治所不详。辽圣宗置州，升为永安军。

65. 东州

东州治所不详。辽朝初期，以渤海降户置东州。

66. 尚州

尚州治所不详。辽朝以渤海户置州。

67. 吉州

吉州福昌军刺史。治所不详。辽朝置州。

68. 麓州

麓州下等州，刺史。今辽宁省中南部一带。本渤海置州，辽朝因之。

69. 荆州

荆州刺史。治所不详。辽朝置州。

70. 懿州

懿州宁昌军节度。今辽宁省阜新市东北塔营子古城遗址。辽圣宗太平三年（1023 年），越国公主以媵臣户置州，初名庆懿军，后更名广顺军，隶属上京道。辽道宗清宁七年（1061 年），宣懿皇后以此州进入，遂改为宁昌军。县二：顺安县。宁昌县今辽宁省阜新市东北平安地土城子古城遗址。本名平阳县。

71. 滕州

滕州昌永军刺史。治所不详。辽朝置州。

72. 顺化城

顺化城下等军城，响义军刺史。今辽宁省新金县普兰店镇附近。辽朝开泰三年（1014 年），以汉族民户置州，兵事属东京统军司。

73. 宁州

宁州观察。今辽宁省瓦房店市西北永宁古城遗址。辽圣宗统和二十九年（1011 年），因伐高丽，以渤海降户置州，兵事属东京统军司，附郭县一：新安。

74. 衍州

衍州安广军防御。今辽宁省辽阳市西南下达河古城遗址。辽朝以汉族民户置州，初为刺史，后升为军，兵事属东京统军司。附郭县一：宜丰。

75. 连州

连州德昌军刺史。治所不详。辽朝以汉族民户置州，兵事属东京统军司。附郭县一：安民。

76. 归州

归州观察。又名桂州，今辽宁省盖县西南归州古城遗址。辽太祖平定渤海国，以渤海降户置州于此，后废；辽圣宗统和二十九年（1011 年），伐高丽，又以所俘渤海户复置归州，兵事属南女真汤河司。附郭县一：归胜。

77. 苏州

苏州安复军节度。今辽宁省大连市金州区。本高丽南苏，渤海因之。辽兴宗置州，兵事属南女真汤河司。县二：来苏县。怀化县今辽宁省大连市金州区附近。

78. 复州

复州怀德军节度。今辽宁省瓦房店市西北复州城。辽兴宗于此置州，兵事属南女真汤河司。县二：永宁县。德胜县今辽宁省瓦房店市西北复州城附近。

79. 肃州

肃州信陵军刺史。今辽宁省昌图县西老城南。辽兴宗重熙十年（1041年），州民逃亡入于女真，以诏命取之，仍复置肃州。兵事属北女真兵马司。附郭县一：清安。

80. 安州

安州刺史。今辽宁省昌图县西北实力古城遗址。兵事属北女真兵马司。

81. 荣州

荣州今辽宁省康平县四家子乡六家子村两棵树古城遗址。附郭县：荣安。

82. 率州

率州治所不详。

83. 荷州

荷州治所不详。始置于辽太宗天显年间（928—938年）。

84. 源州

源州治所不详。

85. 渤海州

渤海州治所不详。

86. 宁江州

宁江州混同军观察。今吉林省扶余县伯都西南土城子古城遗址。辽道宗清宁年间（1055—1064年），置州；初为防御，后升为观察，兵事属东北统军司。附郭县一：混同。

87. 河州

河州德化军。治所不详。置有军器坊。

88. 祥州

祥州瑞圣军节度。今吉林省农安县万金塔古城遗址。辽兴宗以铁骊户置州，兵事属黄龙府都部署司。附郭县一：怀德。

四、南京、西京道

南京道、西京道城镇建设，辽朝沿袭了隋唐五代以来的州军城镇建置，除稍有易名、侨迁外，新创建者不是很多，仅有西京道河清军、金肃军等。

1. 河清军

河清军今内蒙古鄂尔多斯市东胜市东北黄河畔。辽兴宗重熙十二年（1043年），大举征伐西夏，因迁徙民户500户、防秋军千余骑，建城驻守。号河清军，隶属西南面招讨司。

2. 金肃州

金肃州今内蒙古鄂尔多斯市准格尔旗西北黄河畔。辽兴宗重熙十二年
（1043 年），伐夏时筑城，迁徙燕京民 300 户居城内，另有防秋军千余骑驻
守外城，名为金肃州，隶属西南面招讨司。

此外，还有灵安州等不见于史记记载，却为考古发现的辽代城镇。总体
而言，辽朝城镇建设大约可以归纳为：五京、六府、一百五十六座州军城、
三百余县，其城镇总数达二百余城。如此密集的城镇建设，不仅推动了经济
社会发展，还在无形中以一条条道路似连线般的将这些城镇连接起来，构
成一幅密集交叉的交通网络，而契丹五京无疑成为这幅交通网络中的五个
枢纽性的节点，以此将交通线路向四方延伸开来，形成沟通周边及世界的
交通网。

第三节　统一的多民族国家发韧之功

中华民族共同体意识是通过统一的多民族国家历史向心力凝聚而成，是
在漫长的发展过程中逐渐巩固。

契丹作为一个古代部族的名称，脱胎于古东胡族系，与乌桓、鲜卑部落
存在着密切的联系，考古揭示的东部鲜卑"舍根文化"类型，与契丹早期
历史文化存在着传承关系。[①] 唐朝以后，契丹人建立的政权存在二百余年；
1125 年，被金朝灭亡后，大批契丹人，或融入中国古代北方诸族，或仍以
原有的部族组织形式存留金朝、元朝；也有少部分契丹人在耶律大石率领
下，历经跋涉，远徙中亚建立起西辽政权，后融入伊斯兰世界。契丹在世界
历史中影响巨大，作为部族延续了千年；作为政权，自太祖阿保机建国，其
后数易国号，或称大辽，或称大契丹，西辽还自称为"哈剌契丹"即黑契丹，
延续时间漫长。以至"契丹"一词成为指称中国北方的专称，《马可波罗游
记》流传后，欧洲以将探寻契丹故地作为主要目标。迄今俄罗斯语、阿拉伯

[①]　参见张柏忠：《哲里木盟发现的鲜卑遗存》，《文物》1981 年第 2 期；张柏忠：《契丹早期
　　文化探索》，《考古》1984 年第 2 期；哲里木盟博物馆：《内蒙古哲里木盟发现的几座契
　　丹墓》，《考古》1984 年第 2 期。

语中，还以"契丹"指称中国。中亚地区至今还有以"契丹"为名的部族，东欧及西伯利亚也曾有以"契丹"来命名山川湖泊，譬如俄罗斯境内的叶尼塞河上源有"契丹湖"，俄罗斯西伯利亚有一座"赤塔"城。

契丹部族，自4世纪末至14世纪末，存在千余年，先后与慕容鲜卑、拓跋鲜卑、柔然汗国、突厥汗国、回纥汗国以及北朝、隋唐政权保持密切联系，既相互影响，又相得益彰，在交流与汲取中不断发展进步。10世纪初至12世纪初，契丹人为主体的政权，拥有了农耕与游牧两种截然不同的经济生产方式，社会生活层面囊括奚、突厥、回鹘、党项、吐谷浑、室韦、阻卜、女真、吐蕃、渤海、汉族及大量中亚各族人口，交错杂居，相互影响；政治生活层面中原体制与游牧封建体制并存，形成了"因俗而治"的南北面官制度，这种"合成"是其典型特征；文化发展层面呈现出南北并蓄、东西兼收而皆为我用的文化政策。辽朝与北宋共存的对峙格局中，演绎出一幅皆为中国的认同观念，辽宋相互以"北朝""南朝"称谓自居，促使西夏将自己定位为"西朝"，甚至地处西域的回鹘喀喇汗王朝也自号为"博格达桃花石汗"（意为"伟大或神圣的中国汗"）。

辽朝初期，事简职专，部族管理沿用遥辇汗国旧制，对于大批俘掠人口则采取：游牧人口归于部族，农耕人口则侨置州郡用以安置。侨置州郡就是为了维护原有生产生活方式不变，是辽太祖"因俗而治"策略的体现。会同年间（938—946年），随着幽云十六州的割入，辽朝官制变得日益充实而庞杂，致使朝廷内部也出现了判然有别的特殊景象，据《辽史》记载：皇帝与南班汉官用汉服，太后与北班契丹臣僚用国服，其汉服即五代晋之遗制也。[1]"南班、北班"，即指辽朝的南面官、北面官系统；而皇帝等用的"汉服"，就是中原封建王朝于朝会时使用的官服；皇太后等用的"国服"，即契丹服装。这是辽朝南、北面官制度初步形成之际特殊的历史现象。

辽朝南北面官是行政体系之内部族制与州县制并存的体现，不仅是辽太祖"因俗而治"策略的深化，更是契丹为主体多民族政权发展的体现。自辽太宗朝开始，仕途有两条：一是适用于契丹、奚族等游牧人口的"世选制"选官途径；二是适用于汉人、渤海人等农耕人口的"科举制"选官途径。关于契丹世选制度，清人赵翼评论曰：

---

[1]　《辽史》卷55《仪卫志一》舆服，中华书局1974年版，第900页。

西辽皇宫十六泉之海棠泉殿想象图

　　辽初功臣无世袭，而有世选之例。盖世袭则听其子孙自为承袭，世选则于其子孙内量才授之。兴宗诏世选之官从各部耆旧择材能者用之是也。其高下亦有等差。①

世选制度是部落贵族世袭的特权，源于遥辇氏汗国。科举则沿袭隋唐旧制，是中原文化培养的知识精英入仕的途径。据记载，辽朝科举

　　制限以三岁，有乡、府、省三试之设。乡中曰乡荐，府中曰府解，省中曰及第。时有秀才未愿起者，州县必根刷遣之。程文分两科，曰诗赋，曰经义，魁各分焉。三岁一试进士，贡院以二寸纸书及第者姓名给之，号"喜帖"。明日举按而出，乐作，及门，击鼓十二面，以法雷震。殿试，临期取旨，又将第一人特赠一官，授奉直大夫、翰林应奉文字。第二人、第三人止授从事郎，余并授从事郎②。

① （清）赵翼著，王树民校证：《廿二史劄记校正》卷27，辽官世选之例，中华书局1994年版，第590页。

② （宋）叶隆礼撰，贾敬颜、林荣贵点校：《契丹国志》卷23，试士科制，上海古籍出版社1985年版，第226—227页。

正如前文所说,"因俗而治"策略毕竟属于权宜之策,它在辽朝前期起到了凝聚诸民族、共建精神家园、巩固政权的目的。而到辽朝中晚期封建化程度日益加深,统治者坚持维护"祖制",不去主动顺应发展的需求,抱残守缺,必将受到"祖制"的反噬。

关于契丹辽朝历史建树的基本评价,20 世纪以来的研究者受制于历史表象,将契丹辽朝的政治体制建设,视为"二元制",且至今仍有其影响。[①]但这种认识自 20 世纪后期以来为学界所批驳。

由于契丹政权具有浓郁的民族性与区域性特质,较之传统的汉唐王朝差异性较为明显,但与匈奴、鲜卑、五胡十六国、北魏相似性较多,共同构成中华民族历史的重要组成部分。将契丹辽朝置于中华民族共同体意识形成的范围进行探索,无疑生动精彩地诠释了这个伟大的发展过程。

契丹辽朝的历史存在于中华文明系统中,具有怎样的历史意义?

其一,认识契丹辽朝所具有的时间与空间概念。作为一支游牧部族,契丹出现于 4 世纪末期,消逝于 14 世纪末期,延续千年;作为重要的北方封建割据政权,辽朝始建于 907 年,亡于 1125 年,存在二百余年,此后,契丹人还相继建立了北辽、后辽以及西辽、后西辽等政权,又延续长达约两百年,并将契丹辽文化远播西域及中、西亚地区。其历史发展可谓是有铺垫、有繁盛、有延续,在历史长河中勾勒出一条完美轨迹。在空间范围内,辽朝的统治区域,东及日本海,北至西伯利亚及叶尼塞河流域、贝加尔湖以南地区,西抵阿尔泰山脉,南逾古长城及燕山、恒山以南地区。辽朝与五代十国及北宋、高昌回鹘、西夏诸政权对峙并存,促成古代历史上一次大规模、大范围的多民族融合发展。就当时的世界意义而言,已俨然成为继唐朝之后中华文明的又一个世界性大帝国。同时,在与北宋对峙并存的过程中,创造出辽宋共存共亡的政治格局,为后世多民族大统一王朝的形成奠定了坚实的基础。[②]

---

① 参见姚丛吾:《辽朝契丹族的捺钵文化与军事组织、世选习惯、两元政治及游牧生活中的礼俗生活》、[韩] 李龙范:《辽金佛教之二重体制与汉族文化》,俱见孙进己等主编:《契丹史论著汇编》,辽宁省社科院历史研究所"北方史地资料编委会"1986 年,第 431—487、297—305 页。

② 任爱君:《论辽宋共存共亡的政治格局及其文化意义》,苏赫主编:《中国古代北方文化国际学术研讨会论文集》,中国文史出版社 1995 年版,第 162—180 页。

辽代荷雁纹丝织品，出土于巴林右旗短角牛场

　　其二，契丹辽朝展示出强劲的经济发展能力。在中国古代南北方基本经济区域的构建与发展中，因辽朝政治势力的强大，导致中原地区基本经济区域的逐渐南移，也改变了北方地区单一的游牧经济发展形态，北疆草原不仅出现大量农田，也出现了大批新兴城镇，催动社会经济发展方式更趋完善，生产门类更加齐全。辽朝治下草原地区出现纵横交错、四通八达的交通网络。无所不在的契丹商队，在古道上进行贸易，将本土盛产的"大黄""丹丝""蕃罗"等远销亚洲各地，甚至连北宋的陶瓷、缂丝及高丽生产的新罗纸都成为中西贸易的商品。同样，中亚的各种物品，也络绎不绝地传入辽朝，然后又运销东亚各地，使"草原丝路"再现繁荣。

　　其三，契丹辽文化彰显的开放融通的格局。文化以人为载体，不同时期的具体文化形态，都能够从当时社会人群的外在表现获得其本征。譬如姜夔的《契丹歌》：

　　　　契丹家住云沙中，耆车如水马如龙。春来草色一万里，芍药牡丹相间红。大胡牵车小胡舞，弹胡琵琶调胡女。一春浪荡不归家，自有穹庐障风雨。平沙软草天鹅肥，胡儿千骑晓打围。皂旗低昂围渐急，惊作羊角凌空飞。海东健鹘健如许，韝上风生看一举。万里追奔未可知，划见纷纷落毛羽。平章俊味天下无，年年海上驱群胡。一鹅先得金百两，天使走送贤王庐。天鹅之飞铁为翼，射生小儿空看得。腹中惊怪有新姜，元是江南经宿食。

大漠风光与草原春色，造就了契丹人率真豪放的性格。这是契丹人生活的一个层面，还有宋人吴曾《能改斋漫录》记录：北宋崇宁三年（1104年），辽使至汴京，入住驿馆后，宋徽宗诏令内侍赠送柑橘于辽使，此为辽朝不能出产之物。辽使受赠后，即撰《谢赐柑橘表》云：

辽代契丹文佛教故事织锦

聘礼适陈，祝帝龄于紫阙；恩华固异，锡仁宾于公邮。方厥苴未贡之期，捧兹惟馨之赐。天香满袖，染湘水之清霜；云液盈盘，挹洞庭之余润。梓德岂逞于遗母，枫朝切愿于献君。感德兹深，谕言罔既。

这是契丹使臣来到宋都的即景之作，反映出当时辽朝人所具有的文学修养。历史遗留史料也表明：契丹人熟练掌握汉语，能用汉语做诗、写骈体文，也可以在其文章中使用先朝典故。辽朝的诗歌等文学创作，已经达到以前北方地区历史上从未有过的高峰，多数蕃汉官员都留有文集、诗集、杂钞等，只是后世大都散失。元朝时，耶律楚材在西辽故地，得到一篇寺公大师以契丹文创作的《醉义歌》，只好求教于西辽故宰相李翁，学习契丹文后，译为汉文，遂得以流传至今。

其四，契丹辽朝具有的宗教与科技发展程度。契丹人的宗教信仰没有严格限制，契丹人传统宗教是萨满教，外来宗教有道教、佛教、聂思脱里教派（即也里可温，又名景教）、摩尼教和伊斯兰教（即木速蛮）等，境内各民族的宗教信仰自由，皆凭个人选择，譬如承天皇太后与辽圣宗都比较喜欢佛教，而次子耶律隆祐独好道教。虽然，未发现契丹人崇拜聂思脱里教派的直接证据，但境内存在聂思脱里教徒是不争的事实。现北京牛街清真寺，就是在辽圣宗年间（983—1031 年）始建，已存留至今。

契丹人的宗教信仰，是凭借其内心的"自在"，对于现实的功利目的非常敏感，甚至其佞佛之风，也与现实功利目的紧密联系。譬如，辽朝佛教提倡显密圆通的信仰宗旨，将显宗（即禅宗）与密宗融汇在一起。辽圣宗曾调动政府力量编刻《大藏经》，辽道宗精研梵文、亲自撰写《华严经随品赞》10 卷。为了使佛教经典的研习与流传更广，辽僧希麟在唐朝佛学工具书的基础上倾心撰写《续一切经音义》；辽僧行均撰写一部学习佛经的字书《龙龛手镜》。辽朝发展了古代的天文学知识，汲取中原太阴历的基本经验，引进古巴比伦天文学常识，使其天文历法融会贯通，得到进一步的发展，如北宋苏辙出使契丹时，曾据辽历"冬至"日发现北宋行用历法的错误，归奏朝廷后，将北宋历法的误差进行修正。辽末学者耶律纯，还将古代的"星命之学"整理研究，写成《星命总括序》。

这些都是契丹辽文化发展成就的表现，说明契丹辽文化的先进和博大精深。

第四节　辽朝传说故事对后世的影响

一、关于西方流传的"长老约翰王"的传说

长老约翰王与契丹王朝的历史传说，在相当长的一段历史时期内，成为欧陆世界关于契丹人神秘历史的重要话题。这个传说曾经深刻影响西方世界达数百年之久。大约 12 世纪前期，约翰王的传说，在欧洲地区逐渐流传。据著名民族史学者邱树森教授判断：

> 马可·波罗将该家族（即元朝汪古部高唐王家族——笔者）之始祖阿剌兀思称为"长老约翰"，这是西方基督教徒经常用来称呼信奉基督教的国王或主教的称呼。长老约翰是 12 世纪前半期出现的一个传说人物，凡是信仰基督教特别是聂思脱里派的领袖，或反对或征服穆斯林国家的大汗、国王，都有人把它们称为"长老约翰"。西方旅行家到中国来后写的游记中也常常出现这个称号。

教皇英诺森四世派柏朗嘉宾出使蒙古，1246 年到达和林后，将信奉基督教的大印度国王称为"长老约翰"，并同时提到了一个富饶的国家契丹。此后，出使蒙古汗庭的鲁布鲁克，则又将克烈人、乃蛮人视为"长老约翰"的后裔，并再次提到与他们接近的契丹。此后，孟帖·科尔维诺将阔里吉思称为"长老约翰的伟大国王的后裔"，意大利方济各会士鄂多立克则将汪古部封地称为"长老约翰的国家"。这些纷纭的历史传言都与契丹联系在一起，再加上 12 世纪前期欧洲教廷以及十字军曾经与西辽政权发生联系。于是，欧陆世界形成了一个传说：长老约翰王就在契丹境内，契丹又是个遍地皆黄金的国度。

自 12 世纪中期以来，欧陆世界始终都相信在遥远的东方，确实存在着一个信仰基督教的国家——契丹，那里的财富足以令世人永远企慕。从新航路开辟以来，欧陆世界不断传说着关于发现"契丹"的不实信息，"契丹"就像扑朔迷离的幻境一样，永远牵连着冒险者与探险家以及历史学者的心扉。正是因为欧陆世界魂牵梦绕的"契丹国"如此难以寻找，致使欧陆世界从来就没有放弃寻找"契丹"和"契丹国"的努力。15 世纪，天主教士利玛窦来到中国，长期定居下来。利玛窦经过反复研究与探索，最终才得出"契丹"应该就是指中国北方辽王朝的历史结论。因此，利玛窦给在印度耶稣会的朋友们写了一封长信，信中提出了自己的推测：

> 一个邻国对于这样重大的事情毫无所知，许多世纪以来竟从未留下过与这样一个大国进行战争或通商的记录，这看来似乎是不大可能的。

利玛窦因此推断：中国之外并不存在另一个契丹国。于是，驻印度的耶稣会决定派遣相关人员从印度出发，经由中亚地区，自古丝绸之路进入中国，对利玛窦的论证进行验证与考察。于是，有了耶稣会士鄂本笃自印度进入中国的长途旅行。1605 年，鄂本笃到达肃州（今甘肃酒泉），并以沿途旅行的结论，证实他所到达的这个国家，就是撒拉逊人所称谓的"契丹"。但是，耶稣会以及利玛窦、鄂本笃等人的结论传回欧洲的时候，许多欧洲人仍然对他们的结论持半信半疑的态度，也就是说，欧陆世界关于"神秘契丹国"的疑虑，并没有完全的消除与破解。直到 20 世纪初期，巴林草原瓦林莽哈山谷的惊世大发现：在那里不仅发现了契丹人的皇陵，也首次向世人展示了契丹人所创制的文字。至此，欧陆世界的疑虑才最终被消除，他们才最终相信"契丹"——原来就是中国北部的辽王朝。

那么，历史上为什么会出现关于契丹人以及契丹国地理位置的巨大疑惑？欧陆世界为什么对于"契丹国"以及"长老约翰王"等如此衷情的充满着向往？这些都有着客观而合理的历史答案。

第一，起码自公元 11 世纪开始，在西起叶尼塞河流域、东至土拉河、鄂尔浑河及杭爱山地带，就已经相当广泛地存在着基督教的异端——聂思脱里教派的信众。聂思脱里（348—351 年）本人，原为基督教君士坦丁堡的大主教，公元 5 世纪前期，因为他主张基督具有神和人两个本性，即神性本体依附在人性本体之上，从而否认圣母玛丽亚的神格地位，而遭到教廷的革职流放，他的信徒也遭到残酷的镇压，迫使聂思脱里的教徒不断向东渗透，经过叙利亚、美索不达米亚、波斯等地，在唐朝时期传入中国境内，被称之为"景教"。9 世纪中期以后，聂思脱里教逐渐立足于北方草原地区，像辽朝的属部汪古、克烈、乃蛮等部落（即北阻卜），都是聂思脱里教派的忠实信徒。在辽朝中、晚期，仍有大批的聂思脱里派教徒自中亚地区来到辽朝西部的临洮一带，并在那里居住下来，譬如发现于内蒙古四子王旗境内的汪古部耶律氏家族史迹证明，这支信奉聂思脱里派教义的汪古部众，早在辽圣宗时期就已从帖里薛（今伊朗阿塞拜疆地区的大不里士）迁居于临洮，被辽朝赐姓为耶律氏（曳剌氏）。又如汪古部的马氏家族，本为西域聂思脱里教派的贵族家庭，辽道宗时期也迁居到临洮地区，并在那里安居下来，成为元朝聂思脱里教派的重要成员之一。

第二，10 世纪以后的基督教世界，仍将聂思脱里教派视为基督教的异端组织而加以排斥，但十字军东征屡次失利，使得基督教世界迫切地希望了解古代东方世界的情况。12 世纪时，绵延不断的东西方丝路贸易，使欧陆世界传播着一个名为"长老约翰王"的部族首领以及与之相关的东方基督教的传说。13 世纪时期，蒙古军队的大规模远征，又使得西方的基督教世界进一步了解到古老的东方确实存在着一些信奉"基督教"（即聂思脱里教）的地方与民众。于是，忠于教廷的圣方济各会的教士们便携带着弄清东方基督教传播情况的心愿，纷纷来到蒙古汗国以及元朝的统治区域。这些圣方济各会教士所带回来的信息是：古老的东方世界所存在的那些基督教异端教派的信徒们，完全可以被改正为正宗的基督教的信徒。这则消息无疑是令当时基督教世界欣喜万状的巨大"福音",他们完全忽视了最为基本的元素——国土和民众,而是专注于东方世界大量存在的基督教的教徒。于是,克烈部、乃蛮部以及汪古部的阿剌兀思家族的始祖们,都在圣方济各会教士的报告中纷纷成为"长老约翰"或者是"长老约翰王"的化身,西方的基督教世界正在万分欣喜地期待着东方基督教世界的"回归"。但是,历史的发展以及人世间的沧桑巨变,等到西方基督教世界再重新审视古老的东方世界以及他们期盼已久的"长老约翰王"时,这一切不仅已成为昨日黄花,而且连它们的历史遗迹也都消失得无影无踪,也只能在前人的游记与传说中得到一些与之相关的残存的记忆。这就是古代西方世界之所以不明白契丹的地理位置、不明白长老约翰王究竟为何许人的主要原因。

我们将古代西方世界关于契丹的认识以及长老约翰王的传说于此提起,目的在于醒示人们:自古以来,基督教世界就从未放弃将东方世界"同化"的梦想。同时,也提示人们早在契丹辽朝时期,古老的东方文化就已经与西方的基督教文化发生接触,并且还曾经呈现出和睦相处的基本氛围。

二、关于中原地区流行的"杨家将"传说

辽朝灭亡后百余年,很多史料散佚,史迹不清。虽然,元朝在 14 世纪前期编修《辽史》,但由于成书匆忙、史官失校等原因,是历代官修或私修史书中较为简陋的史书,迄今仍给人们研究和探索辽朝历史造成许多不必要的麻烦。自元朝以后,随着契丹民族的整体消逝,历史的记忆也逐渐淡薄,辽朝便也成为历代王朝或文人雅士用来消遣取乐、影射时政、攻讦民族政权的一个道具。

中国民间一直流传着一个忠君爱国、前仆后继的英雄家族传说,这就是"杨家将"的故事。杨家将传说,萌芽于南宋而最终成形于明朝的《杨家府演义》。以后,又经过各种评话、小说以及戏曲、剧目等不断地传播、渲染与加工,杨家将及其家族的"历史"俨然已成为人们信之不疑的"真正的历史"。一旦提起北宋与辽朝的历史,人们首先就会想到"双龙会""金沙滩"以及"四郎探母""穆桂英挂帅",等等。因为传说中将杨家将与契丹辽朝的历史对应起来,又将杨家将固定为北宋时期"忠君"的典型,所以,一系列曲折而又惊险的历史故事,也都围绕着杨家将及其与契丹辽朝的生死拼杀展开,最后因杨家将祖孙数代曲折不挠的努力,终于战胜了阴险奸诈、狂妄自

大的契丹人，保卫了大宋江山的完整。

事实上，早就有人已经对这种虚假的伪造的"历史"提出了严正的质疑。例如，孙惠庆先生在分析了"杨家将传说"中各类历史人物的历史背景后，彻底地否认了"杨家将传说"的历史真实性，并指出：

京剧《四郎探母》剧照

舞台、银幕和演义中的杨家将。除少数人物、个别情节有一定的根据外，其余的，基本属虚构。双龙会、四郎探母、四郎八郎辽国招亲、七郎被害、杨业碰碑自尽、五郎削发于五台山、潘杨讼、穆桂英大破天门阵、六郎统兵灭辽、四郎立功返宋、十二寡妇征西以及萧天佐、萧天佑、铁镜公主等，至今仍找不到像样的根据。

有关杨家将的演义、评话和戏剧等，它的产生是有一定的社会基础。流行时间如此之长，也并不是没有原因。……但是，不能由此而不顾现实的革命性和历史的科学性。如果能够把这一时期真实的历史面貌告诉大家，相当一部分人也就不会有像往日那样的兴趣。①

----

① 孙惠庆：《萧太后与杨家将——兼谈以古代民族关系为主题的文艺》，《蒙古史文稿》1984 年第 4 期。

同样，李一氓先生在评价著名京剧《四郎探母》的真实性时，也曾经深有感触地说出这样一番话：

> 拿出大民族的气概，就让这个冒牌将门子弟，以辽驸马的面目出现在舞台上，从《西皮慢板》唱起；让这个不伦不类、搔首弄姿的旗妆公主同时出现在同一舞台，从《西皮摇板》唱起，不知有何不可？①

---

① 李一氓：《读辽史——兼论〈四郎探母〉》，《文艺研究》1981 年第 4 期。

参考书目

（北齐）魏收：《魏书》，中华书局 1974 年版。

（唐）李百药：《北齐书》，中华书局 1972 年版。

（唐）魏征：《隋书》，中华书局 1973 年版。

（唐）杜佑：《通典》，王文锦、王永兴点校，中华书局 1988 年版。

（后晋）刘昫：《旧唐书》，中华书局 1975 年版。

（宋）欧阳修：《新唐书》，中华书局 1975 年版。

（宋）薛居正：《旧五代史》，中华书局 1976 年版。

（宋）欧阳修：《新五代史》，中华书局 1974 年版。

（元）脱脱等：《辽史》，中华书局 1974 年版。

（元）脱脱等：《宋史》，中华书局 1977 年版。

（元）脱脱等：《金史》，中华书局 1975 年版。

（清）董诰：《全唐文》，上海古籍出版社 1990 年版。

（宋）王溥：《唐会要》，上海古籍出版社 1991 年版。

（宋）王溥：《五代会要》，上海古籍出版社 1978 年版。

（宋）王钦若：《册府元龟》，中华书局 1960 年版。

（宋）叶隆礼，贾敬颜、林荣贵点校：《契丹国志》，上海古籍出版社 1985 年版。

（宋）司马光：《资治通鉴》，中华书局 1956 年版。

（宋）李焘：《续资治通鉴长编》，中华书局 1992 年版。

（宋）徐梦莘：《三朝北盟会编》，影印文渊阁《四库全书》本。

（宋）李昉：《文苑英华》，中华书局 1982 年版。

（宋）李昉：《太平广记》，中华书局 1961 年版。

（清）徐松辑：《宋会要辑稿》，中华书局影印本 1957 年版。

（宋）王明清：《挥麈录》，中华书局 1961 年版。

（宋）曾巩：《隆平集》，影印文渊阁《四库全书》本。

（宋）王偁：《东都事略》，影印文渊阁《四库全书》本。

（宋）李攸：《宋朝事实》，影印文渊阁《四库全书》本。

（元）马端临：《文献通考》，中华书局 2011 年版。

（元）陶宗仪：《说郛三种》，上海古籍出版社 1988 年版。

（清）赵翼，王树民校证：《廿二史简记校证》，中华书局 1984 年版。

（清）厉鹗：《辽史拾遗》，国家图书馆出版社 2010 年版。

（清）杨复吉：《辽史拾遗补》，中华书局 1985 年版。

［波斯］拉施特主编：《史集》，余大钧、周建奇译，第一卷第一分册、二分册，商务印书馆 1983 年版。

［伊朗］志费尼：《世界征服者史》，何高济译，内蒙古人民出版社 1981 年版。

［朝鲜］郑麟趾：《高丽史》，平壤 1958 年版。

［美］卡尔·魏特夫、冯家昇：《中国社会史：辽（907—1125）》，麦克米伦出版公司 1949 年版。

［美］W.M.麦高文：《中亚古国史》，章巽译，中华书局 1958 年版。

［法］费琅编：《阿拉伯波斯突厥人东方文献辑注》，耿昇穆根来译，中华书局 1989 年版。

［英］亨利·裕尔：《东域纪程录丛》，[法]亨利·考迪埃修订，张绪山译，云南人民出版社 2002 年版。

王治来：《中亚通史》（古代卷，下），新疆人民出版社 2004 年版。

［日］田村实造、小林行雄：《庆陵——东蒙古辽代帝王陵及其壁画》，京都大学文学部，座右宝刊行会 1953 年版。

［日］田村实造：《中国征服王朝研究（1—3）》上、中册，京都大学东洋史研究会 1964、1971 年版，下册，同朋舍（京都）1985 年版。

［日］爱宕松男：《契丹古代史研究》，京都大学东洋史研究会（京都）1959 年版。

［日］岛田正郎：《辽代社会史研究》，岩南堂书店（东京）1978（昭和53）年版。

［日］岛田正郎：《祖州城》，中泽株式会社 1956 年版。

［日］松井：《契丹勃兴史》，刘凤翥译，邢复礼校，载中国社会科学院

民族研究所《民族史译文集》（北京）10 辑，1981 年版。

[德]傅海波、[英]崔瑞德主编：《剑桥中国辽西夏金元史》，史卫民等译，中国社会科学出版社 1998 年版。

冯家昇：《辽史证误三种》，中华书局 1959 年版。

傅乐焕：《辽史丛考》，中华书局 1984 年版。

陈汉章：《辽史索引》，缀学堂丛稿初集 1936 年版。

杨家骆主编：《辽史汇编》（1—11），鼎文书局（台北）1973 年版。

陈述：《契丹政治史稿》，人民出版社 1986 年版。

陈述主编：《辽金史论集》第 1 辑，上海古籍出版社 1987 年版。

陈述主编：《辽金史论集》第 2 辑，书目文献出版社 1987 年版。

陈述主编：《辽金史论集》第 3 辑，书目文献出版社 1987 年版。

陈述主编：《辽金史论集》第 4 辑，书目文献出版社 1989 年版。

陈述主编：《辽金史论集》第 5 辑，文津出版社 1991 年版。

陈述：《契丹社会经济史稿》，生活·读书·新知·三联书店（香港），1963 年版。

蔡美彪等：《中国通史》第六册，人民出版社 1979 年版。

贾敬颜：《五代宋金元人边疆行记十三种疏证稿》，中华书局 2004 年版。

费孝通：《中华民族多元一体格局》，中央民族学院出版社 1989 年版。

江应梁：《中国民族史》上中下三册，民族出版社 1990 年版。

宋德金等主编：《辽金西夏史研究》，天津古籍出版社 1997 年版。

宋德金：《辽金论稿》，湖北教育出版社 2005 年版。

张正明：《契丹史略》，中华书局 1979 年版。

白寿彝总主编、陈振主编：《中国通史》第七卷《中古时代——五代辽宋夏金时期》（下），上海人民出版社 1989 年版。

（清）格尔泰、刘凤翥等：《契丹小字研究》，中国社会科学出版社 1985 年版。

（清）格尔泰：《契丹小字释读问题》，日本国立东京外国语大学亚非语言文化研究所 2002 年版。

冯继钦、孟古托力等：《契丹族文化史》，黑龙江人民出版社 1994 年版。

于宝林：《契丹古代史稿》，黄山书社 1998 年版。

张畅耕主编：《辽金史论集》第 6 辑，社会科学文献出版社 2001 年版。

穆鸿利、黄凤岐主编：《辽金史论集》第 7 辑，中洲古籍出版社 1996 年版。

干志耿、王可宾主编：《辽金史论集》第 8 辑，吉林文史出版社 1994 年版。

徐振清主编：《辽金史论集》第 9 辑，中洲古籍出版社 1996 年版。

舒焚：《辽史稿》，湖北人民出版社 1984 年版。

王承礼主编：《辽金契丹女真史译文集》，吉林文史出版社 1990 年版。

孙进己、王欣等主编："东北史地资料之四"《契丹史论著汇编》，辽宁省社会科学院历史研究所 1988 年版。

李锡厚：《耶律阿保机传》，吉林教育出版社 1996 年版。

李锡厚：《临潢集》，河北大学出版社 2001 年版。

李桂枝：《辽金简史》，福建人民出版社 1998 年版。

向南：《辽代石刻文编》，河北教育出版社 1995 年版。

向南、张国庆、李宇峰：《辽代石刻文续编》，辽宁人民出版社 2010 年版。

刘浦江：《二十世纪辽金史论著目录》，上海辞书出版社 2003 年版。

韩效文、杨建新主编：《各民族共创中华》西北卷，甘肃文化出版社 1999 年版。

韩效文、杨建新主编：《各民族共创中华》东北内蒙古卷，甘肃文化出版社 1999 年版。

武玉环：《契丹史》，中国社会科学出版社 2019 年版。

何天明：《辽代政权机构史稿》，内蒙古大学出版社 2004 年版。

张国庆：《辽代社会史研究》，中国社会科学出版社 2006 年版。

魏坚主编：《内蒙古文物考古文集》第 1 辑，中国大百科全书出版社 1994 年版。

魏坚主编：《内蒙古文物考古文集》第 2 辑，中国大百科全书出版社 1997 年版。

任爱君：《契丹史实揭要》，哈尔滨出版社 2001 年版。

任爱君：《辽代的契丹本土风貌》，国际华文出版社 2001 年版。

任爱君：《辽朝史稿》，甘肃文化出版社 2012 年版。

盖之庸：《内蒙古辽代石刻文研究》，内蒙古大学出版社 2002 年版。

高延青主编：《中国古都研究》（上、下），国际华文出版社 2001 年版。

内蒙古昭盟文物工作站项春松编：《辽代壁画选》，上海人民美术出版社 1984 年版。

北京市文物研究所编：《北京考古四十年》，北京燕山出版社 1990 年版。

内蒙古文物工作队编：《内蒙古文物资料选辑》，内蒙古人民出版社 1964 年版。

孙建华：《内蒙古辽代壁画》，文物出版社 2009 年版。

文物编辑委员会编：《文物考古工作十年（1979—1989)》，文物出版社 1990 年版。

内蒙古文物考古研究所哲里木盟博物馆：《辽陈国公主墓》，文物出版社 1993 年版。

辽宁省文物考古研究所编著：《关山辽墓》，文物出版社 2011 年版。

乌盟文物工作站　李宇峰：《建国以来辽宁地区辽代城址的考古发现与研究》，李品清主编：《阜新辽金史研究》第 5 辑，中国社会出版社 2002 年版。
内蒙古文物工作队：《契丹女尸》，内蒙古人民出版社 1985 年版。

方震华：《和战之间的两难——北宋中后期的军政与对辽夏关系》，社会科学文献出版社 2020 年版。

宋晓珂：《朝阳辽代画像石刻》，学苑出版社 2008 年版。

周峰：《贞珉千秋——散佚辽宋金元墓志辑录》，甘肃教育出版社 2020 年版。

赵丰：《辽代丝绸》，沐文堂美术出版社有限公司（香港）2004 年版。

大事记

342—345年（晋咸康八年—永和元年）慕容鲜卑覆灭宇文鲜卑部落，部分残余逃入古代松漠地域。

388年（北魏登国三年）北为太祖皇帝拓跋珪亲率大军袭击松漠地域，击败库莫奚部落，致使契丹与库莫奚"分背"，从此各自独立发展。

437年（北魏太延三年）契丹部落遣使入贡北魏政权于平城。

466年（北魏天安元年）契丹古八部皆遣使入贡北魏政权。

553年（北齐天保四年）突厥击破柔然汗国，契丹部落杀死柔然末位可汗，北齐皇帝讨击契丹于土河、大凌河流域，俘获其部族人口畜产而还。

555年（北齐天保六年）突厥汗国征服契丹部落，契丹别部役属于高句丽政权。

584年（隋开皇四年）契丹部落脱离突厥汗国来归属隋朝，但仍有别部四千余户役属于突厥。至此，契丹部落分别隶属于隋朝、突厥汗国和高句丽政权。

598年（隋开皇十八年）隋朝迫使高句丽全部放还所役属的契丹部落，隋朝将这些契丹部落仍安置托纥臣水（又名吐护真水，今赤峰市境内老哈河）流域。

600年（隋开皇二十年）突厥汗国发生灾荒，原来隶属突厥汗国的契丹别部四千余户，趁机来投隋朝，入驻托纥臣水。隋朝鉴于突厥已为属国，遂遣使劝诫这些契丹部落仍返回突厥，并发给其返程资费粮饷等，但这些契丹部落固辞不去。

604年（隋仁寿四年）炀帝即位，以助突厥"讨叛"名义，遣谒者韦云起督率幽州及突厥兵马击破契丹别部于土河、大凌河流域。

616年（隋大业十一年）隋炀帝率骁果主力南下江都（今江苏扬州），契丹内稽部落大首领孙敖曹、靺鞨大首领突地稽二人，并随炀帝南行。

619年（唐武德二年）契丹大首领孙敖曹及突地稽等，自江都返还营州，遂上表归附唐朝，授予辽州（后更名为威州）总管。

大事记

628 年（唐贞观二年）契丹部落大首领摩会亲自入朝贡献，因其部落为昌州。

636 年（唐贞观十年）以契丹乙失革部落归附者置带州。

646 年（唐贞观二十年）契丹部落大首领曲据亲自入朝，授为玄州刺史。

648 年（唐贞观二十二年）契丹部落大首领窟哥率部落归附，又亲自入朝，唐朝以其部落置为松漠都督府，因其部落自置为州；授予窟哥为松漠都督、领十州诸军事、无极县男，其部落"大人"分任各个羁縻州的刺史。

660 年（唐显庆五年）唐朝军队擒送松漠都督阿卜固至东都（今河南洛阳）。

685 年（唐垂拱元年）契丹内稽部质子孙万荣（本唐初契丹部落大首领孙敖曹之孙），入朝充侍卫（为质）十余年，至是，奉诏放还本部；诏命划分威州部落人口，另置归诚州，以孙敖曹为归诚州刺史。

696 年（唐武则天万岁通天元年）契丹松漠都督府都督李尽忠、归诚州刺史孙万荣率领部众，举兵反唐，驰檄各地，提出"还我庐陵王来"，兵锋直抵河北，引起突厥、靺鞨诸部震动。武则天朝在后突厥汗国默啜可汗帮助下，平定反叛。但唐朝从此失去营州控制权，契丹也结束与唐朝密切的宗属关系。

700 年（唐武则天久视元年）唐朝著名"中兴名将"李光弼之父、部落首领李楷洛归附唐朝。

716 年（唐开元四年）契丹部落大首领李失活率部落归附唐朝，诏命其复为松漠都督府都督、升授为王爵兼静析军经略大使，仍令复置营州于柳城（今辽宁朝阳），以永乐公主嫁失活。

725 年（唐开元十三年）唐玄宗赴泰山行封禅大典，契丹松漠都督、郡王李邵固随行至泰山行礼。次年，仍以东华公主嫁邵固为妻。

728 年（唐开元十六年）契丹衙官可突于杀死李邵固，大贺氏绝嗣，立

大事记

屈烈为可汗；胁迫奚族反叛唐朝。

730年（唐开元十八年）契丹松漠府衙官可突于，击杀契丹王李邵固，另立贵族屈列为可汗。标志着以契丹李窟哥家族为核心的大贺氏联盟彻底瓦解。

734年（唐开元二十二年）唐朝幽州节度使张守珪遣使联合契丹衙官李过折，趁夜袭杀可突于及可汗屈列，助唐镇压可突于反叛势力。

735年（唐开元二十三年）契丹可突于余党涅里（又名雅里，辽朝始祖），举兵袭杀松漠都督李过折，另立迪辇俎里为可汗，标志着契丹遥辇氏王族的开端。

745年（唐天宝四年）漠北草原回鹘汗国建立。契丹摆脱后突厥汗国控制，阻午可汗率部归附唐朝，唐玄宗命其仍为松漠都督、静析军节度使，授以王爵，赐姓名李怀秀，以静乐公主嫁怀秀为妻；不久，契丹即杀静乐公主，率部依附回鹘汗国。

842年（唐会昌二年）回鹘汗国覆亡后，契丹首领屈戍率部至幽州，请求归附唐朝，授以云麾将军，赐予其"奉国契丹之印"。

872年（唐咸通十三年）辽太祖耶律阿保机出生。此时，契丹部落大夷离堇云德实（即耶律阿保机祖父）被部人狼德等人袭杀，契丹部族发生内乱。

900年（唐光化三年）契丹迭剌部夷离堇职位发生争夺，部族爆发内乱，大于越释鲁遭到谋杀。

901年（唐天复元年）契丹痕德堇可汗任命耶律阿保机为迭剌部夷离堇，率兵平息部族内乱后，又击破室韦、于厥、奚族部落，因功升授契丹大夷离堇。

902年（唐天复二年）耶律阿保机以战俘修筑龙化州城（今内蒙古通辽

科尔沁区莫力庙苏木福巨古城遗址）于潢河以南。

903 年（唐天复三年）契丹痕德堇可汗拜授阿保机为契丹大于越。

907 年（后梁开平元年）契丹遥辇氏痕德堇可汗禅位于耶律阿保机。阿保机即可汗位，宣布皇族继承遥辇氏九帐可汗之后为第十帐。

910 年（后梁开平四年）阿保机以萧敌鲁家族世选北府宰相职位，契丹后族为相自此始。

914 年（后梁乾化四年）耶律阿保机平息"诸弟之乱"，依照契丹旧俗惩治从乱罪犯（即《新五代史》所谓之"盐池宴"），遂权宜立法，下令休战息民。

916 年（后梁贞明二年，辽太祖神册元年）耶律阿保机于龙化州城东满林举行燔柴祭天典礼，宣布称皇帝，年号神册，尊号大圣大明天皇帝，国号仍称契丹。标志着辽朝封建割据政权的建立。

917 年（后梁贞明三年，辽神册二年）辽太祖率军与晋王李存勖集团爆发著名的幽州之战。

918 年（后梁贞明四年，辽太祖神册三年）命大臣康默记充任版筑使，督率民夫修筑皇都（今辽上京遗址，后更名为上京临潢府，位于今内蒙古自治区赤峰市巴林左旗林东镇南），将契丹政权政治统治中心迁徙至迭剌部属地。

920 年（后梁贞明六年，辽神册五年）辽太祖命臣僚始制契丹大字。其后，皇弟迭剌又主持制作了契丹小字。均颁布行用。

921 年（后梁龙德元年，辽神册六年）以皇弟苏出任南府宰相，宗室世选南府宰相自此始。遂定治诸夷及汉人之法，颁定官爵。

922 年（后梁龙德二年，辽天赞元年）辽太祖改元天赞，出兵助镇州藩镇合击晋王李存勖。

924 年（后唐同光二年，辽天赞三年）北征吐浑、党项、阻卜诸部，令"凿金河水，取乌山石，辇至潢河、木叶山，以示山川朝海宗岳之意"。兵锋

大事记

西至流沙、浮图城。

925年（后唐同光三年，辽天赞四年）十二月，祠木叶山，举兵亲征渤海。

926年（后唐同光四年、天成元年，辽天赞五年、天显元年）辽太祖率军覆亡渤海国，更名渤海国为东丹国，以太子倍为人皇王，统治其地。是年七月，耶律阿保机病殁扶余府，皇后述律氏摄行军国事，下令缮皇都、治祖陵。

927年（后唐天成二年，辽天显二年）十一月，以贵族会议选举方式，确定耶律德光继承帝位，年号仍称天显，尊号嗣圣皇帝，是为辽太宗；尊奉母后述律氏为应天皇太后。

928年（后唐天成三年，辽天显三年）契丹出兵助定州藩帅王都抵御后唐政权，结果奚秃里铁刺、惕隐涅里衮、统军查刺等先后惨败，后唐攻克定州城。

930年（后唐天成五年、长兴元年，辽天显五年）契丹东丹王耶律倍乘船渡海至登州，投附后唐政权，赐名为李赞华。

936年（后唐清泰三年，后晋天福元年，辽天显十一年）契丹军击破后唐军队于太原，扶立后唐河东节度使石敬瑭为大晋皇帝。石敬瑭自称儿皇帝，与契丹为属国，并割让幽云十六州予契丹、每年予银绢30万两（匹）为谢礼。

938年（后晋天福三年，辽天显十三年、会同元年）辽太宗及皇太后并受后晋遣使行册礼，改年号会同，更国号为大辽，升皇都为上京临潢府、幽州为南京幽都府，改原契丹南京为东京辽阳府。又诏令改革契丹官号。

940年（后晋天福五年，辽会同三年）辽太宗诏令，契丹人授汉官者从汉仪，听与汉人婚姻。契丹南北面官制度初具雏形。

942年（后晋天福七年，辽会同五年）后晋高祖石敬瑭病殁，侄石重贵（晋末帝）即位，遣使告哀于辽朝，其书"称孙不称臣"，遭辽朝遣使责让。

大事记

944 年（后晋开运元年，辽会同七年）辽太宗分兵南下，大举伐晋。辽晋战争揭开序幕。

946 年（后晋开运三年，辽会同九年）辽军击败后晋主力于滹沱河，兵锋直至汴梁。石重贵至汴梁城外请降，诏令降封为负义侯，押送辽朝霸州（今辽宁朝阳）安置，后晋亡。

947 年（后汉天福十二年，辽会同十年、大同元年、天禄元年）辽太宗御汴梁正殿，大会蕃汉及晋百官，宣布国号大辽，改年号曰大同，命升晋镇州为中京，降汴梁城为宣武军节度使。是年，辽太宗病殁，其侄、人皇王之子耶律阮即位镇州城，是为辽世宗；皇太后述律氏等与辽世宗达成"横渡之约"，承认辽世宗合法地位；其后，世宗皇帝遂拘押皇太后述律氏、太宗朝皇太弟李胡等人于祖州城（今赤峰巴林左旗哈达英格古城遗址）。辽世宗始置辽朝北院枢密使。

是年，后晋河东节度使刘知远趁机起兵收复晋失地，自称汉，史称后汉。

951 年（后周广顺元年，辽天禄五年、应历元年）正月，后汉权臣郭威废其主自立，建国号周，改年号广顺，史称后周。九月，辽世宗大举南伐，途中爆发"火神淀之乱"，世宗遇弑，太宗之子、寿安王耶律璟自立为帝，改年号应历，是为辽穆宗。

959 年（后周显德六年，辽应历九年）后周世宗皇帝率军北伐，相继攻占瀛、莫二州及瓦桥、益津、淤口三关，共十七县之地，辽军大败。

960 年（宋建隆元年，辽应历十年）后周权臣赵匡胤受后周幼主禅让，建国号宋，改年建隆，史称北宋。

964 年（宋乾德二年，辽应历十四年）十二月，辽朝属部乌古叛，遣军平叛。

969 年（宋开宝二年，辽应历十九年、保宁元年）辽穆宗行猎黑山，遇弑，辽世宗之子耶律贤遂即帝位于穆宗灵柩前，改元保宁，是为辽景宗。

大事记

974年（宋开宝七年，辽保宁六年）宋边臣致书辽涿州刺史耶律琮倡议战言和，辽朝接受和议，遂开启双方著名的"开宝议和"（以宋太祖年号命名）阶段。

976年（宋太平兴国元年，辽保宁八年）辽朝诏令南京幽都府恢复礼部贡院，设置科举机构。

977年（宋太平兴国二年，辽保宁九年）北宋于镇、易、雄、霸、沧诸州置榷务，与辽朝开启互市。

979年（宋太平兴国四年，辽乾亨元年）宋灭北汉，遂挥师北伐幽州。于是，辽、宋双方爆发著名的"高粱河之战"，宋军惨败。

982年（宋太平兴国七年，辽乾亨四年）辽景宗病殁，幼子耶律隆绪即位，是为辽圣宗；承天皇太后摄政，复国号大契丹，明年改元为统和。

986年（宋雍熙三年，辽统和四年）宋太宗遣兵三路北伐，史称"雍熙北伐"，宋师惨败；辽军大举南伐，以报复北宋。是年，党项李继迁称臣于契丹。

988年（宋端拱元年，辽统和六年）辽朝诏开贡举，放榜一人及第。

990年（宋淳化元年，辽统和八年）辽朝册封李继迁为夏国王。

992年（宋淳化三年，辽统和十年）辽朝兴兵讨伐高丽政权。

994年（宋淳化五年，辽统和十二年）辽朝派遣齐王太妃西戍阻卜诸部。诏定均税法。

996年（宋至道二年，辽统和十四年）以驸马萧恒德女和亲高丽。东北乌惹首领乌昭度举族内附辽朝，定岁贡。

997年（宋至道三年，辽统和十五年）兀惹大首领乌昭度因部落物产状况及距离辽朝道里较远之故，请求岁时纳贡数额中免除鹰、马、貂皮诸项，诏令除帝后生辰、正旦朝贺纳贡之外，其余皆可免除。是年五月，北部敌烈八部反叛。

998年（宋咸平元年，辽统和十六年）辽朝罢废民输官俸旧俗，由朝廷

大事记

内帑给发官员俸禄。

999 年（宋咸平二年，辽统和十七年）下诏大举伐宋。

1003 年（宋咸平六年，辽统和二十一年）辽、宋望都、康村之战，宋军失利，辽军俘获宋将王继忠等。

1004 年（宋景德元年，辽统和二十二年）辽宋双方签订"澶渊之盟"。是年，党项首领李继迁病亡，其子德明（《辽史》记为"德昭"）继位，七月，辽朝册封李德明为西平王。皇太妃等城漠北可敦城为镇州建安军。

1007 年（宋景德四年，辽统和二十五年）辽朝始建中京大定府。

1009 年（宋大中祥符二年，辽统和二十七年）十二月，承天皇太后崩殂。

1010 年（宋大中祥符三年，辽统和二十八年）高丽发生权臣康肇弑主废立事件，辽朝以诛康肇为名，兴师致讨。

1011 年（宋大中祥符四年，辽统和二十九年）辽朝诏置阻卜诸部节度使。

1012 年（宋大中祥符五年，辽开泰元年）十一月，西北阻卜各部起兵叛辽。是年，贵德、龙化、仪坤、双、辽、同、祖七州，有诏始征商。

1013 年（宋大中祥符六年，辽开泰二年）乌古、敌烈诸部叛辽。达旦国兵围镇州城，守军固守击却之，朝命发兵援助镇州。是年，省置州县。

1014 年（宋大中祥符七年，辽开泰三年）正月，封授阻卜首领乌八为王。三月，南京道及奉圣、平、蔚、云、应、朔等州置转运使。乌古、敌烈诸部复叛。

1017 年（宋天禧元年，辽开泰六年）辽朝始置四帐都详稳。

1018 年（宋天禧二年，辽开泰七年）十二月，辽军与高丽战于茶、陀二河，辽军大败。

1021 年（宋天禧五年，辽太平元年）大食国王遣使请婚，封王子班郎君女可老为公主，嫁之。

大事记

1026年（宋天圣四年，辽太平六年）辽军讨伐回鹘，漠北阻卜诸部叛辽。是年，诏令凡官畜并印其左以识之。北南诸部廉查州县及石烈、弥里之官，不治者罢之。

1029年（天圣七年，辽太平九年）辽朝渤海大延琳据东京反叛。

1031年（宋天圣九年，辽太平十一年、景福元年）辽圣宗耶律隆绪病殁，兴宗耶律宗真即位；钦哀皇后萧耨斤囚齐天皇后、杀驸马萧浞卜等，以皇太后身份摄政。辽朝以兴平公主嫁李元昊，授元昊驸马都尉。辽朝实行贡举法。

1032年（宋明道元年，辽重熙元年）辽朝钦哀皇太后戕害齐天皇太后。册封夏国公李元昊为夏国王。

1034年（宋景祐元年，辽重熙三年）辽朝钦哀皇太后谋废立，被囚于庆陵，兴宗皇帝亲政。

1038年（宋宝元元年，辽重熙七年）夏国王李元昊称帝，建国号夏，史称西夏。

1041年（宋庆历元年，辽重熙十年）因宋设关河，治壕堑，虑为边患，朝臣遂谋取宋旧割关南十县之地，以萧英、刘六符为横使，赴宋议十县地。

1044年（宋庆历四年，辽重熙十三年）始置契丹警巡院。是年，会大军于九十九泉，大举伐夏；升云州节度为西京大同府。

1048年（宋庆历八年，辽重熙十七年）夏国王李元昊病殁，子谅祚继嗣。

1049年（宋皇祐元年，辽重熙十八年）大举伐夏，北路军直抵贺兰山，俘李元昊妻及官僚家属而还。

1050年（宋皇祐二年，辽重熙十九年）与西夏战于三角川，西夏遣使称藩。

1055年（宋至和二年，辽重熙二十四年、清宁元年）辽兴宗病殁，道宗皇帝耶律洪基即位，以兴宗之弟耶律重元为皇太叔。辽道宗诏令设学养

大事记

士，颁五经传疏，置博士、助教。

1057年（宋嘉祐二年，辽清宁三年）置倒塌岭节度使。禁职官于部内假贷贸易。

1060年（宋嘉祐五年，辽清宁六年）中京置国子监，命以时祭先圣先师。

1061年（宋嘉祐六年，辽清宁七年）杀东京留守陈王萧阿剌。以楚国王涅鲁古知南院枢密使事。

1063年（宋嘉祐八年，辽清宁九年）辽朝发生"滦河行宫之变"，又名"太子山之变"或"耶律重元之乱"，牵涉贵族大臣数百人。

1064年（宋治平元年，辽清宁十年）诏禁民私刊印文字，定吏民衣服之制，令搜求、校勘经籍。

1066年（宋治平三年，辽咸雍二年）诏令更改"大契丹"国号，复称"大辽"。

1069年（宋熙宁二年，辽咸雍五年）漠北阻卜诸部叛辽。东北五国剖阿里等部亦叛，女真部长完颜乌古乃助辽讨平五国部等，授乌古乃生女真部族节度使。

1073年（熙宁六年，辽咸雍九年）漠北敌烈诸部叛辽。是年，辽、宋朝发生"河东地界之争"。

1074年（宋熙宁七年，辽咸雍十年）辽朝颁行《史记》《汉书》等典籍。是年，辽朝除授生女真部长劾里钵为生女真部族节度使。

1075年（宋熙宁八年，辽大康元年）辽朝皇太子总领朝政。皇后被诬赐死。

1077（宋熙宁十年，辽大康三年）辽朝权臣耶律乙辛诬告萧素撒等人谋废立，遂杀皇太子于上京临潢府。

1089年（宋元祐四年，辽大安五年）辽朝因新定法令太繁，诏令复行旧法。是年，辽朝以阻卜酋长磨古斯袭职为诸部长。

大事记

　　1091 年（宋元祐六年，辽大安七年）辽朝诏令以燕国王延禧为天下兵马大元帅，总北枢密使事。

　　1092 年（宋元祐七年，辽大安八年）漠北阻卜诸部长磨古斯袭杀辽朝金吾将军吐古斯，起兵反辽。是年，辽朝任命颇剌淑为生女真部族节度使，以阿骨打、盈歌、辞不失、欢都等为详稳。

　　1094 年（宋绍圣元年，辽大安十年）辽朝以盈歌为生女真部族节度使。

　　1097 年（宋绍圣四年，辽寿昌（隆）三年）漠北阻卜、粘八葛、梅里急等，先是，附磨古斯从乱。之时，复请降附，诏令复居其故地。

　　1101 年（宋建中靖国元年，辽乾统元年）辽朝燕国王耶律延禧即帝位，大赦，改元乾统。

　　1103 年（宋崇宁二年，辽乾统三年）辽朝诏监修国史耶律俨纂修太祖诸帝《实录》。

　　1110 年（宋大观四年，辽乾统十年）完颜部攻占阿疎城。

　　1112 年（宋政和二年，辽天庆二年）生女真完颜部遣阿骨打赴春捺钵觐见辽天祚皇帝，因行双陆，不欢而散。是年，生女真"叛人"阿疎奔辽。

　　1113 年（宋政和三年，辽天庆三年）生女真部族节度使乌雅束病死，完颜阿骨打继承为生女真部族节度使。

　　1114 年（宋政和四年，辽天庆四年）完颜阿骨打以索还叛人为名，起兵反辽，与辽守军爆发宁江州、出河店之战，辽军溃败。

　　1115 年（宋政和五年，辽天庆五年）完颜阿骨打称帝，建国号大金，年号收国。同年九月，金军攻克黄龙府；十月，辽天祚帝亲征，耶律章奴谋废立，危及上京，天祚帝被迫中途返还，金军趁机追袭，辽军大败。

　　1116 年（宋政和六年，辽天庆六年）渤海人高永昌夺取东京辽阳府，自立建国；金军趁机攻克占领东京辽阳府及沈州城。是年，辽朝以耶律淳为都元帅。招募怨军，驻守辽东以抵抗金军，结果怨军发生哗变，辽朝东部防御彻底崩溃。

大事记

1117年（宋政和七年，辽天庆七年）辽朝南京道易州境内爆发董才起义，金军攻取东京道显、乾、懿、川诸州。

1118年（宋重和元年，辽天庆八年）辽朝遣使与阿骨打议和。北宋亦遣使与金朝议盟，相约共同击灭辽朝，北宋收复燕京诸地。次年，达成盟约，史称"海上之盟"。于是，金军遂与辽朝绝和。

1120年（宋宣和二年，辽天庆十年）金军攻占辽上京。

1121年（宋宣和三年，辽保大元年）辽天祚朝爆发皇储之争，致使大臣耶律余睹被迫投降金朝。

1122年（宋宣和四年，辽保大二年）金军分兵攻克辽中京城。辽天祚帝逃亡入夹山，南京留守群臣遂拥立耶律淳称帝改元，国号仍辽，降封天祚帝为湘阴王，史称北辽。不久，耶律淳病殁，北辽萧后遂遣使向宋称臣。金军相继攻克辽西京城、南京城。

1123年（宋宣和五年，辽保大三年）金军击败天祚，俘其子赵王、许王、秦王等。辽天祚帝遂欲出夹山奔西夏，其子梁王雅里遂在部署拥护下，北入沙漠，自立为帝，国号仍辽，改元神历，史称后辽。

1124年（宋宣和六年，辽保大四年）西夏李乾顺上表附金，天祚帝欲倾力南下，收复西京；契丹林牙耶律大石切谏不听，遂率部属北入漠北，称王于镇州，其后，建国中亚，因俗而治，史称西辽。是年五月，金军驱燕京大族富户东徙，以燕京空城及涿、易、檀、顺、景、蓟六州之地予宋。

1125年（宋宣和七年，辽保大五年）辽朝天祚帝被金军俘，封海滨王，辽朝灭亡。

后 记

多年学习和研究辽朝以及契丹人历史发展过程的具体经历，深深感到有必要撰写一部完整而客观地阐述辽朝历史发展之书目，既为普及读物，也可作修习之参考。恰蒙人民出版社刘松弢先生之约，为补"历史通识书目"之阙，遂撰此作，以足其目。

然而，辽朝历史学习与研究，号称艰难。典籍缺漏，已失依托；语音隔阂，又去凭籍；而乃精细与粗芜俱陈，仁智参见，则致青眼无助。去伪存真，剥丝去茧，去粗取精，吹沙拾珍，是治此业之实况。近年，伴随辽朝考古发现之增益，相互印证，拂去丝缕之蒙尘，恍若可窥全豹，故得增识良多。

是以不揣浅陋，鼎力凝神，以成全帙。其间，诸多亲朋无私襄助，实为成功之源。然而，挂一漏万，诚所不免，敬希同仁、书友指正！

任爱君谨识

2023 年 2 月 28 日

责任编辑：刘松弢
文字编辑：任志强
责任校对：白　玥
封面设计：汪　阳

图书在版编目（CIP）数据

辽史 / 任爱君 著 . — 北京：人民出版社，2023.5
ISBN 978 - 7 - 01 - 025540 - 8

I. ①辽… II. ①任… III. ①中国历史 - 辽代 IV. ① K246.1

中国国家版本馆 CIP 数据核字（2023）第 069529 号

辽史
LIAO SHI

任爱君　著

人 民 出 版 社 出版发行
（100706　北京市东城区隆福寺街 99 号）

中煤（北京）印务有限公司印刷　新华书店经销

2023 年 5 月第 1 版　2023 年 5 月北京第 1 次印刷
开本：710 毫米 ×1000 毫米 1/16　印张：24
字数：385 千字

ISBN 978 - 7 - 01 - 025540 - 8　定价：70.00 元

邮购地址 100706　北京市东城区隆福寺街 99 号
人民东方图书销售中心　电话（010）65250042　65289539

本书为内蒙古自治区哲学社会科学研究重点基地：红山文化契丹辽文化研究基地资助、国家社科基金重点项目《辽宋古道学术考察及文献整理》（批准号 20AZD120）阶段性成果。